シリーズ
新福祉国家構想 2

公教育の無償性を実現する

教育財政法の再構築

世取山洋介・福祉国家構想研究会——編

大月書店

シリーズ刊行にあたって

このたび、福祉国家構想研究会が、その研究の成果を「シリーズ新福祉国家構想」として大月書店から刊行することになった。本書はその一冊である。刊行開始にあたって、本研究会がこうした企画を行なうに至った理由、ならびに研究会が共有している立脚点などを明らかにしておきたい。

本研究会は、現代日本で進行している構造改革政治を止めさせ政治を新たな福祉国家建設の方向に転換させるために、福祉国家型対抗構想を作成、発表して活発な論議を喚起することを目的としてつくられた。

では、いま、なぜ福祉国家型対抗構想が求められているのか。その点から説明しよう。

最も基本にある理由は、一九九〇年代中葉から推進された新自由主義改革により引き起こされた深刻な社会の危機に対処するためである。一九八〇年代初頭から一部先進国ではじまり九〇年代に入って世界的に普及した新自由主義改革は、日本でも「構造改革」の名のもとに展開されたが、その矛盾と被害はとりわけて深刻なものとなった。ヨーロッパ福祉国家では、新自由主義改革はグローバル企業の蓄積の増大、競争力強化をねらって福祉国家を成り立たせる二本柱、すなわち産業別労働運動による労働市場規制と、社会保障の制度に攻撃をしかけたが、ほかでもなく、これら二本柱の頑強な抵抗にあってジグザグを余儀なくされた。それに対し、戦後日本国家は、この二本柱がもともと致命的に脆弱であり、企業支配と日本型雇用、「土建国家」すなわち自民党政権の開発型政治による地方への補助金と公共事業への資金撒布を通じて国民統合をはかってきた。これが、日本企業の類い稀な競争力の源泉となり、他の先進国にない経済成長の持続を可能にしたのである。ところが、構造改革は、企業のリストラにより日本型雇用を縮小・改変し、さらに大企業負担の軽減のため地方に対する公共事業を容赦なく削減した。その結果、社会保障需要は大きくなったが、政府は、またしても大企業負担軽減のため、ただでさえ脆弱な社会保障制度についても本格的な削減に乗り出したから、社会の破綻は劇的なものとなった。企業リストラによる正規従業員の大量整理、非正規労働者の激増、いままで失業の吸収装置となっていた地域経済の停滞と雇用の縮小、最後の砦たる社会保障の削減が相俟って、餓死、自殺、ネットカフェ難民、ワーキングプアの激増というかたちで爆発したのである。

構造改革の矛盾が顕在化した二〇〇六年以降、政府も、それに対処するための対抗策を模索しうちだしたが、それは二つの方向をとった。一つは、構造改革の矛盾に対して一定の財政支出を行なうとともに大企業負担の増加を防ぐために消費税の大幅引き上げで対処しようという構造改革の漸進路線であり、他の一つは、大規模な公共事業による開発型政治への回帰である。しかし、いずれも事態の根本的な解決にはなっていない。国民の側からは、構造改革を停止するにとどまらず、その被害を拡大した「企業社会・開発型政治」のあり方を変革し、福祉国家型の対抗策すなわち労働市場規制と社会保障制度の拡充を行なうことが不可欠となった。これが、私たちが福祉国家型の対抗構想の必要を訴え、その研究を開始した基本的理由である。

こうした対抗構想の必要性は、この間の政治の激動のもとで、いっそう緊急性をおびるに至った。

第一に、二〇〇九年の総選挙で民主党が大勝し、民主党政権が誕生したことである。民主党政権の誕生自体が、構造改革政治を止めてほしいという国民の期待の所産であった。もともと、急進構造改革の路線を掲げて自民党と政権の座を争うべく登場した民主党は、二〇〇七年の参議院議員選挙を境に構造改革に懐疑的な路線に転換し、国民はその民主党に期待し、政権を委ねた。鳩山政権は、期待に応えるべく構造改革の枠から踏み出したが、財界、マスコミの圧力のもと、動揺をはじめ、続く菅政権での構造改革回帰をふまえて、野田政権ではふたたび構造改革政策の強行路線に立ち戻ることになったのである。

民主党政権という国民的経験は、二つの教訓を与えた。一つは、政権を替えれば、構造改革型政治に歯止めをかけて福祉型政治に転換できるという確信を与えたことである。子ども手当の半額支給、公立高校授業料無償化でさえ、自公政権下では、その実現は覚束なかったであろうことは明らかである。二つ目は、しかし、選挙めあての、トッピングのような福祉支出では、構造改革政治を止めることなどとうていできないという教訓である。構造改革政治を止めるには、労働市場の規制による安定した雇用の確保、体系的な社会保障制度、それを支える税・財政政策さらには大企業本位でない経済政策を含む国家レベルの対案が必要であることが明らかとなった。この二つの教訓は、いずれも福祉国家型対案が緊急に必要であることを示している。

第二に、三月一一日に日本を襲った大震災と原発事故の復旧・復興という課題も、福祉国家型対案の切実性、緊急性を示した。東北地方を襲った津波や原発事故の被害が異常に深刻化し、その復旧・復興が遅延しているのは、大企業本位の開発型政治と構造改革の結果にほかならない。東北地方を中心とした被災地域は、高度成長期から農業や地場産業の衰退にみまわれてきたが、自民党政権は自らの支持基盤維持のために大量の補助金、公共事業を撒布し雇用の場をつくると同時に企業の誘致をはかって、その衰退を取り繕ってきた。「土建国家」である。ところが、構造改革は、大企業負担軽減のため地方に対する財政資金を削減したから矛盾は一気に深刻化した。公共事業の削減は、地方の雇用を収縮し、財政危機は公務員の削減、医療、福祉、介護施設の統廃合をまねいた。財政支出削減をめざして強行された市町村合併も、公務員の削減、地方の公共サービス、福祉、医療の削減を加速した。地方が構造改革によって破綻しているところに、地震と津波が襲ったのである。

原発事故は、徹頭徹尾、大企業本位の政治の所産である。大企業本位のエネルギー政策が国策として原発建設を推し進め、利益誘導政治が、補助金撒布を通して地域に原発誘致を押しつけた結果である。オイルショック以降、いっそう原発重視に踏みこんだ政府は、通例の公共事業投資の行き届かない「僻地」にねらいを定め、電源三法交付金、固定資産税、電力会社からの補助金、原発への雇用をえさに、原発建設、増設を誘導した。さらに、地方構造改革のもと、原発誘致地域は、原発増設を認めるなかで自治体財政と地域の雇用をやりくりせざるをえなくなり、原発依存の悪循環に入りこんだのである。

したがって、大震災、原発事故の復旧・復興のためには、緊急に農地・漁港の修復、医療・社会保障施設の再建・充実、公務員の拡充をはかるとともに、長期的には農業、地場産業の本格的再建、福祉施設拡充による雇用拡大などを通じた福祉国家型の地域づくりが不可欠である。原発事故の被災地域においても、国の責任で、事故を収束させ、除染を行なうと同時に、原発ぬきのエネルギー・電力政策の実行、原発に依存しない地域づくりの構想が不可欠となる。これらは、いずれも福祉国家型対抗構想の重要な柱となる。

第三に、三月一一日後、政府は、構造改革路線を反省するどころか震災を好機として、それまで停滞していた構造改革路線の再強化のため、構造改革国家づくりの構想を提起したことである。一つは、構造改革型復興をうちだした東日本大震災復興構想会議の「復興への提言」である。これは、震災復興をテコに東北地方を構造改革型地域づくりのモデルとするべく、被災地域の農業・漁業の集約化、東北州というかたちでの道州制の先行モデル化、特区制度による企業活動に対する規制緩和、法人税引き下げ、原発再稼働などをうちだした。二つめは、消費税の当面五%引き上げを謳った「社会保障と税の一体改革」構想である。こうした構想を批判し、その実現を阻止するためにも、福祉国家型の対抗構想が急がれることとなったのである。

こうして、三月一一日を機に、大震災の復旧・復興の方向をめぐっても、構造改革か福祉国家型政治かの対決が激しくなっている。しかも、菅政権のあとを継いだ野田政権は、菅政権期の構造改革政治の停滞に苛立って、消費税引き上げ、環太平洋経済連携協定（ＴＰＰ）参加、原発再稼働、普天間基地の辺野古移転などの早期実行を求める保守支配層の期待に応えるべく、これら課題の実現を急いでいる。

以上の諸点から、構造改革国家に対抗する福祉国家型対抗構想の策定、対置がますます急がれている。

では、構造改革に対置される「新しい福祉国家」とは何か。その構想の詳細は、本書も含めシリーズ各巻をご覧いただくほかはないが、ここで最低限の説明をしておかねばならないことがいくつかある。

まず、「福祉国家」とは何か、いかなる概念かという点にふれておかねばならない。福祉国家をひとまず定義づければ、産業別労働運動と国家による労働市場への規制、国と自治体による社会保障・教育保障をつうじて、すべての人々の最低生活保障に責任をもつ国家ということができる。この定義は、福祉国家による生活保障の二つの柱を包含している。福祉国家では、就業している労働者は、労働運動と国家の労働市場規制により安定した雇用と適正な賃金が保障される。他方、労働市場から排除された失業者、リタイアした高齢者、労働市場に参入する準備期にある子ども、障害のある人々等に対しては、社会保障、教育保障により生活保障がなされる。良質な雇用と社会保障によって生活保障に責任をもつ国家、これが福祉国家である。

こうした福祉国家は、歴史的には、一九世紀末に、産業資本主義、自由主義国家の矛盾の深刻化のもとで登場し、第二次世界大戦後の生産力増大に裏づけられて確立をみた。このような戦後福祉国家の雇用と社会保障の制度的確立には、労働組合の力を背景とした労働者政党の政権掌握があった。その意味では、労働者政党の政権獲得は、福祉国家の定着・確立の土台あるいは条件となったということができる。

福祉国家という理念は、第二次世界大戦後に普及したが、この理念はきわめて政治的、論争的なものであった。冷戦期には、資本主義的生産様式でも矛盾の解決が可能であることを証明する、社会主義に対する対抗国家構想として「西側」で頻繁に使われ、そのため戦後日本の社会運動の分野では「福祉国家」は資本主義の矛盾を隠蔽するものとして批判の対象でもあった。それでも、本研究会があえて「福祉国家」を対抗構想として使用したのは、現代の新自由主義改革が攻撃したのが、また私たちが追求する対抗国家構想の主たる内容が、「福祉国家」が掲げ確立した、雇用保障と社会保障という二つの柱だからである。

この点は、研究会がなぜ「新しい」福祉国家というのかという問いにつながる。

戦後ヨーロッパで確立をみた「旧い」福祉国家は、冷戦期に社会主義との対抗として登場したことから、アメリカを盟主とする軍事同盟体制の一翼に組みこまれ、その枠内で自由市場に参入し、またアメリカに軍事的負担の一部を肩代わりしてもらうことで成立した。冷戦体制の一翼としての国家であった。それに対して、新しい福祉国家は、アメリカを盟主とする帝国主義がグローバルな世界秩序の維持拡大のため、新自由主義と軍事大国化をめざして福祉国家の旗を投げ捨てていることに対し、反グローバリズム、反帝国主義、多国籍企業を規制する国家構想として掲げられている点で、正反対の位置に立っている。

また、旧い福祉国家が、重厚長大型の産業発展と大企業の成長に乗りその繁栄から得た税収で福祉国家政策を展開し、大企業も労使関係の安定のためにこの体制を容認したのに対し、新しい福祉国家は、現代の大企業がグローバル競争に勝ちぬくために福祉国家的制度を否定し、新自由主義を要求するのに対抗し、大企業に対する強い規制と負担によりその運営をはかろうとする点で、大きく異なっている。

にもかかわらず、旧福祉国家にもめざすべき新福祉国家にも共通するのが、そしてほかでもなく、戦後日本国家に欠落していたのが労働市場規制による雇用保障と強い社会保障制度である点は、あらためて強調しておかねばならない。

本研究会がめざす「新しい福祉国家」は、新自由主義型国家に対抗して、六つの柱をもっている。

第一の柱は、憲法第二五条の謳う、人間の尊厳にふさわしい生活を営むことを保障する権利を実現するために必要な雇用保障と社会保障の体系である。安定した雇用と社会保障は、車の両輪であり、どちらが欠けても人間らしい生活を営むことはできない。その意味で、この柱は、福祉国家型構想の中核をなすものである。この柱については、本研究会の特別部会である「福祉国家と基本法研究会」が社会保障憲章、社会保障基本法というかたちで具体化し、『新たな福祉国家を展望する――社会保障基本法・社会保障憲章の提言』(旬報社)として刊行した。

第二の柱は、そうした雇用と社会保障の体系を実現し福祉国家を運営する税・財政政策である。福祉国家型の税・財政とは、雇用、社会保障、地域の産業を支える大きな財政である。新しい福祉国家構想は、税・財政政策ぬきには現実性をもちえない。菅政権が集中検討会議の議論をふまえて決定した「社会保障・税一体改革成案」は、社会保障制度改革と消費税引き上げを主とする税制改革――つまり第一の柱と第二の柱に対応する構造改革型構想を文字どおり一体のものとして提示した。私たちの対抗構想は、これに正面から対置されるものである。

第三の柱は、政府の「新成長戦略」や復興構想会議の「提言」が示すような、大企業本位の経済成長ではなく、農業、漁業、地場産業、福祉型公共事業、教育・医療・福祉領域の雇用を中心とする地域社会と地域に根ざす産業主体の経済構想である。大震災からの復興において、復興構想会議は、大企業本位の「地域主権型」地域づくりの構想を提示しただけに、被災地域の住民本位の復旧・復興のためにも、対案の具体化が急がれる。

第四の柱は、国家責任を放棄して地方に構造改革を丸投げする、いわゆる「地域主権改革」に対抗する福祉国家型の国と地方のあり方を示す対案である。今度の大震災、原発事故ほど、国家が、生存権の保障のためにいかに大切な責任と役割をもっているかがわかったことはない。同時に、人々の暮らしが、市町村をはじめとした自治体、その制度の支えにより成り立っている「地域」の結びつきなくしてはありえないこともあらためて実感された。国と地方自治体は、人権保障のにない手として共同しなければならない。

第五の柱は、原発を廃止し原発に代わる自然エネルギーを中心としたエネルギー政策である。これも福島原発事故という、きわめて高い代償を払って私たちが実感した点である。原発ぬき、脱化石燃料依存のエネルギー政策がうちだされなければならないし、そのためには、エネルギー多消費型産業の転換、過労死社会のライフスタイルの転換も展望されねばならない。

第六の柱は、日米軍事同盟を見直し安保条約を廃棄し、自衛隊を縮小し、憲法第九条を具体化する安保・外交構想である。

本研究会のめざす新しい福祉国家は、大企業本位の資本主義に強い規制をかけるものではあるが、資本主義そのものの否定ではなく、それに修正をくわえるものである。

この新しい福祉国家構想を日本で掲げるさいに留意すべき点が二つある。一つは、日本における新福祉国家戦略では、戦後日本国家の特殊性から、まずは、ヨーロッパ福祉国家がすでに確立した労働市場規制と強い社会保障制度そのものの継承と実現、すなわち旧い福祉国家の完成をもめざさねばならない、という大きな課題をもっている点である。企業主義的労働運動による産業別労働運動の弱体と相俟って、これら制度の致命的脆弱性が、現代日本社会に特別の困難をもたらしているからである。

二つめは、日本の新福祉国家建設は、その拠り所として、日本国憲法の諸原則、とくに憲法第九条と第二五条をもっているということである。日本国憲法が、アジア・太平洋戦争に対する強い反省と、当時世界史的に課題となっていた貧困の克服、福祉国家建設をめざして制定されたことから、日本国憲法は新福祉国家の理念を規範的に表明したものといえるからである。

本研究会は、構造改革の被害が顕在化し福祉国家型の対抗構想の必要性が高まった、二〇〇八年に四名を共同代表に発足した。私たち四名は、すでに一九九〇年代半ばから、冷戦終焉後の経済グローバル化のもとで大企業の競争力強化をねらって展開された構造改革を批判し、それへの対抗構想として新たな福祉国家構想の具体化を主張してきたが、その具体化のためには研究会による共同作業が不可欠であると考えたからである。

本研究会は、二つの目標をもって出発した。一つは、全領域で展開されている構造改革の手法とその新たな展開について機を失せず、批判的解明を行うことである。もう一つが、生活の領域ごとに、構造改革に対抗する福祉国家型対案を具体的に作成・公表することである。

本研究会は、構造改革に反対し、雇用の確保や社会保障の充実をめざすさまざまな領域の運動が進むべき方向を提示することで運動の期待に応えようとしてつくられたものであるから、対案作成においても、各領域の活動家と研究者の緊密な共同作業を心がけた。そのため、研究会には研究者だけでなく、多数の現場の活動家がくわわることとなった。本研究会は、全体会において、つねに進行する構造改革の現段階の分析を行ない、国家レベルの対抗構想を念頭におきながら、同時に分野ごと課題ごとに部会や検討チームを設けて、各論的対案の作成にあたることとした。本シリーズは、そうした全体会、部会での共同の検討の成果である。

本研究会では、先に掲げた福祉国家の六つの柱を念頭におきつつ、第一の柱に対応して、医療と介護部会、教育の無償化や後期中等教育などを議論する教育部会、失業時保障の構想や労働市場政策を議論する雇用部会、所得保障構想部会などを設け、続いて、第二の柱に対応する税・財政構想部会、第三の柱に対応する地域経済構想と産業構造を研究する部会、第四の柱に対応して原発政策の政治・経済学的検討を行なう部会、第五の柱に対応し「地域主権改革」批判、福祉国家型地方自治体構想を策定する部会、第六の柱に対応する安保・外交政策部会、さらに、全体にかかわって福祉国家の理論と思想を検討する部会などを設け、その成果を逐次、出版物として発表していくつもりである。

本書の読者が、本研究会の意図に応えて、本シリーズの全体に目を通しこれら対抗構想を批判的に検討され、運動や分析の武器として活用されることを期待したい。

二〇一一年一一月

福祉国家構想研究会共同代表　岡田知弘・後藤道夫・二宮厚美・渡辺治

◉目次

第Ⅰ部 教育条件整備基準の確立

第II部　教育条件整備基準の内容と問題

序章　教育という現物給付

1　本書のねらいと視点

新自由主義にもとづく国の行財政の構造改革、またそれと連動して進展した労働市場の規制緩和は、公教育におけるナショナルミニマム・スタンダードの脆弱さと、公教育にかかわる私費負担の重さという日本の公教育が戦後一貫して抱えていた問題点を露にした。

日本の公教育制度においては、全国的に遵守されるべき教育条件に関する基準を定める法律は、戦後一貫して、きわめて不十分でありつづけてきた。そのため、教育条件にかかわるさまざまな問題が、一九四七年における新学制開始以降噴出した。〝すし詰め学級〟（一九五〇年代）、公立高校の不足（六〇年代）、底の浅いプールでの逆飛び込み事故などの学校事故（七〇年代）、過疎地域における学校統廃合（七〇年代）、教師の過密・長時間労働（九〇年代）などなど、具体例をあげればきりがない。また、日本の公教育における公費負担割合が、戦後一貫して国際的にみても低いものでありつづけてきたことは、つとに指摘されてきたことであった。

現物給付が低水準ならえ、それが多大なる私費負担に支えられているという日本の公教育法制の難点は、一九九〇年代後半以降本格化する新自由主義構造改革の一環として行なわれている公教育改革のもとで、さらに深刻な問題を引き起こすに至っている。ただでさえ不十分なナショナルミニマム・スタンダードが融解し、過疎地域および都市地域の双方における小学校から高校に至るまでの学校統廃合、あるいは、教員の非常勤化によって教育インフラ全体が大幅に収縮しはじめている。また、日本型雇用の急速な崩壊により、片働き男性世帯主家族賃金の恩恵を享受する男性労働者の割合が激減し、私費負担の額は多くの労働者の家計能力の限界を突破するに至っている。近年関心を集めてきた「子どもの貧困」という問題も、私費負担の多さに、親の労働条件の悪化と給与の減少が重なって起きたものなのである。

本書は、日本の公費抑制的公教育制度の基礎にあるナショナルミニマム・スタンダードの貧弱さ、そして、その裏返しともなる私費負担の大きさに、教育人権という観点からメスを入れ、これらの問題を生み出してきた法制的な原因を明らかにするのと同時に、これらの問題を解決しうる、新自由主義教育改革以前の教育法制とも新自由主義型教育法制とも異なる、新たな教育法制の骨格を明らかにすることを目的としている。

本書において教育人権およびそれを実現する法制という観点からの分析が行なわれるのは、執筆者の多くが教育法学にかかわってきたという事情にもよるが、〝新福祉国家〟を構想する場合に、人権論および法制論が不可避となるはずであり、日本において独特の発展をみた教育人権論が各論的に寄与しうるはずだ、との理由にももとづいている。

一九六〇年代に登場した日本における教育人権論は、教育が人権であるという考え方を徹底し、公教育の目的を子どもの人間としての全面的発達に求め、そのような教育が行なわれるためには、公教育内部における自由が不可欠であること、そして、国の役割はそうした自由を可能化する条件整備を行ない、また、親の収入とは無関係に子どもに必要な教育という現物給付を行なうことにあると主張してきた。このような主張は、一九八〇年代までに成立・展開した文部省官僚統制型教育内容統制へのアンチテーゼとなっていたばかりでなく、公教育の目的を公民形成におき、そのための国家による教育内容への介入を正当化する、福祉国家である欧州の国々、あるいは不十分な福祉制度しかもたないアメリカにおいて展開した公教育法制に対するアンチテーゼとしての意味ももっていた。また、近年展開している新自由主義教育改革が現金給付を重視し、政府以外の主体による教育の提供を当然視するのに対して、教育人権論は現物給付を重視し、政府による条件整備を強調しているために、新自由主義教育改革へのアンチテーゼともなっている。

教育人権論は、新自由主義構造改革以前の開発主義型教育行財政や福祉国家型教育財政のみならず、新自由主義的教育行財政にも対抗しうるものを志向してきたという点において、〝新福祉国家〟構想と基本的な考え方をともにしている。もっとも、教育人権論においては、その法解釈論としての性格ゆえに、国による教育内容統制の違法性・違憲性の追及にその関心が集中し、教育条件整備基準および公教育の無償性の実現のあり方については、基礎的な部分の検討がなされるにとどまってきた。本書は、教育人権論がまだ十分な解明を試みていない、教育条件整備基準および公教育の無償性という問題を検討することにより、〝新福祉国家〟構想の構築という課題への教育人権論にもとづく応答を示そうとするもの、ということになる。

この序章においては、教育人権論の到達点、ならびに、国際人権法の近年における進展をふまえながら、低水準のナショナルミニマム・スタンダードと過大な私費負担の解決に向けた立法を構想するさいの基礎におかれるべき「学校制度整備義務」と総称できる政府の義務を検討する。一九世紀終盤に成立した欧米における公教育法制は、国による現物給付を中心にして構成されてきたことに、その共通の特徴があった。政府が学校体系を設計し、各段階の学校を、自らが設定した基準にもとづいて自ら設置し、自らが雇用した教師に教育を実行させてきた。学校制度整備義務は、教育という現物給付によって子どもの人間としての成長発達に必要なものを充足すべきことを政府に義務づけるものであり、学校体系を整備する義務、学校に関する基準の設定を行なう義務、そして、学校を設置・運営する義務から構成される。以下では、学校制度整備義務と、それを構成する学校体系整備義務、基準設定義務、学校設置・運営義務の原理と内容を検討することにしたい。

2 教育における国の現物給付義務

日本国憲法二六条は、一項において、「能力」に応じて教育を受ける権利を規定し、二項において、国民のその保護する子どもに普通教育を受けさせる義務および、義務教育の無償を規定している。

二六条は、教育を国家に対する国民の義務から国民の権利へと位置づけ直したことにその最も基底的な意味がある。二六条は、国民の権利に対応する国の義務については、義務教育を無償とすべきと規定するにとどまり、多くを論じているわけではない。しかしながら、日本国憲法に規定された人権条項は、大きな発展をみている国際人権文書によって、その意味が補充されるべきものとなる。日本政府によって批准された国際人権条約は、憲法よりも下位に立つが、国会の制定する法律および地方議会の制定する条例よりも上位に位置づく。批准された人権条約は、それに反する法律および条令等を無効とする力をもち、あるいは、法律・条令を解釈するさいの原理を提供するものとなる。すなわち、憲法と抵触しないかぎり、憲法の内容を補充し、憲法と一体となって、それより下位の法律および条令などをリードするものとなるのである。

国際人権条約における教育人権に関する規定は、日本政府も批准している社会的、経済的、および文化的権利に関する国際規約（以下、社会権規約）一三条、子どもの権利に関する条約（以下、子どもの権利条約）二八条、二九条に用意されている。社会権規約と子どもの権利条約における教育人権規定の特徴は、教育人権に対応する国の義務として、学校制度整備義務を規定していることに求められる。

社会権規約一三条は、初等・中等・高等と発達段階に対応した学校体系の整備（二項(a)から(c)）と、「すべての段階にわたる学校制度の発展を積極的に追求」することを締約国政府に義務づけている（同(d)）。そして、締約国政府が学校設置・運営の義務を負うこと、および、「最低限度の教育上の基準」を設定する義務を負うことを前提として、私立学校を選択する親の「自由」が保障されるべきことを規定している（同条二項）。そして、子どもの権利条約は、締約国政府の最低基準を確保する義務をさらに一歩進める一般原則を規定している。子どもの権利条約三条三項は、「とくに安全および健康の領域、職員の数および適格性、ならびに職員の適正な監督について、権限ある機関により設定された基準」を、教育機関を含む子どもに関係する機関が確保する義務を締約国に課している。「権限ある機関」とは、政府のほかに、政府が権限あるものとして認定した民間組織も含まれるが、日本の初等中等教育ではそのような民間組織はないので、政府に基準設定義務が課せられる。

憲法二六条は、社会権規約および子どもの権利条約が規定する国の学校体系整備義務、基準設定義務、および、学校設置・運営義務と矛盾する規定をもっていないので、これらの義務を補充して理解されるべきものとなる。中央政府および地方政府による学校制度整備、基準設定、学校の設置・運営は、戦前における国策遂行のための裁量的措置から、教育人権を実現するための義務的措置へと転換したのである。学校教育法に規定されている市町村の小中学校設置義務（旧二九条、四〇条、現三八条、四九条）は、学校設置・運営義務を確認したものと解されるべきことになる。そして、市場において提供される教育サービスに子どもがアクセスすることを前提として、政府が現金給付を行なうことだけでは、憲法二六条および国際人権条約のもとにおける政府の義務を履行したことにはならず、政府は、自らの手による現物給付を実施してはじめて、その義務を履行したことになるのである。

3 給付水準を確定する原理

以上のように現物給付を中心に構成される学校制度整備義務のより具体的なあり方を明確にするためには、三つの基本的な問題に応答する必要がある。まずは、①政府に提供が義務づけられている現物給付の水準がいかなる原理によって規定されるのか、という問題。次に、②現物給付と引き換えになされうる政府の教育内容統制の限界がいかなる原理にもとづいて画されるべきなのか、という問題。最後に、③現物給付を子どもが受給する場合に、親は何に対して、どれくらいの量の金銭を支払うべきなのか、という問題である。序章においては、まずは、①および②への応答を行なうこととする。なお、③への応答は第11章において行なわれる。

給付水準を確定する原理を明らかにするためには、憲法二六条だけではなく、自由権と社会権の双方を含む人権の総則規定である憲法一三条と、社会権に関する総則的規定である憲法二五条を体系的に構成する必要がある。

憲法一三条は、個人の尊厳原理を確認し（一文）、国民の幸福追求権を規定する（二文）。二五条は、「健康で文化的な最低限度の生活を営む権利」を規定し（一項）、「すべての生活部門について、社会福祉、社会保障及び公衆衛生の向上」などに努める国の義務を規定している（二項）。日本国憲法制定当初における通説は、人権の総則規定である一三条はもっぱら自由権的基本権から構成され、それには二五条に規定された生存権的基本権は含まれないと理解していた。[*1] このような理解をもとに、生存権的基本権を可能なかぎり自由権として構成しようとし、二五条一項に定められた「生活を営む権利」についても、二七条に定められた勤労の権利と二九条に定められた財産権が、「実質的には……生存権を適正に実現せしめる手段」[*2]となると述べて、市場において労働力と財産を取引する自由として把握していた。また、国家による積極的措置は自由に対する例外として位置づけ、①労働能力がなく、労働力の取引主体となりえない者に

「最低限度の生活」を確保し、あるいは、②労働能力の有無とは無関係に例えば体位向上のための措置をとることに限定していたのである。[*3] そのうえで、この通説は、「最低限度の生活」とは、「労働に従事しているものにとっては、その労働の再生産性に必要な給与等」、すなわち、自らを労働力として再生産できる水準を意味し、労働能力をもたない者については、「労働の能力がなく国の保護を受けるものについての生活保障は必然にそれ以下ということになる」[*4] と述べて、生存が可能な水準を意味すると実質的には論じていたのである。

しかし、一三条は自由権の総則規定ではなく、自由権および社会権の双方の総則規定なので、自由権および社会権の双方を導き出す理念としての個人の尊厳および幸福追求権は、自立的で合理的な経済的取引主体としての個人の経済的自由と理解されるべきではない。個人の人格的自律を核としながら、一方において、幸福追求の自由を尊重され、他方において、幸福追求に必要な人的、物的および経済的条件を確保される権利として理解されるべきものと考えられる。[*5]

二五条は、国民の健康的で文化的な最低限度の生活を営む権利——英訳では、The right to attain the minimum standards of wholesome and cultured living, すなわち、健康的で文化的な生活の最低水準を獲得する権利——を認め、国家にその権利を実現する措置をとるべきことを義務づけている。しかし、どのような健康を求め、どのような文化を創造するかは、一三条にもとづけば、国民による自由な幸福追求の対象となり、国民各自の自由にゆだねられる。二五条を一三条に規定された幸福追求権にもとづいて把握すれば、給付と引き換えに国家が自由への干渉を行なうことが禁止されるという規範的要請が導かれる。[*6]

そして、二五条に対応する給付の水準を示す「最低限度」の意味は、幸福とその追求のかたちが多様である以上、追求されるべき幸福がいかなるものであれ、また、追求される方法がいかなるものであれ、それらに共通して必要とされるモノ、すなわち、多様な幸福追求のための〝共通の基礎〟(common basic standards)と理解されるべきことになる。自由の意義を市場における取引の自由に求めれば、「最低限度」の意味は、人間が生命を維持しうるラインにまで後退するのに対して、自由の意義を多様な幸福追求の自由に求めれば、〝共通の基礎〟というラインが浮上するのである。[*7]

冒険的となることを自覚していえば、二五条は、個人の自由な幸福追求を、社会共同の生産によって生み出された富によって可能化するということ、すなわち、一人ひとりの多様な幸福追求にとって必要とされる共通のモノを、国による富の再配分により、一人ひとりに確保する、ということを意味しているのである。あとにもみるように、このように理解してはじめて、教育人権に対応して、なぜ、高等教育までをも含めて学校体系を整備する義務が国に存在し、しかも、第11章において検討するように、どんなに後退しても親と子どもがになうのは応能負担原則にもとづく金銭的な負担だけだ、ということの理由がはっきりする。そして、高い教育を受ければ受けるほどその人が教育終了後により大きな貢献を社会になしうる、という意味における公的利益は、あくまでも人権保障の結果にすぎないと理解されるべきなのである。

多様な幸福追求を基点にしながら、一方で国による自由への干渉を禁止し、他方で、多様な自由を可能化する給付を国に義務づけるという構造は、子ども時代における人間の成長発達をめぐっても当然に立ち現れる。憲法一三条は、子どもについて直接明言するところはないが、同条はその射程に子ども時代における人間を入れているものと解される。[*8] 大人時代における自律した幸福追求には、子ども期における人間としての成長発達が決定的に重要であり、それが保障されなければ、将来における幸福追求権の行使はありえない。この時期における人格形成に国家が自由に干渉できるとすれば、自律した個人へと発達する前に根絶やしにすることになる。したがって一三条は、一方において、自立した人間への成長発達を不能にするような国家による干渉を禁止し、他方において、成長発達に必要とされる条件の整備および保護を国家に義務づけるという、二つの規範的な命題を含んでいるのである。

憲法二六条に規定された教育を受ける権利は、自由権と社会権の双方を含む人権の総則規定である一三条および社会権の総則規定である二五条を、教育について具体化したものである以上、この二つの規範的命題を含むものと理解されなければならない。規範的命題の第一について、日本の最高裁（大法廷）は一九七六年に、国による教育内容への介入にかかわって、憲法一三条および二六条にもとづいて「独立した人格への成長発達を妨げる」介入が禁止されていると判示している。[*9] そして、規範的命題の第二については、教育法学説において、憲法二六条一項に規定された「能力に応じて」という言葉は、「能力発達上の必要に応じた」と読み替えられるべきとする考え方が通説となってきた。[*10] 憲法二五条の「最低限度」という用語の形式的な理解にもとづいて、発達に必要とされる「最低限度」のものと理解することはもはやできず、特定の職業に求められる専門的能力の基礎を含めて、発達に共通して必要とされるものと理解されるべきことになる。

すでに検討した国の学校制度整備義務と重ねあわせていえば、教育を受ける権利を規定した憲法二六条一項は、将来いかなる幸福追求をするのであれ、子どもの人間としての成長発達に共通に必要とされる基礎を充足することのできる教育という現物給付を行なう学校制度整備義務、具体的には、学校体系整備義務、基準設定義務、および学校設置・運営義務を国に課しているものと解されるのである。

4 学校制度法定主義の意義と到達点

学校体系整備義務、基準設定義務および学校設置・運営義務の具体的なあり方は、すでに日本の教育法学において相当な検討がなされ、「学校制度法定主義」という理論に定式化されるに至っている。そのエッセンスは次の記述に示されている。

『学校制度』とは、学校体系（公教育たる教育の種別とその全体的組立て）や義務教育制をはじめ、学校配置基準、学区制、学年、入学・卒業要件、学校設置基準をなす組織編制（必修科目をふくむ）など、学校に関して社会的に公認された根幹的仕組みを指す。これらは、一定の選択によって社会全体に共通に決める必要があるため、議会民主制に基づく法令で定められる」[*11]。

この理論の意義は、国会および地方議会（以下、両者を総称する場合にはたんに議会）が法定化できるのは教科目名および単位数までであると、その限界を明らかにした点にあると受けとめられてきた（以下、法律または条令によって決定されることを意味する場合には、法定化という用語を用い、法律による決定は法律化、条例による決定は条例化、という用語を用いる）。この理論は、中央政府および地方政府の双方で採用されている予算議決主義と法定化されるべき事柄の限界線とを連動させ、議会によって決定されるべき予算と法律・条令の範囲とを一致させているために、相当な説得力をもっていた。そして、国の教育内容統制権能の限界を画するそれまでの有力学説であったいわゆる大綱的基準説が、教科目名・時間数を超えた教育内容に関する大綱的基準をも法定化できるとの理解を引き起こす余地を有していたのに対して、そのような余地を残さずに、法定可能事項の限界を見定めるものとなっていた。

だが、現代においては、限界の範囲内に入る諸基準が新自由主義教育改革により融解している状況が生まれているために、議会が法定化しうる事柄とは何か、という観点にくわえて、議会が法定化すべき事柄とは何か、という観点から、この理論の意義が再評価されるに至っている。この理論は、当初から、「学校制度的基準」の内容的構成および、法定化されるさいに基礎におかれるべき原則を明らかにしていたが、その発展可能性に注目が集まったのである[*12]。

学校制度的基準の内容は次のように整理されていた。まずは、「学校制度的基準」を、主に学校体系にかかわる「全学校制度的基準」と、学校体系を構成する各学校の「学校設置基準」の二つに大別する。次に、学校設置基準を、「施設設備基準」と「組織編制基準」とに区別し、後者を、「学校組織規模の基準」（学校規模、学級規模、教職員数）および「学校教育組織編制の基準」に区別する。そして、学校教育組織編制を、「入学・卒業資格」と「学校教育編制単位」に区別し、学校教育編制単位として、「教科・教科目名、それ以外の教育課程要素、標準授業数までは一応立法事項たる『教科に関する事項』に該当すると解される」[*13]としていた。

繰り返しとはなるが、この理論に対する当初の関心は、「立法可能な学校制度的基準は、……右の教科目等に終わるのである」[*14]（傍点――原文）とし、教科目名から出発して、教育内容のどこまでを法定化できるのかと考えることは正しい解釈とはいえないと明言していた点にそそがれていた。対して、現在における関心は、この点にくわえて、法定化されるべき学校制度的基準の内容的構成およびその制度原理にそそがれているのである。学校制度的基準の内容的構成をどのように整理するかは、立法可能事項のみきわめなど、その目的に応じて可変的でありえる。現在の新自由主義教育改革下の学校制度的基準の全体的融解状況においては、学校体系に関する基準、ならびに、学校設置基準という区分を維持したうえで、それぞれについて、国際人権法および理論の展開を加味し、また、後者については、学校および地域レベルで実施されるべき基準をそれぞれグループ化して、その内容的構成を、子ども、教師および保護者、住民にみえやすくすることが有益であると考えられる。

5 学校体系基準の原理と構成

憲法二六条が学校体系について述べていることは少なく、普通教育が「義務」となることを規定しているにとどまっている。憲法中に規定されていない学校体系に関する定めは、旧教育基本法と一体となって起草、制定された学校教育法におかれ、子どもの人間としての成長発達段階に応じて、小学校、中学校、高等学校、および、大学（短大を含む）から構成される単線型の学校体系に関する基準が明らかにされていた。そして、すべての子どもの人間としての成長発達に必要とされる普通教育を、初等と中等とに区分したうえで、将来における職業分化に応じた専門教育を、高等学校において高等な普通教育と一体的に行なうべきこと、そして、大学においては、専門教育を行なうべきことを規定していた。学校教育法に示された学校体系基準は、社会権規約一三条および子どもの権利条約二八条に規定された学校体系整備に関する基準と考え方を同じくしている。

注目すべきなのは、国際人権条約および学校教育法においては、学校体系全体を通して提供されるべき「共通の基礎」の範囲が、子どもが将来市民社会において就くであろう職業に必要とされている専門的知識の基礎にも及んでいる、ということである。国際人権条約は、高等教育を含めた漸進的無償化を求めていることと合わせて、新自由主義教育改革で想定され、さらには、実施されている専門教育のあり方とは鋭い対照をなしている。新自由主義教育改革構想においては、公教育が、基礎教育、職業教育、エリート教育に三分化され、公費支出の対象が、基礎教育およびエリート教育に限定され、将来における職業をつうじての収入獲得を理由に、職業教育は有償とされやすい。*15 また日本においては、職業教育が正規の「学校」（学校教育法一条）ではない専門学校へアウトソーシングされ、かつ、高額授業料が親によって支払われている。国際人権条約は、これとは正反対の規範的命題を定式化しているのである。

6　学校設置基準の原理と構成

学校設置基準は、学校種別ごとの学校の編制にかかわる基準――〝学校編制基準〟と、地域における学校種別ごとの配置に関する基準――〝学校配置基準〟とに区別される。学校編制基準は、学級編制、学校教育組織編制、教師の勤務時間・週当たり授業時間、教員数、および施設設備から構成される。学校配置基準は、通学基準、学校規模（最大規模に関する基準）、学区、および学校環境基準から構成されることになる。

学校編制基準の原理は、教育的必要充足原則、すなわち子どもの成長発達を実現する教育に必要とされる条件を基準化しなければならないということである。そして、教育的必要の内実は、子どもの権利および教育学の最新の成果にもとづいて決定されるべきもので、現段階にあっては、子どもと教師との間の受容的・応答的人間関係、およびこれを基礎にしてはじめて展開することのできる教育・学習過程の実現に求められる。

子どもの権利（条約）理解の最新の成果によれば、その中核には、子どもがそこで主体的でありうる身近な大人との受容的・応答的人間関係を形成する権利が座り、子どものすべての生活の場面において、このような権利が実現されるべきことが要請されている。[*16] そして、この考え方に刺激を受けた最新の教育学研究の成果では、受容的・応答的人間関係は、教育・学習過程を補足するカウンセリングとしてだけではなく、教育・学習過程全体をつらぬいて必要とされることが明らかにされている。[*17] 学級は「教師が、学級内に受容的・呼応的関わりとその延長線上にある認知葛藤的かかわりを形成しうる（最大の）単位」と定義づけられ、学級編制の基準はどんなに多くとも三〇人が限度とされているのである。[*18]

学級編制基準の次に、学校教育組織編制、すなわち、必修科目名、科目以外の教育課程の構成要素、および、標準時間数に関する基準が座る。さらに、先の受容的・応答的人間関係を確保し、かつ、教師による創造的な授業を可能にする授業準備時間を確保することを考慮して、教師一人当たりの週当たり授業時間数が定められる。科目名・標準時間数・教師一人当たりの授業時間数が定められてようやく、教員数に関する基準を確定することが可能となる。そのうえで、教育条件の一つとなる教員給与の基準が定められ、地域における労使間交渉により、基準への上積みが決定される。最後に、学校教育組織編制にもとづいて必要とされる施設設備に関する基準がくわわる。こうして、一つの学校の人的および物的編制の全体像が明確になるのである。

学校配置基準は、地方教育委員会（地教委）が管轄する地域における学校設置のあり方を決定する基準である。学校配置のあり方は、子どもの通学時間、子ども集団と教師集団との集団としてのまとまりの水準、地域における子ども間・家庭間の人間関係の質、および、学習環境のあり方を決定的に左右する。たとえば、通学時間がとても長かったり、学校が大規模なものであったりすれば、他の学級の子どもおよび担任以外の教師との人間関係が希薄となり、学校における人間関係の親密性が学校全体において失われ、子どもが日常的に学校で享受する人間関係の質に多大なマイナス影響を与える。学校配置基準は、通学時間を考慮したうえで、学校における人間関係の全体としての親密性を確保できるものに学校の規模をとどめることを考慮したもの——最大規模規制の不可欠性——でなくてはならない。

学区を広域化し、多数の学校を一つの学区に編制し、学校選択制度を導入すれば、子どもの編制はいわゆる学力だけを基準にして行なわれることになり、子どもが学校で享受できる人間関係を単純化し、また、子どもの人間としての成長発達にとって重要な生活圏における人間関係を喪失させる。地教委が学区の設定を行なう場合には、これらの事柄が要考慮事項となる。

7 財政移転制度をコントロールする共通基準法の必須性

連邦国家制をとらない日本国憲法においては、人権の実施にあたっては、中央政府および地方政府それぞれが異なった機能を分担し、両政府が共同しなくてはならない。

教育を受ける権利の実施については、憲法および地方自治法のもとに、教育が地方の事務とされ、初等中等学校を設置・運営する主要な主体として市町村と都道府県が位置づけられてきた。戦前において、中央政府が国策的公教育管理権限を掌握し、地方政府が公立学校設置・運営義務および、財政負担義務を負っていたのに対して、戦後においては、公教育管理、学校設置・運営、および財政を地方政府が一元的に管理すること、すなわち教育の地方自治原則が確立したのである。

教育の地方自治原則のもとで学校設置運営に中心的な役割を果たすべき地方政府は、設置者負担主義の建前により財政責任をも負う。しかしながら、固定資産税などの地税を中心に税源が構成されている地方政府単独では、その財政責任を果たすことは困難である。そのため、資本主義経済のもとで地税よりもはるかに増加し、伸縮性に富む、所得税や法人税などの人税を中心に税源が構成されている中央政府からの財源移転が必須となってきた。

そして、日本国憲法のもとにおいて、教育が権利として位置づけられ、教育という現物給付の全国的平等性を確保することが政府に義務づけられているゆえに、中央政府が裁量的に行なっていた教育のための財政移転は、権利実現のためのものと位置づけ直されることになる。教育の地方自治原則のもとにおいてもなお、現物給付の全国的平等性を確保するためには、中央政府による財政移転が絶対不可欠なのである。

もっとも、教育にかかわる財政移転制度には、それが、資本形成には直接貢献しない、非資本形成に財源をあてるものであるために、財源移転量をカットし、あるいは、教育が国策遂行に貢献するかぎりにおいて移転を許容する、という政治的な力が必然的にはたらく。そして、地方政府もまた資本主義経済のもとにある以上、いったん地方政府に移転された財源にも同じ力がはたらかざるをえない。したがって、財源移転対象およびその量を決定する中央政府の財政当局の裁量、ならびに、移転された財源の使途と量を決定する地方政府の財政当局の裁量をコントロールするための特別の仕組みが教育財政移転制度には必要とされる。

この特別の仕組みの中心に座るのは、全国すべての子どもの教育的必要を充足することのできる条件を規定した法律である。これは、最低基準法、ないしは、ナショナルミニマム・スタンダードと呼ばれてきたのであるが、本章のこれまでの議論にもとづけば、共通基準法、ないしは、ナショナル・コモン・スタンダードに関する法律と呼ぶことができよう。そして、すでに検討した学校体系基準および学校設置基準に関する法律は、共通基準法として定められるべきものとなる。共通基準法は、基準が教育的必要の充足という観点から設定されるべきものであることを宣言し、そのうえで、子どもの人間としての成長発達に普遍的に必要とされる諸条件を規定し、かつ、可能なかぎり、条件を量的な基準として設定するものでなければならない。共通基準法における定めは、学校設置者当局を拘束するものとなる。仮に、それが財政事情ゆえに即時的に実現できない場合には、実現すべき期間と期間中に到達すべき水準を明記し、学校設置者当局をそれに従わせるものでなくてはならない。中央政府は、共通基準法を地方政府が実施するのに必要とされる財源を地方政府に移転し、かつ、地方政府をして、それを共通基準法の実施のために支出させることを義務づけることが求められる。

共通基準法、学校設置者当局の拘束、および財政保障と財政支出の義務づけという連なりは、「あるべき基準立法案における『教育条件整備基準』は、財政援助基準である以前に、学校設置者当局を拘束する学校設置基準的性質のものでなければならないと考えられる。そしてそれに財政制度的保障が伴わしめられる、ということでなければならない」と指摘されてきたことである。[*19] この指摘に国庫負担制度をセットすれば、①教育行政による子どもの発達の必要性を充足する条件整備を全国的に実現し、②地方政府に移転された財源の一般政治的事情に対する配慮にもとづく政治的な利用に歯止めをかけ、教育行政の一般行政からの独立性を維持し、かつ、③共通基準を超える〝上出し〟を行なうことに、教育の地方自治原則が発揮される場面を設定することになる。

日本においては、このような主張は多数説ではなく、むしろ、教育の地方自治に重きをおく見解のほうが多数説でありつづけてきた。[*20] この見解の最も徹底したものは、①共通基準法の制定を是としながらも、その学校設置者当局に対する拘束性を否定して、法的拘束力のない基準としてのみ共通基準法は許容されるべきであるとし、②共通基準法における量的基準は、財政移転量をはかる財政基準を拘束せず、財政移転量は、たとえば、地方平衡交付金制度のもとで設置された行政委員会である地方財政委員会のような、地方財政を専門とする行政委員会にゆだねられるべきとし、そして、③地方自治体に移転される財源は、使途に限定のつかない一般財源として移転されるべきであり、地方自治体議会によって教育予算に関する決定が行なわれるべき、とする。

しかしながら、このような見解は、教育財政をめぐって中央政府および地方政府の財政当局にはたらく政治的な力を等閑視している。中央政府からの財政移転量は民主的にコントロールされず、財政当局がその裁量にもとづいて定めた財政基準によって左右され、教育条件整備の基準は財政移転制度にはたらく政治的な力の影響のもとにおかれることになる。また、財政移転を受けた地方政府における教育財政のあり方が、首長部局の予算案作成に関する裁量に、そして最終的には地方議会の判断にゆだねられてしまうため、地方政府内部における一般行政からの教育行政の独立性も失われてしまう。教育財政移転制度にはたらく固有の政治的な力を直視すれば、子どもの教育を受ける権利に対応する現物給付を実現するという目的のために、教育の地方自治原則には修正をくわえるべきであるし、そのような修正も当然に正当化されるというべきなのである。

『公教育の無償性を実現する』とのタイトルをもつ本書の最も基底的な主張は、政府は子どもの人間としての成長発達に必要な現物給付を行ない、かつ、現物給付をすべて公費でまかない、それを無償とすべきだ、ということになる。

8 本書の構成と用語法

本書の第Ⅰ部は、日本の教育法制においてなぜ学校制度整備義務および公教育無償化義務が不十分にしか実行されなかったのか、そして、一九八〇年代以降の新自由主義構造改革により、その不十分な義務が、どのような体制とロジックによって解体されることになったのかに焦点があてられる。そして、第Ⅱ部は、学校制度整備義務を構成する個別的基準に焦点があてられ、学校配置、教員給与、学級編制、および教材基準がこの六〇年間どのような経緯をたどって現在の姿となり、何が必要とされているのかが検討される。さらに、第Ⅲ部は、公教育無償化義務に焦点をあて、この義務の不十分な履行のもとで、私費負担がどのような状況にあり、どのような政策により私費負担が推し進められ、それによりいかなる困難が生まれているのか、そして、それを克服するためにどのような法制と運動が必要とされているのかが検討される。最終章では、第Ⅰ部から第Ⅲ部における検討の結果立ち現れる教育法制の基本的な骨格とそれに必要な財政量が示される。

最後に本章における公教育費の分類の仕方と用語法について最小限の説明をくわえておきたい。本書においては、公教育費を、①土地を購入し、校舎などの施設を建築し、設備を整え、さらには、教師を雇うための費用、②学校施設・設備を維持し、教師の専門的能力を維持・向上させるなど、学校を運営するための費用、そして、③子どもが学校に通学し、学校の教育課程のもと学習活動を行なうための費用の三つに分類する。①についてはとくに総称を設けることなく、それに含まれる費用を建築費、人件費、給与費などと呼んでいる。これに対して、②を総称する場合には学校運営費、③を総称する場合には学修費という用語を用いることにした。


このような三分法を採用する実質的な理由は、最終章において説明されるが、公教育費の最終的な決定を議会が行なうとしても、①から③において費用が支出されるモノの内容と水準を決定するにあたって鍵となる役割を果たすべき主体が異なっているからである。①については、議会が支出の対象となる学校制度的基準を決定し、②については、個々の学校の実情を反映したものでなくてはならず、③については、個々の教職員の専門的判断や教職員集団の自治的判断によって支出の対象となるべき事柄が決定されるべきことになる。公教育は異なった権限、権利、そして責任をもつ多様な主体が協働して運営されるのであり、公教育費は協働の仕方の違いに応じて分類されるべきなのである。

本書の採用する三分法と類似する分類は、戦後教育改革期に立案された学校財政法要綱案においてすでに示されていたのであり（第1章）、本書は戦後教育改革の理念を具体化しながらも実行されることはなかった教育財政法制プランを継承・発展するものということになる。そして、同要綱案が②を学校維持費と呼び、③を「学修に要する費用」と読んでいたのをふまえて、②についてはアレンジをくわえて学校運営費と、そして、③についてはその用語法を踏襲して「学修費」と呼ぶことにした。[*21]

日本における教育財政制度および教育条件整備制度は、研究が不在の巨大な空白となりつづけてきた。新自由主義構造改革によりそれらが融解している状況を目の当たりにして、それらがどのような考え方にもとづいて、どのように回復されるべきなのか、という問いにとりくもうとしても、依拠すべき先行研究はきわめて脆弱であった。本書の準備にあたっては、これまでの研究における空白を埋める作業を行なわざるをえず、結果、本書は、教育条件整備基準と教育財政移転制度の融解という状況を改革する場合に必要とされている視点、理論、歴史認識、および、現状認識を、権利論、法制論、実態論、そして、運動論の各次元において包括的に検討するものとなった。本書に、『教育財政法の再構築』という副題をつけた理由はここにある。

◉注

＊1　憲法一三条の規定する生命、自由及び幸福追求に対する権利は、「自由権的基本権に属すべきもので……、これに積極的に国家の関与によって幸福を求めるところの二〇世紀的な生存権勤労権等をふくましめるのは正しくない」（法学

協会編『註解日本国憲法』上巻、有斐閣、一九四八年、一五六〜一五七頁)。

＊2　同前、二四四頁。

＊3　同前、二四八〜二五〇頁。

＊4　同前。

＊5　佐藤幸治『日本国憲法論』成文堂、二〇一一年、一七七頁。

＊6　菊池馨実『社会保障の法理念』有斐閣、二〇〇〇年、一四三頁。

＊7　憲法学と社会保障法学においても、一三条の意義を、個人の人格的自律ないしは個人の生の尊重に求め、それを基礎にして二五条の意義を押さえる議論が有力となっている(前掲、佐藤『日本国憲法論』三六一〜三六二頁。前掲、菊池『社会保障の法理念』一三九〜一四九頁)。もっともこの議論は、社会保障法制に焦点があてられているためか、受給者による金銭的負担のあり方として応能負担または保険制度を憲法的要請と論じる傾向にあり(同前、一四五頁。菊池馨美『社会保障法制の将来構想』有斐閣、二〇一〇年、二〇〜二一頁。尾形健『福祉国家と憲法構造』有斐閣、二〇一一年、一三〇頁)、また、「最低限度の生活」の意味についても、「国および社会におけるフル・メンバーシップの損なわれない生活……」とされるにとどまっている(遠藤美奈「『健康的で文化的な最低限度の生活』再考」飯島昇蔵・川岸令和『憲法と政治思想の対話――デモクラシーの広がりと深まりのために』新評論、二〇〇二年、一〇五頁、一二四頁)。

＊8　佐藤幸治『憲法〔第三版〕』青林書院、一九九五年、四一〇〜四一五頁。

＊9　北海道学テ最高裁判決(最大判一九七六・五・二一)、刑集三〇巻五号六一五頁。

＊10　兼子仁『教育法〔新版〕』有斐閣、一九七八年、二三一頁。

＊11　同前、二四七頁。

＊12　世取山洋介「教育改革および教育基本法改正論の新自由主義的側面の批判的検討」『法律時報増刊　教育基本法改正批判』日本評論社、二〇〇四年、一四頁。

＊13 前掲、兼子『教育法〔新版〕』注X、三八三頁。
＊14 同前。
＊15 M・フリードマン（熊谷尚夫ほか訳）『資本主義と自由』マグロウヒル好学社、一九七五年、一〇〇頁。
＊16 世取山洋介「子どもの意見表明権のVygotsky心理学に基づく存在論的正当化とその法的含意」『法政理論』三六巻一号、二〇〇三年、一二三頁。
＊17 田中孝彦『子ども理解』（岩波書店、二〇〇九年）を参照。
＊18 笠井悠『学級と学級力に関する研究』（二〇一〇年度新潟大学教育学研究科修士論文）二頁。
＊19 兼子仁「教育条件整備基準立法案をめぐる法制的前提問題の検討」兼子仁・市川須美子編著『日本の自由教育法学』学陽書房、一九九八年、二四七頁、二六一頁（初出一九八四年）。
＊20 内沢達「教育条件基準と教育財政制度・改革試論」日本教育法学会教育条件整備法制研究特別委員会『教育条件法制研究』五号、一九八四年、一頁、七〜八頁。小川正人『戦後日本の教育財政制度の研究』九州大学出版会、一九九一年、二五九頁、二六三〜二六四頁。
＊21 教科書、教材、学用品のほか、おそらくは給食や修学旅行も含めて、それを「修学費」と呼ぶ学説もあった（永井憲一『憲法と教育基本権〔新版〕』勁草書房、一九八五年、九一頁）。この修学費ではなく学修費という用語を用いたのは、戦後教育改革の理念との連続性を明らかにしておきたかったという理由にもとづいている。

（世取山　洋介）

第 I 部

教育条件整備基準の確立

第1章 教育条件整備基準立法なき教育財政移転法制

成立、展開、そして、縮小と再編

1 戦後教育財政移転法制史の時期区分

本章の目的は、教育条件整備法制の貧困を生み出すにあたって決定的な役割を果たしてきた教育財政移転制度に焦点をあて、教育条件整備基準立法なき教育財政移転制度の成立（一九四五年~五〇年代中盤）、展開（五〇年代中盤~八〇年代初頭）、および、縮小・解体と再編（八〇年代初頭~現在）を概観することにある。*1

教育に限らず、財政移転制度は、まずは、財政移転量の具体的算定基準の有無を基準にして、①中央政府から移転される財源量を、購入すべきもの、そのあるべき単価と購入量に関する基準をもとに決定するもの、②それとは無関係な基準をもとに決定するものに区別される。いずれも、財政移転後における地方政府による使途の義務づけの有無を基準にして、使途に制限を付して使用させるものと（①－a、②－a）その使途に制限を付さないもの（①－b、②－b）に区別される。なお、使途の制限づけをともなう「a」の亜種として、いくつかの費目をその一括された費目間での流用を認めるものがある（①－a'、②－a'）。日本においては、「①－a」、および、その亜種である「①－a'」に国庫負担金・助成金制度が、「①－b」に地方交付税制度がほぼ該当してきた。

すでに序章でみてきたように公教育においては財政移転制度にはたらく政治的な力を駆逐化することのできる特別な仕組みが必要であり、また、子どもの教育人権の全国的平等保障を達成するためには、以下の四点が実現されねばならない。すなわち、①教育条件整備基準に関する全国共通基準立法――以下ではたんに、教育条件整備基準立法――を教育財政移転法にセットすること、②教育条件整備基準によって教育財政移転法における財政基準をコントロールすること、③教育条件整備基準立法を学校設置者当局に対して拘束的なものとすること、そして、④移転された財源の使途に限定をつけることである。

しかしながら、戦後日本においては、ほとんどの場合このような仕組みは整っておらず、例外的にあったとしても、不十分なものにとどまってきた。その例外とは、公立義務教育諸学校の学級編制及び教職員定数の標準に関する法律（以下、義務教育標準法）および高校標準法の二つである。ただし、この二つの標準法は、子どもの教育的必要充足原則にもとづいて学級編制等の基準を定めるものとはなっておらず、教育条件整備基準立法としては不十分なものであった。圧倒的に多くの場合は、国庫負担金制度、助成金制度の内部に、移転されるべき財政移転量を決定する財政基準が設けられるにとどまり、本来到達すべき教育的必要を下回る基準が財政基準として設定されてきたのである。さらに近年は、新自由主義にもとづく財政移転制度改革により、個別助成金制度がほとんど消滅したうえ、国庫負担金制度および地方交付税制度における財政基準の下限、すなわち、自治体による〝下出し〟を禁止する基準としての性格が緩和され、逆に、〝下出し〟を行なうためのルールが整備されてきている。さらにいえば、教育的必要充足という建前をも放棄し、教育的必要充足とはまったく無関係に財政移転量を決定し、それぞれを「②－a」および「②－b」に移行させる動きが展開しているのである。

本章において概観される教育財政移転制度の展開における最も大きな特徴は、①戦後教育改革期において、包括的かつ体系的な教育財政移転法制、およびそれとセットになるべき教育条件整備基準立法が構想倒れとなったために、教育条件整備基準立法および教育財政移転法に巨大な空白が生まれたこと、これに対し、②その後拡大しつづける国民の下からの教育要求を目の前にしながら、政権与党、政権与党内のさまざまな政治的潮流、財務関係省庁（大蔵省と自治省）、および文部省が、その時々に、それぞれの力関係にもとづいて、アドホックに政治的合意を形成し、この空白を埋めていった、ということにある。戦後教育財政移転制度の展開は、政治情勢や政治的力関係に翻弄されてきた歴史と言い換えることもできる。そして、これゆえにこそ、戦後教育財政法制には、経済政策、行財政政策および、与党政治支配の手法が色濃く反映することになった。

戦後における教育財政移転制度は、一九四七年における日本国憲法の施行以降、大きく分けて三つ（細かくみれば六つ）の時期をへて現在に至っている。

第一期は、一九四七年から五〇年代中盤までの時期であり、戦後教育改革をへて、その後の経済成長期において発展をみることになる教育財政移転制度の原型が形成された時期である。この時期はさらに一九五〇年における地方平衡交付金制度を境にして、前半と後半に区分される（第2節）。

第二期は、一九五〇年代中盤から八〇年代初頭までの時期である。この時期においては、下からの教育条件整備の確立・拡充の要求に対応するなかで、教育条件整備基準立法なき教育財政移転制度の質的向上および量的拡大がはかられる。この時期はさらに、一九六〇年代終盤までの時期および、それ以降の時期に区分される（第3節）。

第三期は、一九八〇年代初頭以降、現在に至るまでの時期であり、新自由主義行財政改革という大きな波に飲まれ、不十分な教育条件整備基準法制および財政移転法制さえもが、その量的縮小と質的劣化をみている。そして、競争という新しい管理のテクノロジーとしての財政移転制度が次第にその姿をあらわしているのである。第三期はさらに一九九〇年代中盤を境にして前半と後半に区分される（第4節）。

概観すると、第一期において、戦後教育改革の理念にもとづく教育財政移転法制の〈像〉から相当に後退したラインの上に成立した原型のうえに、第二期においては、論者のいうところの日本における開発主義国家の展開のもとで、[*2]その性格を色濃く反映した教育財政移転制度が、福祉国家型制度を片隅に追いやるかたちで展開し、そして、第三期においては、新自由主義という政治原理にもとづいて、開発主義国家型教育財政移転制度さえもが次第に縮小・解体させられたものの、新自由主義型教育財政移転制度がその姿をなかなかあらわせないでいる、ということになる。以下、この時期区分にそって詳しくみていきたい。

2　教育条件整備基準立法なき三層型教育財政移転制度の成立

(1) 実現されるべき教育財政移転制度の模索

本来的課題の所在

戦後教育改革における、教育財政移転制度をめぐる本来的課題は、改革をリードする三つの制度原理、すなわち、①教育と教育行政の区別、②教育行政の一般行政からの独立、および、③教育の地方自治にもとづいて、戦前からの歴史をもつ義務教育費国庫負担制度[*3]を改革することにあった。

これらの三つの制度原理は、それぞれ次のことを意味している。

第一は、教育とは区別される教育行政は、子どもの人間としての全面的発達のための教育を可能にする条件の整備をその任とすべきこと。第二は、そのような教育行政が、一般行政において展開される政治的利害の影響からできるかぎり自律して実行されなければならない、ということ。そして、その第三は、地方政府の事務とされた教育が、団体自治と住民自治にもとづいて実行されるべき、ということである。中央政府の財源構成と規模は、地方政府のそれとは性格・量を異にしていたため、制度原理の第三を、地方政府が財政的にも自律して公教育を維持すべきという命題と理解して運営することは、すでに不能となっていた。そこで、中央政府は、条件整備にかかわる独自の義務として、教育的必要の充足を可能とする教育条件整備基準を設定し、かつ、公教育の無償性の範囲を確定したうえで、この二つを全国平等に実現する財政移転制度の整備を引き受けることになる。それにともない、制度原理の第三も、中央政府が設定する全国的最低基準のうえに、それを超える条件整備を地方政府独自の判断によって行なうものと位置づけ直される必要があった。

だが、戦後当初において日本の関係当局は、この本来的課題を受けとめていたわけではなかった。「教権の独立」論にもとづいて全額国庫負担制度がまずは構想されるが、この構想が、教育行政の地方自治原則を無視するものとして退けられると、今度は、アメリカ教育委員会制度をモデルとして、独自の税源（固定資産税）および課税権をもつ教育委員会制度の確立に焦点があてられた。[*4]〈公費負担の要請を盾とする徹底した中央集権的教育財政制度という極と、公費負担原則の要請を脇におく徹底した地方分権的教育財政制度という極との間を揺れ動いたのである。

この二極の間の振れが克服され、本来的課題の認識とそれへの応答がなされるようになる契機をつくったのは、一九四八年七月に公布・施行された教育委員会法であった。連合国最高司令官総司令部（GHQ）は、軍国主義教育を支えた中央集権的教育行財政を克服するために、まず地方教育行政組織を確立し、そののちに中央教育行政組織を整備するという手順をふんだ。教育委員会法の公布・施行により、教育条件整備基準、そして、教育財政移転制度にかかわるそれを含めた、文部省の権限と組織のあり方が検討される前提ができあがったのである。

本来的課題への応答のための法制的駆動力

本来的課題の所在とそれへのあるべき応答を文部省内において最初に感得していたのは、当時の学校教育局庶務課長であった内藤誉三郎であったとみられる。内藤は、一九四八年秋に、全国的な学校制度的基準を確立し、かつ、地方政府における教育行政の一般行政からの独立性を財政面で強化する仕組みを確立する必要性を指摘し、「校舎、校地、設備等の物的施設の基準と教員の資格及び定員の基準、教科内容及び授業総時数の基準等の国家的基準」に、「これ等の基準を保障するため教育財政殊に学校教育財政[*5]」をセットすべきとの構想を公にしている。

そして、文部省による組織的な応答は、一九四八年一〇月に公布された学校教育法施行規則改正および、四九年五月に公布された文部省設置法の起草と同時並行的に行なわれている。[*6] 教育委員会法制定時には、三つの制度原理と具体的な制度とをつなぐ制定法が、教育条件整備基準および教育財政移転制度については不在となっていた。その不在を、まずは、文部省の所掌事務を規定し、次に、それに合わせて関係法を整備することによって埋めるという手順がとられていく。[*7]

一九四七年に施行された教育基本法（以下、教基法）は教育財政に関する規定をおいておらず、教基法と同時に施行された学校教育法も、学校体系と学校組織については周到な規定をおいていたのだが、条件整備については、三条で、「学校を設置しようとする者は、学校の種類に応じ、監督庁の定める設備、編制その他に関する設置基準に従い、これを設置しなければならない」とし、学校種別ごとに省令によって規定すると予告するにとどまっていた。法施行の約二か月後に施行された学校教育法施行規則は、学校教育法三条を受けて、小中学校については、学級編制の標準と教員配置基準をおおまかに規定していた。だが、それ以外の基準を将来に定められるそれぞれの「設置基準」（省令）にゆだねるとするにすぎなかった（一六条、五一条）。ただし高校については、基準の公表が予告され（五六条）、翌一九四八年冬に「高等学校設置基準」が公布され、学級定員の標準および教員数算定基準、ならびに、施設・設備に関する基準が明らかにされた。そして、これらの学校設置基準を実施するのに必要な財政制度に関する規定は、学校教育法にも、その施行規則にも不在であった。

これに対して、一九四八年一〇月に公布された改正学校教育法施行規則には八一条の二が新たに設けられ、「この省令は、……学校の教科、設備及び編制の基準に関して規定する法律が定められるまで、暫定的に効力を有するものとする」とされた。これは、学校種別ごとの設置基準（省令）により教育条件整備基準を規定するという学校教育法三条の予告を変更し、包括的に教育条件整備基準を規定する一つの法律の制定を告げるものであった。[*8] そして、一九四九年に制定された文部省設置法が、教育条件整備基準立法に関するこの新たな予告、および、学校財政立法づくりをリードしていくことになる。

文部省設置法は、四条で「文部省の任務」を規定し、それを受けて五条で文部省の「行政事務」を列挙していた。同法は、文部省の任務として、教育委員会等に専門的・技術的な助言を与えること（四条一号）、および、「民主教育の体系を確立するための最低基準に関する法令案その他教育の向上及び普及に必要な法令案を作成すること」（同二号）を掲げていた。これを受けて、その行政事務として、「小学校、中学校、高等学校、盲学校、ろう学校、養護学校及び幼稚園に関し、教育課程、教科用図書その他の教材、施設、編制、身体検査、保健衛生、学校給食及び教育職員の免許等についての最低基準に関する法令案を作成すること」（五条二五号）を規定していた。教育財政に関しては、文部省設置法とあわせて制定された文部省組織規程において、初等中等教育局の筆頭課である庶務課の所掌事務として、[*9]「学校財政の確立に関し、資料を収集し、及び企画立案すること」（九条四号）が掲げられ、法定化されるはずの最低基準の実施を財政的に裏づける「学校財政」のあり方の立案が庶務課の任務とされた。最低基準を包括的に示す法律と、それと対になる教育財政移転制度に関する法律の制定という構図が示されていたのである。

そして、文部省設置法は、文部省の地方政府に対する関与の手法にかかわって、助言を原則とし、「法律（これに基く命令を含む）に別段の定がある場合」に限って、「行政上及び運営上の監督」を行ないうるとしていた（五条二項）。また、初等中等教育の所掌事務の一つとして「法律による最低基準に基く教育計画を推進助長し、且つ、その最低基準を超える初等教育、中等教育及び特殊教育の推進を指導すること」（八条二号）との規定を設けていた。条件整備に関する最低基準の全部または一部については監督という関与の手法を認め、地方政府による最低基準を上回る基準の実現については、指導による関与を認めるという考え方が示されていたのである。

学校基準法案と学校財政法要綱案

文部省は、学校教育法施行規則改正後、文部省設置法の起草と同時並行的に、教育条件整備の最低基準に関する法案および、その最低基準を実施するのに必要とされる財源を確保するための教育財政移転制度にかかわる法案を起草し、「学校基準法案」（一九四九年二月三日付）[*10]、および、「学校財政法要綱案」（同年三月二六日発表）[*11]としてとりまとめる。

学校基準法案は、小学校、中学校、高校および大学等の「教育課程、編制並びに施設および設備に関する基準」（一条）を定めることにより、「学校教育の水準の維持向上を図ることを目的」としている。そして、この法律における基準を、「学校において正常な教育を行うため、必要且つ最低の限度」（二条。傍点――引用者）のものと性格づけ、教育条件整備最低基準が、教育にとっての〝必要性〟という観点から設定されるべきものであること、すなわち、〝教育条件整備基準の教育的必要充足原則〟と呼びうるものを規定していた。[*12] この法案において基準設定の対象となっていたのは、教科名、教科以外の自由研究、各教科および自由研究の時間数、一クラス当たりの子どもの数（小中高ともに四〇人）、教員および事務職員の数の算定基準、子ども一人当たりの施設・校庭の面積、ならびに、備えられるべき施設・設備である。これらは学校制度的基準の範囲に収まるものとなっていた。

この法案と対になる学校財政法要綱案は、「学校基準法（未定）に定める学校の教育課程編制及び施設の充実」をその目的として掲げ、別に政令において定める、学校維持経費、教職員の給与・研修費、教科書および学用品等の教材費その他学修に要する経費、ならびに、学校施設費に関する「算定基準」にもとづいて算出された費用のうち、義務教育については半分を、高等学校、幼稚園および特殊学校についてはその三分の一を国庫負担とすることを内容としていた。学校基準法案で基準化されていなかった、教科書および学用品などの教材をも国庫負担の対象とし、小中学校については、無償の範囲を授業料だけでなく、教材などの学修費にも拡大することを明らかにしていた。高校については、授業料の徴収を予定していたのだが、それでもなお、その上限を学校経常費の五分の一としていた。

先の三つの制度原理からこの二つの法案をみた場合、その最も大きな特徴は、制度原理の第一に由来する中央政府の固有の義務を、しっかりと実行させるものになっていることである。教育条件に関する最低基準を、財政制度のもとで設定される移転財政量を決定する財政基準からは独立させ、それを別個の法律に包括的に規定すると同時に、教育条件に関する最低基準に従わせるかたちで財政基準を設定する仕組みを採用していた。また、教育条件に関する最低基準に地方政府に対する拘束力をもたせ、さらには、小中学校における学修費を無償化し、高校については学修費の私費負担に限界を設けていたのである。

そして、制度原理の第二（教育行政の一般行政からの独立）、および、制度原理の第三（教育の地方自治原則）についても、次のようなかたちでそれぞれを満たすものとなっている。最低基準に地方政府に対する拘束性をもたせることにより、地方教育委員会（地教委）は、最低基準の範囲内では、一般行政部局の政治的判断からの影響を受けることなく、教育を実行していくのに必要な費用が確保される。そして、学校基準法案は、「（設置管理の基本）」として、学校設置者が、「あらゆる機会において」、法案に規定された基準を「こえるように努めなければならない」（二条）と規定し、法案に規定された基準が、学校設置者である地方政府による〃上出し〃が可能な――あるいは〃上出し〃をすべき――最低基準であることを示している。

文部省設置法、学校教育法施行規則八一条の二、学校基準法案、そして、学校財政法要綱案という連なりは、中央政府による全国的教育条件最低基準の設定、それに対応する財政移転制度の創設、これらによる地方政府における教育行政の一般行政からの独立性の確保と、地方政府における一般行政、議会、地教委が一体となっての基準への上積みという骨格を提示している。

だが、教育法制史家が論難するように、[*13] 学校基準法案は、「不当な支配」禁止原則および制度原理の第三と緊張関係をもつ規定を含んでいた。すなわち、学校教育法において監督庁の権限として認められていた「教科」に関する事項の設定権限を「教育課程」に拡大し（一〇六条）、また、最低基準の地方政府による実行を確保するために、文部大臣の都道府県知事または教委に対する命令権限、および裁判所への請求にもとづく代執行権限を規定し（一〇一条）、相当に強い関与権限を文部大臣に認めていたのである。

だが、これらの緊張関係を解消することはそれほど困難なことではない。「教育課程」という文言に代えて、「教科等」という文言を用いれば「不当な支配」禁止原則との関係は解消できた。また、命令権限および代執行権限については、機関委任事務であっても、条例による〝上出し〟を行なうかたちでの地方議会の関与が許され、あるいは、奨励されること、および、命令権限と代執行権限の範囲が、法定化された最低基準の〝下出し〟に限定されることを明示的に確認する規定をおけば、緊張関係も解消できたはずである。さらに、地方政府による〝上出し〟への中央政府による財政補助や、当時の財政状況ではとうてい実現できない相対的に高い水準の教育条件整備基準を漸進的に実現するための財政計画を整えていれば、本来的な課題への理想的な応答となっていたものと考えられる。先の連なりは、戦後教育改革において実現されるべきであった教育財政移転制度の〈像〉を示していたものというべきであろう。[*14]

(2) 戦後教育改革からの逸脱と単層型財政移転制度の成立

占領政策の転換と地方平衡交付金制度

この〈像〉は、文部省内の構想にとどまり、法案が閣議に提出されることさえもなかった。その理由は、当時の財務当局者も指摘しているように、[*15] 法案のもつ中央集権的な性格が、一九四八年暮れ以降のGHQの対日占領政策の変更を受けて開始される財政制度改革とは両立しないため、受け入れられるものではなかったからであった。

一九四八年暮れ以降、GHQは占領政策のなかに日本の経済復興を新たに組み入れ、日本政府に、経済復興に重点をおいた金融・財政・経済改革を行なうよう、その要求を開始する。税政にかかわっては、所得税減税および国の財源の経済復興への重点的投下を、財政移転制度にかかわっては、地方自治の尊重および責任の所在の明確化の名のもと、国庫負担・補助制度の廃止と、一般財源を移転する仕組みへの一元化を求めた。[*16] この要求を受けて、一九五〇年に、戦前以来続く義務教育費国庫負担制度が廃止され、地方平衡交付金法が成立し、地方平衡交付金制度に一元化された単層型教育財政移転制度が成立する。

この制度は、地方財政委員会が設定した基準にもとづいて算定された基準財政需要を基準財政収入によって満たすことができない場合には、その不足分を中央政府の財源から使途に限定のない一般財源として地方政府に移転する、というものであった。学校基準法案と学校財政法要綱案に示されていた教育条件最低基準と算定基準との区別と関連づけは放棄され、逆に、算定基準に条件整備基準が吸収され、地方財政委員会の裁量的判断、つまり、政治的判断に教育条件基準が従属させられることになる。学校教育法施行規則において規定された条件整備基準、および、すでに存在していた高校設置基準は、地方平衡交付金制度のもとでの基準財政需要の算定基準となることはなかった。すなわち制度原理の第一がここに排除されたのである。

そして、財源が一般財源として地方政府に移転されるため、財政面において教育行政の一般行政からの独立性は、予算案決定権限が首長部局にある以上、弱められることとなった。その独立性を財政の側面で確保するための仕組みは、すでに施行されていた教育委員会法が用意するものに限定されることになった。同法では、教育委員会に、教育予算原案作成・送付権限（五六条）が認められ、知事が教委予算原案を減額する予算案を議会に提出する場合には、知事提案予算案に教委予算原案を「付記」しなければならないとされていた（五八条）。さらに、教育予算の基礎となる教職員定数については、それを定める条例案の作成および首長への送付権限が教育委員会に認められていた（六一条四号、六六条二項）。首長部局と教育委員会部局との間に教育財政に関して対立点がある場合には、議会での予算の議決過程で争点として位置づけられ、最終的には、次の首長選挙、議員選挙および教育委員会委員選挙で、民意によって決着がつけられる。このような手続き的な仕組みによってのみ、教育行政の一般行政からの独立性は確保されようとしていたのである。*17

単層型制度への文部省の対抗

文部省は、シャウプ勧告が公表された直後には、学校基準を法制化することにより、地方政府による予算作成をコントロールしようとしたのだが[*18]、地方平衡交付金法案が作成されてからのち、このかたちでの対抗をあきらめ、法施行後も含めて、順次三つの対応を行なっている。

第一は、地方平衡交付金法案が提出されることをにらみながら、一九四九年暮れから五〇年五月まで行なわれたものであり[*19]、地方平衡交付金制度から教育を独立させ、教育平衡交付金制度とでもいえる仕組みを創設せんとしたことである。地方平衡交付金制度の枠内で教育費を確保するために、児童・生徒数を費用単位とし、当時地方政府がその独自財源および地方平衡交付金の双方を用いて支出していた義務教育費の水準にまで標準財政需要を引き上げるべく新たな単位費用を設定し、さらに、一般財源として移転される財源を教育以外の費目に流用することを禁止し、教育についての標準財政需要額を現実に支出することを地方政府に義務づけるという構想である。これを具体化する「標準義務教育費の確保に関する法律案」[*20]は閣議決定まで行きながらも、地方平衡交付金制度の趣旨を歪めるとのGHQの意見により、国会への提出は断念された。

第二は、個別的にではあれ、とにもかくにも教育条件整備基準を法定化し、それによって財政基準をコントロールすることである。この典型は、国会に提出される予定と報じられた「学校施設基準法案」[*21]および、「学校の教育課程及び編制の基準に関する法律案」[22]に示されている。このいずれも、国会に法案として提出されることはなかった。これは、GHQが、シャウプ勧告以降、教育条件整備最低基準を財政基準と連動させることを地方自治あるいは民主主義に反するとしてそれを拒み、かつ、最低基準といってもその理念を法定化するにとどめるべきとの対応をとったためであったと推測される。[23]

第三は、義務教育における無償性を授業料から教科書および学用品に拡大することを目的としながら、当面、貧困家庭の子どもを対象に教科書および学用品費を給与・支給し、これらの費用の二分の一を国庫負担とする構想である。これは、「義務教育における無償性の促進に関する法律案（教科書の無償配布に関する補助法）」に具体化されており、法案の提出予定も報じられていたが、提出されることはなかった。[24]この構想は、新小学校一年生にのみ、教科書を無償給与する構想に縮小され、昭和二十六年度に入学する児童に対する教科用図書の給与に関する法律（一九五一年）[25]として成立している。この法は、「義務教育の無償の理想のより広範囲な実現への試みとして」（一条）、新小学一年生すべてを対象とし、その教科書を無償とするために、国がそれに要する経費の二分の一を補助することを内容としていた。

これらの三つの対応は、文部省が次第に、法定化されるべき教育条件整備基準を、時々の政治状況のもとにおける政治的判断にもとづいて選択するようになったことを示している。最低基準の設定と学校財政の確立という文部省に与えられた任務からの漸進的な後退である。また、義務教育における無償性の範囲を拡大する構想も、厚生省とのなわばり争いという面を有する。すなわち、一九五〇年に制定された生活保護法において生活扶助から教育扶助が独立し、教科書費および学用品費が教育扶助の対象とされたことから、無償性の範囲が授業料に固定化される危険性に対応する試み、あるいは、厚生省が教育扶助を管轄するのに対して、就学援助に関する事務を自らのもとにおく試みでもあった。それでもなお、個別的にではあれ、教育条件整備基準法定化への意思を、そして、義務教育の無償性が授業料に限定されることへの抵抗を示していたことは注目に値する。

(3) 三層型財政移転制度への移行

しかし、文部省は、遅くとも一九五一年六月頃には、平衡交付金制度の枠内での改革にも、そして、教育条件整備基準の法定化にも見切りをつけ、国庫負担制度の創設へと舵を切る。義務教育国家最低補償法(仮称)[*26]、あるいは、「最低義務教育費の国庫保障」[*27]と呼ばれていた構想は、義務教育費のうち給与費、学修費を含む維持費、および建築費を、学級の数を基礎に算定し、これらの総額と地方政府が一定の比率で課税して得られる標準財政収入(二分の一を負担することを想定)[*28]との差額を国庫から支出することをその内容としていた。たとえば、義務教育費国庫負担法(案)[*29]は、学級定員を五〇人とした場合に必要とされる教員数に国家公務員の給与を標準とした給与を乗じて給与総額を算出して、給与総額に三五%を乗じたものを維持費とし、建築単価に学級数を乗じたものに耐用年数の四〇年を除したものを建築費としていた。また、文部省の法案を基礎にして作成され、議員立法として国会に提出された義務教育費国庫負担法案においては、維持費が教材費に縮減されたものの、教員給与の総額に一〇%を乗じたものを教材費とし、その半額を国庫負担とするとしていた(二条一項、三項)[*30]。

これは、個別的な条件整備法の制定さえをもあきらめたうえで、国庫負担制度のなかに包括的な財政基準を組みこもうとする構想であった。教育条件整備基準の立法化からの全面的撤退という意味で、さらなる後退であった。

文部省、大蔵省、自治庁、地方財政委員会、全国知事会、全国都道府県教育委員会協議会、および自由党を巻きこんでの政争の結果、本法案は一九五二年、義務教育費国庫負担法として成立する。法案の審議においては、義務教育における国庫負担制度創設の正当化根拠、ならびに、財政移転量の算定方法、その対象が争点となった。国庫負担制度の創設は、義務教育が国民の国家に対する義務であるとの理屈によって正当化された[*31]。だがこの大層な理屈づけとは対照的に、負担対象は大きく削られ、教員給与の二分の一および教材費の一部だけが残された。また、教員給与についてある特定の量の支出を都道府県に義務づける仕組みは整えられなかった。このため、成立した法は、黄身と白身のぬけた「卵の殻[*32]」にたとえられることとなった。

成立した法の一条は、目的を規定し、「義務教育無償の原則」および「国民のすべてに対しその妥当な規模と内容とを保障する」ことを、国が「必要な経費を負担」することによって実現し、もって、教育の機会均等および教育水準の向上をはかるものとしていた。二条は、義務教育教員の給与等を負担する都道府県ごとに、国がその「実支出額」の二分の一を負担するとし、ただし、「特別の事情があるときは」、実支出額の二分の一負担という原則に対する例外を、「国庫負担額の最高限度」を定める「政令」により設定できるとしていた。そして、三条は、一条に言及されている「義務教育無償の原則」を実現するために、国が、義務教育における教材費の「一部」を負担するとし、その詳細を政令によって定めるとしていた。

二条に定められた「実支出額」の二分の一負担とは、教員の実員に対して支払われている給与の実額の二分の一を国が負担すること――いわゆる実員実額制――を意味している。当時の法制において学級編制の標準および教員定数を規定していたのは、省令である学校法施行規則であった。同規則では、五〇人を学級編制の標準としていたが、「特別の場合においては、この標準を超えることができる」との但書が付されていた（一八条）。また、教員配置の基準については、たんに、「校長の外、各学級毎に専任の教諭一人以上を置かなければならない」とされるにとどまっていた（二二条）。そして、市町村教委は、「小学校の学級の編制は、……都道府県の教育委員会の認可を受けなければならない」とされていた（二〇条）。学級編制の標準についての但書により、財政事情を理由とする五〇人を超える編制も、「特別な場合」に該当するものとして運用されていた。義務教育国庫負担法の制定によっても、一定数の常勤教員の配置と一定水準の給与の支払いを都道府県に義務づけることにはならず、また、都道府県に対する義務づけの水準に合わせて財源を移転すべきことを中央政府に義務づけるものにもならなかった。実支出額制ないしは実員実額制も、地方政府に対する義務づけが実質的には不在の「実績主義」[*33]と呼ばれるべきものとなっていた。そして、当時の地方財政の困窮のもとでは、都道府県が、教員定数および教員給与を低水準化させることは十分に予想されていたので、中央政府の財政当局からみれば、法制定後は財政支出が一時増加するものの、それ以降においては、低水準化する地方政府の支出の実績に合わせて、移転される財源量を縮小することができるようになっていたのである。

一九五三年度からは公立小中学校教員の給与の半分を国庫負担とする義務教育費国庫負担制度が実施され、この制度と地方平衡交付金制度の双方に股をかける制度が確立したが、翌年の五四年には、地方平衡交付金制度が、国税として徴収された財源の一定割合を地方政府の共同の財布に入れ、それを地方政府に移転する地方交付税制度へと変わる。そして、義務教育費国庫負担法の成立を前後して、戦前のそれを継承する、あるいは新しい個別教育振興制度が相当数、法制化される。[*34] この結果、一九五〇年代中盤までには、教育条件整備基準立法をともなわない、三つの層から構成される教育財政移転制度が成立をみることになる。

この制度を構成する第一層にあるのは地方交付税制度である。地方交付税法によって定められ、または、自治庁によって決定された費用単位、単位費用、購入量に関する基準にもとづいて基準財政需要額が算定される。そして、基準財政収入との不足分が移転されるが、それをどのように使うのかが地方政府の決定にゆだねられる（第1節で示した類型の「①－b」）。第二層にあるのは、教育条件のコアをなす義務教育教員給与の実支出額の二分の一および教材費の一部を国庫負担とする義務教育費国庫負担制度である。もっとも、すでに述べたように、それは学級編制および教員定数についての国家的最低基準をともなっていなかった（「②－a」）。第三層は、個別教育振興制度である。この制度のもとにおいては、希望する地方政府に、ある特定の事業のスタートアップのために必要とされる費用の一部が国庫補助金として中央政府から移転される。費用算定にあたっては費用単位などの算定基準が用いられ、かつ、それに従った支出が地方政府に求められていた（「①－a」）。

(4) 三層型制度の法制的基礎としての文部省設置法の大改正

三層型制度の法制的な基礎を提供したのは、義務教育費国庫負担法が成立した同じ年に大改正された文部省設置法であった。

改正文部省設置法は、文部省の任務に関して、「文部省は、学校教育、社会教育、学術及び文化の振興及び普及を図ることを任務とし、これらの事項及び宗教に関する国の行政事務を一体的に遂行する責任を負う行政機関とする」（四条）と抽象的に規定するにとどめ、文部省の固有の行政事務としての指導および最低基準設定を明示することを止めている。これと連動して、初等中等教育の所掌事務から、「法律による最低基準に基く教育計画を推進助長し、且つ、その最低基準を越える初等教育、中等教育及び特殊教育の推進を指導すること」との規定（旧八条二号）が削除され、たんに、「初等中等教育の基準の設定に関すること」（八条七号）とされた。

初等中等教育局内部の組織については、筆頭課であり局内の連絡調整と予算案・法令案の作成をも所掌事務としていた[35]「庶務課」の名称が「財務課」に変更され、それに続く課として「地方課」が新設された。そして、庶務課の所掌事務となっていた「学校財政の確立」に関する事務は、財務課のそれからは削除されている。文部省設置法改正に合わせて省令である文部省組織規程が改正されたが、その一か月後に、課の構成と所掌事務が政令事項とされたことを受けて、文部省組織令が制定される。[36]この文部省組織令は、「初等中等教育の教育課程、編制等の一般的基準の設定について連絡調整して法令案を作成すること」（六条四号）を財務課の所掌事務と規定していた。これにより、筆頭課である財務課が、財政的観点から各課の意向を「連絡調整」したうえで財政基準を設定し、それをもって教育条件整備基準に代えるという体制ができあがるのである。

(5) 戦後教育改革〈像〉からのジグザグ的後退の最終ライン

一九五〇年代中盤までに成立した三層型財政移転制度は、戦後教育改革〈像〉からの文部省によるジグザグ的後退の最終ラインを示している。包括的な教育条件整備基準立法を作成し、それに財政当局をも従わせるという最高ラインは、教育条件整備基準立法ぬきの単層型教育財政移転制度という最低ラインにまで後退する。その後、ラインを引き上げるために、個別的教育条件整備基準立法および無償性の拡大が構想され、さらには、教育条件整備基準に代わる包括的な財政基準を国庫負担制度のもとに法定化することが構想される。しかし、最終的には、義務教育教員給与についての具体的算定基準をもたない国庫負担制度を創設し、そのうえに、個別利益団体から圧力をいわばつまみ食いして、具体的算定基準をもつ個別的な国庫助成制度を数多く創設するというラインに落ち着いたのである。このラインは、最低ではなかったものの、当初の〈像〉からは相当に後退したものとなった。

三層型教育財政移転制度を、戦後教育改革をリードすべきであった三つの制度原理に照らしてみた場合、その基本的な難点として二つのことが浮かび上がってくる。

第一は、制度原理の第一の中核的な要請、すなわち、教育条件整備基準と財政基準の区別と関連づけを喪失させている、ということである。このことは内藤誉三郎も十分に意識していたものとみられる。内藤は、一九五〇年においては、「望ましい教育活動をあげ得るに必要な施設、設備、備品、人員等の質、量が合理的科学的に明らかにされれば、それにともなって必要な教育費が算出され、この必要経費が教育財政における収入の命題として与えられるわけである[37]」と的確にも述べていた。ところが、一九五三年になると、「形式的には教育行政の規模と内容が決定してから教育財政の規模が決定されるわけであるが、実質的には教育財政の規模によって教育行政の規模と内容が決定されることになる[38]」と述べるに至り、さらには、「最低教育費」さえも、「純教育的見地からの要請」すなわち「教育的要請[39]」から決められるべきではなく、「国家の一般財政と教育財政の調整によって決定されるべき問題であり、政治の課題である[40]」と断言してしまったのである。

第二の基本的な難点は、制度原理の第二、すなわち、教育行政の一般行政からの独立を地方政府レベルにおいて相当に弱化させていたことである。教育委員会法が廃止される一九五六年までは、教育委員会部局と首長部局の教育予算をめぐる対立を、民主的政治過程において争点として位置づける手続き的な仕組みが用意されており、これにより、財政面における教委行政の独立性が、不十分ではあれ確保されていた。しかし、一九五六年に教育委員会法が廃止され、地方教育行政の組織及び運営に関する法律（以下、地教行法）が公布、施行されると、教育委員公選制のみならず、教委の予算原案作成・送付権限も廃止され、この手続き的な仕組みさえもが失われる。教育条件整備基準立法なき義務教育費国庫負担制度のもとで、地教委は、教育予算編成に関して、丸腰で知事部局に向かわなくてはならなくなったのである。

3　与党政治支配下での三層型制度の展開

(1) 国民の教育要求への〝応答〟と内在化する問題の類型

一九五〇年代前半に確立した条件整備基準立法なき三層型教育財政移転制度は、その後、国民の下からの教育要求の拡大に刺激を受けて、七〇年代終盤まで、質的な変化、および、量的な拡大をみる。

一九五〇年代後半以降において拡大する国民の教育要求は、教育財政にかかわって四つの課題を提起した。①「すし詰め学級」を解消し、学級を小規模化すること。②戦後の財政難のもとで常態化した私費負担体質を改善し、私費負担の範囲と量を減少させること。③教師の無定量の労働時間に規制をくわえ、教師による創造的自主的教育活動の実行を可能とする労働時間制度を確立すること。そして、④高校教育への進学者数・率の増大のもと、高等学校の数を拡大するための財政移転制度を整えることである。

これらの国民の下からの教育要求への法制的な対応は、一九五〇年代終盤から六〇年代前半までの時期、および、七〇年代前半の時期に集中的に行なわれている。一九五〇年代終盤から六〇年代前半に、義務教育の学級定数および教員定数、ならびに、高校の教員定数についての教育条件整備基準が立法化され、また、貧困層の子どもを対象とする就学援助が法制化され、義務教育教科書が無償化された。そして、一九七〇年代前半においては、義務教育教員給与およびその労働条件についての財政基準が立法化され、私学助成が七〇年から予算措置として開始され、七五年に法制化されている。

教育条件整備基準なき三層型制度の質的変化、それも、質的に優れた変化は、一九五八年に、義務教育標準法によってもたらされる。義務教育標準法により、三層型財政移転制度の第二層に法定化された条件整備基準がセットされ、この条件整備基準に従った支出が地方政府に義務づけられ、その実支出額の二分の一を中央政府が負担すべきものとされたのである。学校基準法案と学校財政法要綱案のセットが、学級定員および教員定数について実現したと言い換えることもできる。

だが、二つの標準法に規定された条件整備基準も、必要充足原則にもとづいて設定されるべきことが明文化されなかったために、与党、財政当局、そして文部当局の間の抗争にはたらく政治的力を駆逐化するものとはならなかった。また、条件整備基準立法と呼びうる法律は、その後、義務教育標準法のほかは、同法制定の翌年から起草が開始された、公立高等学校の設置、適正配置及び教職員定数の標準等に関する法律（一九六一年。以下、高校標準法）が制定されるにとどめられている。

そして、高校標準法よりあとは、教育条件整備基準の確立という考え方は後景に退き、質的に優れた変化は、一九六〇年代初頭に終了する。[*41] 以後は、経済発展により国民の富を増加させていくという考え方や、一九五〇年代初頭以来の、国民の国に対する義務としての義務教育という考え方にもとづいて、教育財政法制の整備・拡大が行なわれていく。この結果、一九七〇年代終盤までにかけて展開する三層型制度は、三つの基本的な問題を教育財政法制に内在化させることになった。

第一は、義務教育標準法に典型的に示されているのだが、条件整備基準が立法化され、そこに示された基準を実施するのに必要な財源の一部の負担を中央政府に義務づけることができたにもかかわらず、財政移転量を抑制させる政治的力を駆逐化できなかった、ということである。義務教育標準法に規定された条件整備基準は、財政移転量を抑制する仕組みを内在化させていたため、同法は、基準を引き上げていく下からの力を抑制するように運用されていくことになる。

第二は、条件整備基準または財政基準を何について設定し、国庫負担制度または地方交付税制度のいずれをそれにセットするのかという問題への応答が、当時の与党の基本政策である高度経済成長政策と適合するのか否か、あるいは、文部省による公教育の官僚統制に資するのか否かという基準にもとづいて行なわれることになった、ということである。すなわち、高度経済成長という国益に資する教育予算、および、高度経済成長政策のもとにおける収入増の機会から外された貧困層向けの選別的給付については、国庫負担制度をセットすることが原則とされた。そして、この原則に対する例外として、公教育の官僚統制に必要な場合には、普遍的な給付に国庫負担制度等をセットすることが容認されたのである。

この基本的な問題は次の四つにあらわれている。①国庫負担制度は公立高校のための財政移転制度としてごく例外的な位置しか占めえなかったこと。②義務教育における学修費が原則として私費負担とされ、貧困層の子どもの学修費、ならびに、義務教育教科書および教師の使用する教材が例外的に公費負担とされたこと。③教員給与の向上が、学校における教育職の階層化と引き換えになされたこと。そして、④私立高校助成制度が、当時の与党によって教育を超えて採用されていた統治手法、すなわち国を通しての地方および土建業等への富の再配分を具体化するものとなったことである。

この時期においては、文部省による官僚統制に資するものへの財政支出量の増大が顕著であった。これは、文部省官僚統制の一手法として、教育財政移転制度が位置づけられ、官僚統制型教育行財政制度が確立したことを意味している。教育内容の官僚統制が、三層型教育財政移転制度の確立・展開と並行して、一九五二年から五八年までに確立していたのに対して[*42]、六〇年代初頭に、教育の外的事項にまでそれが拡大したのである。このことと表裏一体の関係になるのだが、子どもの必要に応える学級編制の標準が整えられず、すべての子どもの学修費の公費負担化も放棄され、さらには、公立高校に関する財政移転制度として国庫負担制度がほぼ全面的に否定されたために、本来であればこれらに関する支出が飛躍的に増加すべきであったにもかかわらず、そうはならなかった。「抑制的教育費法制」[*43]と称される中央政府の文教予算は、本来であれば、なされるべき支出がなされず、たとえなされたとしても、政治的な決定に左右され、その量が増加しなかったために生まれたのである。

第三は、財政支出を基礎づける算定基準を整備しなかったがゆえに、かえって、教育条件の悪化を招く事態さえも生み出した、ということである。たとえば、教師の超過勤務にかかわって、労働時間分析および管理をふまえたうえで、その実情に合わせて手当を支給するのではなく、四%の調整手当を一律支給することとした、国立及び公立の義務教育諸学校等の教職員の給与等に関する特別措置法（一九七一年）、給与面における教育公務員の優遇措置を義務づけた、学校教育の水準の維持向上のための義務教育諸学校の教育職員の人材確保に関する特別措置法（一九七四年）はその例となる。この二つの法律は、労働時間分析およびその管理を欠如させた教員給与制度を確立・展開させ、教師の無定量な労働時間を帰結させたのである。[*44]

以下では、本書における他の章との重複をできるかぎり避け、以上の三つの基本的な問題の第一および第二がどのようにあらわれたのかを、三つのトピックをとりあげて検証することにしよう。三つのトピックとは、①義務教育標準法および義務教育費国庫負担法の連動による学級編制の標準・基準および教員定数の管理、②学修費の公費私費負担区分にかかわるルール、および、③高校教育に関する財源移転制度である。

(2) 条件整備基準の部分的立法化の意義と限界

義務教育標準法の意義

三層型制度の第二層にあった義務教育費国庫負担制度が、学級定員および教員定数に関する法的な規制力を実質的に欠いていたために、地方財政の窮乏のもとにおいては、都道府県による予算措置の低下に合わせて、国庫負担額を減らすものとなることはすでに述べたとおりである。地方財政の窮乏は、一九五〇年以降顕著となり、五三年度からの義務教育費国庫負担法施行以降も、さらにその度合いを強めていった。都道府県中の赤字団体は、一九五〇年の二一から五五年の三六に増え、赤字額も七二億円から二五六億円に増えていた。*45 赤字団体数およびその額の急増の理由は、一九五〇年に朝鮮戦争が実質終了したあとの不景気によって税収が大幅に減少した一方で、地方自治法により地方自治体の事務と位置づけられた教育および福祉の整備が進み、支出が大幅に増加したことにあった。*46

教育法制において、地方財政の窮乏化を学級定員などの条件整備基準の低水準化に直結させることを許していたのは、学校教育法施行規則における学級編制の標準に関する規定が、五〇人という標準に対する例外設定を広く認めていたこと、および、義務教育費国庫負担法が、教員定数を制御することをまったく予定しておらず、「実績主義」を採用していたことであった。また、一九五五年暮れに制定された、地方財政再建促進特別措置法は、この法律のもと赤字団体としての指定を受けた都道府県に教員給与カットに向けての圧力をかけるものとなった。同法においては、都道府県は赤字団体との指定を受けると、赤字解消のために、財政再建債を発行し、国からの利子補給を受けることができたが、他方で、財政再建計画を立て、その承認を国から受けなければならなかった。事実、赤字団体との指定を受けた地方政府の財政再建計画には、教員定数削減および教員給与カットが盛りこまれていた。[*47] そして、一九五六年における地教行法の施行により、教育予算を一般的な政治財政状況の悪化から守るための手続き的な仕組みも消滅し、同年末には、中央および地方の双方のレベルにおいて、教員定数削減および給与カットをめぐって、教職員組合と文部行政との間の抗争を引き起こすことになるのである。[*48]

現在の目からみて非常に興味深いのは、文部行政の教員に対する権威主義的な対応を批判し、教育内在的な解決、すなわち、財政移転制度の拡充を求める当時の有力な世論[*49]に応答するかたちで、義務教育標準法が一九五八年に制定されたということである。その結果、地方財政事情の及ぼす影響力から学級規模および教員定数を防御できなかった仕組みに代えて、防御できる仕組みが導入されることになった。

義務教育標準法の内容

義務教育標準法は、その一条において、法の目的が、学級編制および教職員配置の「適正化」をはかり、もって、義務教育水準の維持向上に資することにあると規定していた。そして、学級編制および教職員定数の「標準について必要な事項」を規定し（学級編制の標準は三条から六条。教職員定数の標準は七条から一一条）、この標準にもとづいて、都道府県教委が学級編制の「基準」を決定し（三条二項）、さらに、市町村教委がこの「基準に従い」学級編制を行ない、そのさい、都道府県教委の認可を受けるものとしていた（五条および六条）。義務教育標準法の最大のポイントは、同法に示された標準を、それよりも質的に高い水準を決定することのできる、〝上出し〟を許容する、最低基準としたことにあった。都道府県が標準よりも質の高い基準を決定することはもとより、[50]都道府県教委による認可を条件にして、市町村が単独で教員任用と給与負担を行ない、都道府県教委の決定した「基準」に〝上出し〟をすることも許容されていた。[51]そして、省令ではなく法律に最低基準が定められたので、義務教育費国庫負担法のもとにおいて中央政府から移転される財源量を制御できるようになったのである。

義務教育標準法は、それよりも質的に低い水準の決定、すなわち〝下出し〟も同時に許容していたのだが、それはあくまでも、地方政府による財政負担の激増を緩和するためのものであった。最低基準としての標準を一定期間中に実現するものとし、その期間中において、毎年、政令によって定められる「暫定的にその標準となるべき数」（附則二項および四項）に従うよう地方政府に求めていたのである。たとえば、法の本則において定められていた学級編制の標準は五〇人であったが、一九五九年度には、小学校は六〇人、中学校は五五人が「標準」とされ（公立義務教育諸学校の学級編制及び教職員定数の標準に関する法律施行令〔一九五八年〕、附則一項）、都道府県教委がこれを超える数を基準としようとする場合には、「あらかじめ文部大臣の意見をきかなければならない」とされていた（義務教育標準法四条）。義務教育標準法における「標準」とは、〝上出し〟を当然視しながら、〝下出し〟については、実体的および手続き的なルールを設定することにより、暫定的な最低基準に地方政府を従わせるものであったのである。

そして、一九六四年に義務教育標準法が改正され、学級編制の標準人数が五〇人から四五人に引き下げられたさいに、都道府県が標準を過大に〝下出し〟する場合の文部大臣の意見聴取に関する規定が削除されている。このことを当時の文部省初中局長であった佐藤三樹太郎は、「改正法における標準は、いわば厳格な標準であるものとし、確実にその標準を遵守すべきものであるという意図を明らかにするため、この条文を削除したものである。したがって、改正法における『標準』の性格は、従前のそれに比べてかなりひきしまった性格のものに改められたと解する必要がある[*52]」と述べている。この段階で、標準の最低基準としての性格は、いよいよはっきりさせられたのである。

〝妥当性〟原則による標準の低水準化

義務教育標準法は、教育条件のコアに関する最低基準を法定化し、それにもとづく条件整備を地方政府に行なわせ、かつ、その実施に必要とされる費用の半分を財源として移転すべきことを中央政府に義務づけたという意味で画期的であった。[*53] しかしながら、義務教育標準法には当初から限界が付され、のちになって、さらなる限界が付された。

法制定当初からの限界とは、最低基準の設定にあたり、教育的必要性のみならず、財政事情をも考慮するという仕組みが組みこまれていたということである。

義務教育標準法とセットになる義務教育費国庫負担法は、国民すべてに、「妥当な規模と内容」（傍点——引用者）の義務教育を「保障する」ことをその目的として謳っていた（一条）。戦後教育改革の〈像〉を示していた学校基準法案が、教育の必要性を充足できる基準を設定することを目的としていたのに対して、義務教育費国庫負担法は、この必要充足原則ではなく、〝妥当性原則〟を採用していたのである。その意味は、当時の大蔵省主計官であった瀬戸山孝一によって明らかにされている。瀬戸山は、小学生数と中学生数がそれぞれ一九五八年および六二年にピークを迎えることが予測されるが、「その年度だけの目先のことだけであまりふやし過ぎ、児童、生徒数の減少の時に困るごとき事態が生じてもならないし、また児童、生徒数の増に対してあまり窮屈な定員で抑制することも教育上問題」となるので、「教育的見地と財政的考慮の両面から最も妥当な教員数」[*54]（傍点——引用者）を決定すべきと主張していたのである。

文部省は、この主張を受け入れ、妥当性原則を具体化するルール、すなわち、子ども数の自然減によって生じる教員数の自然減をどの程度埋め合わせるのかを目安として、標準人数を量的に引き下げ、あるいは、定数改善を行なうというルールを、大蔵省および自治庁に提案し、義務教育標準法の成立に至る。[*55] 義務教育標準法は、教育的必要を満たす学級規模および教員配置の実現ではなく、学級規模と教員配置の「適正化」を目的として掲げていた（一条）。その結果、学級編制の標準人数を当時における教育的見地からみても大規模となる五〇人に設定することになった（三条二項）。法制定後、その数は七度にわたって見直され、そのたびごとに、いわゆる教員定数改善計画が立てられた。だが、その焦点は、教員の自然減をどの程度埋め合わせるかということにあった。[*56]

そして、このような量的引き下げの裏では、学級編制における標準人数の教育的意味の追求という課題への応答の不在という事態が進行する。本来であれば、学習指導要領において、この課題への応答がなされ、近い将来における学級規模の縮小の準備が行なわれるべきであった。しかし、一九五〇年代から現在までの学習指導要領における「学級」の教育的意味についての記述は、「ほとんど一貫性や積み重ねをみることができない」[*57]と評されるものでしかなかった。日本教職員組合も、「教職員の首切り阻止と現員確保を目標としてたたかった結果」第二次計画を「ひき出した」と述懐しているように、[*58]一九六〇年代までは、学級定員問題を、子どもの自然減にともなう教師の自然減による雇用機会の減少の問題としてとらえていた。日教組が、学級定員を教育条件の問題として位置づけて、学級定員改善のための国民的運動を開始するのは一九七〇年代終盤になってからであった。[*59]

包括的条件整備基準立法の断念、定員実額制、標準の固定基準化

義務教育標準法は、公布・施行ののち、さらに三つの限界を付されている。

第一は、義務教育標準法の公布三か月後に、教育条件整備に関する包括的な法律の制定を予告していた学校教育法施行規則八一条の二が削除されたことである。義務教育標準法による部分的で不十分な教育条件整備基準の法定化と引き換えに、教育条件整備基準を包括的に規定する法律の立案という課題が放棄されてしまったのである。教育条件整備基準立法と国庫負担制度のセットが学級編制と教員配置以外の領域に拡大されることは、その後なかった。また、学校教育法三条に示されていたもう一つの予告、すなわち、小中学校ごとの設置基準の省令による設定もその後一切実行に移されることはなかったのである。[*60]

第二は、一九六四年に、義務教育標準法改正による学級編制の標準人数の四五人への引き下げと引き換えに、限度額政令が改正され、実員実額制から定員実額制へと変更されたことである。[*61] 地方政府財政の好転のもと、都道府県教委が標準人数よりも小規模の基準を設定することにより生まれうる国庫負担の無制約な増加を回避するために、教員の実数が算定される教員の定員を超える場合には、定員に対して支払われる給与の実額が国庫負担の限度額とされたのである（二条二項、三条一項）。

第三は、定員実額制の導入後に、義務教育標準法に規定された「標準」が固定的基準、つまり、〝上出し〟も〝下出し〟も禁止される基準として運用されることになったことである。国庫負担額の上限が定員実額となったので、県教委の判断で標準よりも小規模の学級編制とした場合でも、それによって生じる教員数の増加にともなって増える教員給与費を国庫負担する義務は中央政府には生じなくなった。それでもなお、義務教育標準法において標準と規定されていたはずの学級編制の基準が、それよりも小規模化させてはならない基準として運用され、都道府県教委独自の判断と都道府県の財政負担による標準への〝上出し〟は、事実上、禁止された。「標準」は、〝下出し〟はもとより、〝上出し〟も許されない「固定的基準」と運用上位置づけられたのである。[*62] この運用の法制的要因の一つは、一九六一年の地方自治法改正により、都道府県教委による「基準」の決定および、市町村教委による学級編制の「認可」が機関委任事務とされたことにあるとみられる。この運用により、〝上出し〟を行なう都道府県を拡大させ、その動きを国政に集中させることにより、義務教育標準法における「標準」を向上させ、国庫負担額を増加させていくという、ボトムアップ方式での改革への道が閉ざされることとなった。[*63]

(3) 学修費私費負担原則の受容と例外の設定

義務教育の無償性の即時的実現から漸進的実現へ

一九六〇年代から七〇年代にかけて教育内容統制に資するかぎりでの教育費支出の拡大、および、本来拡大されるべきであった教育費支出の相当程度のカット、という問題が出現する。その典型が、授業で用いられる教科書・教材等および、修学旅行などの課外活動に必要とされる費用である学修費の負担にかかわって一九六〇年代中盤までに成立したルールである。以下、その前史を概観しよう。

一九四九年に学校基準法案とセットになって作成された学校財政法要綱案は、「公立学校に要する経費」として、「学校の維持管理に要する経費」「職員の給与、旅費及び研修に要する経費」「学校の施設に要する経費」にくわえて、「生徒・児童の教科書、学用品その他学修に要する経費及び保健・衛生上必要なる経費」を掲げ（二－イないしニ）、公立小中高ともに、「学修に要する経費」は設置者負担とし、小中学校についてはその二分の一を、公立高校については三分の一を国庫負担としていた。公立小中学校においては授業料の徴収が学校教育法五条において禁止されていたので、この法案のもとでは「学修に要する経費」は無償となる。また、高校については、授業料の限度を、学校経常費の五分の一までとしていたので（四－2－ニ）、「学修に要する経費」を保護者が負担するとしても、その二割にとどめられていた。この法案と要綱案のセットは、既述のとおり、地方平衡交付金制度への教育財政移転制度の一元化によって、立ち消えとなり、「学修に要する経費」の無償化を包括的な条件整備立法により実現するという構想は潰える。

文部省は、その後、一九四六年に制定された生活保護法（以下、旧生活保護法）および、その後継となる五〇年に制定された生活保護法（以下、生活保護法）に対抗するために、①子ども全員を対象とする義務教育教科書の無償化、および、②生活保護制度または就学奨励制度のもとで、貧困層の子どもを対象にする学修費への公費支出をまずは確立し、それを漸進的に拡大することにより無償性を実現するという構想へと転じる。

生活保護法に新たに規定された教育扶助（一一条二号）は、義務教育に「必要な教科書」「その他の学用品」「必要な通学用品」「学校給食」、および、「その他義務教育に伴って必要なもの」を支給し、「その他学用品」として、たとえば、「小学校においては、ノート、鉛筆、クレヨン、消ゴム、習字用紙、画用紙、工作用紙、方眼紙、糊」等を支給していた。[*64] もっとも教育扶助制度の創設にあたっては、憲法二六条に規定された義務教育の無償性は授業料に限定されるとの解釈が採用されていた。[*65] これに対して文部省は、貧困層の子どもを対象とする学修費の公費負担制度を漸進的にすべての子どもに拡大し、無償性の範囲を授業料から学修費に漸進的に拡大するという構想を具体化することになる。

国会に提出予定と報じられていた「義務教育における無償性の促進に関する法律案」(以下、義務教育無償性促進法案)の起草過程で作成されたとみられる「義務教育における無償性の促進に関する法律案(教科書の無償配布に関する補助法[*66])」では、国庫負担割合を二分の一または三分の一と想定しながら、「A案」として、義務教育教科書の子ども全員への無償配布、ならびに、学用品および学校給食については四・二%にあたる「貧困児童生徒」に無償支給すること、「B案」として、学用品の三〇%に相当する部分の全員に対する無償支給、ならびに、教科書および学校給食について四・二%の貧困な子どもに無償支給することを提案していた。そして、「(備考)」において、二つの案ともに、「支給の範囲を逐年拡大して児童生徒全員に対して教科書・学用品等の完全な無償支給の理想を実現せんとするものである」と記されていたのである。

学修費私費負担原則の受容

しかし、文部省は義務教育の無償性の漸進的実現という構想を放棄してしまう。この契機となったのは、地方平衡交付金制度の成立後においてもなお、学校財政の確立のために、「他省庁所管の教育関係予算の一元化」[*67]を実現するという文部省の動きであった。文部省は、一九五一年には、「生活保護法の『教育扶助』を中心に、学校給食、不良化防止、教科書無償の内容を一本とした義務教育の就学補助法というべき」就学奨励法案[*68]の立案を開始した。しかし、厚生省の反対のため、教育扶助の移管に失敗し、この後、義務教育の漸進的無償化という構想は完全に放棄される。

このことをよく示しているのは、一九五一年度に入学する新小学一年生のすべてを対象にして教科書を無償給与することを内容としていた法の後継として制定された、新たに入学する児童に対する教科用図書の給与に関する法律（一九五二年）であった。同法は、新小学一年生すべてを対象とする教科書の無償給与を内容としていたのだが、その目的を、無償性の実現ではなく、「児童の国民としての自覚を深めることに資するとともにその前途を祝うため」（一条）としていたのである。

ところが、補助金等の臨時特例等に関する法律により一九五五年度の新小学一年生についてはその執行を停止される（六条、附則三）。そして新しく一九五六年に制定された、就学困難な児童のための教科用図書の給与に対する国庫補助に関する法律は、要保護者に準じて困窮している者に教科書を給与する市町村に、その費用の全額を国庫負担することを内容としていた。翌一九五七年の改正では、国庫負担が八割に減じられたが、保護の対象は中学生にまで拡大され、あわせて題名が、就学困難な児童及び生徒のための教科用図書の給与に対する国の補助に関する法律と改正された。一九五九年には、修学旅行費がくわえられ（要保護者も対象）、題名が、就学困難な児童及び生徒のための教科用図書及び修学旅行費の給与に対する国の補助に関する法律と改正される。さらに二年後の一九六一年には、学用品費と通学費がくわえられ、題名が、現在と同じ、就学困難な児童及び生徒に係る就学奨励についての国の援助に関する法律（以下、就学奨励法）となった。

就学奨励法により、義務教育費国庫負担法に組み入れられ、三層型制度の第二層を構成すべきであった学修費無償化の仕組みが、貧困層の子どもの教育機会均等を実現するための仕組みとして、義務教育費国庫負担法の外に成立し、三層型制度の第三層を構成する個別教育振興諸法と並列することになった。そして、文部省が意識していたかどうかにかかわらず、教育扶助制度・就学援助制度によって貧困層の子どもの学修費が公費負担とされたことの〝反対解釈〟として、子どもの学修費は、その保護者が私費負担するという原則が確立することになったのである。

教育内容統制の手段としての教科書と教材の国庫負担

もっとも、教育扶助制度および就学援助制度だけでは、学修費公費負担への国民の要求は収まるはずはなく、[69]学修費私費負担原則に対する新たな例外の設定が文部省の課題とならざるをえなかった。義務教育諸学校の教科用図書の無償に関する法律（一九六二年。以下、無償法）、義務教育諸学校の教科用図書の無償措置に関する法律（六三年。以下、無償措置法）、ならびに、通達という形式をとって制定された教材基準（六七年）によって、義務教育における教育内容の国家統制にとって重要性の高いものは公費負担の対象とするという例外が設定される。

一年の時限立法として成立した無償法は（附則四項）、義務教育教科書を無償とすることを宣言し（一条）、無償措置のあり方を審議する「臨時義務教育教科用図書無償制度調査会」を設置すること（二条）をその内容としていた。この調査会の審議をへて制定されたのが、無償措置法であり、それは、義務教育に就学するすべての子どもが使用する教科書を国が購入し、それを学校設置者に無償で給付し（三条）、学校設置者が学校長をつうじて子どもに給与することを内容としていた（五条）。無償措置法の立案過程においては、全員を対象とする無償給与を構想する文部省と、公費支出抑制の立場から社会保障的措置にとどめるべきとする大蔵省とが対立していたが、文部省に軍配があげられて、無償措置法の制定に至ったのである。

文部省は、この法案の理念を、「わが国土と民族と文化に対する愛情をつちかい、高い人格と識見を身につけて、国際的にも信頼と敬愛を受けるような国民を育成する」という「教育の目標」[*70]に求めた。他方、公費支出抑制という大蔵省の目的は、「出版・採択の統制強化の論理に転化」[*71]し、無償措置法による発行者指定制度および採択地区制度の創設に結実した。文部大臣が、「その事業能力及び信用状態について政令で定める要件を備えたものである」かを基準にして、発行者を指定できるとされた（一八条）のである。そして、地教行法においては公立小中学校で使用される教科書の取り扱いに関することが市町村教委の所掌事務とされているにもかかわらず（地教行法二三条）、市町村を超えた教科用図書採択地区が設定され（無償措置法一二条）、市町村教委の協議にもとづいて採択地区が一つの教科書を採択するものとされた（一三条）。二つの制度は、小規模発行会社を教科書市場から退出させ、大規模発行会社が発行するより安価な教科書が採択されやすくすることで、公費支出を抑制する仕組みとなると同時に、教科書出版・採択に対する文部大臣の統制を強化する仕組みとなったのである。

義務教育費国庫負担法は、制定当初から、教材費を国庫負担の対象としていた。当初は、国庫負担法による縛りがゆるく、使途が細かく指定されていなかったので、「第1節」において示した「①－b」に該当する仕組みとなっていた。だが、教科書以外の教材の私費負担を減少させるには不十分な額であったため、文部省は、一九六五年度から、教材費に対する国庫負担の総額を増加させることをめざして、「国庫負担金の積算に当たって確実な根拠のある要求」の基礎となる「学校においてどのような教材・教具を備えるべきかについて具体的な法令上の基準」[*72]の作成を開始する。義務教育費国庫負担法には、教材費の算定基準を誰がどのように決定するかの定めはなく、文部省のそうした権限を基礎づける作用法上の根拠は不在であった。だが、文部省は「文部省組織令に基づいて」[*73]それを作成して、一九六七年に、学習指導要領に記述された教育活動を行なうにあたって教師が用いる教材をリストアップした教材基準を、通達という法形式をとって公表し、この法形式を盾にとって、教材基準の法的拘束力を主張する。こうして教材基準ができたことで国庫負担額は増加したのだが、それと引き換えに、学習指導要領の教師に対する強制を教材面から補完する仕組みが成立したのである。

〝受益者負担主義〟による論理補強の失敗

一九五二年から一五年をかけて形成された学修費の公費私費負担にかかわるルールは、教育扶助制度および就学援助制度が、機会均等原則にもとづいて貧困層の子どもの学修費を公費負担としていることの〝反対解釈〟として学修費を私費負担とするという原則に、学習指導要領にもとづく検定をパスした教科書および、学習指導要領実行のために教師だけが用いる教材を公費負担とするという例外を組み合わせるものであった。義務教育無償性を国民に対する国による義務づけの補償とみなす考え方からみれば、財政事情を盾にして、補償の範囲を授業料および検定教科書に限定し、その他の学修費を原則として私費負担――貧困層の子どもについては例外的に公費負担――とするものであったといえる。

だが、このようなルールは文部省によって公式に説明されたことはない。一九六〇年代初頭においては、国民の国家に対する義務としての義務教育という観念を正面に出すことがすでに不可能となっていたこと、および、義務づけの補償としての無償性がなぜ授業料および教科書に限定されるのかの説明が不可能であったからであるとみられる。

このことは、一九六一年の就学奨励法の制定に合わせてなされた、課長クラスの事務官と研究者による座談会でうかがうことができる。この座談会で、研究者が、義務教育が国民の国家に対する義務であるとの観念にもとづいて、強制されている事柄のすべてが、給食費まで含めて無償とされるべきと主張したにもかかわらず、[74]事務官は、「教科書の無償というようなことが実現されれば、教育の機会均等ということを中心にした無償というものの考え方について、一つの変革が生ずるだろうということで、これの理論づけはなお問題があるようには思うのですけれども、それは一つの研究問題にしまして[75]」と述べるにとどまっていた。そして、一九六三年の無償措置法制定時においても、無償法および無償措置法が、憲法二六条の規定の「趣旨に即応し、その理念をより広く実現しようとする見地[76]」から制定されたとの説明がなされるにとどまり、文部大臣が国会における趣旨説明であげたよき日本国民形成との理由は紹介されていない。

また、教育扶助・就学援助制度の反対解釈としての学修費の私費負担原則という考え方についても、その説明らしきものは、一九六四年に公表された初等中等教育局財務課事務官の論文があるにすぎない。[77]この論文は、教科書費、学用品費、交通費、修学旅行費、学校給食費等については、生活保護法、就学援助法、学校給食法等のもと、「経済的に恵まれていない児童生徒について補助が行われていることから考えると、一般的には、法はこれらの経費は父兄の負担すべき費用であると考えていることがあきらかである[78]」と述べ、先の反対解釈を公にしている。そのうえで、「教科書、学用品、給食などの直接児童生徒の使用するものに要する経費は父兄の負担であり、教員が教育に用いる教材や給食のための施設に要する経費は公費負担」[79]という「だいたい」[80]の線が引けると説明している。だが、これでは説明のつかない肝心の義務教育教科書無償制については、「ボーダー・ライン・ケースの典型的なもの」[81]と述べて、説明を避けたのである。

国民に対する義務づけの補償としての無償制の範囲が、授業料および教科書に限定される理由を説明しようとする試みは、のちに一九七〇年代に入ってから、文部省ではなく、都道府県教育長協議会（以下、同協議会）によってなされている。それは、当時教育政策のなかに導入されはじめた受益者負担主義を援用することによって、教材の公費負担化が教科書および教師がもっぱら使用する教材にとどまるのかの理由を説明しようとするものであった。

同協議会は、一九七〇年から、「市町村の施策の混乱」に対応するために、公費私費負担区分に関するルールの究明を「重点課題研究」[82]と設定し、その成果として三つの報告書を公にする。[83]一九七二年に公表された第一番目の報告においては、このルールの設定にあたっての理論的問題が「義務教育無償という考えと、社会一般に通用している受益者負担という考えの接点をどう設定するか」[84]と同定されている。そして、この「接点」として最終的に提示されたのが、「直接教育活動費」――「教育活動費および教科外活動費」[85]――については、①子どもの「所有物にかかる経費」、すなわち、①－a「学校、家庭のいずれにおいても使用できるものにかかる経費」、①－b「学級、学年、特定の集団の全員が個人用の教材、教具として使用するものにかかる経費」、ならびに、②「教育活動の結果として、その教材・教具そのもの、またはそれから生ずる直接的利益が児童、生徒個人に還元されるものにかかる経費」[*86]を私費負担とするというものであった。だが、このルールのもとでも、教科書は①－aまたは①－bに該当し、私費負担となるはずなので、この説明も失敗に終わっている。

説明の試みはこれが最後となり、その不在は現在にまで続いているのである。

(4) 高校標準法と私学助成制度に内在する与党政治支配の論理

地方交付税制度中心主義を帰結するロジック

三層型教育財政移転制度の第二層を構成する義務教育費国庫負担制度の成立を基礎づけたのは、義務教育が国民の国家に対する義務であるというロジックであった。文部省は、このロジックにもとづいて、とにもかくにも、義務教育教科書を中央政府財源によって無償化し、また、教材費の国庫負担を増加させることに成功した。義務教育における教育財政移転制度は、教員給与および教育内容統制に資する教科書を含む教材費を国庫負担制度により確保し、それ以外の学校運営費を地方交付税制度のもとで確保するものとなった。

地方財政法は、ある特定の団体事務につき、地方のみならず、国も利害関係をもつ場合には、国がその団体事務の遂行に必要な財政の一部を国庫負担できるものとしてきた。義務教育の場合に、その大半を占める教員給与の国庫負担が導入されたのは、義務教育、すなわち、国家に対する国民の義務の強制的履行が、〝よき国民形成〟という利益を国にもたらすとのロジックがとられたからであった。しかし、このロジックを反対解釈すれば、高校については、それを国家に対する国民の義務と観念できないので、別の国策的利害が同定されないかぎり、設置者負担主義が貫徹し、財政移転制度を設けるとしても、地方政府共同の財源である地方交付税制度が用いられるにとどまることになる。義務教育費国庫負担制度を確立したロジックは、高校教育への国庫負担制度の導入を抑制するロジックへと転化する危険性を内包していたである。

この危険性は現実のものとなる。文部省は、高校教育全体をカバーする国策的利益を同定できず、高校教育のうち職業教育にかぎって国策的利益を認めさせ、その費目の一部についてのみ国庫負担の対象とすることしかできなかった。この結果、一九四九年の学校財政法要綱案とは対照的な考え方、すなわち、高校教育が国策的利益を有するとしても、その範囲はごく限定的であり、高校教育にかかわる財政移転は、設置者負担主義の枠内に収まる地方交付税制度によって措置するとの考え方が、六〇年代初頭に確立することになる。[*87]

その国策的利益とは、一九五〇年代終盤から立案が始まり、六〇年一二月に公表された国民所得倍増計画に組み入れられた人的資本政策への高校職業教育の貢献である。同計画中に示された、中堅技術者を一九七〇年までに四〇万人創出するという計画[*88]を実現するための財政的手法として、三層型制度の第三層に位置づく個別振興法である産業教育振興法(以下、産振法)のもとでの国庫補助(負担)制度の拡充――

施設費から設備費の拡大、産業教育手当の導入——が認められたのである。また、一九六一年度予算からは、工業高校施設に対する国庫補助（法律の根拠なし）も認められている。[*89]

だが、文部省は、国策的利益を梃子にして、公立高校へ流れる国庫負担・補助金を拡大するのではなく、国立高等専門学校を創設し、その設置・運営に必要とされる費用を新規に獲得し、それを拡大するという方針を採用してしまう。一九六一年の学校法改正により高等専門学校制度を創設し、六二年以降、国立高等専門学校を地方に配置していく。すぐのちに検討するように、公立高校への中央政府財源の移転は設置者負担主義論によって阻まれるのであるが、国立高等専門学校の創設は、これを回避する便法であったといえる。そして、一九六二年以降、産業教育振興助成金が縮小する八〇年代中盤までの、産業教育振興関連国庫補助金と国立高専費の推移を比較すると、両者は六二年から六八年まではほぼ同額で推移していたのが（六八年はともに約一〇〇億円）、それ以降は国立高専費が急速に上昇し、八四年には国立高専費の約五〇〇億円に対し、産振法補助金は約八四億円にとどまった。人的資本政策のもとで拡大可能であった関連予算が、国立高専に重点的に配分されたのである。この結果、公立高校への補助金の主要部分を占める産振法補助金は、公立高校費（中央政府支出および地方政府支出を合わせたもの）の一％弱にもならなかった。[*90]

そして、職業教育の一部以外の、財政的には圧倒的に多くを占める部分については、三層型教育財政移転制度の第一層に位置づく地方交付税制度による対応がなされる。地方交付税制度による対応を基礎づけたロジックは、経済発展にともなう全国的な生活レベルの向上がもたらす高校進学者・率の全国的な増加に、[91]高校設置義務を課されている都道府県が対応することになるので（高校標準法三条一項）、高校教育費を都道府県の基準財政需要として設定すべきだ、という程度のものであったとみられる。自治庁（省）により、学校運営費および教科書を除く教師が用いる教材費[92]にかかわる基準財政需要が設定され、また、一九六一年の高校標準法の制定以降は、同法にもとづき学校ごとの生徒数――学級数ではなく――を基礎にして算出される教員数に、同庁が財政基準として設定する教員給与を乗じたものが基準財政需要とされたのである。

高校標準法による教員定数算定基準の緩和と格差の固定化

地方交付税制度のもとで、公立高校に関する財政移転量を決定する基準の法定化を目的として、一九六一年に公布されたのが高校標準法であった。

この法律の起草は一九五九年から開始されるのだが、[93]地方交付税制度下における財政基準の法定化にあたって参考とされたのは、省令として四八年に定められた高等学校設置基準に規定されている学級編制および教員定数に関する基準であった。当時の高等学校設置基準は、教職員定数を、教師の労働条件の中核に位置づく一学級当たり生徒数および教師一人当たり週授業時数の双方を基準にして算定する仕組みを採用していた。そして、全日制向けの基準（九条、一号表甲）、および、定時制高校向けの基準（二八条、三〇条、一号表乙）を区別し、全日制については、一学級当たりの生徒数四〇人（七条）、教師一人当たり一週間授業時間数一五時間を基準として（以下、甲基準）、定時制については、それぞれ五〇人（二九条）、および、一五から一八時間を基準（以下、乙基準）として、（生徒数×週当たり授業時数）÷（学級規模×教師一人の週当たり授業時数）という算定式にもとづいて、教員定数を算出することとしていた。この算定方法は、一九五八年の義務教育標準法においても踏襲され、義務教育標準法においては、（総授業時数）÷（教師一人当たり授業時数×学級数にもとづく教師の数）から導かれる数、いわゆる「乗ずる数」、を学級数に乗じたものが教員定数とされていたのである。[*94]

だが、公立高校における学級定数および教員定数の実態は、低い基準である乙基準が満たされるかどうかの水準にあり、甲基準は、「現実離れした理想基準に化している」[*95]と評されていた。文部省は、法案作成にあたって、乙基準を「若干上回る」[*96]基準の法定化を獲得目標として設定し、最終的には、教員定数の算定方法のほか、法案本体に、都道府県に高校設置義務があることを明らかにする規定、および、公立高校の最小規模に関する規定、そして、附則に、一九六六年以降に予想される生徒減のために余剰教員が大量に生まれることを考慮しての経過措置に関する規定を盛りこんだ法案をとりまとめる。国会に提出されたこの法案（一九六〇年五月、第三四回国会閣法第一三七号）は、審議未了廃案となる。翌年には、最初の法案に修正をくわえた二番目の法案が提出されたが（一九六一年五月、第三八回国会閣法第二〇九号）、これも廃案となった。そして、学級編制の標準に関する規定、および、都道府県の公立学校設置にあたっての私立学校への配慮義務に関する規定等をくわえた三番目の法案が国会に提出され（一九六一年九月、第三九回国会閣法第一二号）、分校の最小規模に関する規定を省令に委任するとの修正をくわえて、その成立をみたのである。

高校標準法に規定された地方交付税制度のもとにおける基準財政需要を算出する基準と、義務教育標準法に規定された国庫負担制度のもとにおける財政移転量を算出する基準を比較すると、二つの点において問題を有していた。

まずは、教員定数の算定基準が義務教育標準法よりも後退していたことである。高校標準法は、学級編制の標準を五〇人としていたが（六条）、学級編制の標準は教員定数の算定基礎とはなっていなかった。しかも、教員定数の算定基礎からは、学級編制の標準のみならず、教師の授業時数も排除され、生徒数のみが算定基礎とされていた。[*97] 校長を学校ごとに一人配置したうえで、生徒数を全日制、定時制、通信制について三ないし四つに区分し、区分ごとに特定の生徒数を除して得た数を合算したものを学校ごとに算出し、それを合計したものを都道府県全体における教員定数としていたのである（七条から九条）。[*98]

次に、高校標準法は、都道府県に高校設置義務を課し（三条一項）、日本の法制においてはじめて、高校設置義務を負う主体を明らかにしたにもかかわらず、都道府県による高校設置に対して歯止めを用意していた。同法は、設置義務を課された都道府県に、「その区域内の公立の高等学校の配置及び規模の適正化に努め」る義務を課し、かつ、「その区域内の私立の高等学校の配置状況を充分に考慮」する義務を課していた（四条）。都道府県は、公立高校を新設により「配置」し、または、既存の公立高校の定員を拡充して「規模」を拡大する場合には、私立学校の経営を圧迫しないよう考慮すべきことを義務づけられていたのである。この義務は、法制定時における公私間の生徒比率を、公立のそれを相当程度引き上げるかたちで変更することへの歯止めとなる。地方交付税として配分される高校教育費の高校生（公立および私立）一人当たりの量は、私立高校生が多ければ多いほど、つまり、都市部であればあるほど減少する。地方交付税の配分における地方優遇の地方・都市間格差を固定化する仕掛けが用意されていたのである。

都市問題への応答としての私学助成制度

この仕掛けは、その後、私立高校に子どもを通わせざるをえなくなった多くの親の高学費負担という問題を生み出す。高度経済成長期の一九六〇年代を通じて農山村部から都市に流入する労働力人口が増加したことにともない、都市における高校教育需要が増大し、これに応える新しい財政移転の仕組みの導入は不可避となっていた。[*99] そして、都市に流入し低所得層を構成した労働者の家庭が増加したことで、その子どもたちの高校進学と、進学後における親の負担という点で、学費問題はより深刻なものとなったとみられる。

この〝都市問題〟への対応としてとられたのが、高等学校を設置・運営する学校法人への補助に対する地方交付税措置および国庫補助措置であった。

一九七〇年度から、私立高校の経常費への都道府県の助成が、人口を費用単位として、地方交付税の基準財政需要額として積算されるようになる。基準財政需要として積算された私学助成の総額は、一九七〇年度の八三億円から出発し、一四一億円（七一年度）、二三四億円（七二年度）、三七五億円（七三年度）、六七〇億円（七四年度）へと増え、[*100]五年で八倍以上にもなった。さらに、一九七五年には、国庫補助（予算補助）として、私立高等学校等経常費助成費補助金制度、すなわち、都道府県が高校以下の学校を設置する学校法人に対して、その教育に関係する経常費に補助を与える場合に、都道府県へ国庫補助を行なう仕組みが創設され、八〇億円が措置された。そして、一九七五年に成立した私立学校振興助成法（以下、私学振興助成法）により、この仕組みに法律上の根拠が与えられ（九条）、文部大臣が大蔵大臣と協議のうえ決定した一人当たりの助成額に、在学生徒総数を乗じた額を国庫補助しうるものとされた（私学振興助成法施行令〔一九七六年〕四条）。地方交付税の積算および国庫補助の積算の基礎となっていたのは、それぞれ人口および私学に在学する生徒数であったので、この二つの仕組みは、高校標準法によって劣位におかれた都市部に中央政府財源を再配分するものとなった。

私学助成制度のもとでの学校財政の最も大きな特徴は、それが授業料の値下げに帰結しなかった、ということである。この原因となったのは、一九七一年に公布され、七五年に、私学振興助成法にもとづく国庫補助を受けた都道府県が助成する学校法人が、準拠を義務づけられた学校法人会計基準であった。この会計基準では、収入から建築費等の固定費を差し引き、かつ、支出に固定費の減価償却費を計上するもの

図１　公立・私立高校生１人当たり支出の推移

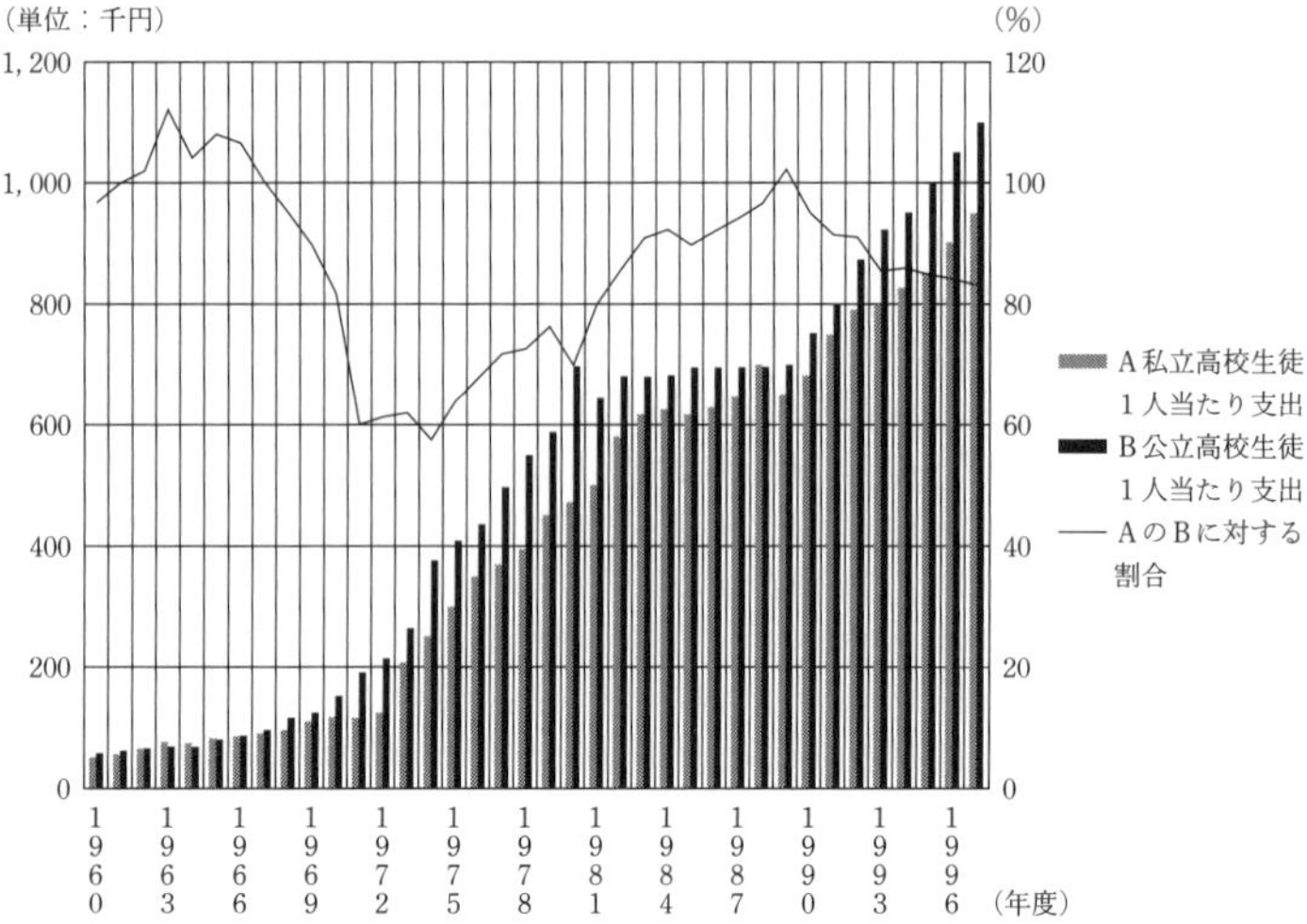

出典）文部省『地方教育費調査』『私立学校の支出および収入に関する調査報告書』各年度版より作成。

とされていた。固定費を増やせば増やすほど、決算上は経営難の外見がつくられ、人件費の抑制および授業料等の値上げが正当化されやすくなっていたのである。この「基本金＝資本の強蓄積構造」[*101]と呼ばれる会計基準を組みこんだ私学助成制度は、一方で、人件費を抑制しながら、他方で、抑制されながらも増加せざるをえない人件費を授業料等の生徒納付金、すなわち私費でまかなうという私立高校財政のかたちを生み出し、授業料の経年的増加に帰結する。

私立高校の収支構造の変化をみてみよう。高校生一人当たりの支出は、一九六〇年代は公立と私立との間にほとんど差はなかったのが、六〇年代終盤から、私立高校の生徒一人当たり支出の公立高校のそれに対する割合が、急激に下降し、公立高校一人当たり支出の六〇％にまで

図2　公立・私立人件費総額の推移

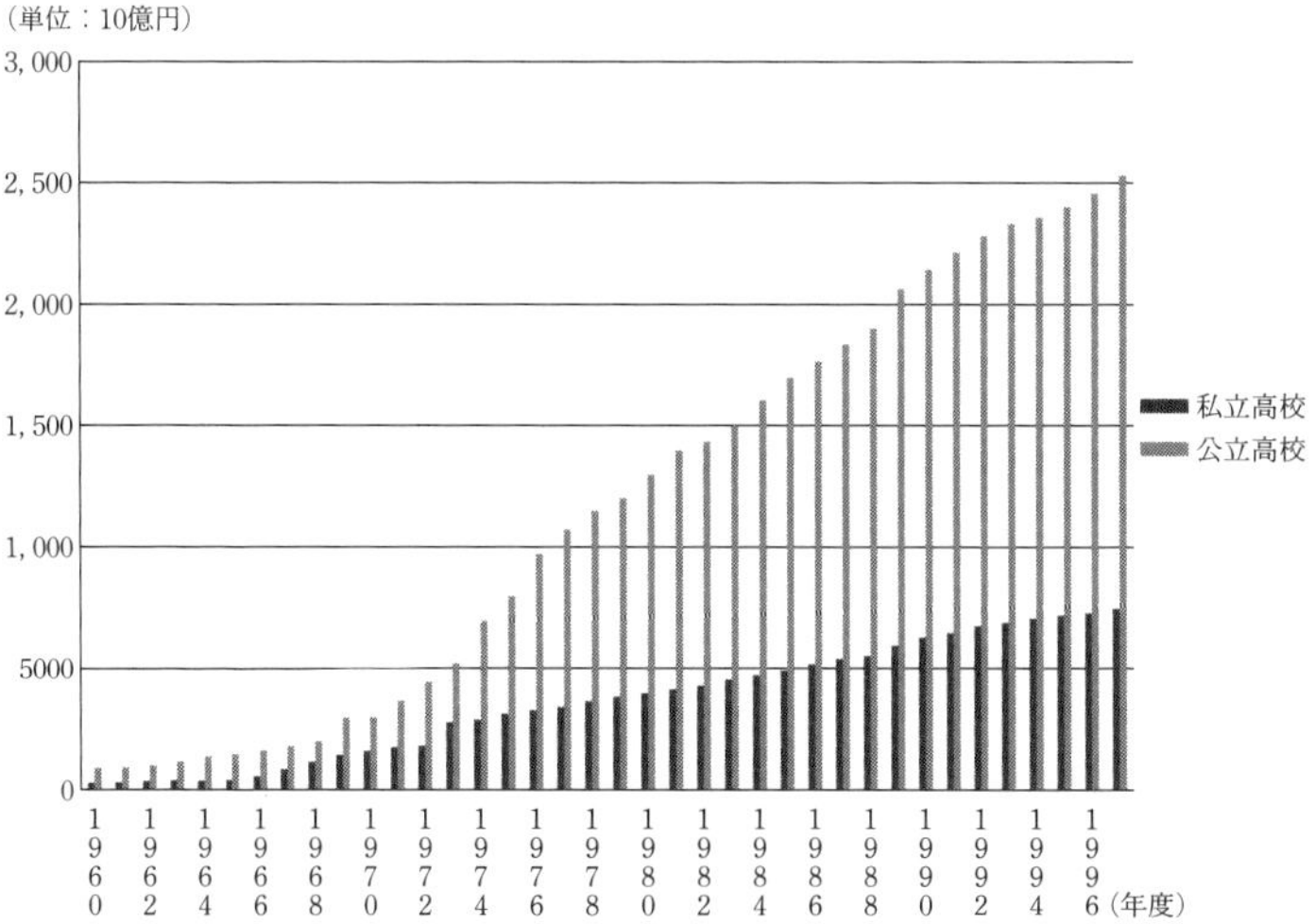

出典）文部省『地方教育費調査』『私立学校の支出および収入に関する調査報告書』各年度版より作成。

落ちる（図1）。公立高校財政の急激な膨張に、私立高校財政の増加が追いつかなかったためである。公立高校財政の急激な膨張の要因は、その五〇%から七〇%を占める人件費の一九七〇年以降の急激な増加であった（図2）。その背後には、地方交付税制度における基準財政需要額中の教員給与額の算定基準が、一九六八年から、急激に上昇したという事実が控えている（図3）。

一九七〇年から開始された都道府県による私学助成の標準財政需要化および、私学助成に対する予算補助としての国庫補助（以下、都道府県による助成および、それに対する国庫補助の二つを一括して「補助金」と略す）により、格差の拡大に歯止めがかけられ、七五年の国庫補助の法律補助化により、生徒一人当たり支出の公私

図３　標準県における公立高校基準財政需要の構成と授業料等収入の割合の推移

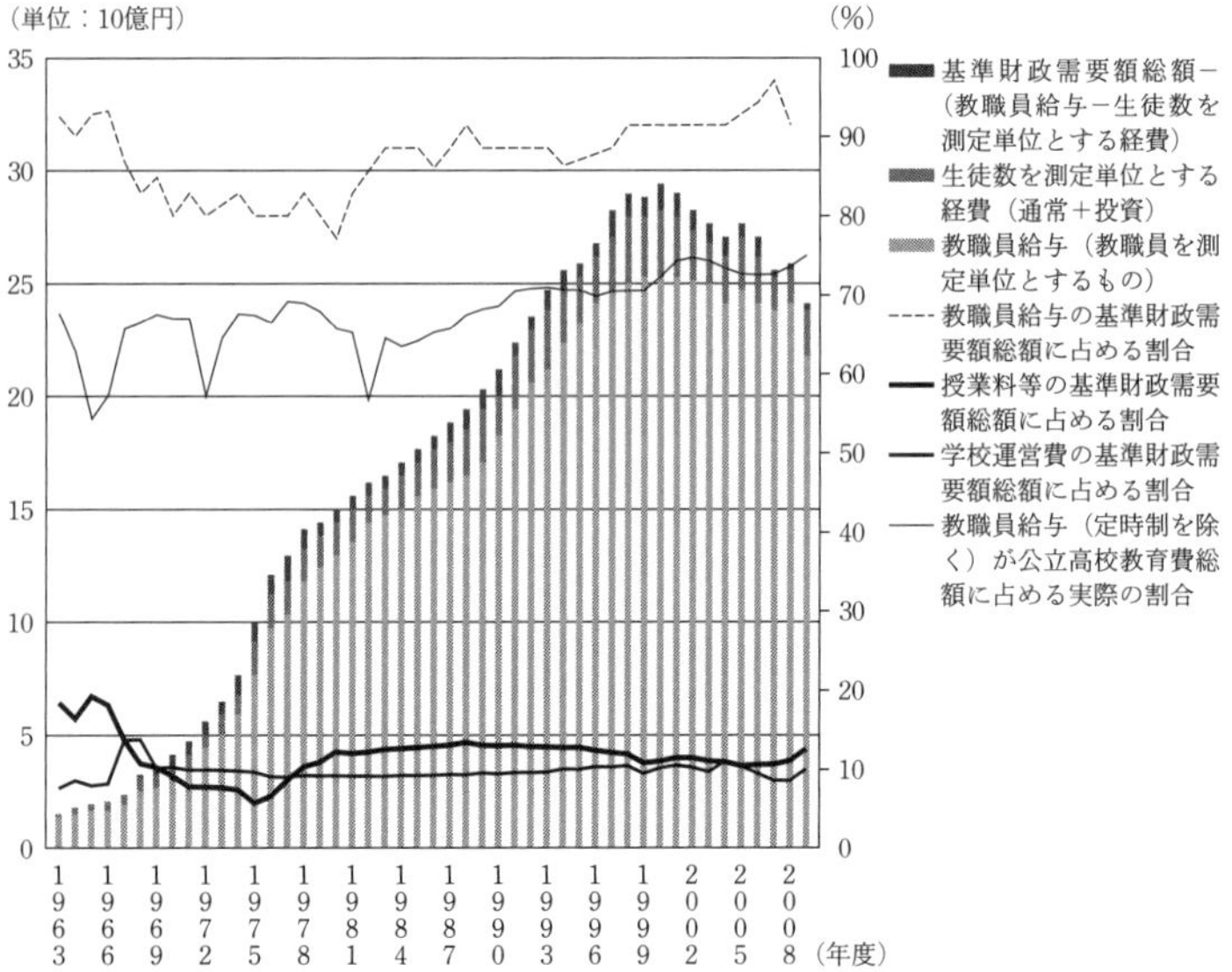

注）教職員給与が公立学校教育費総額に占める実際の割合を含む。
出典）地方交付税制度研究会編『地方交付税制度解説（単位費用編）』，文部省『地方教育費調査』各年度版より作成。

間格差が埋められていき、八〇年代終盤には、ほぼ同額となった。そして、「補助金」の収入に占める割合は、その絶対額の増額にともない、一九七〇年に七％であったのが、七五年には二〇％を超え、九六年には三〇％を超えている。逆に、一九七二年においては収入に占める生徒納付金などの割合は六〇％を超えていたのが、次第に減少し、一〇年をかけて四五％にまで減少している（図4）。そして、「補助金」と生徒納付金を合わせた額の収入に占める割合は、一九七〇年以降、それ以前の六〇％台前半から、七五％以上にまで増えている。

図4　私立高校の収入構成および人件費割合の推移

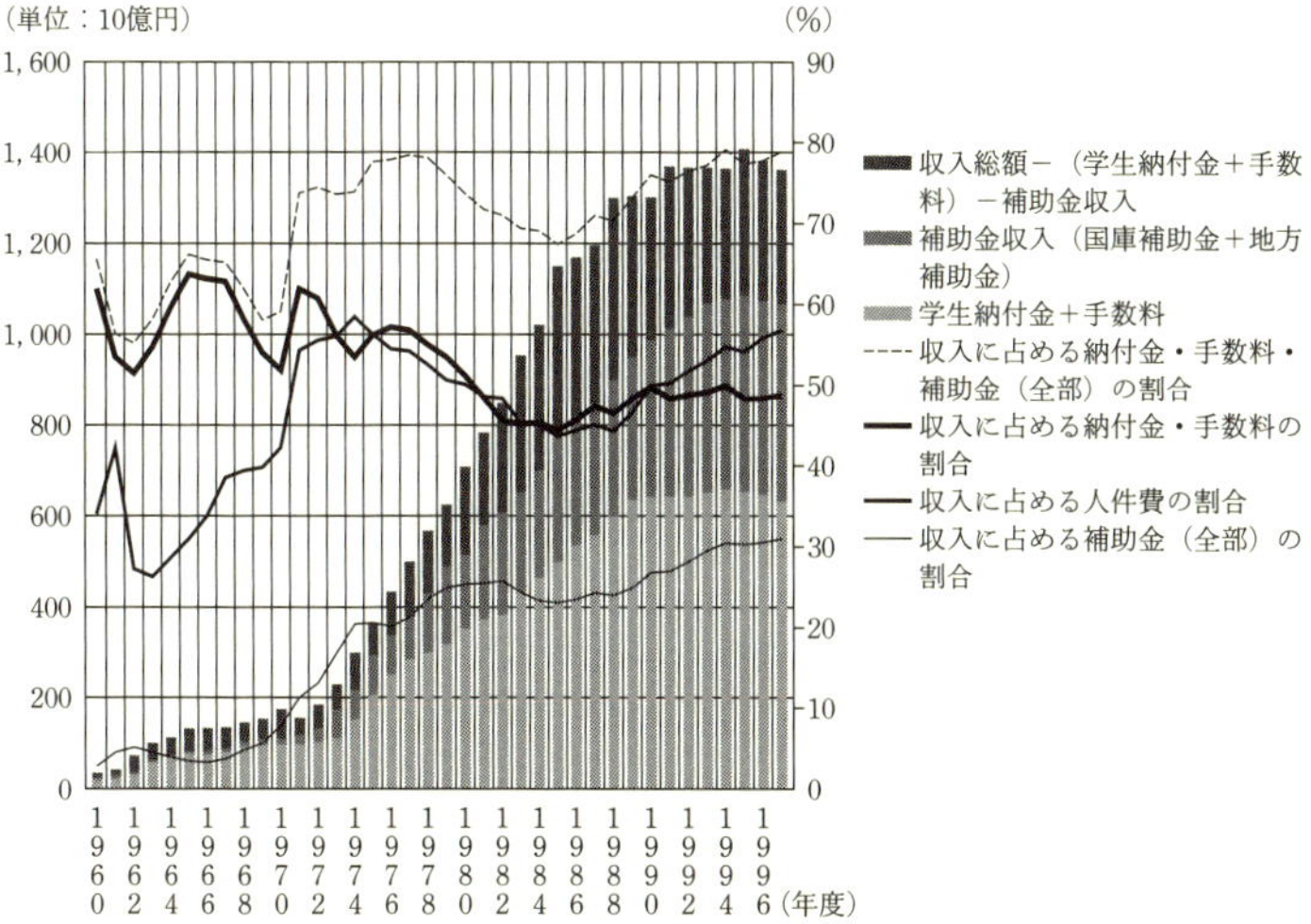

出典）文部省『私立学校の支出および収入に関する調査報告書』各年度版より作成。

非常に興味深いのは、私立高校における学生納付金の割合と人件費の割合が、一九七五年以降、九〇年代初頭に至るまで、ほぼ同じ率——四五％から五〇％——となっている、ということである。私立高校を全体としてみれば、親が払う納付金によって、私立高校で働く教職員の給与がまかなわれるかたちとなっていた。私立高校の支出に占める人件費の割合は、公立高校の六五％前後よりも二〇％も低い。これは私立高校における人件費が非常勤講師への依存などにより低く抑えられていることを示している。それでもなお、人件費は、一般的な賃金の上昇に応じて、上昇せざるをえない。この上昇分が生徒納付金によってまかなわれるかたちとなり、生徒一人当たりの納付金額が上昇したのである。事実、一人当たりの納付金額は、一九七〇年における私学助成開始時には七万円弱であったのが、七四年に一〇万円を突破し、七九年には二五万円、八三年には三〇万円を超え、八五年には七〇年の約五倍の三三万円となったのである。[*102]

(5) 条件整備基準立法なき三層型制度の到達点

条件整備基準なき三層型制度は、一九七〇年代前半までに、条件整備基準の部分的立法化による質的向上と、新しい負担金・補助金の組みこみによる量的な拡大を終了し、その後は、八〇年代に入るまで、国庫負担・補助額を増加し、あるいは、地方交付税制度のもとにおける基準財政需要額を、費用単位の新設または単位費用の改善によって細かく引き上げることにより、量的に拡大していく。

そして、一九八〇年代初めまで展開した三層型制度は、義務教育標準法および高校標準法等により、不十分ではあれ条件整備基準立法を部分的に確立し、その質的な向上を部分的にもたらしたことは確かである。しかし、教育行財政の三つの制度原理に照らせば、①教育に資する教育条件の整備という教育行政の本来的役割を、文部省官僚統制および与党利益誘導政治に資するかぎりでの条件整備基準の設定に置き換え、②教育行政の一般行政からの独立性を、教育委員会の地方政府内部における独立性と文部省官僚統制への従属に変更し、かつ、③教育行政の地方自治原則を、義務教育段階においては、実質的には等閑視するものであり、質的・量的側面の双方においてあまりにも貧相なものであった。以下では、量的側面の貧相ぶりを確認しておこう。

図５　国の総予算，教育予算，義務教育費の経年変化（1950〜2008年）

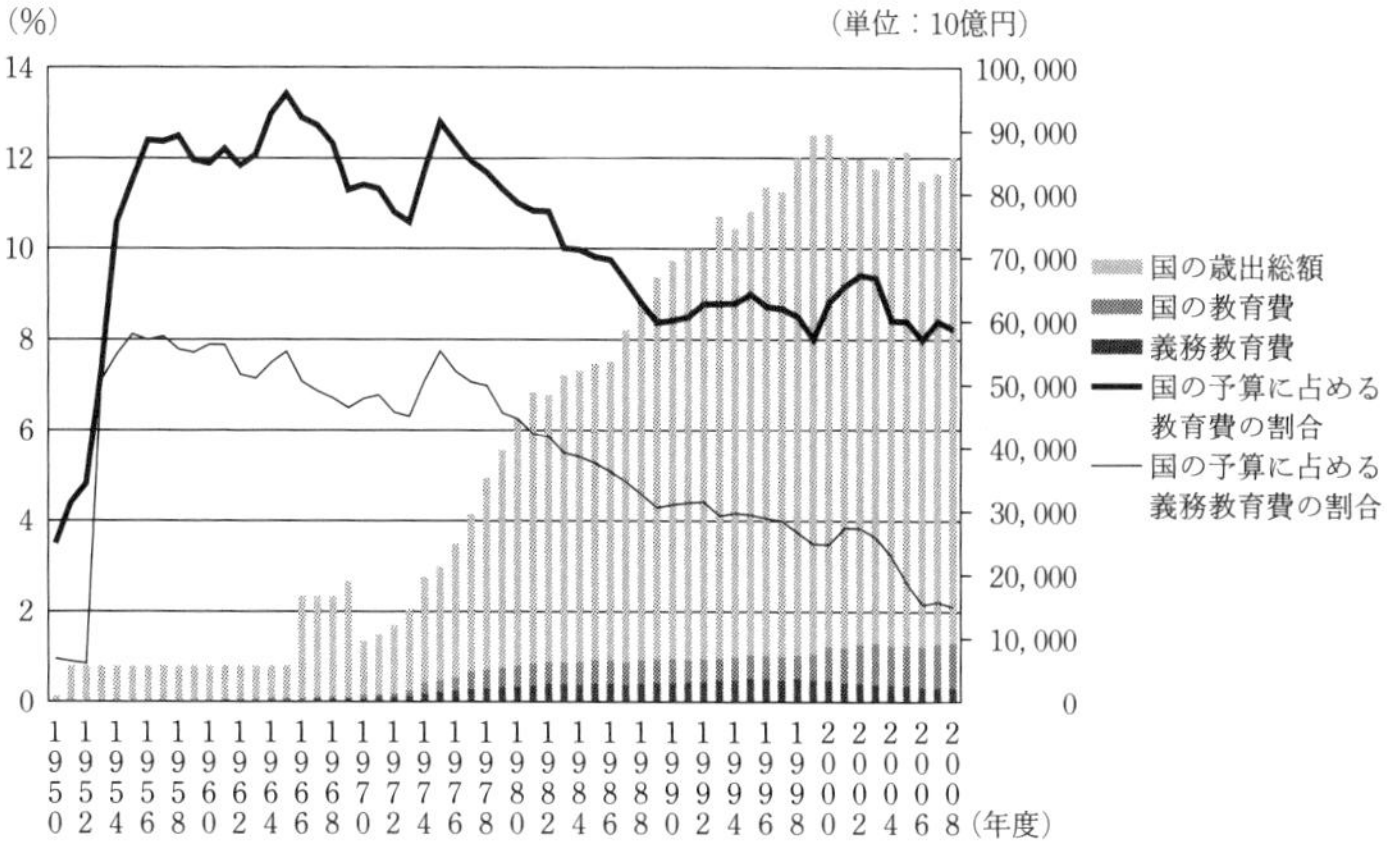

出典）文部省『地方教育費調査』各年度版より作成。

三層型制度の展開のもとにおける文部省予算の量的変化を、義務教育費をとってみてみると、その絶対額の増額をもたらしていることはわかる。しかし、国の予算（一般予算）における義務教育費のシェア率をみてみると、三層型制度への新しい補助金等の組み入れも、その漸減傾向に対して、直近の最高水準近くまで一時的に率を引き上げるものにすぎなかったことが判明する（図5）。一九六〇年代前半における新しい財政移転制度の創設や、学級編制の標準人数の引き下げは、義務教育費国庫負担法施行後数年をかけて五五年には八・二％にまで上昇したシェア率のその後における漸進的な減少を引き止め、六五年には七・六％にまで回復させたものの、それ以降、ふたたび、シェア率は漸進的に減少していく。そして、一九七〇年代初頭における、国立及び公立の義務諸学校の教育職員の給与に関する特別措置法（給特法）および、学校教育の水準の維持向上のための義務教育諸学校の教育職員の人材確保に関する特別措置法（人確法）の制定によってシェア率は七五年に七・七％まで回復するものの、受益者負担主義の本格化も相俟って、ふたたび減少に転じ、八〇年には六・二％にまで減少している。三層型制度は、当時の与党の経済成長政策に対抗できず、また、文部省官僚統制および与党政治支配の手法を内在化させていたために、国の予算の膨張率に合わせて義務教育費の絶対額を増加させるものにさえならなかったのである。

4 新自由主義にもとづく三層型制度の収縮・解体と再編

(1) 日本型新自由主義構造改革のもとにおける教育財政移転制度改革

日本型新自由主義構造改革の対象とロジック

三層型制度の展開は、一九八〇年代に入り、総理大臣の諮問機関である臨時行政調査会（臨時行政調査会設置法〔一九八〇年〕。以下、臨調）によってストップをかけられる。臨調が新自由主義をはじめて日本の政策策定のアリーナに導入し、新自由主義にもとづく包括的な行財政改革を提案して以降、現在に至るまで、新自由主義行財政改革の一環として三層型制度へのアタックは続き、その縮小・解体が進行し、現在にあっては再編の準備が整えられている。

新自由主義にもとづく行財政改革は、大企業・富裕者に、より大きな活動の自由を与えるために、中央政府が徴税していた人税を減税し、大企業・富裕者に有利な税制をつくること——税制改革、彼らから徴収されていた人税を財源とし、富を地方に再配分してきた財政移転制度を縮小ないしは廃止すること——財政改革、そして、そのような財政制度の展開を支えてきた中央官庁を改革すること——行政改革、を提唱する。

アングロサクソン諸国において先行して行なわれてきた新自由主義行財政改革と比較した場合に、日本におけるそれは、改革の対象、および、それを基礎づける法制論的ロジックにかかわって独自の特徴を有してきた。改革の対象については、日本においては福祉国家的財政移転制度が全面的に展開することがなかったために、未成熟な福祉国家的施策に、土建国家的利益配分を加味するかたちで成立・展開してきた財政移転制度が改革の対象とされた。*[103] そして、それを正当化する法制論的ロジックとしては、大企業および富裕者の自由の拡大が正面から援用されるのではなく、独特の意味をもたされた地方自治論が用いられてきた。国庫補助金・負担金制度を通じての中央省庁による官僚統制が地方自治を疎外してきたことが批判され、地方自治の実現を名目として、中央政府の役割の限定、その一環として国庫補助金・負担金制度の縮小ないしは廃止がめざされ、結果として、より大きな自由を大企業・富裕者に確保するという筋道が追求されてきたのである。

そして、この地方自治論は、中央政府の役割の限定論と一体となり、中央政府と地方政府の役割分担論を構成してきた。この役割分担論は、中央政府の役割を外交、防衛および、市民社会の成立に不可欠な全国的なルールの設定に限定し、それ以外の役割を地方政府にゆだね、それぞれの役割に必要とされる財源をそれぞれの自己責任によってまかなうべきとする。中央政府は、その限定的な役割を果たすのに必要とされる規模にまで権限と機構を縮小すると同時に、最大限のパフォーマンスが求められる。他方、地方政府は、教育および福祉などの役割を引き受け、かつ、それに必要とされる財源を自ら確保しなければならないとされる。[*104] この「自己完結的地方自治」論は、臨調以前において支配的であった中央政府と地方政府の機能分担論、すなわち、中央と地方が、それぞれ異なった機能を分担しながら同じ行政対象を実施するという考え方に代わるものとして提起されたものであった。

教育財政移転制度改革の展開

臨調以降における新自由主義教育改革は、学校体系基準および学校設置基準の双方に及び、ナショナルミニマム・スタンダードを融解させて、国の学校制度整備義務を全面的に軽量化させた。それと同時に、国の財源の重点的および効率的配分を推し進めるものとなってきた。三層型教育財政移転制度も、文部省官僚統制のみならず、政権与党の政治手法であった国を通しての地方および土建業や農業への富の再配分を内在化していたため、日本の新自由主義行財政改革の格好のターゲットとなってきたのである。

臨調以降における教育財政移転制度改革は、学校制度的基準改革の場合とは異なり、文部（科）省系列の審議会ではなく、内閣系列の、教育を専門としない審議会によってになわれてきた。そして、教育財政移転制度改革においては、それを推進させる教育内在的な理屈づけはほとんど存在せず、あったとしても、一九八〇年代初頭までに展開してきた教育財政移転制度の官僚統制的性格が誇張されたうえで、改革により、教育の地方自治が進展すると喧伝されるのがせいぜいであった。

臨調以降の教育財政移転制度改革の歴史は、教育外在的なロジックの進展に応じて、前半と後半に区分できる。前半は、臨調以降、臨調答申にもとづく国庫補助金および中央省庁改革が行なわれる一九九〇年台前半までの時期である。前半においては、役割分担論は萌芽的なものにとどまり、三層型制度の改革も、文部省の組織的パワーの縮減と、制度の第三層と第二層の量的縮小に限定されていた。後半は、一九九三年に政策課題として明確に位置づけられた役割分担の実現が、九〇年代中盤以降、実行に移され、その一環として三層型制度の縮小・解体が行なわれる時期である。後半は、さらに、三つの時期に区分される。第一は、役割分担の実現が政治課題として確立され、改革の中核をになった地方分権推進委員会がその活動を終了する二〇〇一年までである。この時期の主要な成果は、内閣総理大臣の諮問会議と文部省を主人代理人関係で結び、そのもとで、第二層と第三層の量的縮小を継続し、かつ、義務教育標準法および高校標準法における条件整備基準のもつ地方政府に対する拘束力を弱化させたことであった。第二は、二〇〇一年から〇六年までの時期である。経済財政諮問会議を核とする実行体制のもとで、第三層が実質的に消滅し、第二層も量的に縮小し、義務教育標準法の拘束力はさらに弱化させられた。そして、第三は、再編に向けての動きが開始される二〇〇六年の教育基本法改正以降の時期である。

(2) 機能分担の見直しにもとづく三層型制度の縮小

臨調は、その五次にわたる答申において、三層型教育財政移転制度の組織的側面および実体的側面の双方にアタックをかけていた。だが、臨調においては、「自己完結的地方自治」論は、「地域住民の日常生活に直接関係する行政等主として地域的利害や実情をふまえて意思決定をすることが適当な事務は、地方公共団体の事務とすべきである」と萌芽的に記述されるにとどまり、中央政府と地方政府の「機能分担の見直し」[*105]（傍点――引用者）が提唱されるにすぎなかった。この結果、臨調にもとづく組織面および実体面の改革は限定的なものとなった。組織面については、文部省の組織的パワーを削減すること、また、実体面については、「高度経済成長期における余裕ある財源の下で拡大してきた」[*106]もの、具体的には、地方政府が設定した高い財政需要に引き寄せられるかたちで中央政府が高い水準で設定した補助金等[*107]、あるいは、中央政府が既得権益を拡大するために助成水準を高め、かつ、助成範囲を広げた補助金等を刈りこむことに焦点が絞りこまれていた。[*108]

文部省の組織的パワーの削減については、省庁の内部部局を政令事項とする国家行政組織法改正――国家行政組織法の一部を改正する法律の施行にともなう関係法律の整理等に関する法律（一九八三年）――

を受けて改正された文部省組織令（一九八四年。以下、改正組織令）によってはかられている。改正組織令は、教育内容を主要な事務とする初等中等局を筆頭局に、教育財政基準を主要な事務とする新設の「教育助成局」（以下、助成局）を第二局とし、第二局の筆頭課に財務課をおくことにより、財務課を格下げした。そして、財務課に配分されていた財政基準を包括的に立案する事務、すなわち、初等中等教育に関する基準の設定という事務を、初中局の筆頭課である高等学校課に配分することにより（八条本文、同条二号）、有名無実化している。高等学校課が新しい財政基準の設定のために局内を調整しようにも（二七条二号）、初中局に割り振られた事務が教育内容から主に構成されたために（八条三号から一二号）、それを実効的に行ないえないようになっていたからである。

そして、国庫補助・負担制度の刈りこみについては、臨調活動期間中に制定された、行政改革を推進するため当面講ずべき措置の一環としての国の補助金等の縮減その他の特例措置に関する法律（一九八一年。以下、補助金縮減法）、さらには、臨調がその活動を終了したのちに三次にわたって設置された臨時行政改革推進審議会（臨時行政改革推進審議会設置法〔一九八三年〕、同〔一九八六年〕、同〔一九九〇年〕）のもとで五回にわたって制定された国庫補助金の整理・合理化等に関する諸法律（以下、これらを総称する場合、補助金整理諸法と略す）[*109]により実行されていった。

補助金縮減法は、一九八二年度から八四年度までの三年度——「特例適用期間」（一条）——において、国庫補助金などの支出を縮減するための措置を、厚生年金および児童手当などについて定めていた。義務教育については、一九八〇年に学級定員の標準人数を四五人から四〇人に引き下げた義務教育標準法をターゲットにし、義務教育標準法に定められた学級定員の標準人数引き下げの実施計画を規定する政令を定めるにあたって「特に国の財政事情を考慮する」(一三条)ことを義務づけていた。これを受けた政令改正により、定数改善第五次計画は三年にわたって遅延する。

補助金整理関連諸法は、臨調答申が義務教育費国庫負担金の検討を行なうべきとしていたことを受けて、義務教育費国庫負担法を主要なターゲットとし、あわせて、個別教育振興制度の廃止ないしは縮小を規定していた。義務教育費国庫負担法の補助対象は、一九五二年の法制定当初における教職員の給与、退職、旅費、および、教材費から、恩給費(五六年)、共済長期給付および共済追加費用(六二年)、公務災害費(六七年)、児童手当(七一年)へと拡大し、また、学校栄養職員の給与費も国庫負担の対象に組み入れられた(七四年)。これに対して、一九八五年から九三年までの補助金整理関連法により、旅費および教材費(八五年)、恩給費(八九年)、そして、共済追加費用(九三年)が除外された。個別教育振興制度にかかわっては、公立高等学校定時制課程職員費国庫補助法が廃止され、産振法の補助対象から教科用図書発行に関する補助が、また、高等学校の定時制教育及び通信教育振興法の補助対象から定時制通信教育手当が除外されている(いずれも八五年)。

(3) 役割分担にもとづく三層型制度の解体

地方分権推進委員会を核とする改革の実行体制

臨調および三次にわたる行革審のもとでの改革は一九九三年に収束する。だが、その同じ年に、中央政府と地方政府との役割分担の実現が政治的課題として明確に位置づけられ、新自由主義にもとづく行財政改革の本格的実施のための足場がつくられた。国会衆参両院によって「地方分権の推進に関する決議」が行なわれ、また、九三年一〇月に公表された第三次行革審の「最終答申」において、「抜本的な地方分権」の方策として「国と地方の役割分担を本格的に見直すこと」とされたのである。「最終答申」は、「国は、国家の存立に直接かかわる政策、国内の民間活動や地方自治に関して全国的に統一されていることが望ましい基本ルールの制定、全国的規模・視点で行われることが必要不可欠な施策・事業など国が本来果たすべき役割を重点的に分担」し、一方、「地域に関する行政は、基本的に地方自治体において立案、調整、実施」すべきとしていた。そして、財政移転制度については、臨調流のむだの削減を超え、その本格的な再編と縮小、つまり、「補助金等は、国と地方の役割分担の見直しに応じ、国の負担を義務づけた法律の見直しや補助事業そのものの要否の点検を行なうことによって逐次削減ないし一般財源化を図る」べきとしたのである。

役割分担を実現するための体制は、村山連立政権のもと、一九九五年に制定された地方分権推進法によってつくられる。地方分権推進法は、第三次行革審が示した国と自治体の役割分担を明記したうえで（四条）、役割分担に必要な権限の委譲のほか、「地方公共団体に対する国の負担金、補助金等の支出金の地方自治の確立を図る観点からの整理及び合理化その他所要の措置を講ずる」（五条）ことを国の責務としていた。そして、国に地方分権推進計画の策定を義務づけ（八条）、国による計画策定に必要とされる調査審議を行ない、かつ、総理大臣に勧告を行なう審議会として、地方分権推進委員会（以下、推進委）を設置したのである（一〇条）。

そして、この実行体制を用いての改革は、村山首相退陣後の総選挙に勝利し、政権与党に復帰した橋本首相率いる自民党政権によってになわれる。橋本政権は、新自由主義行財政改革のより本格的かつより包括的な実行を内容とする「六大改革」を政策課題として位置づけ、推進委のまわりにいくつもの審議会を立ち上げ、実行体制をさらに強化した。そのなかでも、中央省庁改革のプランづくりをになった、総理大臣の諮問機関である行政改革会議（行政改革会議令〔一九九六年〕）、および、財政移転制度改革のプランづくりをになった、総理大臣の私的諮問機関である財政構造改革会議（九七年一月、第一回会議）が、教育財政移転制度改革に決定的な影響を与えることになった。

第二層、第三層のさらなる刈りこみと文部省の代理人化

推進委を核とする実行体制のもとにおいて制定された法律は、臨調・行革以来の第二層および第三層のさらなる刈りこみを進展させるもの、文部省を内閣に設置された審議会の代理人として位置づけるもの、そして、教育財政移転制度とセットになっていた条件整備基準の拘束性を弱化させるものに大別すること

ができる。

臨調・行革以来の三層型制度の第二層および第三層の刈りこみをさらに進行させたのは、財政構造改革の推進に関する特別措置法（一九九七年。以下、財革法）、および、推進委の勧告を受けて立案された地方分権の推進をはかるための関係法律の整備等に関する法律（一九九九年。以下、地方分権一括法。施行は二〇〇〇年）であった。財革法は、財政構造会議が一九九七年六月にとりまとめた「財政改革の推進方針」を法律化したものであった。その一六条は、「児童又は生徒の数の減少に応じた合理化、受益者負担の徹底、国と地方公共団体との適切な役割分担等の観点から、義務教育に対する一般会計の負担及び私立学校に対する助成等の在り方について見直し、抑制するものとする」と規定していた。さらには、一九九八年度から二〇〇〇年度まで、国立学校会計予算および私学助成補助金を九七年度水準に抑制し（一七条）、かつ、当初九八年度に完成予定であった、小中高における教員定数改善第七次計画の完成年度を二〇〇〇年度まで二年間延長することとしていた（一八条、附則二四条）[*110]。また、地方分権一括法により、青年学級振興法が廃止されている（一二五条）。

この改革の臨調・行革に比しての新しさは、内閣系列の推進委を中核とする審議会と文部省を主人・代理人関係で結び、それにもとづいて財政移転制度改革を次のフェーズに進めていったことにある。この主人・代理人関係を確立したのは、行政改革会議が一九九七年一二月に提出した「最終報告」の「内容が確実に実現されるよう、同報告の内容をできる限り忠実に法文化[*111]」した中央省庁等改革基本法（一九九八年。

以下、中央省庁改革基本法）であった。

中央省庁改革基本法は、国と地方の役割分担を再度確認したうえで（四条三項）、内閣・内閣府の編成にかかわる基本方針とそれを実現するための措置、その他の中央省庁全体に通じる再編の基本方針、および、各省庁の編成方針を規定していた。内閣については、その機能強化を基本方針として掲げ（同一項）、そのために、総理大臣に「国政に関する基本方針」を閣議に発議する権限を与え（六条）、また、「国政上重要な具体的事項に関する企画立案及び総合調整」という事務を内閣府にになわせるべきとしていた（一〇条）。各省庁については、その内部部局を企画・立案機能と実施機能とに分離すべきことを基本方針として掲げている（四条四号）。そして、文部省については、「教育制度の革新等を目指した教育改革を推進すること」（二六条一号）、および、「個性に応じた教育の多様化、地方の自主性の尊重等の観点から、初等中等教育行政の改革を行うこと」（同五号）をその編成方針に掲げていたのである。次の年には、中央省庁改革基本法に示された基本方針および編成方針を具体化した中央省庁等改革関係法施行法のほか、内閣府設置法および文部科学省設置法（以下、文科省設置法）が一九九九年に制定され、二〇〇一年に施行されることとなった。

だが、中央省庁改革基本法は、中央省庁等改革関連法の基礎を提示しただけでなく、中央省庁改革関連法の施行前から、その中心的なねらい、すなわち、内閣（府）と文部省とを主人・代理人関係で結ぶことを前倒し的に実施するものとなっていた。このことは、一九九八年一一月に公表された推進委第五次勧告における次のような指摘に示されている。

「基本法（中央省庁改革基本法のこと――引用者）二六条五号は、地方の自主性の尊重等の観点から、初等中等教育行政の改革を行うこととし、また、財革法一六条は、文教予算について、国と地方公共団体との適切な役割分担等の観点から見直しを行うこととしている。これらの規定を踏まえ、国と地方の役割分担の明確化、国の役割の重点化の観点から、……、国庫補助負担金の統合・メニュー化、対象事業の範囲や基準等の柔軟な設定、事務手続の簡素・合理化を進めるなど、地方分権を推進する方向での見直しを行う」。

中央省庁改革基本法二六条五号を文部省の所掌事務に、財革法一六条および一七条を所掌事務に該当する具体的な事務に見立て、推進委および文部省を主人・代理人関係として結ぶべきとし、文部省自身の手によって財政移転制度に規定された財政基準の地方政府に対する拘束性を弱化すべきとしていたのである。

第二層における地方政府による〝下出し〟ルールの設定

中央省庁改革基本法のもとにおける改革の最大の成果は、義務教育標準法および高校標準法（以下、この二つの法律を総称する場合には、両標準法と略す）の改正であった。

地方分権一括法一四二条により、義務教育標準法五条が改正され、市町村教委による学級定員基準の決定が、都道府県教委による「認可」の対象から、市町村教委との事前協議にもとづく、都道府県教委による「同意」の対象に変更された。あわせて、「認可」を機関委任事務としていた改正前の立場を改め、「同意」を機関委任事務の代わりに導入された法定受託事務には位置づけないものとしていた。そして、二〇〇一年には、両標準法に規定されている標準を、中央政府から移転される財政量を決める基準と位置づけ直し、学級編制および教員定数を制御しないものにするとの方針が採用され、標準以下の基準設定を可能にすることを内容とする両標準法の改正が行なわれる（公立義務諸学校の学級編制及び教職定数の標準に関する法律等の一部を改正する法律）。

義務教育標準法の主要改正点は、①都道府県教委が標準よりも小規模の学級編制に関する基準の設定を行ないうることを明文化し、また、②常勤教員数を、非常勤教員の勤務時間を基礎にして非常勤教員数に代えることを可能にしたことにあった。①は、法改正を待たなくとも可能なことであった。既述のとおり、義務教育標準法、義務教育費国庫負担法および教員給与負担法は、最低基準を設定し、それを地方政府に実施させることを趣旨とし、都道府県および市町村の財政負担による〝上出し〟を禁止するものではなかったからである。この改正の新しさは、②にあったといえる。地方政府による〝下出し〟に関するルールを新たに設定するものになっていたからである。

また、今回の高校標準法の主要改正点は、義務教育標準法とほぼ重なっているが[112]、その際立った違いは、都道府県に公立高校の設置を義務づけていた三条を削除したことにともない、その名称から「設置」という文言が削除され、公立高等学校の適正配置及び教職員定数の標準等に関する法律、となったことである。

三条削除の理由は、その二項が、政令で定める規模の市町村に公立高校の設置を限定していたことが、地方分権の観点から望ましくないというものであった。理由と削除範囲との不釣合いが明白であるにもかかわらずなされた三条削除により、都道府県の高校設置義務を規定する法は不在となった。そして、都道府県の私学への配慮義務を規定した四条はそのままとされたので、高校設置主体については、私学法人を原則とし、都道府県による設置を例外とするかのような、規定ぶりとなった。

(4) 経済財政諮問会議による「三位一体改革」

経済財政諮問会議を核とする改革の実行体制

新自由主義行財政改革のさらなる推進に向けての新たなモメントを与えたのは、推進委による「最終報告――分権型社会の創造：その道筋」（二〇〇一年六月）であった。この報告は、国の役割の限定と自己完結的地方自治を完成するために、順次とりくまれるべき二つの課題を明示していた。最終報告が、第一の課題として掲げていたのは「地方財政秩序の再構築」である。具体的には、「自己決定・自己責任の原理を地方税財政の領域にまで推し広げ」るために、①地方税の充実、ならびに、②国庫負担金の優先的縮減、および、国庫負担金制度の基礎となる財政基準の範囲の限定、すなわち、「全国どこでも一律に最低限度確保されるべきナショナル・ミニマムとは何かを、個別行政サービスごとに厳しく見直す」ことを提案していた。そして、③地方交付税制度を縮小すべきとし、そのための手段として「地方公共団体の事務に対する法令による義務付け・枠付け等の緩和」を行なうことを、地方財政秩序の再構築のあとにとりくまれるべき第二の課題として位置づけていた。

これらの政治課題を実行する体制は、中央省庁改革関連諸法の一つとしてすでに一九九九年に公布されていた内閣府設置法、文科省設置法、および文部科学省組織令（以下、文科省組織令）に用意されていた。文科省設置法は、文科省の所掌事務の第一として、「豊かな人間性を備えた創造的な人材の育成のための教育改革に関すること」（四条一号。傍点――引用者）を、また、その第三として、「地方教育行政に関する制度の企画及び立案」（同三号）を掲げていた。そして、文科省設置法を受けて二〇〇〇年に制定された文科省組織令は、筆頭局である生涯学習政策局の所掌事務の第一に、「教育改革に関する基本的な政策の企画及び立案並びに推進に関すること」（四条一号）を規定し、この事務を同局の筆頭課である政策課に割り振っていた（二六条二号）。また、臨調答申にもとづいてなされた初中局と助成局との分離は改められ、それらは初中局に再統合されている（三二条）。初中局の所掌事務の第一に「地方教育行政に関する制度の企画及び立案」（五条一号）を規定し、この事務を初中局の筆頭課である初等中等教育企画課に割り振っていた（三三条）。内閣府設置法のもとに創設された経済財政諮問会議等の審議会において初等中等教育改革に関する政策が立案され、それが閣議決定されれば、生涯学習政策局およびその筆頭課である政策課が、わざわざ局を超えるかたちで、初中局およびその筆頭課である教育企画課と連絡調整しながら具体化の任にあたることになった。

「三位一体改革」の〝成果〟

二〇〇一年一月の一連の法令の施行により、内閣総理大臣の諮問機関である経済財政諮問会議（内閣府設置法一九条）を核とする実行体制が始動する。同年四月に成立した小泉政権は、この実行体制に、政権成立直前に設置されていた総合規制改革会議（総合規制改革会議令）と、政権成立後に設置した推進委の後継である地方分権改革推進会議（いずれも、二〇〇一年）をくわえ、この強化された体制および、推進委がその最終報告によって与えたモメントをフルに活用して新自由主義財政改革を行なっていく。

最初の成果は、総合規制改革会議のプレッシャーのもとに二〇〇二年に制定された小学校設置基準と中学校設置基準であった。二つの基準は、小中学校への民間事業者の参入を容易にするために、最低限の条件整備基準を規定するだけでなく、学校評価制度の導入をはかるものともなった。

そして、経済財政諮問会議の答申にもとづいて閣議決定された「経済財政運営と構造改革に関する基本方針二〇〇二」（以下、「骨太の方針〇二」）においていわゆる「三位一体改革」が提起されると、三層型財政移転制度そのものの改編を進める法改正が進展する。

三位一体改革は、国庫補助負担金、交付税、および、税源移譲を含む税源配分の改革を同時的に行なうことにより、財政移転制度の包括的な改革を実現することをその内容としていた。「骨太の方針〇二」において頭出しされ、翌年の「骨太の方針〇三」においては、国庫補助負担金の削減額を「概ね四兆円程度」とするという数値目標が設定されて、それを実現するための「基本方針」（「別紙二」）が決定された。国庫補助金については、「原則として廃止・縮減」し、「補助率が低いもの（二分の一未満）又は創設後一定期間経過したものについては、廃止又は一般財源化などの見直しを行う」とし、また、経常的国庫負担金については、「その対象を真に国が義務的に負担を行うべきと考えられる分野に限定していく」こととされた。さらに、義務教育費国庫負担制度が名指しされ、二〇〇四年度から「例えば、定額化・交付金化」により、地方の自由度を拡大し、〇六年度末までに、中央教育審議会による検討を「踏まえつつ」、「国庫負担金全額の一般財源化についての所要の検討を行う」とされたのである。

三位一体改革により、三層型制度の第三層は、国の補助金等の整理及び合理化等にともなう義務教育費国庫負担法等の一部を改正する法律（二〇〇五年。以下、教育補助金整理第一次法）と、国の補助金等の整理及び合理化等にともなう義務教育費国庫負担法等の一部を改正する等の法律（二〇〇六年。以下、教育補助金整理第二次法）によって、理科教育振興法を除いて、実質的に消滅させられている。たとえば、就学奨励法をみてみると、準要保護者の義務教育年齢にある子どもへの市町村教委の給付に対する国の負担制度が廃止され（廃止後は地方交付税措置）、要保護児童の修学旅行費の地方政府による給付だけが国庫負担対象として残された（教育補助金整理第一次法六条）。

「骨太の方針〇二」以降ほぼ毎年法制定・法改正がなされ、補助対象の縮小[*113]、国庫負担額の減少[*114]、一九六三年度以来の定員実額制の廃止と定員定額制の導入[*115]、そして、国庫負担割合の二分の一から三分の一への引き下げ[*116]が順次行なわれ、第二層に位置づく義務教育標準法および義務教育費国庫負担法は、量的に縮小されている。くわえて、国立大学法人法等の施行にともなう関係法律の整備等に関する法律（二〇〇三年。以下、関係法律整備法）にもとづく教特法改正および人確法改正によって、〇一年の両標準法改正で導入された地方政府による〝下出し〟のルールがさらに拡大される。国立大学法人化により国立小中学校が消滅することを受けて、一九七四年以降定着していた、人事院勧告、国立義務教育諸学校教員給与の法律による決定、それに準拠しての公立学校教員給与の条例による決定という教員給の全国的水準を確保する仕組みが廃止され、その代わりに、教員等の給与はその「職務と責任の特殊性に基づき条例で定める」（教特法一三条）ものとされた。これにより、二〇〇四年からは、非常勤教員増にくわえて、教員給与減を用いて、地方政府が〝下出し〟を行なえることになったのである。

(5) 〝再編〟の足踏み

三位一体改革のもとでの教育財政移転制度改革は、二〇〇六年における教育補助金整理第二次法による、国庫負担割合の二分の一から三分の一への引き下げ、および、給与負担法の改正[*117]によって終了する。三位一体改革で目標として設定されていた義務教育費国庫負担制度の廃止と、義務教育にかかわる財政移転の地方交付税制度への一元化という目標は達成されなかった。義務教育標準法と義務教育費国庫負担法のセットが教育条件整備向上になした貢献を評価する国民世論の反発を恐れて、地方政府による〝下出し〟ルールの拡充という果実で、当面は手を打ったのだと考えられる。それでもなお、三層型教育財政移転制度は相当程度に縮小されることになった。文科省の義務教育費の国の一般予算に占める割合は、臨調開始後から一貫して下降をたどり、一九八〇年には六・二%であったのが、二〇〇八年には二・二%にまで落ちこむことになったのである（図5）。

新自由主義教育改革のもとにおける財政移転制度改革は中央政府の財源負担の量的縮小で終わるわけではなく、新しい管理のテクノロジーである競争を実効的に組織するための手段へと教育財政移転制度を〝再編〟するという段階が用意されている。中央政府から移転される財源を地方政府間の競争にもとづいて配分し、あるいは、財源移転の条件として、地方政府による教育財政の競争的な配分を求めることがその内容となる。だが、三位一体改革が終了してから六年をへてもなお、〝再編〟に向けての動きは、中央政府レベルにおいては、足踏み状態にある。

たとえば、二〇〇六年に大改正された教育基本法（以下、新教基法）のもと、閣議決定された第一次教育振興基本計画（〇八年）は、その第三章において、「今後五年間に総合的かつ計画的に取り組むべき施策」として、「施策によって達成する成果（アウトカム）を指標とした評価方法」を導入すること、および、「限られた予算を最大限有効に活用する観点から、施策の選択と集中的実施を行うとともに、コスト縮減に取り組み、効果的な施策の実施を図る」ことを提案していた。両者が結びつけられれば、財政移転制度に評価にもとづく競争的資金配分が導入されることになるのだが、両者を結びつけるべきことは明言されずに終わっている。

また、二〇〇九年秋に行なわれた総選挙で圧勝した民主党が、政権獲得後に導入した高校授業料無償化も、もともとは、バウチャー制度として構想されていたのが、公立高等学校に係る授業料の不徴収及び高等学校等就学支援金の支給に関する法律（二〇一〇年）においては、公立高校の授業料を端的に無償化するものとなった。

そして、地方分権改革推進法（二〇〇六年。一〇年三月までの時限法）にもとづいて〇七年に内閣府に設置された地方分権推進改革委員会、および、〇九年一一月に閣議決定により設置された地域主権戦略会議が、推進委最終報告に示された第二番目の課題、すなわち、義務づけ、枠づけの見直しの具体化という課題にとりくんではいるのだが、教育分野についてはさしたる成果をあげてはいない。二〇一〇年六月に閣議決定された「地域主権戦略大綱」は一〇点の「地域主権改革の主な課題」を示し、その「第五」に「ひも付き補助金の一括交付金化」を掲げていた。これは、財政移転量を、購入するもの、および、その単価とは無関係に決定し、ある特定の行政領域においては費目間の流用を許容して、地方政府に移転するという仕組みの導入をもくろむものとなっていた。だが、地域主権戦略大綱を受けて制定されたいわゆる地域主権改革第一次一括法および同第二次一括法（いずれも二〇一一年）*[118]は、教育財政移転制度にかかわって、高校標準法の五条を削除し（第二次一括法二〇条）、高校標準法から学級定員の標準に関する規定を消滅させたにとどまっている。しかも、二〇〇一年の高校標準法改正とあわせれば、地方交付税制度における基準財政需要の算定基準を大きく改正することが可能であるにもかかわらず、そのような改正はまだなされていないのである。*[119]

以上のような足踏みは、二〇〇六年の教基法改正案の国会審議において新自由主義教育改革の負の側面に焦点があてられ、国民世論の批判が集まったこと、そして、新自由主義構造改革の結果、国民の貧困度と地方財政の困窮が拡大し、福祉国家的要求が高まったためであるとみられる。そして、東京都や大阪府・市が、〝下出し〟ルールを最大限活用して教員給与制度を競争的に再編し、*[120] あるいは、自治体版教育振興基本計画において学校に結果責任を課そうとしているのは、*[121] 〝再編〟に向けての新たなモメントを地方からつくりだすためなのだと考えられる。

5 戦後日本教育財政移転法制史の教訓

やや長きにわたって戦後教育財政移転法制史を概観してきた。そこから三つの教訓を導き出すことができる。

第一は、戦後教育改革期において浮上した課題、すなわち、教育財政移転制度にはたらく政治的力を駆逐化しうる条件整備基準と財政移転制度の法制化が、依然として課題のまま残されている、ということである。この課題の実行を妨げたのは時々の経済政策であることには変わりはない。時代を追ってそれらをおおまかに列挙すれば、①占領政策の転換にともなって占領軍から押しつけられた経済復興政策（一九四〇年代終盤から五〇年代前半）、②自由民主党政権のもとにおける高度経済成長政策（六〇年代初頭以降）、そして、③自民党および時々の連立政権によって実行されてきた新自由主義構造改革の背後に控えている多国籍企業優遇の経済政策（八〇年代初頭以降）となる。行財政政策の背後にある経済政策を〃ハメ殺し〃にすることのできる教育法をつくり、それを政府に押しつけることは、いまなお課題となっているのである。

第二は、たとえ不十分であったとしても、教育条件整備に関する最低基準を、財政基準とは別個に法定化し、それに財政基準を従属させるということが、子どもの教育的必要を充足させる安定的な仕組みとなる、ということである。これは、義務教育標準法と義務教育費国庫負担法のセットが、一九八〇年代以降の新自由主義行財政改革によってもなお破壊しつくされなかったことに示されている。

第三は、残された課題を実現しようとすれば、義務教育標準法と義務教育費国庫負担法を橋頭堡としながら、新自由主義にもとづく財政移転制度改革にも、そして、与党政治支配的、文科省官僚統制型にも対抗できる包括的な法律を下からつくりあげていく必要があるということである。そのような法律の〈像〉は、すでに戦後教育改革期に作成された学校基準法案と学校財政法要綱案に示されていた。この〈像〉を現代において再構成することが喫緊かつ重要な課題となっているのである。

現代において戦後教育改革〈像〉を再構成するとすれば、それはどのような骨格を備えているべきなのか。この問題への応答は、第2章以下の各章における検討をへたうえで、最終章においてなされる。

〔付記〕本章はじつに多くの方々の協力を得て執筆されている。「第2節」については、資料の所在から資料の読み方に至るまで、戦後教育改革研究および戦後教育財政移転制度研究の第二世代におけるパイオニアである、内沢達（鹿児島大学）と大橋基博（愛知芸術大学）から多くの手ほどきを受けた。「第3節（3）」の基礎にある全部無償化と教育扶助制度・就学奨励制度の相互排他性というアイディアは、後藤道夫（都留文科大学）のオリジナルであり、本章はそれを展開したものにすぎない。「第3節（4）」の財政データ整理および解析にあたっては、企業会計実務の経験をもつ橋本圭介（DCI日本運営委員）からの多大な援助と教示を受けている。「第3節（4）」以外の部分で用いたデータの整理には、高橋卓矢および岩井桃子があたった。「第3節」全体については、吉葉清子（DCI日本運営委員）、桑折千恵子（同）、松本摂（同）が語ってくれた体験的証言から、じつに多くのヒントを得ている。また、一九六〇年代以降における文教予算量の変遷の見方については平野厚哉（前国会議員公設秘書）から資料の提供と教示を受けた。そして、「第4節（3）、（4）」については、元学校事務職員の方との議論に多くを負っている。いうまでもなく本章における記述の責任はすべて筆者にある。

◉注

＊1　本章では、施設関係の財政移転制度を検討の対象としていない。施設関係の財政移転制度は本書第3章において部分

的に取り扱われているので参照されたい。また、二〇〇六年よりのちの改革については、民主党連立政権成立以降の動向を含めて概括的に論じるにとどめる。民主党連立政権成立以降の動向については、本書第2章を参照されたい。

＊2　開発主義国家とは、『国民経済成長を目的とした長期的、系統的、かつ強力な国家介入を備えた資本主義システム』……を担う国家」と定義される（「座談会　戦後開発主義国家」『ポリティーク』五号、旬報社、二〇〇二年、八頁、一〇頁）。

＊3　日本における教育財政移転制度の確立は、教員給与の国庫負担を内容とする一九一八年に成立した市町村義務教育費国庫負担法にまでさかのぼることができる。一九一〇年代には、地税を中心とする地方政府の財源では、拡大する公教育財政需要をまかないきれなくなり、人税を中心とする中央政府の財源を地方に移転する必要性が生まれていた（鈴木喜治『教育と財政』港出版合作社、一九五一年、七八頁）。

＊4　同前、三六頁。

＊5　内藤誉三郎「教育委員会法の位置」時事通信社編『教育委員会法　解説と資料』時事通信社、一九四八年、二二頁、三五頁。

＊6　鈴木英一『教育行政』（東京大学出版会、一九七〇年）によれば、「文部省が具体的に法案を準備していくのは一九四八年四月頃から」（五九四頁）であり、「一九四九年に入り、大詰めをむかえる」（五九八頁）。

＊7　分析の対象となる四つの法または法案の整理の仕方について、先行研究と本章との違いをあらかじめ説明しておく。①学校法施行規則八一条の二（一九四八年一〇月）、②学校基準法案（四九年二月公表）、③学校財政法要綱案（同三月公表）、および、④文部省設置法（四九年五月施行）の関係を、内沢達「教育条件整備立法と財政援助システム（一）」（『社会科学雑誌』〔鹿児島大学〕四号、一九八一年、六七頁）は次のように整理している。①によって教育の勅令主義の克服がめざされた。②および③が教育条件整備基準に文部省の権力的コントロールを組み合わせたために、「財政上の自治をも保障する国と地方の教育財政関係を考えようとする」（七五頁）立場からみて「看過しえない問題」（七六頁）が生まれた。そして、④は、この「問題点を克服する位置」にあり、これにより、「最低基準性とそれに基づく指

導助言行政」（七七頁）に向けてのモメントが生まれた。これに対して本章は、内沢も指摘するように（七七〜七八頁）、文部省設置法案の民間情報教育局（CIE）による修正のうち最も重要な部分は一九四八年二月には終了しているため、①から④を、起案の時間的関係からみても、整合性のとれた一体的なものと理解する。

＊8　八一条の二をめぐっては、教育委員会法の成立により施行規則に規定された条件整備基準の設定権限が教育委員会に移譲されるとの事態に対して、文部省がその関与権限の確保を目的として新設されたとの消極的評価（中島太郎・伊藤光威「『学校の教育課程に関する法律案』についての一考察」『東北大学教育学部研究年報』一四集、一九六六年、一五三頁、一五九〜一六〇頁）もある。しかし、前掲、内沢「教育条件整備立法と財政援助システム（一）」が指摘するとおり、古野博明「学校法の過渡的性格に関する一考察」『北海道教育大学紀要』一部C二八巻二号、一九七八年、四五頁）による教育の勅令主義の克服という側面をもつとの理解に利があるものと考えられる。

＊9　制定当初の文部省設置法は、文部省の指導助言官庁としての性格をふまえて、指導助言事務と許認可などの権力的事務を異なった部署に配分することを原則としていた（詳しくは、前掲、鈴木『教育行政』六〇二〜六〇四頁を参照）。初等中等教育局の庶務課には、「学校財政の確立」のほか、戦前以来の義務教育費国庫負担制度に関する事務も配分されていたので、この原則に反するものとなっていた。当時の文部官僚の説明によれば、吉田内閣の「行政整理方針」のもと、「予算統計局」の設置が断念されたため、この原則に対する例外として、「財政的援助（補助金、助成金の割り当て配分）が、……内容面の指導助言をなす各局に分散」されたと指摘されている（森田孝「新しい文部省の機構と性格」『文部時報』八六三号、一九四九年八月、一二頁、一五頁）。

＊10　国立教育政策研究所所蔵『戦後教育資料』Ⅶ－三一。

＊11　『時事通信内外教育版』一四七号、一九四九年三月八日、二頁。

＊12　学校基準法案の一条および二条は以下のとおり。

（この法律の目的）

第一条　この法律は、学校教育法（昭和二十二年法律第二十六号）第一条に定める学校の教育課程、編制並びに施設及び設備に関する基準を定めることにより、学校教育の水準の維持向上を図ることを目的とする。

（設置管理の基本）

第二条　この法律で定める基準は、学校において正常な教育を行うため、必要かつ最低の限度を定めたものであるから、学校を設置し、管理し、及び教育を行うに当って、この基準を確保しなければならないことはもとより、あらゆる機会においてこれをこえるように務めなければならない。

＊13　西本肇「『学校基準法案』の性格とその制度形態の検討」（『北海道大学教育学部紀要』三六号、一九八〇年、一一七頁）は、文部大臣の命令権に着目し、法案を戦後教育改革に対する反動と位置づけ（一二五〜一三四頁）、前掲、内沢「教育条件整備立法と財政援助システム（一）」もこの評価を引き継ぐ（八〇頁。同旨、小川正人『戦後日本の教育財政制度の研究』九州大学出版会、一九九一年、一八九〜一九一頁）。この評価には、戦後教育改革の理念に忠実であれば、教育内容に関する基準はもとより、条件整備基準立法についても、文部省には指導助言だけが許されるとされなければならないとの判断が先行している。しかし、この判断が正しいのかは疑問である。米国教育施設団報告書は、「文部省の権限」として、「4・学校のための客観的基準の設定」および「5・政府から支給される教育予算の配分。但し、この配分は、法に規定された客観的な公式（formula）を基礎にしなければならない」としていた。また、竹前栄治「アメリカの初期対日教育改革構想」（『東京経大学会誌』一〇五号、一九七七年、一六八頁）において、R・K・ホールの起案にかかる「日本における地方分権のための財政計画」（一九四六年六月）が、「(e)教育の機会均等の進展のためには、従来の中央集権的機構は維持発展されるべき」とし、そのうえで、「(f)中央政府から地方庁への財政補助を伴なう現在の教育管理は廃止または根本的に改正されるべきこと」としていたことが紹介されている（一三四頁）。さらに、ホールの帰国後に作成されたＣＩＥ教育課のドキュメント「スタッフによる教育財政に関する研究——暫定的概要」（一九四八年三月一五日付。“Staff Study of Education Finance A Tentative Outline” in Box.31, Joseph C. Trainor Collection〔Hoover Institution Archives, Stanford University〕）は、「4・教育の全国的基準プログラムは法によって規定され、かつ、中央および地方の財政法によって確保されるべき」とし、「7・教育財政は中央および地方の財政

法において確固とした適切な基礎の上に置かれるべきである」としていた。具体的には、学校建築費の三分の一が「中央政府の財源によって担われるべき」とする（7－a－⑵、⑶）。これら一連の文書は、教育行政の脱中央集権化を教育行財政改革の最大の課題としていた占領軍でさえも、シャウプ勧告前の段階では、教育条件整備基準の法定化、ならびに、国庫負担制度の創設および算定基準の法定化を想定し、かつ、教育条件整備基準については、法による縛りを条件として、文部省の中央集権的コントロールを許容していたことを示している。

＊14 戦後教育改革においてその理念を具体化した教育財政移転法または法案が作成されたのか否かということ、そして、されたとして、それがいずれの法（案）であるのかをめぐっては評価の分かれがある。そのような法（案）の存在を端的に否定する見解がある一方（市川昭午・林健久『教育財政』（東京大学出版会、一九七二年、二一〇～二一一頁、二一四頁。否定説）、命令権等を取り除くという仮定をつけたうえで、学校基準法案と使途の限定のつかない財政移転制度とのセットを戦後教育改革の理念を具体化したものとする見解があった（前掲、内沢「教育条件整備立法と財政援助システム（一）」八〇頁。同旨、前掲、小川『戦後日本の教育財政制度の研究』一八六頁、二六三頁。肯定説a）。本章は、そのような法案の存在を肯定し、かつ、その所在を学校基準法案と学校財政法要綱案のセットにみている（肯定説b）。評価の分かれ目の所在と本章の立場は、前掲注7、8および13において説明したとおりである。なお、「肯定説a」の描く法制度がGHQそれ自体によって否定されたことについては、後掲注23を参照のこと。

＊15 前掲、鈴木『教育と財政』四〇頁。

＊16 米国国務省・陸軍省「経済安定九原則」（一九四八年一二月）、「ドッジ・ライン」（四九年三月）、シャウプ勧告（四九年九月）。

＊17 米国教育行財政制度とくらべれば、制度原理の二、すなわち教育行政の独立性の弱さは際立っている。米国においては、一九二〇年代以降、州から地教委への財政移転制度が各州に拡大していくのだが、地教委が、選挙で選ばれた代表と独自税源・課税権を有する特別政府であったために、州から移転される財源はそのまま地教委に移転され、首長部局の判断によってそれがカットされるということはありえなかった。

＊18　「国庫補助廃止の方向――文部省基準で教育費確保」『時事通信内外教育版』一七四号、一九四九年九月一三日、二頁。

＊19　「標準義務教育費算定の基準――その問題点となる教員の充足と構成」『時事通信内外教育版』一八五号、一九四九年一一月二九日、三頁。

＊20　国立教育政策研究所所蔵『戦後教育資料』X－四六（一九五〇年二月二四日付）。「標準義務教育費の確保に関する法律――最終決定案」『時事通信内外教育版』二〇一号、一九五〇年三月二八日、一三頁。

＊21　「来国会に一二法案」『時事通信内外教育版』一八六号、一九四九年一二月六日、三頁。法案全文は、『時事通信内外教育版』一九五号（一九五〇年二月一四日）一一頁、同一九六号、一九五〇年二月二一日、一三頁。

＊22　「時期国会提出法案きまる」『時事通信内外教育版』二三四号、一九五〇年一一月一五日、二頁。

＊23　一九四九年冬から五〇年暮れまでに、文部省内で、条件整備基準にかかわって少なくとも八本の法案が作成されていたことが明らかにされている。これらの法案を公表日または作成日順に並べれば、①学校基準法案（一九四九年一二月）、②学校施設基準法草案（同年八月）、③教育課程基準案（同年八月）、④「学校の教育課程及び編制の基準に関する法律案」（同年一二月）、⑤「学校施設基準法案」（五〇年二月）、⑥同上名法案（同年二月）、⑦同上名法案（同年三月）、⑧「学校の教育課程及び編制の基準に関する法律案」（同年一一月）となる（前掲、内沢「教育条件整備立法と財政援助システム（一）」八四頁）。施設・設備・編制と教育課程を包括的に規定する構想（①）から、施設・設備に関する法案（②、⑤ないし⑦）と教育課程・編制に関する法案（③、④、⑧）とを別建ての法案とする構想へ移行し、施設・設備に関する法案が放棄され、教育課程・編制に関する法案だけとなる。Trainor Collection（注13）のBox 23にあるファイル“Educational minimum standards law. 1949-1951”にはシャウプ勧告以降の法案である④ないし⑧をめぐる文部省とCIE教育課とのやりとりを示すドキュメントが収められている。一九四九年一二月一六日付の課員Carpenterによる課長補佐Trainor宛のメモランダム「提案された学校基準法」は、教科目名、授業時間数、教師・生徒比などの法定化を民主主義に反するとして反対すると同時に、「地方において取られうる資源（Local administrative expediency）――利用可能な校舎、財源、および人材――にもとづいて地方において行われることが決められるべきで

ある」と主張していた。また、一九五〇年五月九日付のCarpenterから教育課長宛のメモランダム「提案された教育課程および編制の基準」においては、「もし予算を算定するために学級規模、事務職員数を規定する法律が必要であるとしても、そのような法は別個に設けられるべきであるし、基準という質的な要請として規定されるべきではない。すなわち、財政についての考え方はこの法律のなかに含まれるべきではない」（傍点——引用者）と述べられていた。

*24 『時事通信内外教育版』二三四号、一九五〇年一一月一五日、二頁。

*25 以下、法律名のあとに付す年は、当該法律の公布年を示す。

*26 「教育財政確立に根本策」『時事通信内外教育版』二七三号、一九五一年八月二三日、二頁。

*27 国立教育政策研究所所蔵『戦後教育資料』X－一六〇。

*28 「義務教育費国庫負担制度の創設について（文部省）」『時事通信内外教育版』三一一号、一九五二年三月一四日、九頁。

*29 『時事通信内外教育版』三一二号、一九五二年三月一八日、三頁。

*30 『第一三回国会衆議院文部委員会議録』二〇号、一九五二年五月八日、二頁。

*31 法案審議において設置者負担主義を修正して国庫負担制度を義務教育に導入する鍵となったのは、義務教育が国民の国に対する義務であり、義務教育後の高校、大学などがもっぱら国民の教育を受ける権利に対応することとは区別されるという理屈であった。大蔵省の文部省担当主計官は、「義務教育は、その根源を憲法に発し、他の地方行政事務とは異なった憲法上の重要な国民の義務であるとともにまた権利である。したがって、そこから義務教育が単に地方団体の事務であるばかりでなく、国もまたこれに責任を持つべきであるという主張が生じてくるのである」と説明している（相澤英之『教育費』大蔵財務協会、一九六〇年、三五〇～三五一頁）。

*32 「楽観できない定員定額の復活」『時事通信内外教育版』三五一号、一九五二年八月八日、五頁。

*33 五十嵐顕「教育費政策における実績主義」『教育評論』六巻三号、一九五七年三月、一〇頁、一三頁。

*34 産業教育振興法（一九五一年）、学校図書館法、理科教育振興法、青年学級振興法、高等学校の定時制教育及び通信

教育振興法（以上、五三年）、へき地教育振興法、学校給食法（以上、五四年）、夜間課程をおく高等学校における学校給食に関する法律（五六年）。

＊35　文部省組織規程九条一号。一九五二年の文部省設置法改正に合わせて全面改正された文部省組織規程も、「財務課」に、局内の連絡調整等の事務を割りあて（四八条）、その一か月後に制定された文部省組織令も、財務課に連絡調整機能を割りあてている（六条一号、三号、および四号）。荻原克男「教育行政組織の分化と統合」（国立教育政策研究所『戦後教育法制の形成過程に関する実証的調査研究　最終報告書』二〇〇六年）一五五頁、一五六頁、参照。

＊36　文部省組織規程は、一九五三年一月に、文部省設置法施行規則の施行にともない廃止された。それ以降、文部省組織にかかわる法は、設置法－組織令－設置法施行規則という構成となる。なお、二〇〇一年一月以降は、文部科学省設置法、文部科学省組織令、文部科学省組織規則の施行にともない、設置法－組織令－組織規則という構成となっている。

＊37　内藤誉三郎『教育財政』誠文堂新光社、一九五〇年、五頁。

＊38　内藤誉三郎『教育財政学』誠文堂新光社、一九五三年、一頁。

＊39　同前、一二頁。

＊40　同前、一三頁。

＊41　なぜ、一九五八年から六一年までの間に、部分的ではあれ、条件整備基準立法が自民党政権のもとにおいてなされ、また、それ以降はなされなかったのか。一九六〇年代に入るまでの自民党が、権威主義派、福祉国家派、および、経済成長派の三つの潮流から構成されていたとの分析（渡辺治「高度成長と企業社会」同編『高度成長と企業社会』［日本の時代史27］吉川弘文館、二〇〇四年、八頁、三八～四一頁）にもとづけば、石橋内閣を生み出した福祉国家派の力が、短命で終わった石橋内閣のあとを継ぐ岸内閣においても存続していたこと、および、岸内閣を継ぐ池田内閣以降は、主流となった経済成長派に、権威主義派がくわわり、福祉国家派が傍流に位置づけられたからと説明されよう。

＊42　学校教育法および教育委員会法改正による、文部大臣の教科書検定権限の恒久化（一九五三年）。教員の政治活動制限立法として著名な、教育公務員特例法を改正する法律および、義務教育諸学校における教育の政治的中立の確保に関

する臨時措置法（いずれも一九五四年）。地教行法案とともに提出された教科書法案（一九五六年、第二四国会閣法第一二一号）。文部省による学習指導要領の告示化と、その法的拘束力の主張（一九五八年）。

＊43　内沢達「教育条件基準と教育財政制度・改革試論」日本教育法学会条件整備法制研究特別委員会『教育条件法制研究』五号、一九八四年、一頁、七頁。

＊44　本書第5章、参照。

＊45　吉岡健二『戦後日本地方財政史』東京大学出版会、一九八七年、六八頁。

＊46　同前、六八〜六九頁。

＊47　「教育に、どんな影響　財政再建適用団体の実態をみる」『時事通信内外教育版』七八二号、一九五六年一一月一六日、三頁。

＊48　一九五七年後半以降における文部省による勤務評定の導入の主導は、この対立をさらに激化させるものとなった。本段落および前段落は、地方財政の窮乏から勤務評定問題を説き起こす貴重な研究である、浦野東洋一「長野県勤評の過去と現在」（『東京大学教育行政学研究室紀要』七号、一九八八年、八五頁）に大幅に依拠している。

＊49　「佐賀県をはじめ各地に発生した教員事件は遠い原因をいずれも地方教育予算の貧困に発している。……若干の問題は、国庫保障制度が、最初、日教組対策として出発したことである。当初は、教員を国家公務員とし、給与を全額国庫負担とすることで、日教組を押さえようという構想であった。それが不可能と判って、保障制度に変わっただけに、個々の具体策の中にその意図が露骨に出てくるおそれもある。この場合、やはり純粋に教育のみを考えた保障制度にしたい」（傍点——引用者）（『東京新聞』朝刊、社説「重点にしぼりたい新文教政策」一九五七年七月二二日、三頁）。

＊50　文部省『すし詰学級の解消』（一九五九年）においては、「五十人という標準は、文字通り標準であるから、四十九人と定めても……、さしつかえない……」とされていた（四六頁）。

＊51　統計法にもとづく指定統計である『学校基本調査』において、一九五九年度以降、「市町村支弁の教員」（本務者）の数が、小中学校の「職員数」の一つとして報告されつづけていた。なお、市町村独自の本務教員任用が法的に可能であ

ることが義務教育標準法制定前から当然視されていたことは、義務教育標準法制定への流れをつくる力の一つとなった、行政管理庁監査局「義務教育費国庫負担制度に関する監察」(行政管理庁行政監察局『行政監察三十年史Ⅱ』行政管理研究センター、一九八八年)七九頁における、「市町村が県費負担の枠外で自力で教職員を採用してその不足を補っている例が相当あるが、これらのうち必要と認められるものは県費負担とするよう指導されたい」との記述に示されている。

＊52　佐藤三樹太郎『教育基本法制コンメンタール35　学級規模と教職員編制』日本図書センター、二〇〇二年、一一三頁(原書は一九六五年)。

＊53　戦後教育改革の理念を体現する法(案)を、文部大臣による命令権等を除いたうえで、学校基準法案と使途に制限のない財政移転制度のセットに求めると、義務教育標準法の積極的側面を評価できないことは、前掲、内沢「教育条件基準と教育財政制度・改革試論」七〜八頁に示されている(同旨、前掲、小川『戦後日本の教育財政制度の研究』二五九頁、二六三〜二六四頁)。

＊54　瀬戸山孝一『文教と財政』財務出版、一九五五年、二九〜三一頁。

＊55　この経緯については、前掲、相澤『教育費』四一七頁を参照。

＊56　各計画における改善増、自然増減、差引計は次のとおりである。第一次(一九五九〜六三年)(五〇人学級実現)三万四〇〇〇人、△一万八〇〇〇人、一万六〇〇〇人。第二次(一九六四〜六八年)(四五人学級実現)六万一六八三人、△七万七九六〇人、△一万六二七七人。第三次(一九六九〜七三年)(複式学級編制の標準人数の引き下げ)二万八五三二人、△一万一八〇一人、一万六七三一人。第四次(一九七四〜七九年)(複式学級編制の標準人数の引き下げ)二万四三七八人、三万八六一〇人、六万二九八八人。第五次(一九八〇〜九一年)(四〇人学級実現)七万九三八〇人、△五万七九三二人、二万一四四八人。第六次(一九九三〜二〇〇〇年)(指導方法改善)三万四〇〇〇人、△七万八六〇〇人、△四万八二〇〇人。第七次(二〇〇一〜〇五年)(少人数指導)二万六九〇〇人、△二万六九〇〇人、〇人(二〇〇五年五月一〇日中央教育審議会義務教育特別部会[第九回]配布資料「学級編制及び教職員定数について」より)。

＊57　笠井悠『学級と学級力に関する研究』（二〇一〇年度新潟大学教育学研究科修士論文）四頁。笠井は、一九四九年以降の学習指導要領のすべてを通暁したうえで、学習指導要領における学級の位置づけが、「民主社会のよい市民」の育成の場（五一年）、「全人的な指導」の場（五八年、六八年）、子どもが「受容し合う」場（六七年、八九年）、教師が「子どもを受け入れる」と同時に「権力的かかわり」をする場（九八年）、そして、教師が子どもに権力的にかかわると同時に、子どもが「相互に監視する」場（二〇〇八年）へと転変したと結論している（五～六頁）。

＊58　日本教職員組合『日教組四十年史』一九八九年、六五九頁。

＊59　同前、六六四～六六九頁。

＊60　「五十人以下」を標準とし「特別の場合には」これを超えることができるとしていた学校教育法施行規則一八条および五五条は、一九五八年の義務教育標準法の制定により但書が削除されたものの、それ以降、義務教育標準法において小中学校の一学級当たりの子どもの数の標準が五〇人から出発して約二〇年をかけて四〇人まで引き下げられたにもかかわらず、二〇〇一年の小学校設置基準および中学校設置基準の制定まで、改正されることなくそのまま放置されてきた。

＊61　四五人学級と引き換えに、定員実額制度が導入されただけではなく、のちに検討する、教科書出版・採択に対する新たな統制を組みこんだ義務教科書無償措置法も成立している。

＊62　もっともこの運用は、経験的に確認されているにとどまり、いつ、いかなる文書あるいは発言によって確立したのかはまだ明らかにはなっていない。本書第4章、参照。

＊63　学校財政実務家は、二〇〇一年改正前の段階で、学級編制の標準については、都道府県がそれを〝下出し〟することのできる基準、すなわち、「最高基準」として運用されていた実態をも明るみにしている（橋口幽美「義務標準法の役割と二〇〇一年改正以降の教員配置の実態」『日本教育法学会年報』四一号、有斐閣、二〇一二年、八〇頁）。一九六一年以降の義務教育標準法と義務教育費国庫負担法の運用実態の解明は、依然として、課題として残されている。

＊64　小山進次郎『生活保護法の解釈と運用』日本社会事業協会、一九五一年、一五〇頁。

＊65　当時の厚生省生活局保護課長であった小山は「憲法二六条には義務教育費はこれを無償とするという規定があるが、その意は授業の無償（授業料の不徴収）の意であって、経済的理由による就学困難者の保護は、これを経済的保護制度によることが妥当である……」としていた（前掲、小山『生活保護法の解釈と運用』一五一頁）。当時の憲法解釈の通説的理解を示す法学協会編『註解日本国憲法』上巻（有斐閣、一九四八年。以下、『註解』）が、授業料を不徴収とするのか否かも含めて、無償性の範囲があげて立法裁量にゆだねられるとしていたことと比較すれば、小山解釈は相当に前進的なものとなっていた。『註解』は、「この無償という見地がどこまで貫かれるかは国の財政負担能力と密接に関係するものであって、一律に決定することはできない」（『註解』二五六頁）としていた。

＊66　国立教育政策研究所所蔵『戦後教育資料』X－六八（「二五年八月ごろ」とのメモ書きあり）。

＊67　「教育関係予算の一元化か『就学奨励法律案』の構想」『時事通信内外教育版』二六九号、一九五一年七月二六日、二頁。

＊68　同前。

＊69　当時の教科書無償化の運動については、今橋盛勝「教科書無償法及び同措置法の論理」『茨城大学政経学会雑誌』二三号、一九六八年、八三頁、九二〜九三頁、参照。

＊70　衆議院本会議（一九六二年二月二八日）における荒木文部大臣の趣旨説明。

＊71　前掲、今橋「教科書無償法及び同措置法の論理」八四頁。

＊72　大平嘉一郎「教材費の国庫負担金はなぜ伸び悩むか」『教育委員会月報』一七六号、一九六五年四月、一二頁、一八頁。

＊73　同前。

＊74　安達健二・安嶋彌・伊藤和衛・橋本勝三「義務教育無償と就学援助対策」『文部時報』一〇一一号、一九六一年一一月、一二頁、一六頁、二三頁（伊藤発言）。

＊75　同前、一七頁（安嶋発言）。

＊76　諸沢正道「教科書無償制度の推進」『文部時報』一〇三九号、一九六四年三月、三四頁。
＊77　内田茂「父兄が負担すべき義務教育費とは何か」『教育委員会月報』一七二号、一九六四年一二月、二八頁。管見のかぎり、この論文は、文部官僚による〝反対解釈〟の最初で最後の説明となっている。
＊78　同前、三一頁。
＊79　同前、三三頁。
＊80　同前、三一頁。
＊81　同前、三三頁。
＊82　都道府県教育長協議会第四部会「義務教育における公費・私費の負担区分について――義務教育にかかる公費負担に関する調査研究報告」一九七二年八月（以下、教育長協議会「七二年報告」）一頁。
＊83　同前。ほかに、都道府県教育長協議会第四部会「高等学校における公費・私費の負担区分に関する研究結果報告書」（一九七三年一二月）、および、同「学校教育にかかる公費負担の適正化について――公費、私費の負担区分に関する調査結果報告書」（一九七四年九月。以下、教育長協議会「七四年報告」）。
＊84　前掲、教育長協議会「七二年報告」三頁。
＊85　同前、四頁。
＊86　前掲、教育長協議会「七四年報告」二～三頁。
＊87　この考えは、遅くとも一九六三年中には確固たる政治的合意となっていたとみられる。「文部省、財源面で完敗喫す――高校生急増対策決定までの経過と今後」『時事通信内外教育版』一三一七号、一九六二年二月二日、九頁、「設置者が解決する問題――文部省　高校生急増計画、修正の意思なし」『時事通信内外教育版』一四九九号、一九六三年一一月五日、一四頁。
＊88　若菜照彦「所得倍増計画に基づく中等・高等教育卒業者の需給関係」『文部時報』九九八号、一九六〇年一〇月、四九頁、五五頁。

＊89 「解説　公立文教施設整備の前進」『時事通信内外教育版』一二二五号、一九六一年三月一〇日、三頁、七頁。

＊90 データの出典は、国立高専費は『学校基本調査』各年度版、産振法補助金は『文部省年報』各年度版。

＊91 佐藤三樹太郎「高等学校生徒急増対策の問題（上）」『文部時報』九九七号、一九六〇年九月、六五頁、六六頁。

＊92 前掲、教育長協議会「七四年報告」は、その公費私費負担区分ルールを高校教育にも適用すべきとしていた。

＊93 法案起草の端緒は、社会党が、国会に「高等学校における生徒の編制及び教職員の設置の基準に関する法律案」（第三一回国会衆法第五八号）を提出したことであった。この法案は、学級定員を七年間かけて三〇人にまで減少させることをその内容としていた。法案に合わせて七年間、高校教職員給与の四割を国庫負担することを内容とする「公立高校教職員の定員基準の確保に関する臨時措置法案」も同時に提出されたとの報道もあるが（「高校の定員、定数を法制化――社会党　二法案を提出、改善はかる」『時事通信内外教育版』一〇二三号、一九五九年三月二四日、二頁）、この法案の存在は確認できなかった。

＊94 本書第4章、参照。

＊95 「高校設置基準の法制化――文部省　独自の改善案、次期国会目標に準備」『時事通信内外教育版』一〇五五号、一九五九年七月一四日、二頁。

＊96 「乙号基準を是正　高校定数基準法案、骨子固まる」『時事通信内外教育版』一一一〇号、一九六〇年一月二九日、二頁。この記事によれば、乙基準を満たしていたのは、全日制高校の九四・五%、定時制高校の七八・七%であった。

＊97 一九八〇年改正において教員定数の算定基礎が生徒数から学級数に改められている。なお、高校標準法中の学級編制の標準および教員定数に関する規定のたび重なる改正にもかかわらず、高等学校設置基準の関連規定はまったく手がつけられず、二〇〇四年における高等学校設置基準の全面改正まで放置されていた。

＊98 学級編制の標準は、一九六七年法改正により四五人に、九三年改正により四〇人に引き下げられるが、教員の自然減に対応するものとなっていたことは義務教育標準法の場合と変わりはなかった。一九六七年改正時には、自然増減△一万五二四五人に対し、改善増は一万六二一六人、九三年改正時には、それぞれ、△三万七五〇〇人、二万三七〇〇人と

なっていた（前掲、中央教育審議会義務教育特別部会配布資料）。

＊99 潮木守一「果たして、乗り切れるか——深刻化する第二次高校新増設問題」『内外教育』二六〇七号、一九七四年一一月一五日、二頁、五頁。

＊100 堀越克明「私立高等学校の現状と課題——緊急を要する私学の振興」『文部時報』一一七一号、一九七四年一二月、三三頁、三八頁。

＊101 山口孝「私大財政の現状と会計基準」国庫助成に関する全国私立大学教授会連合編『私学助成の思想と法』勁草書房、一九七九年、一三三頁、一四一頁。

＊102 公立高校は、基準財政需要額の算定基準では、標準県における高校関係費用の九割を人件費が占め、残りの一割が教科書を除く教師が用いる教材費や学校維持費などに割り当てられ、この一割の部分が、偶然にも、親が支払う授業料等と等しくなっている（図3）。公立高校においては、算定基準上では私立高校と対照的に、高騰する人件費を公費によって、また、拡大する教材費や学校維持費等を授業料でまかなうというかたちとなっていた。

＊103 渡辺治「日本の新自由主義」デヴィッド・ハーヴェイ（渡辺監訳）『新自由主義——その歴史的展開と現在』作品社、二〇〇七年、二九〇頁、三〇〇〜三〇四頁。

＊104 二宮厚美・田中章史『福祉国家型地方自治と公務労働』大月書店、二〇一一年、一六一頁以下。

＊105 「行政改革に関する第三次答申——基本答申」一九八二年七月三〇日。

＊106 第五次答申。

＊107 第三次答申。

＊108 第五次答申。

＊109 国の補助金等の整理及び合理化並びに臨時特例等に関する法律（一九八五年）、国の補助金等の臨時特例等に関する法律（一九八六年）、国の補助金等の整理及び合理化並びに臨時特例等に関する法律（一九八九年）、国の補助金等の臨時特例等に関する法律（一九九一年）、国の補助金等の整理及び合理化等に関する法律（一九九三年）。

＊110　財革法は翌年に、長引く不況を理由に、財政構造改革の推進に関する特別措置法の停止に関する法律（一九九八年）によりその執行を停止されたのだが、それでもなお、財革法に合わせて改正された義務教育標準法および高校標準法が再改正されることはなく、第七次定数改善計画は二年間延長されたままとなった。

＊111　藤田宙靖「『中央省庁と改革基本法』の帰趨」『会計検査研究』二四号、二〇〇一年、五頁。

＊112　なお、高校標準法の一九八〇年改正によって、制定当初は教員定数の算定基礎を生徒数としていたのを学級数に改めたが、それを、ふたたび生徒数に戻すものとなっていた。

＊113　義務教育費国庫負担法及び公立養護学校整備特別措置法の一部を改正する法律（二〇〇三年）による公務災害費および共済長期給付の除外、および、義務教育費国庫負担法及び公立養護学校整備特別措置法の一部を改正する法律（二〇〇四年）による退職手当の除外。

＊114　教育補助金整理第一次法による、地方政府への税源委譲と引き換えの国庫負担額の減額。

＊115　本書第4章、参照。

＊116　教育補助金整理第二次法。

＊117　給与負担法改正は、県費負担の対象を、義務教育標準法に規定する定数の標準にもとづいて配置される教員に限定することを新たに明記するものであった（一条一号から三号）。だがこれは、改正前の給与負担法においても認められていた市町村独自の教員任用を再確認したものにすぎないので、分権改革の実績をアピールするための材料にされたといえる。

＊118　それぞれの正式タイトルは、地域の自主性及び自立性を高めるための改革の推進を図るための関係法律の整備に関する法律と同じなのだが、法律番号はそれぞれ第三七号および第一〇五号となっている。

＊119　二〇〇六年以降におけるめだった成果は、簡素で効率的な政府を実現するための行政改革の推進に関する法律（二〇〇六年）により、子どもの数の自然減数を「上回る数の純減をさせるための必要な措置を講ずる」ものとされ、二〇〇五年に終了した第七次教職員定数改善計画を引き継ぐはずの第八次改善計画が立てられなかったこと、そして、公立義

務教育諸学校の学級編制及び教職員定数の標準に関する法律及び地方教育行政の組織及び運営に関する法律の一部を改正する法律（二〇一一年）により、小学校一年生への三五人学級の導入と引き換えに、〝下出し〟ルールの運用主体が市町村教委にまで拡大されたことに限定されている。

＊120　本書第5章、参照。

＊121　本書第2章、参照。

（世取山　洋介）

第2章 現代における教育条件整備基準解体の枠組みと手法

一九八〇年代半ばから現在

1　目的、分析対象、分析視角

本章の目的は、前章で論述されたように、戦後、きわめて不十分にしか法定されてこなかった教育条件整備基準が、新自由主義にもとづく行財政改革および教育改革が構想された一九八〇年代半ば以降どのように改変されつつあるのかを、学校制度全体にかかわる基準（規制）に焦点をあてて明らかにすることにある。

新自由主義とは、「個々人の企業活動の自由とその能力とが無制約に発揮されることによって人類の富と福利が最も増大する、と主張する政治経済的実践の理論」[*1]である。したがって、新自由主義にもとづく行財政改革は、個々人、公的機関（例：学校）、自治体の〝自由〟な活動（競争）を制約する規制を緩和・廃止するため、人権や国民生活の保障に必要な既存の国家的最低基準（ナショナルミニマム・スタンダード）の解体を志向する。同時に、それは、最低基準によって義務づけられる財政支出から国家を解放し、資本蓄積に有利な〝選択と集中〟の財政支出を可能にする。[*2]このように新自由主義にもとづく行財政改革は、二重の目的で人権保障に必要な国家的最低基準の解体を志向する。

したがって、新自由主義にもとづく公教育制度改革は、国民の等しく教育を受ける権利・学習権の保障に必要な教育条件整備基準の解体をめざすことになる。日本においては、教育財政基準に吸収されるという特性をもつ既存の教育条件整備基準が、その特性からくる脆弱性を露呈して解体されつつある（本書第1章）。そして、新自由主義による教育条件整備基準解体政策のさらなる特徴は、それまでの財政基準に規定された教育条件整備基準（学級編制基準、教職員定数、教材整備基準など、各学校が充足すべき基準）にとどまらず、教員資格（免許）、学校設置者の要件、学校体系、学区、教育委員会の必置など、学校制度全体にかかわる基準[*3]（規制）をも解体の対象とし、公教育制度をより抜本的に再編しようとしている点にある。

ただし、一九八〇年代半ばに構想された学校制度全体にかかわる基準（規制）の解体が、順風満帆に推進されてきたわけではない。臨時教育審議会第一部会での議論にあらわれ、その後の中央省庁再編、政権交代、〝改革派首長〟の誕生で顕著になったように、旧来の教育政策主体とは異なる新たな主体が同政策を推進しようとするのに対し、文部科学省（文科省）・教育委員会は、これに対抗（場合によって妥協、あるいは再編）してきた。結果、各主体の目的・思惑・論理が交錯するなかで、同政策は複雑な様相で漸進的に展開されてきた。したがって、一九八〇年代半ば以降、学校制度全体にかかわる基準（規制）がいかに解体・再編・維持されてきたかを明らかにするためには、このような政策主体間の対立をふまえつつ、各政策主体がいかなる論理によってそれを推進あるいは抑制し、結果、政策がどのように展開したのか、という分析視角が必要になる。

そのため本章では、学校制度全体にかかわる基準が、一九八〇年代半ば以降、いかなる主体のどのような論理によって構想され、それが実際の政策としてどのように展開あるいは抑制されてきたのかを、三期に時期区分（①八〇年代半ばの政策構想段階、②九〇年代半ばからの政策主体の変化と部分的な政策の実現、③民主党政権以降の新たな政策手法の構想と自治体におけるその先行的実現）し、その特徴を明らかにする。

2 一九八〇年代半ばにおける教育条件整備基準解体構想の発出

(1) 臨教審による基準解体構想の特徴

周知のように、日本における新自由主義にもとづいた国家・社会の再編の試みは、一九八一年の第二次臨時行政調査会（以下、第二次臨調）の立ち上げにはじまる。第二次臨調がまず問題としたのは、財政再建であった。一九七〇年代半ば以降、オイルショックに端を発して先進資本主義国が同時不況に陥るなか、日本では、建設国債の累増と赤字国債の発行（一九七五年）によって財政収支のバランスが崩れ、一九七九年度の当初予算における国債依存度は三九・六％近くにまで達する。[*4] 第二次臨調による財政問題の解決の方針は「増税なき財政再建」であり、大規模な補助金整理を提言し、三公社の民営化を中心に実行に移した。

この時期、教育費も節減合理化の対象となる。包括的・体系的な教育条件整備基準を欠き、同基準が教育財政基準に吸収されたため国の財政政策による影響を多分に受けるという日本の教育条件整備基準の特性が、緊縮財政政策がとられた一九八〇年代に入って顕著にあらわれたといえる（本書第1章）。

そして、第二次臨調の教育版ともいえる「臨時教育審議会」（一九八四年。以下、臨教審）が設置され、以下の特徴をもつ教育政策が構想される。

第一の特徴は、解体の対象とされる教育条件整備基準の範囲の拡大である。臨教審は、「世界を考える京都座会」（座長・松下幸之助。以下、京都座会）のメンバーである天谷直弘が委員に名を連ねたことに象徴されるように、教育政策に対する経済界の意向を直接的に表明できる組織（主に第一部会）となっていた。京都座会の教育政策提言の主旨は、公教育の分野において競争原理を導入するため、教育制度上のさまざまな制限を撤廃、緩和し、学校設置の自由、学校選択の自由を認め、民間活力を導入しようという公教育の「自由化＝民営化論」であった。[*5] このような公教育論は、経済団体のシンクタンクである日本経済調査会が、「全ての公立学校の民営移行を主張する」「義務教育機関における小中学校の自由化即ち私学化こそほとんど不可欠の前提」といっているように、[*6] 一九七〇年代後半から経済界で台頭し、臨教審で政策の表舞台へと出てきたといえる。したがって、臨教審第一部会では、「学習塾による私立学校の設置」や「教育バウチャーの導入」など公教育の「自由化＝民営化」論のなかで、学校設置者の要件や教員資格といった教育条件整備基準の解体が議論されることになる。こうして、それまでの財政基準に吸収された教育条件整備基準（学級定員基準、教職員給与・定数基準）にとどまらず、学校制度全体にかかわる基準（規制）の解体が構想されることになる。

第二の特徴は、〝素朴な規制緩和論〟という特徴である。上記のような「自由化＝民営化論」は、つとに指摘されるように、文部省の教育統制を維持しようとする勢力との対抗関係のなかで「個性重視の原則」へと変質することになる。そのため、一九八〇年代以降の実際の政策におけるその実現は、きわめて限定的なものにとどまった。そして、臨教審で提言された教育条件整備基準解体の構想は、次節で詳述するように、経済界が臨教審以上に教育政策に直接関与することになる二〇〇〇年代以降、バージョンアップされることになる。すなわち、学力テストを基軸とした学校・教員評価制度と教育振興基本計画にみられる教育費の重点投資という政策を組み合わせ、国家による教育内容統制と格差的教育条件整備をめざす〝統制と格差化の規制改革論〟である。このような二〇〇〇年代の政策構想と比較した場合、選択機会の拡大や学校設置者の自由化を提言する一九八〇年代半ばのそれは、たんに教育行政による統制を緩和せんとする〝素朴な規制緩和論〟であったといえる。

(2) 基準解体政策の限定的実現

上記のように経済界が主張した教育条件整備基準解体構想の政策への影響は、きわめて限定的なものであった。実際に、臨教審答申以降に実現された教育条件整備基準にかかわる主な施策を列挙すれば、①特別免許状制度の創設（一九八八年〜）、②特別非常勤講師制度の創設（八八年〜）、③総合学科の制度化（九四年〜）などに限られる。このような傾向は、後述するように一九九〇年代後半、具体的には橋本第二次内閣の六つの改革とこれを受けた文部省の「教育改革プログラム」（一九九七年）まで継続する。同プログラムは、具体的な施策として、完全学校週五日制、中高一貫教育の推進、学級編制の弾力化、公立小中学校の通学区域の弾力化などをあげた。しかし、実際に実現された施策を概観すると、①六年制中等教育学校の制度化（一九九九年〜）、②大学「飛び入学」の制度化（数学・物理に限定。九七年〜、全分野で九九年〜）など、従来の政策路線を踏襲するものや、③特別非常勤講師制度の対象教科の拡大・手続きの簡素化（九八年〜）、④校長の資格要件の緩和（民間人校長。二〇〇〇年〜）などに限定されており、政策内容面では、それほど大きな変化はない。つまり、一九七一年中教審答申「今後における学校教育の総合的な拡充整備のための基本的施策について」ですでに提言されていたように、教育の量的拡大（とくに後期中等教育）がなされた段階で、「個人の能力・適性に応じた効果的な教育」を実現するために、規制緩和の限定的実施で教育行政の統制を維持しつつ、中等教育以降の複線化路線を継続する政策（六年制中等教育学校の設置、飛び級の法制化、習熟度別学級編制など）といえる。臨教審において、学校制度全体にかかわる基準の解体を志向した「教育の自由化論」が「個性重視の原則」に組み替えられたことは、「個人の能力・適性に応じた教育」という文科省の論理を正当化し、その政策路線（文科省統制のもとでの中等教育の複線化）を継続するという点において、きわめて大きな意味をもっていたといえる。

このように、臨教審で提言された教育の自由化論は組み替えられ、実際の政策実現を阻まれたわけだが、それに対して巻き返しをはかる経済界の動きは一九九〇年代後半に至るまであまりみられない。おそらく、その背景にあるのは、本格的な教育制度改革に対する要求が、経済界全体のなかでそれほど大きくなかったからだろう。臨教審が活動した一九八〇年代の日本経済は、日本型雇用による生産力の高さから製造大企業を中心に貿易黒字を生み出し、バブル経済が崩壊する一九九〇年代初頭まで国際競争において優位な位置にいた。第二次臨調の主題である財政再建についても、一九九〇年度に赤字国債発行ゼロというところまで解消されていた。経済界全体にとって、国際競争力を発揮している日本型雇用と順接的な関係にある公教育制度を根本的に改変する必要性は、それほど高くない社会経済状況だったと考えられる。

3 一九九〇年代半ば以降の教育条件整備基準解体政策をめぐる相克

(1) 橋本内閣「六つの改革」と教育政策主体の変化

しかし、一九九〇年代半ば頃から、こうした状況に大きな変化が起きてくる。国際的には、冷戦構造の崩壊、IT化の進展、社会経済のグローバル化と企業の多国籍化が本格化し、国内的には、バブル経済崩壊以降の不況の長期化、五五年体制の崩壊と政治改革による二大政党体制への移行の動き、人口減少と高齢化社会が進むにつれ、従来の日本型経営とその存立基盤である国家・社会の構造(税財政、行政、司法、社会保障等の諸制度)を改革すべきとの要求が経済界を中心に高まってくる。公教育についても、経済を牽引するエリート人材育成とそれを実現する学校教育制度を構築せよとの要望が高まってくる。たとえば、一九九六年、経団連は、日本型雇用の再編を前提に、企業・社会を牽引する主体性、自己責任の観念、創造性を備えた「創造的な人材」の育成と、それを実現するための複線的な学校制度の構築などを提言する。[*7]

一九九七年一月、このような国家・社会の構造改革への要求を体系的な政策構想として掲げたのが、第二次橋本内閣の「六つの改革」(行政改革、財政構造改革、社会保障制度改革、経済構造改革、金融システム改革、教育改革)であった。これを受けて文部省は、「教育改革プログラム」(一九九七年)を策定する。ただし、既述したように、具体的な施策は、規制緩和の限定的実施で教育行政の統制を維持しつつ、中等教育以降の複線化路線を継続するというもので、政策内容的にそれほど大きな変化はなかった。

むしろ、教育政策における「六つの改革」のインパクトは、その内容ではなく、二〇〇〇年代以降顕著になる政策主体の変化という点が大きい。「六つの改革」は、「行政改革」の一環として「中央省庁の再編」「地方分権」「規制緩和」を提言した。中央省庁の再編は、内閣官房の権限強化と総合調整力の強化、「内閣府」の新設、政策評価制度の創設等が行なわれた。地方分権については、上記内閣府に地方分権改革推進会議を設置し、政策の実現を加速させた。規制緩和(規制改革)[*8]についても同様に、総合規制改革会議を内閣府に設置し、経済的規制にとどまらず、医療、福祉、保育、教育等の社会的規制へと対象を広げてその実現を加速させた。

結果、二〇〇〇年代に入ると、教育政策の主体には次の特徴があらわれるようになる。第一に、政策主体の多元性である。まず、旧来の教育政策主体である文部省（中央省庁再編により二〇〇一年以降、文科省）・教育委員会に対し、新たな主体として、権限強化がなされた首相官邸に設置される諸機関の影響力が強まる。内閣直轄（首相私的諮問）の機関としては、教育改革国民会議、教育再生会議などがあげられ、内閣府に設置された機関としては、経済財政諮問会議、規制改革系の諸会議[*9]、地方分権系の諸会議[*10]があげられる。そして、これらの諸会議では財界人がその中軸をになうことにより、教育政策を含んだ各種政策における経済界の直接的な影響力が増大する。他方、地方分権の進展は、地方六団体や〝改革派首長〟の教育政策への影響力を増大させた。

第二に、国策における首相官邸の主導性である。上記のように教育政策の主体は多元化したのであるが、行政改革は、もともと首相官邸の権限強化を目的にしたものであり、各主体のもつ政策への影響力は均等なものではなく、内閣・内閣府に設置された諸会議が政策を主導する。

以上、多様な政策主体が絡みあいながらも首相官邸が教育政策を主導するが、これに対して、文科省が対抗・妥協し、結果、漸進的に政策が進行するという構図が二〇〇〇年代以降の教育政策の特徴となる。次に記すように、教育条件整備基準解体の政策についても、この構図のなかで展開されることになる。

(2) 首相官邸・日本経団連の基準解体構想とその論理

一九八〇年代半ば、臨教審が示した新自由主義にもとづく教育改革構想には、〝素朴な規制緩和論〟という特徴があったことは先に述べた。しかし、首相官邸主導の教育政策が本格化する二〇〇〇年代に入ると、それとは異なる特徴がみられるようになる。

教育改革国民会議の三つの特徴

そのことが最初に明示されたのは、臨教審同様に内閣総理大臣（小渕恵三、森喜郎）の私的諮問機関として設置された教育改革国民会議（以下、国民会議）の報告「教育を変える一七の提案」（二〇〇〇年）である。新自由主義にもとづいている点では臨教審と同じであるが、同会議には、教育の目的とその手法という点で臨教審とは異なる次のような特徴がみられる。

第一に、教育目的としてのエリート養成の明確化である。国民会議は、先の一九九六年経団連で示されたエリート人材育成（「創造性に富む人間を育成」[*11]）という提言にストレートに対応した。「創造性の育成」自体は、すでに臨教審でも示されているが、そこでの議論は、子ども全体をその対象とするのか、それとも特定の人材（エリート）を対象とするのか明言されていなかった。対して、国民会議では、「社会が求めるリーダーを育てるとともに、リーダーを認め、支える社会を実現しなければならない」と明言し、エリートの養成とエリートでない人間を区別する考え方が教育政策の論理として打ち立てられた。これを受け、教育条件整備基準にかかわる具体的な施策として、義務教育開始年齢の弾力化の検討、中高一貫教育のいっそうの推進、大学入試年齢制限の撤廃等が提言された。

第二に、上記目的を実現する手法の一環として「国家戦略としての教育投資」という教育財政原理が掲げられる。具体的には、教育振興基本計画の制度化が提言された。これは、教育財政支出にあたって、「計画の作成段階及び実施後に厳格な目標を実施し、評価に基づき削るべきは削り、改革に積極的なところへより多くの財政支援が行われるようにする」制度である。つまり、臨教審が示した〝素朴な規制緩和論〟とは異なり、教育条件整備基準にもとづいて義務づけられる財政支出から国家を解放し、政府が〝選択と集中〟にもとづいて計画を策定し、その計画の実行度合いの評価結果によって財政支出するという財政支出の原理転換が打ち立てられた。この原理転換は、臨教審第一部会の提言に抑制的であった文部省が、縮小する教育予算を確保するために、新自由主義を部分的に受容する契機になった。

第三に、「新たな義務教育制度構想」の端緒が示された。それは、後述するように日本経団連で体系的に示される「多様性」―「競争」―「評価」を基軸とした義務教育制度構想をさすが、国民会議では、その部分的構想として、「学校設置基準の制定による学校設置の弾力化」と、「評価制度を軸にした学校再編」という構想が示された。その具体的な施策として、「私立学校を設置しやすいように、設置基準を明確化し、施設・設備の取得条件を緩和する」ことなどが提言された。従来、公教育の水準を確保し国民の教育を受ける権利の保障を目的に学校設置基準の制定が求められてきたが、義務教育諸学校については固有の設置基準が未制定のままであった。そのなかで国民会議は、学校設置を容易にする、つまり、教育条件整備基準の解体を促進するという目的のもとに学校設置基準の制定を提起した。結果、二〇〇二年に小中学校設置基準が制定されることになる（本書第3章）。

日本経団連による義務教育制度の体系的構想

以上のように、国民会議は個々に新たな義務教育制度構想を提示したが、それらの関連性については示していなかった。これを「多様性」─「競争」─「評価」という原理で体系的に示したのが日本経団連の政策提言[*12]（二〇〇四〜〇六年）である。

第一に、「多様性」とは、学習者のニーズに応える教育サービスを供給するため、サービス供給者である学校の裁量権の拡大や設置者要件の緩和をし、学校教育を多様化するというものである。具体的には、株式会社等の新たな学校設置者の容認、公設民営型の学校経営、それらを促進するための私学助成の適用対象の拡大などが提言された。

第二に、「競争」とは、サービスの質の向上および学習者のニーズを満たすため、学習者の選択の自由と機会を拡大し、かつ選択結果に応じた予算配分をすることによって学校間・教員間の競争を組織化するというものである。具体的には、学校選択制の全国的導入やバウチャー制度の新設が提言された。

第三に、「評価」とは、事後チェックによってサービスの質が保障されるとの前提にもとづき、サービス評価者として学習者・保護者を位置づけると同時に国家が評価基準を策定するというものである。具体的には、学習者・保護者による学校評価・教員評価や全国学力テストの実施とその結果の学校ごとの公表が提言される。そして、これらが一体のものとして構想され、一方で、選択、多様性、競争を促進するためにそれを制約するような教育条件整備基準にかかわる規制は極力緩和され、他方で、評価基準にかかわる規制の新設が提言される。

日本経団連構想後の内閣府系会議の論理の変化――競争原理から学習者本位の教育へ

以上のように国民会議でその端緒が示され、日本経団連によってその完成をみた新たな義務教育制度構想とそれにともなう教育条件整備基準解体の論理だが、これらの主体は首相の私的諮問機関と圧力団体であり、実際に政策の推進主体となったのは内閣府系会議（経済財政諮問会議、規制改革系諸会議）であった。では、内閣府系会議はいかなる論理でこのような政策を実現しようとしたのか。結論を先に示すと、国民会議の報告（二〇〇〇年）の直後は、「競争原理」が教育の質を向上（〝学力向上〟など）させるという論理が用いられたが[*13]、日本経団連の政策提言（二〇〇四年〜）以降は、「学習者本位の教育への転換」という論理が用いられるようになったのである。

たとえば、学校選択制の意図は、「児童生徒・保護者が多様な選択肢の中から学習者のニーズに合った教育を自由に選べる機会を拡大」（傍点――引用者、以下同様）することにあると提言される。[*14] 学校評価制度についても同様に、「学習者が満足する教育が効率的に提供される仕組み」が必要との論理が唱えられる。[*15]

また、学校選択・学校評価制度を実施したうえで、さらにその結果を児童・生徒数に応じた予算配分にも反映する仕組みである教育バウチャーも、「学習者の側の満足度に応じた予算配分」であり、「実質的な予算配分の権限を学習者側に転換」するものとされている。[*16] そして、これらの評価基準となる全国学力テストの学校ごとの結果公表も、これは「教員評価や学校選択のための基本情報」であり、また「教育サービスを受ける学習者及び納税者に対する説明責任」でもあるとされる。[*17] つまり、学校選択、学校評価、バウチャー、学力テストの結果公表が一つのパッケージになることで、学習者の多様なニーズや能力・適性に応える学校教育サービスの提供が可能になるという論理なのである。また、このような論理は、公立学校改革にとどまらず教育委員会制度改革にも用いられ、「学習者主権の教育ガバナンス」の名のもとに、民意を受けない「教育委員」よりも民意を受けた「首長」が地方教育行政の主体として適当であるとし、教育委員会の必置規制の見直しを提言する。[*18]

このように、二〇〇〇年代半ば以降、「競争原理」に代わって「学習者本位の教育への転換」が、教育制度改革の論理として用いられるようになった。その理由は、一つには、日本経団連の政策構想が体系化されたことにあると思われる。もう一つには、二〇〇〇年代に入って本格化した新自由主義による構造改革が、競争の負の側面を明白にし、競争原理だけで教育制度改革を正当化するのは困難になったことがあると考えられる。後述するように、民主党政権は、この点を勘案したうえで、「学習者本位の教育への転換」（学ぶ権利の保障）という論理を今日まで継承している。この点については次節で確認する。

(3) 文科省による基準解体政策の抑制とその論理の変化

文科省の「対抗」・「妥協」・「再編」

さて、橋本内閣の行政改革以降、首相官邸が主導して教育条件整備基準を解体しようとする政策とその論理に対し、文科省は、いかに対応してきたのだろうか。その対応はおおよそ以下の三つに分類できる。

第一に、「妥協」するという対応である。たとえば、二〇〇四年に義務教育費国庫負担制度に総額裁量制を導入し、〇六年にはその国庫負担割合を二分の一から三分の一へと減少させた（本書第4章）。また、株式会社・NPO法人という新たな学校設置者を認める措置についても、当初は全面的に反対していたが、特区に限定して認めることになった。ただし、これを特区から全国展開することには終始反対した。あくまで妥協的措置としての特区だったといえる。

第二が、「対抗」という対応である。たとえば、上記のように新たな学校設置者については、特区という例外（妥協）のかたちで認めたが、新たな学校設置者へ公金が流れる仕組み（私学助成・バウチャー）については、いかなる例外も認めなかった。

第三に、「再編」（組み替え）するという対応である。たとえば、学校設置者管理主義という制度原理を壊すことになる公設民営型の学校は、既存の学校法人制度の例外を特区で認める協力学校法人の新設へと組み替えられている。*19 学校評価制度についても、内閣府系会議で構想されたものとは異なり、文科省による「行政組織統制型の強化」になっているとされる。[20] また、教育委員会制度の必置規制廃止論に対し、二〇〇七年地方教育行政法改正によって、むしろ教育委員会の権限強化（教育活動の点検・評価）と国の権限強化（是正の要求の方式・指示）を実現している。

以上のように、首相官邸が推進しようとした教育条件整備基準を解体する政策は、義務教育費国庫負担制度改正（総額裁量制導入、国庫負担率の減少）や特区に限定しての学校設置者要件の緩和にとどまるなど、文科省の抑制的な対応によって、限定的にしか展開されなかったといえる。

「個人の能力・適性に応じた教育」から「国家戦略としての義務教育」へ

そして、文科（部）省の抑制的な対応を正当化する論理には、次のような変遷がみられた。まず、上述したように一九七一年中教審答申から九〇年代後半までの教育政策は、規制緩和の限定的実施で教育行政の統制を維持しつつ中等教育以降の複線化路線をはかる政策であり、そこで用いられた論理は、「個人の能力・適性に応じた効果的な教育」であった。同時に「教育の機会均等と全国的な教育水準の維持向上」という論理が用いられ、全国的な基準の設定（学習指導要領、教員免許の基準、学級編制と教職員定数の標準）が文科（部）省の役割として位置づけられていた。二〇〇三年の中教審答申「新しい時代にふさわしい教育基本法と教育振興基本計画の在り方について」までは、基本的にこの二つの論理が並存して用いられていた。

しかし、二〇〇四年以降、既述したように、日本経団連の教育制度構想の体系化、特区制度に顕著にあらわれた教育政策における内閣府系会議の影響力の増大、そして、総務省・地方公共団体との間に発生した義務教育費国庫負担制度改正問題など、文科省は、上記二つの論理の修正を迫られる政治状況となる。つまり、新たな学校設置者の容認や義務教育費国庫負担制度の廃止など、義務教育制度の根幹にかかわる規制（統制）の撤廃が主張されるのに対し、それを正当化する論理の補強が必要な状況となった。とくに、義務教育費国庫負担制度の縮小・廃止の議論のなかで、小学校と中学校を分ける論理があらわれ、中学校分の義務教育費国庫負担制度の縮小・廃止が唱えられたため、小中学校を一体のものとする「義務教育」制度の積極的な意味づけの必要性に迫られた。結果、二〇〇四年中教審答申「今後の学校の管理運営の在り方について」では、次の二つの論理がくわえられた。

第一に、日本国憲法二六条「教育を受ける権利」を保障するための義務教育という論理である。法的には当然の論理であるが、それまでの中教審答申では積極的に位置づけられていなかった。これには二つの意味があると考えられる。一つには、上記のように「義務教育」の積極的意味づけへの対応があり、同時に、もう一つには、既述した内閣府系会議の「学習者本位の教育」構想に対し、「教育を受ける権利」の保障という論理で対応しようとしていると考えられる。

第二に、義務教育の意義・役割として「国家・社会の要請」という側面が強調されるようになる。そこでは、国民が社会の構成員として「高い意識を持ち、ともに責任を分かち合うこと」や、「心身ともに健康で」、「必要な知識や徳性等を有すること」が、「民主国家の存立のための必須条件」であるとされる。そして、文科省は、これまで学習指導要領、教科書検定制度、義務教育費国庫負担制度等の「堅固な義務教育制度」を構築し国際的にも高く評価されてきたと自画自賛し、今後は、「義務教育が有する、国家・社会の要請としての側面と個人の個性や能力を伸ばし、その人格を完成させるという側面のバランス」をふまえた義務教育のあり方を考えていくとの論理を展開した。

さらに、二〇〇五年中教審答申「新しい時代の義務教育を創造する」では、「国際競争力の時代」において「国家戦略として世界最高水準の義務教育の実現に取り組む」と提言した。公教育を国家戦略として位置づけることは、すでに上記二〇〇三年中教審答申でもみられたが、そこで主な対象とされていたのは大学・大学院での創造的な人材育成であった。つまり文科省は、義務教育制度の根幹にかかわる規制（統制）の解体に直面した二〇〇四年以降、国民会議で明言され〇三年中教審答申まで踏襲されていた高等教育を主に構想された「創造的な人材育成」という公教育国家戦略論を、「世界最高水準の義務教育」という公教育国家戦略論へと組み替えることで、義務教育制度の統制を堅持しようとしたといえる。そして、義務教育水準向上の具体的な施策として全国的な学力調査を提言（二〇〇五年中教審答申）・実施（〇六年〜）し、競争と評価を組み合わせるという新自由主義の手法を取り入れることで、教育内容統制の〝発展〟をはかったといえる。[*21]

4　民主党政権の新たな教育条件整備基準解体構想

以上のような論理の修正を含む文科省の抑制的な対応により、教育条件整備基準の解体は限定的にしか展開されなかった。二〇〇九年九月に発足した民主党政権は、基準の解体という方向性では、それまでの自公政権の政策を踏襲しているが、文科省の抑制的な対応を〝骨抜き〟にしうる新たな手法を構想している。

(1) 地域主権・一般行政化による教育条件整備基準立法の「計画」化

第一に、地域主権改革を基軸にした教育条件整備基準の解体という手法である。上記のように、自公政権下では、内閣府に設置された規制改革系の諸会議が主導して基準の解体を提言・推進し、文科省がこれを抑制するという政策構図であった。これに対して民主党政権は、地域主権改革を重点政策に位置づけ、教育制度についてもこの枠組みで改変しようとしている。そして、国から地方への権限・財源移譲（地域主権改革）は、「教育監査委員会」「学校理事会」「一括交付金」制度など、地方教育行政の一般行政化と連動したかたちで構想・推進されようとしている点にその特徴がある。*[22]

そして、これらの一環として教育条件整備基準立法の「計画」化が構想されている。それは、民主党が教育改革立法の基軸と位置づける学校教育環境整備法案に端的に示されている。*23 同法案は、政府が教育振興基本計画の一部として、①教職員の配置および数、②教員の有する免許状の種類ごとの比率、③学級編制、④学校の施設・設備等の目標水準・目標年次を内容に含んだ「学校教育環境整備指針」(少なくとも五年ごとに見直し)を策定し、かつ、地方公共団体が政府の同整備指針を「参酌」して①〜④についての「整備計画」を策定するとともに、その計画を達成するために必要な財源を自ら確保しなければならないことを規定している。上記の項目は、従来、義務教育標準法、高校標準法、義務教育費国庫負担法等の基準立法によって規定されてきた。学校教育環境整備法案は、このような法律にもとづく教育条件整備基準を中央政府の「指針」と首長の「計画」(財源確保)にもとづく条件整備へと転換するものであり、教育条件整備のさらなる後退をまねく可能性が高い。

実際に、地方分権改革推進委員会「第三次勧告〜自治立法権の拡大による『地方政府』の実現へ〜」(二〇〇九年一〇月七日)では、「義務付け・枠付けの見直しと条例制定権の拡大」対象として、学校の設置基準、学級編制の基準、教職員定数の標準が提示された。これを受けた「地域主権戦略大綱」(二〇一〇年六月二二日閣議決定)では、①専修学校設置基準の見直しまたは条例委任、②公立高校の生徒収用定員の基準廃止が決定された。そして、翌二〇一一年四月二八日に可決された地域主権第一次一括法では、①市町村立幼稚園の設置廃止にあたり、従来の都道府県教育委員会による「認可」が事前の「届出制」へ変更され(学校教育法四条、一三条改正)、②へき地手当の月額・学校の指定にあたっては、従来、文部科学省令の基準に「従い」定めるものであったのが、文部科学省令を「参酌」するものへと変更された（へき地教育振興法五条の二・三改正）。さらに、同年八月三〇日に可決された地域主権第二次一括法では、上記「地域主権戦略大綱」で決定されたように、公立高校の生徒収容定員に関する基準（「本校は二四〇人、分校は制令で定める数を下らないものとする」高校標準法第五条）が撤廃された。

このような地域主権改革・一般行政化による教育条件整備基準立法の「計画」化という構想は、一九九〇年代後半以降、自公政権において首相官邸が主導しながら文科省の対応によって部分的にしか展開されなかった教育条件整備の解体を、教育条件整備をになうべき教育行政（文科省・教育委員会）そのものを縮小・改変するというよりドラスティックな手法で実現しようとする構想と考えられる。大枠が示され部分的に展開されつつあるこのような手法が、地域主権改革の進展や学校教育環境整備法案の立法化を含め今後どう展開していくのか、注視していく必要があるだろう。

(2) 個人向け現金給付政策と教育条件整備基準

第二に、個人向け現金給付政策の拡充とバーターで、教育条件整備基準の解体が推進されるという手法である。民主党が政権獲得をめざして自公政権との差別化をはかった教育政策構想が、直接授業料補助[*24]、奨学金の拡充[*25]など、個人向け現金給付の拡充であった。これは、二〇〇〇年代に入って本格化した構造改革によって貧困層が増大し、その反動として起きた福祉国家的政策へのニーズの高まりを反映した面もあるだろう。ただし、教育制度改革の全体像のなかにそれを位置づけたとき、福祉国家的政策とは真逆の教育条件整備基準解体と連動する危険性があることに留意する必要がある。

まず、民主党が自公政権の教育基本法改正法案に対して立案した日本国教育基本法案は、新教育基本法（以下、新教基法）にはない「学ぶ権利の保障」（第二条）を規定した点に、その特徴がある。[*26] そのうえで同法案の九条（建学の自由及び私立の学校の振興）では、「国及び地方公共団体は、……多様な教育の機会の確保及び整備の観点から、私立の学校への助成及び私立の学校に在籍するものへの支援に努めなければならない」と規定されている。同党の「日本国教育基本法案」解説書によると、この条文の意味するところは、「真に学習者、生徒、児童、学生にとってよりよい教育がなされるという私立学校行政のガバナンスを確立するため、将来のバウチャー制度導入へ向けての第一歩として、私学に在籍する者への支援・助成の規定を盛り込んだ」とされる。民主党の教育政策構想[*27]をふまえると、ここでいう「私立の学校」には株式会社やNPO法人等が含まれていると解され、現行法上は特区に限定されている私立学校の設置主体の多様化を全国化し、かつ、すべての学校設置者を対象に公金（就学支援金＝バウチャー）が流れる仕組みづくりが構想されていると考えられる。事実、民主党政権以降文科副大臣を務めた（二〇〇九年九月～一一年九月）鈴木寛は、「バウチャー制を、市場淘汰のシステムとして考えるのではなく、学習権保障のためにこれを導入すべきだという議論を、今回の高校就学支援金の導入で、少しでも、世の中に理解していただければと思っています」と明言している。[*28] つまり、学校設置者の要件という教育条件整備基準の解体が個人向け現金給付とセットで構想されており、それを推進するさいの論理は、先述した二〇〇〇年代半ばの内閣府系会議と同様に、学習権の保障（「学習者本位の教育へ」）なのである。鈴木元文科副大臣は、これを「教育条件整備から学習条件整備へ」[*29]と表現しているが、事柄の本質を端的に示しているといえる。

5　大阪府における教育条件整備基準をめぐる新たな動向

現時点においては、上記のような「地域主権・一般行政化による教育条件基準立法の『計画』化」および「個人向け現金給付拡充との連動による教育条件整備基準の解体」という構想は、国策においてごく限定的にしか展開していない。しかし、これを首長主導で先行的に行なおうとしていると考えられるのが大阪府（・大阪市）である。

(1)　首長主導の教育統治機構の構築

大阪府は、政府の地域主権戦略会議[*30]の構成員でもある橋下徹前知事（二〇〇八年二月〜一一年一一月、一一年一二月〜大阪市長）とその後任の松井一郎現知事のもと、従来の原理を大幅に転換することになる教育制度・教育行政改革の動きを活発化させている。それを体系化したのが「大阪府教育基本条例」「大阪府立学校基本条例」である。その最大の特徴は、教育の政治的中立性や教育行政の独立性を破り、「教育振興基本計画」を活用して首長を教育と地方教育行政の統治者に位置づけようとする点にある。まず大阪府教育行政基本条例は、新教基法では明記されていない地方版教育振興基本計画（以下、基本計画）の原案作成権限を知事に付与した（四条）。そして、教育委員会は基本計画の定めた目標を達成するために行った取組・活動を自己評価しなくてはならず（六条）、知事が、その教育委員会の自己評価の結果にもとづいて、地方教育行政法第七条第一項に規定する教育委員の罷免事由に該当するかどうかを判断できるようになった（七条）。また、大阪府立学校基本条例により、教育委員会は、基本計画をふまえて府立学校の運営に共通する指針を定め、府立学校に対し、これにもとづいて学校を運営するよう指示することとなった（五条）。そして、校長は、基本計画と上記指針をふまえた「学校経営計画」を定め（七条）、その達成状況を評価する義務が課せられた（一〇条）。つまり、基本計画の策定によって実質的な教育内容のコントロール（目標設定と評価）を含んだ教育施策に関する総合的な権限を知事に与え、「首長―教育委員会―校長―教職員」と連なるトップダウンの教育統治機構の完成がめざされている。

このように首長が教育と教育行政をコントロールしようとする背景には、グローバル化のなかで加速する都市間競争において、大阪府の競争力を強化しようとする成長戦略（「ハイエンド都市」＝高付加価値を創造する都市）がある。[*31] そのため、大阪府は、教育行財政においても〝選択と集中〟を可能とする首長の権限強化をめざし、また、そのような都市成長戦略の観点から、グローバル社会に対応した人材の育成・確保・集積を主要な政策課題の一つとしている。したがって、後述するように、一方で公立学校全体の規模を縮小しつつ、他方で「成長を支える基盤となる人材」と「国際競争を勝ち抜くハイエンド人材」（高付加価値を創造する人材）という二つの人材像を掲げ[*32]、後者の育成を目的に府立学校のなかから一〇校を「進学指導重点校（Global Leaders High School）」に指定し、約一億五〇〇〇万円の追加的予算措置を行なっている。ここには、先の国民会議の特徴にあらわれたエリート人材とノンエリート人材を明確に区別し、〝選択と集中〟による予算配分によってエリート人材の育成をはかるという政策の実現がみてとれる。

(2)「私立高等学校等授業料支援補助金制度」改正の意味

さて、このような首長主導による教育内容統制と格差的教育条件整備の動きと同時に行なわれたのが、「私立高等学校等授業料支援補助金制度」の改正（二〇一一年度～）である。これは、それまで年収三五〇万円未満の世帯を対象に私立学校の授業料相当の就学支援金を支給していた制度を改正し、その支給対象を年収六一〇万円未満世帯まで拡大し、くわえて、年収八〇〇万円未満世帯についても、授業料負担が年間一〇万円で収まるように授業料支援補助金を支給するというものである。この改正により、同支給対象世帯は二〇％から七〇％にまで拡大した。家庭の直接的な授業料負担という点でみれば、私費負担の軽減を実現するものとして積極的に評価できる。

しかし、私立高等学校等授業料支援補助金制度改正の目的とそれと連動してうちだされた関連施策に着目したとき、同制度の異なった側面がみえてくる。[*33] 大阪府は、制度改正の目的として、授業料補助によって私立高校や高等専修学校を含む学校「選択の機会」を生徒・保護者に提供することを掲げているが、同時に、公立－私立をつらぬいた「競争原理」による大阪の「教育の質の向上」をはかることを掲げている。つまり、児童・保護者が高校を選択するさいの授業料負担の差をなくす（縮小する）ことで、公立－私立間の競争条件の同一化をはかる措置といえる。また、同じ目的から、従来の公私の生徒受入の「七・三枠」（公・私）の見直しに着手している。くわえて、公私間の生徒の流動性を高めるため、従来、府立高校間および府立－市立間に限定されていた転校について、二〇一一年九月より、私立高校から府立高校へ転入できるように変更した。しかし、基本的に公立－私立間の生徒の流動化は、授業料負担が減少した私立への生徒の流入が想定されており、二〇一二年二月入試における私立高校専願率が二五％を下回った場合、一三年度入学生から制度を見直すというルールになっていた[*34]（同年の私立高校専願率は二六・五四％）。これらの措置とあわせて「府立高等学校の再編整備」（高校統廃合）が構想された。[*35] 上記の大阪府立学校基本条例では、府立高校の配置について、「入学を志願する者の数が三年度連続して定員に満たない学校で、その後も改善する見込みがないと認められるものは、再編整備の対象」（二条二項）と規定された。また、学校間競争と競争の結果としての学校統廃合を促進する施策として学区の撤廃（「学校選択制度」）があるが、[*36] 同条例は、現在四区に分けられている大阪府立高校の学区の撤廃（同条三項）を規定している。

実際、二〇一一年度入試では、大阪府内の公立中学校の卒業生が前年より二〇五〇人減少するなか、前年度比で私立高校への入学者が三〇〇〇人以上増加したのに対し、公立校入学者は三六三九人減少した。結果、公私間の入学者比率は、前年度に公立七二・六%、私立二七・四%だったのが、公立六七・八%、私立三二・二%となった。[*37] また、前年度に七校だった公立高校の志願割れについても、四九校に急増した。[*38] 結果、二〇一二年度入試では、大阪府教育委員会が府立高校の募集定員を一一二〇人減らし、同委員会の要請によって私立高校が受け入れ枠を拡大する事態になった。

(3)「パーヘッドの原則」「パフォーマンス評価」による私立学校間競争の促進

以上のように、競争条件の同一化（授業料補助・通学区域の撤廃）による公立−私立および公立間競争の促進と公立高校の統廃合が構想され、実際に進行しつつあるが、さらに、これと同時に進められているのが私立間競争の促進である。

まず、上記の授業料支援補助金制度は、府が設定した「標準授業料」（五八万円）以下の授業料であることが、同制度の対象校（「就学支援推進校」）になるための要件となっている。これは、学校の裁量で高い授業料を設定することを防ぎ、授業料負担という点で私立学校間の競争条件の同一化を企図している。なお、二〇一一年度「就学支援推進校」の指定では、全日制課程九六校中九五校、[*39] 通信制課程全六校が指定されており、大阪府内のほとんどの私立高校が授業料の面で同一の条件になった。

他方、授業料支援補助金制度に先立って行なわれたのが私学助成に対する抑制措置である。橋本前知事就任直後の二〇〇八年六月、大阪府は「財政再建プログラム（案）」を発表し、「収入の範囲内で予算を組む」という原則のもと、経常費にかかわる私学助成の助成単価を引き下げることを決定した。従来、生徒一人当たりの単価については、「国標準額（交付税単価＋国補助額）と標準教育費（公立高校に置き換えた場合の生徒一人当たりの所要経費）の二分の一のいずれか低い方を適用」とされているが、このようなルールで決定された単価から高校で一〇％、小中学校で二五％を一律に引き下げることになった。さらに、二〇一〇年一〇月に「大阪府財政構造改革プラン《素案》」が発表されると、生徒一人当たりの単価から高校で一〇％、中学校で三五％、小学校で五〇％を一律に引き下げることになった。

そして、二〇一一年三月に大阪府が発表した「高校等の授業料無償化の拡大」では、より抜本的な私学助成経常費補助金の改変が構想されている。現在の大阪府には、私立高校への経常費補助金の配分基準として、配分総額の五四％を占める①人件費配分（教職員数などにより算出）を中心に、②均等配分（学校への同額配分や生徒数などにより算出）、③納付金配分（生徒納付金額により算出）、④教育条件配分（生徒数、学級数、科目数等により算出）、⑤調整配分（情報公開、安全対策等の特別事情により算出）という基準がある。大阪府は、このような配分基準の結果、経常費補助金の生徒一人当たり単価に学校間で四倍の格差が生じていることを問題視し、私立学校間競争の促進（競争条件の同一化）を目的にその改変を検討するとしている。[*40] 具体的には、①「パーヘッドの原則」（生徒単価均等）で配分するように見直すこと（二〇一一年度〜）、②経常費補助金の生徒単価から一定額を差し引き、教育成果をあげた「頑張る学校」に対して成果に応じて配分する特別加算方式（パフォーマンス評価）への改変である。[*41] さらに、同指標については、公立－私立間競争を促す共通の指標にすることも検討されている。

つまり、一方で、私学助成の経常費補助金における公費支出を抑制（生徒一人当たり単価の縮小、単価から一定額を差し引いて捻出した財源による特別加算方式）しつつ、他方で、私立学校間の競争（授業料のキャップとパーヘッド原則の経常費配分による生徒＝お金の奪い合い競争、パフォーマンス評価をめぐる競争）を促進するという政策構想と理解できる。

以上を総合すると、大阪府では、（一）グローバル化に対応した都市戦略として教育振興基本計画を基軸にした地方教育行政における首長の主導性の確立をめざしつつ、（二）通学区域の撤廃・授業料支援補助金制度をテコに公立－私立間競争の促進と私立への生徒の流入および公立高校の統廃合が構想され、（三）さらに、私学助成経常費の抑制・均等化（生徒単価均等配分）とパフォーマンス評価によって、私立高校間競争の促進が企図されているといえる。そして、このような政策構想を推進するための論理として用いられているのが、既述したように「学習者本位の教育」論で展開された「民意を受けた首長」による教育行政であり、また、学習者の「選択の機会」＝「ワン・チャンス」[*42]の提供である。つまり、大阪府は、生徒・保護者に選択の機会を提供しつつ学校の目標や評価指標を定め、教育的必要性（ニーズ）とは関係なく生徒一人当たり教育費を一律に設定し、その配分によって学校間競争を組織するのが行政（首長）の役割と考えているようである。そこでは、教育を受ける権利・学習権の保障に必要な距離で学校を設置・

配置し、それに必要な教職員の質と量を確保するなどの教育条件整備義務をになう教育行政は想定されておらず、[*43] むしろそのような教育行政の縮小・解体がめざされている。

6 教育的必要充足の原則にもとづいた教育条件整備に向けて

以上、本章では、新自由主義にもとづく教育改革が構想された臨教審答申以降、教育条件整備基準（なかでも学校制度全体にかかわる基準）が、いかなる主体のどのような論理にもとづいて改変、あるいは維持されてきたのかを検討した。臨教審第一部会において提言された教育条件整備基準解体構想は、社会経済的な背景もあり、その実現はきわめて限定的なもの（特別免許状制度など）にとどまっていた。しかし、一九九〇年代半ば以降、経済界から教育条件整備解体への要求が本格化し、その政策構想の体系化が示されると同時に、それを実現するための首相官邸の主導性が教育政策においても強まった。首相官邸が主導する教育条件整備基準の解体の論理は、当初「競争原理」であったが、二〇〇〇年代半ばに日本経団連の新しい義務教育制度構想を境に「学習者本位の教育への転換」と変更された。このような論理は、二〇〇九年以降の民主党政権においても基本的に踏襲されている。しかし、そこで提言されていたような教育制度改革をまさに実現しようとしている大阪府の事例は、「学習者本位の教育への転換」と「競争原理」が、実際のところ同義であることを示している。つまり、選択の機会の拡大と競争原理が教育の「質」を向上させるという論理である。そして、「学習者本位の教育」の保障をになう行政（首長）の役割は、①学習者の「ワン・チャンス」（選択の機会）を保障すること、②教育の「質」を担保するために教育委員会・学校の目標・評価指標を設定すること、③教育的根拠が希薄な教育費を学習者一人当たりにつき設定・配分すること、そして、これらを総合して学校間の競争を促進するというものである。

他方、文科省は、経済界・首相官邸が実現をねらう教育条件整備基準の解体に対し、妥協や組み替えをしながらそれを抑制してきた。二〇〇〇年代前半までは、「能力と適正に応じた教育」という論理のもとで、一九七〇年代以降の文科（部）省の政策路線（教育行政の官僚統制維持と中等教育の複線化）を継続してきた。しかし、二〇〇四年以降、特区制度や義務教育費国庫負担制度の改正をめぐって政治的劣勢状況になると、「教育を受ける権利の保障」と「国家戦略としての義務教育」という論理の補強を行なう。結果、教育条件整備基準の解体は、義務教育費国庫負担制度の改変（総額裁量制の導入、国庫負担割合が三分の一に）や特区制度に限定しての学校設置者要件の緩和などの限定的な展開にとどまった。同時に、上記の論理補強により、文科省は、新自由主義の競争と評価による教育内容統制という手法を導入するようになる。つまり、「教育を受ける権利の保障」の内実は、従来同様に、一方での教育内容統制であり、他方での行政専断的かつ不十分なままの教育条件整備の堅持であったといえる。

上記「学習者本位の教育（学習権）」論と「教育を受ける権利の保障（国家戦略義務教育）」論、いずれにもいえることは、学習者および学習者への教育的応答をになう教育者（教職員・保護者・住民）の教育的必要性（ニーズ）にもとづいた教育条件整備基準とその基準にもとづく財政基準を設け、実際の条件整備と財政配分をするという論理がないことである。ここでいう「教育的必要性」とは、文字どおり学習者の人間的な成長・発達を保障するのに「必要な教育」であるが、それは、学習者と教育者の「直接の人格的接触を通じ、その個性に応じて行われなければならない」[*44]教育の本質からいって、個性的で可変的なものとなる。したがって、「必要な教育」とその保障に必要な教育条件は、学習者と教育者が日常的かつ直接に対峙する教育の現場により近いところで明確になるという性質をもつ。文科省あるいは首長がトップダウンで目標や評価指標を設定し、それらをめぐって教員や学校が競争すればおのずと保障されるというような単純なものではない。また、個人向け現金給付によって選択する機会「ワン・チャンス」を均等にすれば保障されるような形式的なものでもない。[*45]鈴木は「教育条件整備から学習条件整備へ」というが、「教育条件」と「学習条件」は、対立する概念でも二者択一とする概念でもない。

教育における「必要充足の原則」[*46]からいえば、日本国憲法のもとにおいて国民の教育を受ける権利・学習権の保障を義務とする国家の負うべき役割は、学校間・教員間競争の促進や官僚統制の維持ではなく、より現場に近いところから（個人→学級→学校→地方自治体）の個々の教育的必要性にもとづいた教育条件整備を保障しつつ、それらを集約することによって普遍的な教育条件整備の国家的最低基準を設定することにある。また、それは決して硬直的なものではなく、不断に是正・拡充するべきものとなる。はからずも3・11東日本大震災（地震、津波、放射能汚染）は、学校の配置、校地・校舎等にかかわる基準、グランド・プール・給食などの安全基準、子どものケアや教育に必要な人員の量（定数）と質（関係性・専門性）など、学習権・教育を受ける権利の保障には、体系的・総合的な教育条件整備が必要であることを明示した。多大な犠牲を出し、いまなお現在進行形の震災から得るべき教訓があるはずだ。

◉注

＊1　デヴィッド・ハーヴェイ（渡辺治監訳）『新自由主義――その歴史的展開と現在』作品社、二〇〇七年、一〇頁。

＊2　新自由主義の本質が、基準から解放された国家に「金銭の支配力」をもつ〝自由な投資者〟の地位を付与することにあると指摘するものとして、世取山洋介「教育改革および教育基本法改正論の新自由主義的側面の批判的検討――学校制度法定主義再考」（日本教育法学会編『法律時報増刊　教育基本法改正批判』日本評論社、二〇〇四年）を参照。

＊3　兼子仁は、このような学校制度全体にかかわる基準を「全学校制度的基準」と定義し、「各学校別の学校設置基準」（施設設備基準、学級規模、教職員数、入学・卒業資格、学校教育編制単位）と区別している。本章が分析の対象とするのは、この「全学校制度的基準」となる。兼子仁『教育法〔新版〕』（有斐閣、一九七八年）三六九～三七七頁を参照。

＊4　総務省主計局・総務省統計研修所編『第五九回日本統計年鑑』毎日新聞社、二〇〇九年。

＊5　「世界を考える京都座会」「学校教育活性化のための七つの提言」一九八四年。

＊6　日本経済調査会「自由主義の前進」一九七七年。

＊7　経済団体連合会「創造的な人材の育成に向けて――求められる教育改革と企業の行動」一九九六年三月二六日。

＊8　一九九九年以降、規制の緩和・撤廃および事前規制から事後チェックに転換していくという方向性から、「規制緩和」を含んで規制の方法・主体の全体的な改革を意味する「規制改革」が用いられるようになる。

＊9　上記の総合規制改革会議、その後継組織である規制改革・民間開放推進会議、規制改革会議。
＊10　地方分権改革推進会議、その後継組織である地方分権改革推進委員会。
＊11　経済団体連合会では「創造的な人材の育成」と表現されていたが、内容的には同じ。
＊12　日本経済団体連合会「二一世紀を生き抜く次世代のための提言――『多様性』『競争』『評価』を基本にさらなる改革の進言を」二〇〇四年、「これからの教育の方向性に関する提言」二〇〇五年、「義務教育改革についての提言」二〇〇六年。
＊13　総合規制改革会議「規制改革の推進に関する第一次答申」二〇〇一年、経済財政諮問会議「骨太の方針二〇〇三」二〇〇三年、規制改革・民間開放推進会議「規制改革・民間開放の推進に関する第一次答申」二〇〇四年。
＊14　規制改革会議「規制改革の推進のための第一次答申」二〇〇七年、同「規制改革のための第三次答申」二〇〇八年。
＊15　規制改革・民間開放推進会議「規制改革・民間開放の推進に関する第二次答申」二〇〇五年、規制改革会議「規制改革の推進のための第一次答申」二〇〇七年、同「規制改革のための第三次答申」二〇〇八年。
＊16　規制改革系諸会議の「答申」二〇〇四年〜〇八年、経済財政諮問会議「骨太の方針二〇〇五年」二〇〇五年。
＊17　規制改革系諸会議、同前。
＊18　経済財政諮問会議「骨太の方針二〇〇六」二〇〇六年、規制改革・民間開放推進会議「規制改革・民間開放の推進のための重点検討事項に関する中間答申」二〇〇六年、規制改革・民間開放推進会議「規制改革の推進のための第三次答申」二〇〇六年、規制改革会議「規制改革のための第三次答申」二〇〇八年。
＊19　谷口聡「学校の民営化の変遷過程とその帰結」『教職研修』四三八号、教育開発研究所、二〇〇八年。
＊20　福嶋尚子「中央政府における学校評価政策の展開と制度構想の特徴」日本教育政策学会編『教育と政治の関係再考』（日本教育政策学会年報一三号）二〇一一年。
＊21　管理と競争による国家の教育内容統制という新自由主義的教育改革の本質的特徴については、佐貫浩・世取山洋介編『新自由主義教育改革――その理論・実態と対抗軸』（大月書店、二〇〇八年）を参照。

＊22　日本国教育基本法案一八条（教育行政）で明示。
＊23　葛西耕介・世取山洋介「【解題】学校教育の環境の整備の推進による教育の振興に関する法律案（一七一回参法四号）（二〇〇九年）」（日本教育法学会新教育基本法法制研究特別委員会編『民主党教育関係法案と選挙公約――資料と解題』二〇一〇年）一七～二一頁を参照。
＊24　もともと私立学校通学者に対する授業料負担の軽減として構想され（二〇〇五年マニフェスト等）、のちに公立高校の授業料の実質無償化と私立高校生への授業料補助へと変形（公立高校授業料無償化・就学支援金法）された。
＊25　希望者全員への奨学金支給。生活費相当額＋授業料相当額の無利子支給など（二〇〇七年マニフェスト等）。
＊26　「学ぶ権利」と「学習権」の違いについては、従来の「学習権」が主に子どもを対象としていたため、同法案では、一八歳を超えても学びつづけることを想定し、より広義の概念として「学ぶ権利」を使用すると説明されている（「民主党案解説書」）。
＊27　「民主党案解説書」、一九九九年以降のマニフェスト・政策集など。
＊28　鈴木寛・寺脇研『コンクリートから子どもたちへ』講談社、二〇一〇年、一二三頁。
＊29　同前、一〇七～一〇九頁。
＊30　地域主権改革に関する施策を検討し、推進していくため、閣議決定にもとづき内閣府に設置（二〇〇九年一一月一七日）された組織。議長＝内閣総理大臣。
＊31　大阪府「大阪の成長戦略」（二〇〇九年一二月）、大阪府「府政運営の基本方針二〇一二（別紙3）」（二〇一二年一月二〇日）など。
＊32　同前。
＊33　大阪府「高校等の授業料無償化の拡大【詳細資料】」二〇一一年八月二九日更新版。
＊34　同前。
＊35　大阪府「財政構造改革プラン」（二〇一〇年一〇月）など。

＊36　進藤兵・山本由美・安達智則編『学校統廃合に負けない！』花伝社、二〇〇五年。
＊37　大阪府「平成二三年度高等学校入学者選抜データ」（第三回大阪教育会議参考資料一）二〇一一年八月二六日。
＊38　同前。
＊39　一校については希望なし。
＊40　前掲、大阪府「高校等の授業料無償化の拡大【詳細資料】」。
＊41　同前。パフォーマンス指標としては、職業適性診断テストの受検率、資格取得率（以上、職業教育推進校）、英検等合格者数（実践的英語教育推進校）、難関大学の合格者数および現役合格率、クラブ活動等における全国大会、進路未定率、中退率の改善（きめ細かな生徒指導実践校）など、学校タイプ別に例示されている。
＊42　前掲、大阪府「大阪の成長戦略」、大阪府「府政運営の基本方針二〇一二（別紙3）」。
＊43　このことは、ツイッターにおける橋下徹（@t_ishin）の以下の発言にあらわれている。「学校が統廃合された結果、家の近くに学校がなくなっても、セーフティーネットとして学校定期代等を金銭助成すれば良い。そのお金と、定員割れした学校を維持管理するお金。その比較である」（二〇一一年一〇月一一日）。
＊44　北海道学テ最高裁判決（最大判一九七六・五・二一、刑集三〇巻五号六一五頁）。
＊45　なお、本稿では十分に論証できなかったが、学習者のニーズを反映するための施策として学校理事会（日本国教育基本法案一八条）や学校協議会（大阪府立学校基本条例一二条）の設置が構想・実行されている。しかし、首長・教育委員会が任命した一部の保護者・地域住民の意見を学校経営計画・評価に反映させるだけで、教育的必要性が保障されるとは考えにくい。
＊46　「必要充足の原則」については、二宮厚美・福祉国家研究会編『誰でも安心できる医療保障へ――皆保険五〇年目の岐路』（［新福祉国家構想1］大月書店、二〇一一年）三〜五頁を参照。

（谷口　聡）

第 II 部

教育条件整備基準の内容と問題

第3章 学校設置基準と学校統廃合の教育財政学的検討

1 日本における学校設置基準と学校統廃合

子どもの十全な成長にとって、どのような学校施設がどのような場所に設置されることが最善といえるのか。子どもの成長・発達を保障するために適切な学校の条件整備の基準は、どのようなものなのか。日本の教育法制はこのような問いに正面から向きあったことは、戦後初期を除いて、ほとんどなかった。コスト削減のために安易な学校統廃合が行なわれ、子どもの生活圏である地域から学校が消えていった。

戦後日本における学校統廃合は、公立学校施設整備事業、すなわち統合校舎建築費の国庫補助率が変更される政策によってコントロールされてきた歴史をもつ。また、自治体が学校統廃合を進める目的自体が、表向きは子どもへの「教育的効果」を謳いながら、じつは行政効率性のための市町村合併の誘導、もしくはコスト削減のためのものであることも一貫している。そして、どのような校舎を建築すべきなのかの基準となる学校設置基準については、小中学校設置基準が二〇〇二年まで法制化されず、高等学校以上の設置基準のみが一九四八年から限定的ながら法制化されたのも特徴的である。

本章は、学校配置基準および学校施設基準の変遷を、学校統廃合という狭い視角から概観することを目的としている。そのさい、第一に、一九五〇年代の昭和の大合併期の統廃合の登場、第二に、七〇～七三年の過疎地対策振興法制定以降の統廃合の増加、そして第三に、九〇年代後半以降の平成の市町村大合併および新自由主義政策のもとでの統廃合の増加という三つの時期に着目する。[*1] くわえて、近年、新自由主義的改革のもとで学校統廃合が増加するのみならず、学校施設の条件基準が著しく後退している状況にも光をあててみたい。

この三つの時期において、都道府県によっては統廃合の状況は大きく異なっている。図1－1～1－5は、東京、新潟、北海道の戦後の小中学校廃校数・新設校数の推移（北海道は廃校のみ）である。一九五〇年代の昭和の大合併期の廃校増加は、このなかで新潟の中学校でのみ顕著である。また一九七〇年代前半の廃校増は新潟と北海道では顕著であるが、都市部の東京ではまったくみられない。これに対して、一九九〇年代後半以降の新自由主義改革のもとでは、すべての自治体で廃校数が増加している。このような

図１－１　東京都の中学校の廃校と新設校数

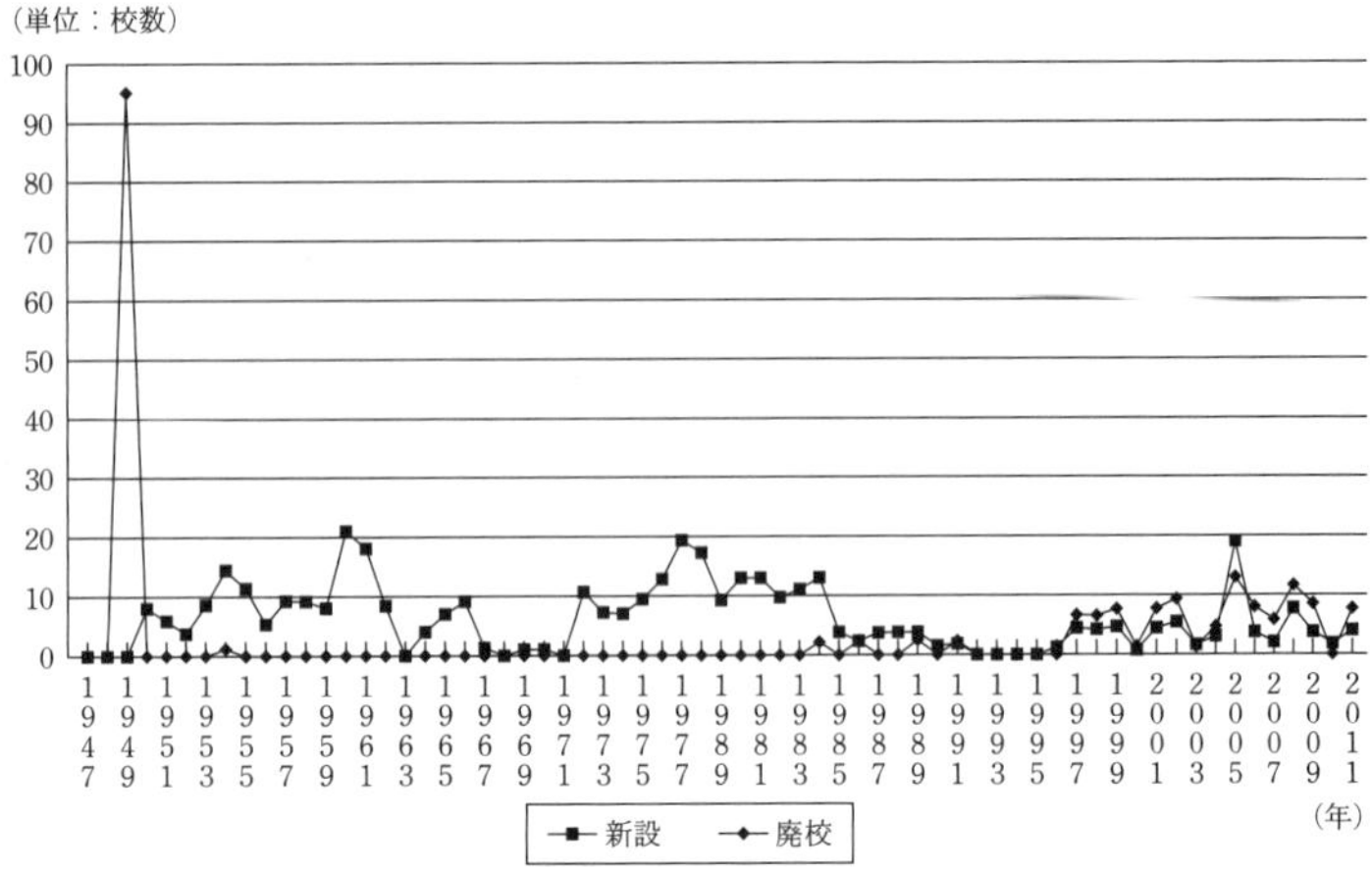

注）1953年以前の数値は前年からの増加・減少校数で概数である。
出典）「東京都学校調査編」「東京都学校基本調査」より作成。

図１－２　東京都の小学校の廃校と新設校数

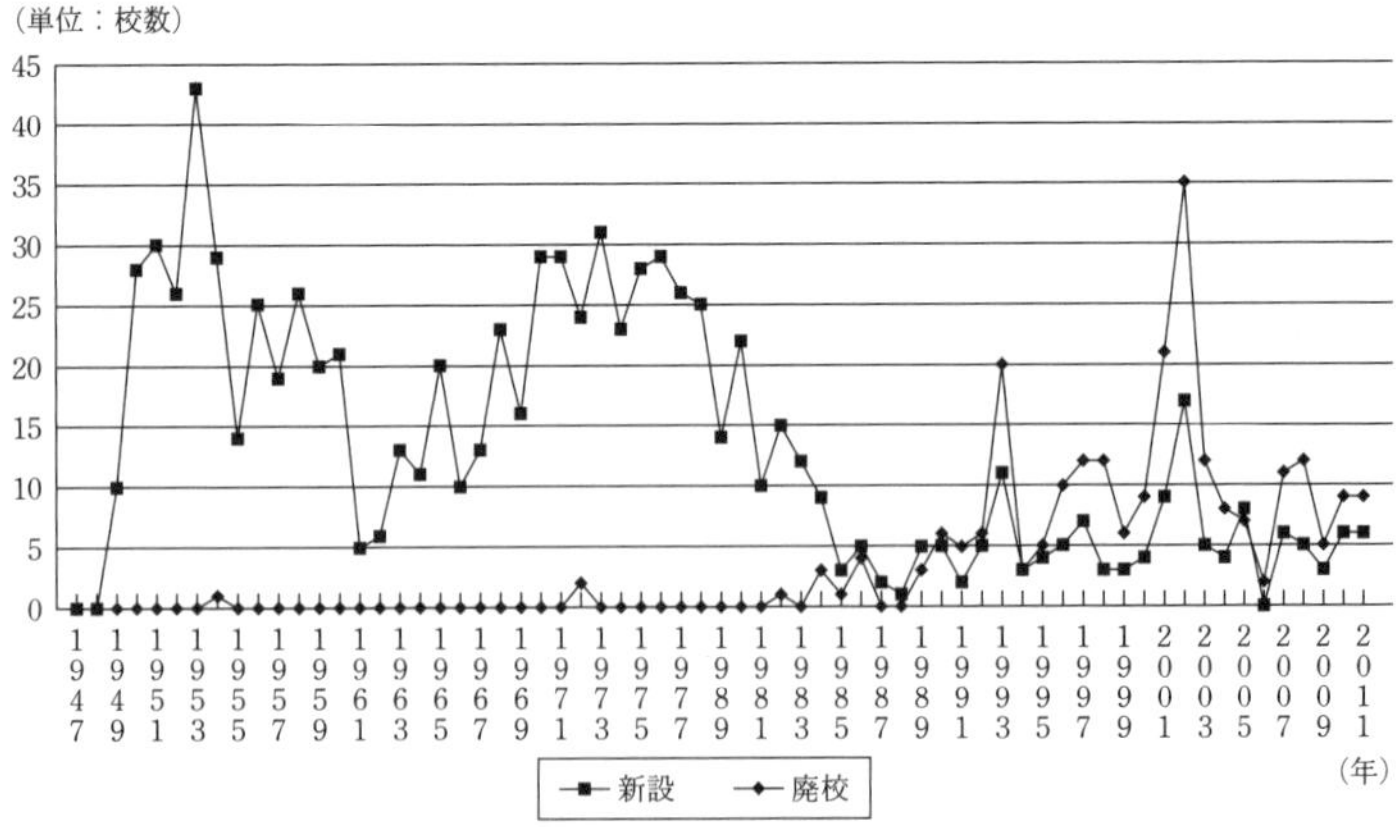

注）1953年以前の数値は前年からの増加・減少校数で概数である。
出典）「東京都学校調査編」「東京都学校基本調査」より作成。

図１－３　新潟県の中学校の廃校と新設校数

（単位：校数）

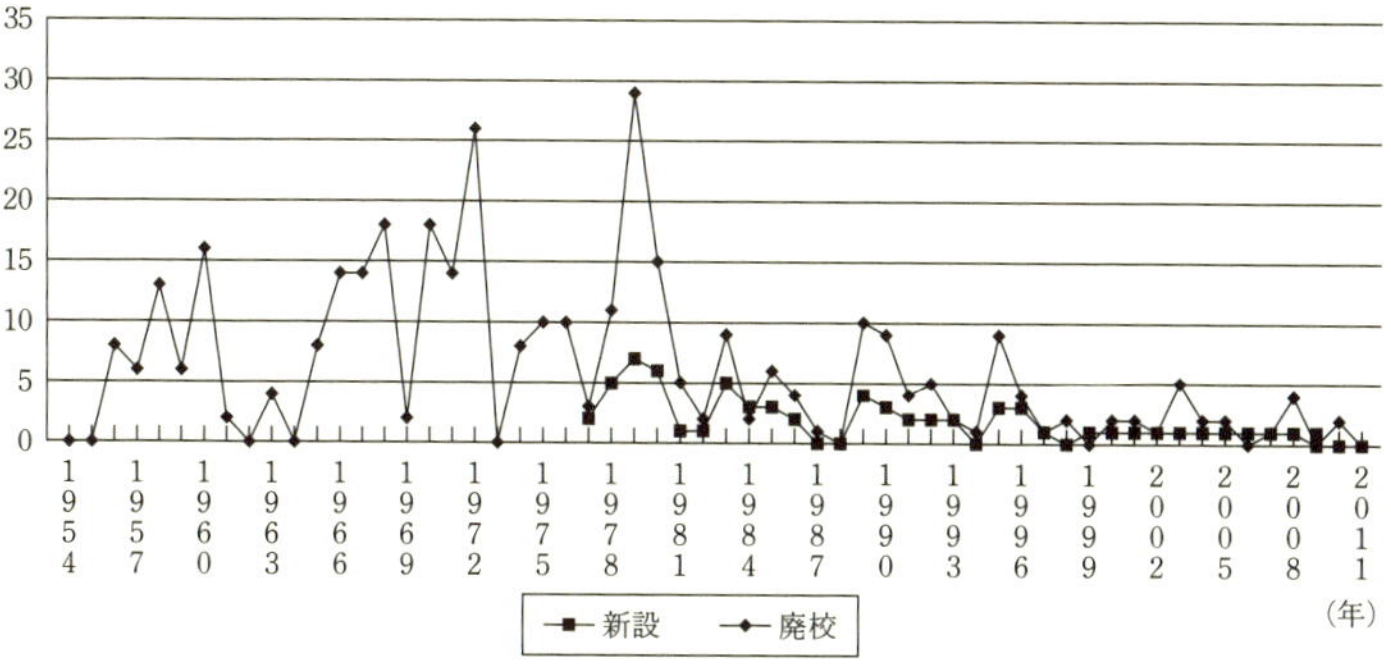

注）1976年以前の廃校数は前年度からの減少校数を２倍したもので概数である。
出典）「新潟県学校基本調査」より作成。

図１－４　新潟県の小学校の廃校と新設校数

（単位：校数）

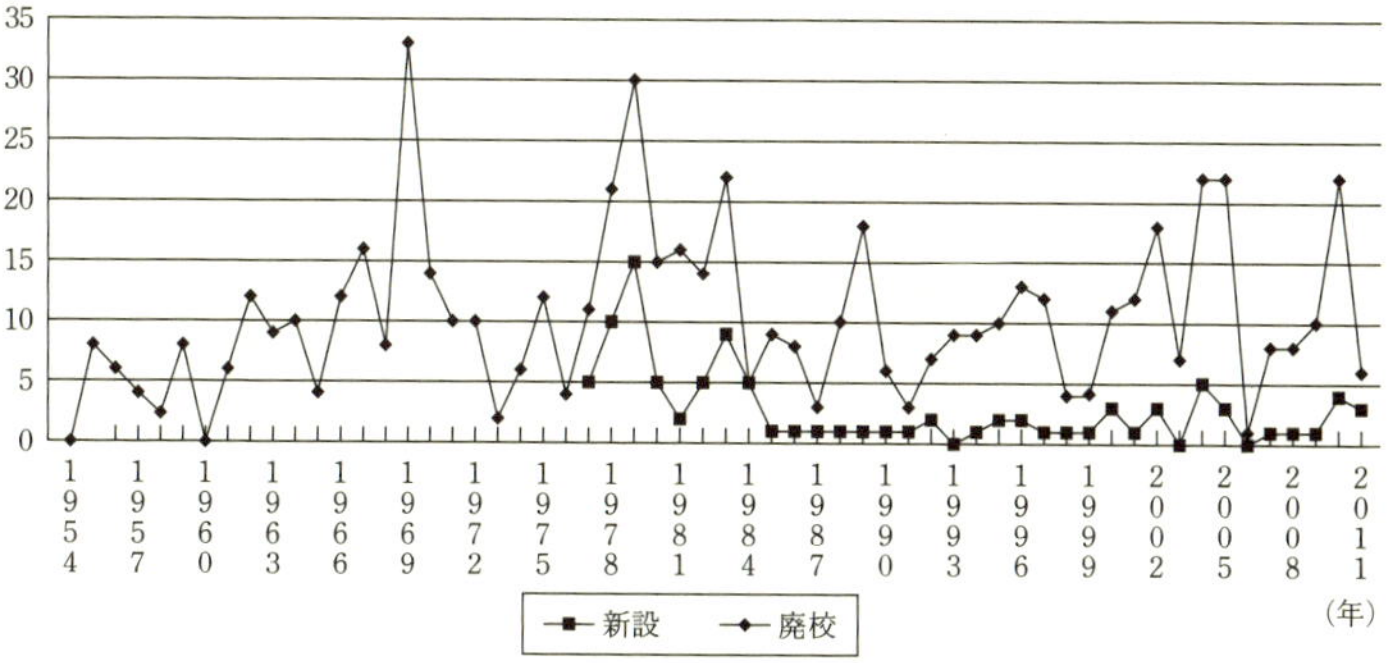

注）1976年以前の廃校数は前年度からの減少校数を２倍したもので概数である。
出典）「新潟県学校基本調査」より作成。

図1－5　北海道の小・中学校の廃校数

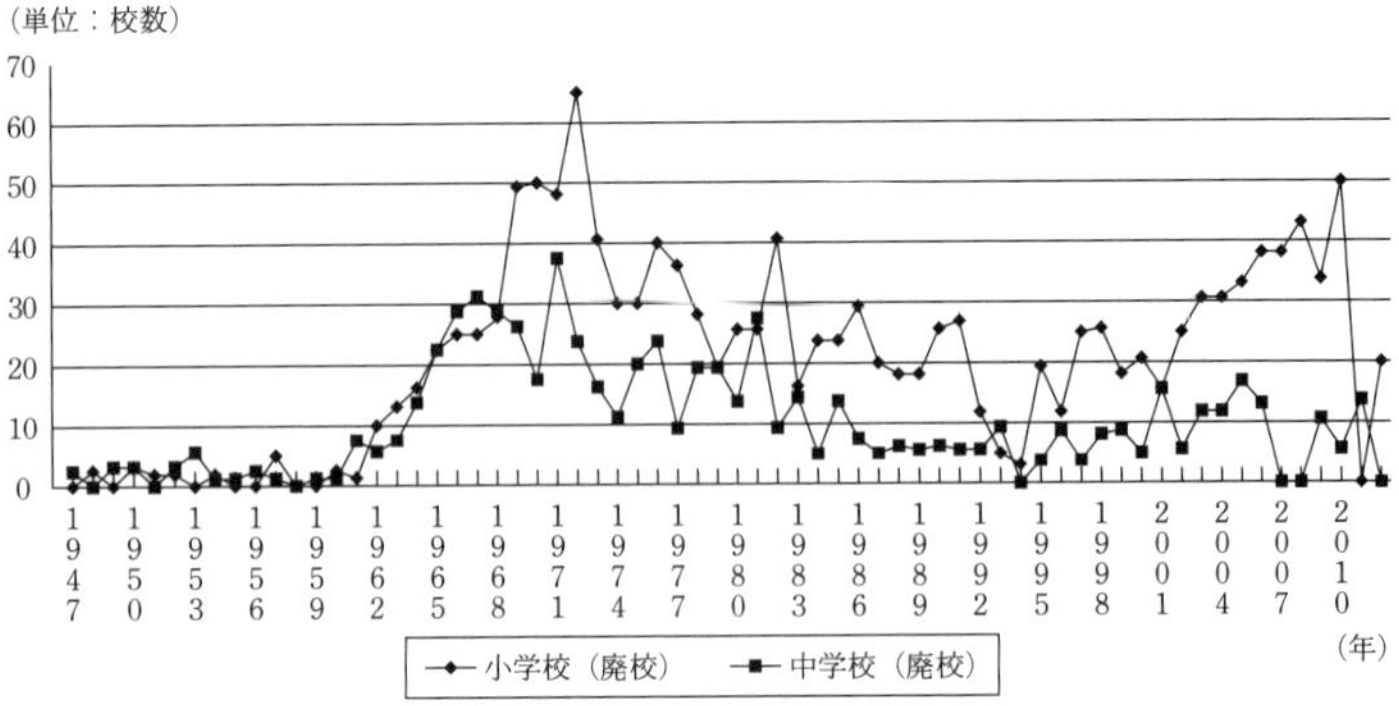

出典）北海道開発調査部「学校基本調査の結果報告書」1970－84年度版，および「北海道廃校・閉校リスト」（http://www.geocities.jp/hokkaido_haikou/）より作成。ただし一部は概数。

相違に着目しながら、統廃合が政策的に〝つくられてきた〟実態を概観していくことにしたい。

2　学校施設基準法案による可能性から市町村合併・統廃合へ

一九四七年に開始された教育の機会均等を実現する六・三制による義務教育の拡大、とくに新たに義務化された新制中学校の建設事業は、戦災で破壊された小学校校舎の修築も含め、多くの自治体に深刻な財政的負担を強いるものであった。文部省は、当初、高等小学校や青年学校の校舎の新制中学校への安易な転用を想定していたが、新年度から約一六〇万人分の教室が不足する事態が出現した。[*2] また、小学校校舎を借りて併設される新制中学校の数も多く、複数の町村が組合をつくって設置する組合立中学校も一九五一年度には全国で一三〇五校にのぼった。図1−1、1−2は、戦後における東京都の小中学校の新設数と廃校数の推移であるが、一九四八年から四九年の間に中学校数が一気に九八校減少している。これは、東京においてはその後一九九〇年代まで続く小中学校数の増加がはじまる前にみられる唯一の減少である。開校当初、新制中学校が小学校に併置されるなど臨時の施設が多く使われたものが、独立校舎に統合・整備された結果の減少であると思われる。多くの自治体、地域住民らは新制中学校建設経費捻出に苦悩し、公有林の売却など以外に私的な寄付が多くみられた。

戦前は、基本的に設置者負担主義のもとに各自治体が学校建設費を捻出することが原則とされたが、戦後教育改革期において転換がはかられた。まず、新学制開始にあたって、地方財政法三四条によって、義務教育年限延長に要する経費は当分の間、国がその一部を負担することが定められた。しかし、初年度の一九四七年、八億五七〇〇万円の財源措置中、国庫補助金は四億五七〇〇万円であったものの、「新規事業を行わない方針のもと」[*3]主に予算は校舎の戦災復旧などにあてられ、新しい中学校建設費にはあてられなかった。その後、同年の補正予算において七億円の新制中学校建築費補助金が計上されたのが、学校建設に対する国庫補助の開始であった。それ以降、形式上「予算補助」とされる臨時的な形式をとりながらも一定の国庫補助が行なわれることになっていく。翌一九四八年には、「公立小中学校建物整備費補助金」として、小学校に対する戦災小学校建物復旧補助費を含む校舎建築に対する国庫補助が開始された。しかし、翌年の予算は三分の一以下に削減されるなど安定的な供給は実現しなかった。[*4]

校舎の設置基準としては、「戦前の学校令時代の名残」とされる省令レベル（一九四七年の学校教育法施行規則等）で定められたにすぎず、小中学校校舎の「応急最低基準」として〇・七坪が定められたが、全国の校舎の八割以上がその基準にも満たないような状況であった。しかし、一九四八年の学校教育法施行規則の一部改正によって「この省令は、……学校の教科、設備及び編制の基準に関して規定する法律が定められるまで、暫定的に効力を有するものとする」（八一条の二）という条文が追加的に盛りこまれる。将来的には、学校の施設に関する国の基準が法制化されることが予定されていたのである。さらに同年制定される教育委員会法のもと、各都道府県の教育委員会では、新しく新制中学校の設置基準を規則化しようとする動きもみられた。[*5] 一九四九年の文部省設置法においても、義務教育諸学校などの「施設、編制、……等についての最低基準に関する法令案を作成すること」が文部省に義務づけられた。当時、学校施設基準を法律で定めるべきとする意識が次第に高まっていったといえよう。

そのような動向を受けて、一九四九〜五〇年に、「公立学校の標準教育費に関する法律案」など、一連の教育条件整備立法の一環として、学校施設基準法（一九五〇年）法案が作成されたのは画期的なことであった。この法案の制定理由は、「新教育制度に即応した学校施設の基準を作成し、学校教育の水準の維持向上を図ると共に、学校法人の認可の際における施設面の評価基準、及び将来制定を予想される公立学校の標準経費を確立する」とされた。[*6] そこでは、学校法人の認可基準や公立学校の標準経費についての規定を定めることもめざされていた。内容的には、二条において「学校の設置者は、この法律に定める基準に従い、学校の施設を教育上、管理上、保健衛生上並びに危険及び災害の防止上有効かつ適切に設けなければならない。……この法律に定める基準を越えてその向上を図るように務めなければならない」と学校施設基準が国の法律で設定され、それが最低基準であることが明記されている。一二条で「校地」、一四条以下の「施設」では各学校段階に必要な施設が羅列され、別表において校地および校舎面積の基準が提示されている。非常にシンプルな内容ではあるが、はじめて義務教育学校の学校設置基準を法律で定める画期的な試みであった。

しかし、「司令部（連合国軍最高司令官総司令部——引用者）」が「細部を除いて了承済み」[*7]であったにもかかわらず、一九五一年には法案のまま終結され国会に上程されることはなかった。一九四九年にはじまる、シャウプ勧告に代表される一連の「効率的な地方自治」をめざす改革によって、「地方自治尊重」「地方財源の充実と地方財政の自主性確保」がうちだされ、中央が基準を設定し財政負担をしていくことを計画した一連の制度は頓挫してしまう。国が一律に学校設置基準を設定し、財政的なナショナルミニマム・スタンダードを設定していくことは、「地方自治」「地方分権」に逆行するものとみなされたのである。

それに代わって中央からの地方財政平衡交付金制度による地方行財政改革が推し進められていく。シャウプ勧告は「市町村が学校、警察、その他の活動を独立して維持することが困難な場合には、比較的隣接地域と合併することを奨励すべき」と提起し、その後、地方行財政改革としての町村合併が強力に推進されていくことになる。

校舎建設に関しては、それまでの臨時的な校舎建設補助金支出は、一九五三年の公立学校施設費国庫負担法により、より安定的なものへと改正された。すなわち、校舎建築のうち災害復旧校舎建築費の三分の二、戦災復興の二分の一、義務教育年限延長のための施設建築の二分の一が、安定的に国庫負担金として支出されることになったのである。しかし、後二者はあくまで臨時的・補助的な性格の補助金であった。くわえて同年「危険校舎改築促進臨時措置法」により危険校舎改築費についても三分の一が国庫補助で負担されることになった。

3 昭和の大合併と学校設置基準

いわゆる急激な「昭和の町村大合併」のもとで、学校設置基準と統廃合政策は大きく転換していくことになる。地方優先の名目のもと、財政的に疲弊していた地方は一気に再編されていった。若林敬子は、戦後の町村合併政策は、戦後資本主義の農村支配・地方行財政機構の再編整備のためにうちだされ、「新しい官僚制構築のもとに地方自治体を従属させる」[*8]役割を果したと総括する。シャウプ勧告によって結成された地方行政調査委員会は一九五一年、「町村合併の理論と実際」を公表し、財政的見地から自治体の適正規模を提起していくようになる。自治体の財政危機を口実に、独立して諸施設を維持できる規模の自治体が求められたのである。

一九五三年に三か年の時限法として制定された町村合併促進法は、三条に「町村はおおむね、八千人以上の住民を有するのを標準」とすると記されている。さらに同年に閣議決定された「町村合併促進基本計画」では、全国の自治体数を三分の一の約三〇〇〇にすることが目標とされた。表1の推移にみるように、一九五三年から五六年の間に自治体数は九八九六から四七三六に激減するが、そのほとんどは村の消滅であった。その後、平成の大合併期まで自治体数は漸減しながらもほぼ横ばいであることがみてとれる。

この「八千人」という基準は「新制中学校一校を効率的に設置管理していくために必要と考えられた人口」で、さらに「消防・保健衛生の事務を実施するためにも必要とされた規模」[*9]とされた。また、次第に八〇〇〇人は「絶対的な標準」ではなく〝最低基準〟であり「できる限り新市町村の規模を大きく定めるべき」であるとする議論が展開されていくことになる。[*10]

表1　市町村数の推移

	市	町	村	計
1945年	205	1,797	8,518	10,520
1953年	285	1,970	7,641	9,896
1956年	492	1,867	2,377	4,736
1964年	558	1,970	871	3,399
1970年	564	2,027	689	3,280
1995年	663	1,994	577	3,234
2004年	695	1,872	533	3,100
2005年	739	1,317	339	2,395
2007年	786	757	184	1,727
2012年	787	748	184	1,719

総務省市町村合併資料（http://www.soumu.go.jp/gapei/gapei.html）

しかし前述のように、一九五一年に学校施設基準法法制化が頓挫したために、この時点で文部省は新制中学校の学校設置基準を定めることができておらず、「新制中学を設置する規模」という基準はきわめてあいまいなものであった。学級定数だけは、一九四八年に一クラス「五〇人」の基準ができていたが、それも「特別な場合には越えることができる」とされ、確定されたものではなかった。学校規模については、明確な「適正基準」がなかったにもかかわらず、町村合併促進法の「八千人」から逆算した学校規模が新制中学を設置できる規模であるとする〝まやかし〟が各地でみられた。

たとえば、地方（長野県）では以下のような説明・算出方法が用いられた。中学校の教科数に各々担任をおくと九学級、一学級四〇人で生徒数は三六〇人となる。人口中、中学生比は七％なので五五三八人が必要となるが、職員人件費などから一二学級が望ましいため人口は七〇〇〇〜八〇〇〇人以上が必要となるというのである。[*11] しかし、当時、教科ごとの担任配置は必置とされているわけではなく、説明はあくまでも教育的な〝通説〟の域を出ないものであった。

さらに一九五六年に時限法であった町村合併促進法が失効した直後の新市町村建設促進法では、八条に「小学校及び中学校の統廃合等」が盛りこまれた。これは「新市町村は、その設置する小学校又は中学校で経営の合理化と教育効果の向上を図るため規模を適正化することが適当と認められるものがある場合においては、……小学校又は中学校の統合並びにこれに伴う校舎の転用及び通学区域（児童又は生徒の就学すべき学校の指定の基準とされている区域をいう。以下同じ。）の変更に関する計画を定め……」と学校統合促進をはかろうとするもので、そのために、一二条で「補助金交付」、一三条で「優先的な財政援助」、二一条で「地方債の財源許可」が定められた。

その半年後の一一月、中央教育審議会は「公立小・中学校の統合方策についての方針」を公表し、政府の町村合併政策に追随していくことになる。そこでは統合を推進する理由として「義務教育水準の維持向上と学校経費の合理化」があげられた。くわえて、「合併市町村における地域の文化的中心であり精神的統合の基礎である学校の統合の重要性」が指摘された。さらに具体的な学校統合の基準として「小規模校を統合する場合の規模は、おおむね一二学級ないし一八学級を標準とすること」、および通学距離の基準として「小学校児童にあっては四キロメートル」、「中学校生徒にあっては六キロメートル」とすることが提起されることになる。根拠は示されていないが、この基準はその後一貫して法規上に残り、学校統廃合基準として重要な意味をもつようになる。

この答申にもとづいて翌一九五七年、文部省は「学校統合の手引き」を作成する。そのなかで、統合の第一の目的として、現状の小規模校の施設・設備が劣悪である実態があげられ、これを解決していくことは国および地方の財政事情から困難であるため、「統合整備する」とされている。ここではじめて「一二～一八学級」は「適正規模」としておかれることになり、小規模校とは小学校では複式学級（数学年の児童・生徒を一学級に編制）が出現する五学級以下、中学校では、教科別の教員最低数九名を配置できる六学級とされることになった。一九五六年度における五学級以下の小学校の割合は約三一％、中学校で約三〇％と高率であった。さらに六～一一学級の小学校は約三五％、中学校で約四三％と「適正規模」以下が六～七割に達していた。[*12] くわえて第二の目的として、町村合併後の自治体の一体性の確保があげられたが、むしろ後者の目的に力点がおかれる傾向がみられた。[*13]

図２　公立小中学校統合校舎等の新築事業費

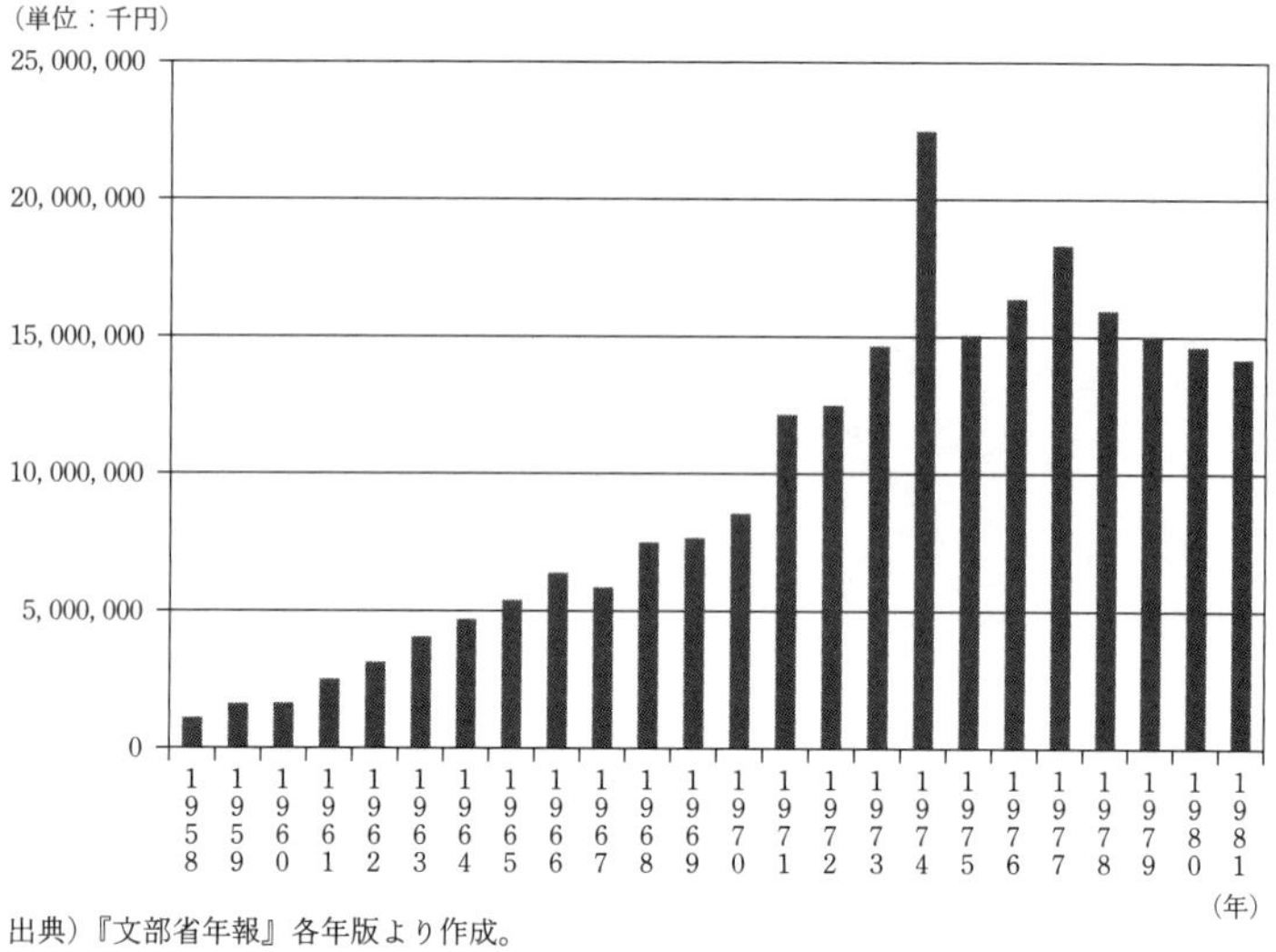

出典）『文部省年報』各年版より作成。

一連の統合政策がうちだされた一九五六年から、公立文教施設整備費のなかに「統合校舎の建築費のための校舎特別助成補助金」が計上されはじめる。この国庫補助率は二分の一と、一九五三年の戦災復興校舎建築等と同一の高い基準とされた。図２は、一九五八年以降の『文部省年報』に費目として掲載されている公立小中学校統合校舎等の新築事業費の推移である。

毎年上昇していき、一九七〇年に過疎地対策振興法によって補助率が三分の二に引き上げられた翌年から、さらに急増する。そして後述する、文部省が統廃合政策を見直す、いわゆる〝Ｕターン通達〟（一九七三年）と、危険校舎に対する補助率の引き上げ（一九七四年）が行なわれたあとに、大幅に下降に転じていくことになるのである。

そのような一連の統合推進政策のなかで、一九五八年に義務教育施設費国庫負担法が制定されることになる。すでに、学校施設建設についてはさまざまな費目の臨時補助が支出されてきたが、同法はそのような補助の恒久化でもあり、文部省が強く主張してきたことでもあった。いったん、地方財政費最大の費目である教育費の国庫補助が行なわれだすと、それが将来打ち切られる不安があるなかで安定的な計画が立てられないという自治体側の要求が、同法制定の背景にあったとされる。それに対して大蔵省は、本来、設置者負担主義にもとづく臨時的な補助金を永続化するのは国庫補助の本旨に反すると主張したが押し切られ、結局法制化の運びとなった。そのさい、大蔵省は臨時的な意味合いをもつ〝補助〟という文言にこだわったが、文部省はあくまで〝負担〟という、支出を政府が義務づけられるというニュアンスをもつ文言を主張したとされる。[*14]

義務教育施設のための国庫負担割合は、「学校規模適正化のための義務教育統合校舎」すなわち学校統廃合の場合は一九五六年の特別補助金の比率を継承して二分の一とされた。これは、小中学校の不正授業の解消、中学校屋内運動場、盲学校・ろう学校の整備費などと同率であった。それに対して危険校舎建築の場合の補助率は三分の一のままであった。これにより、老朽化した校舎を危険校舎として改築する場合の国庫補助率は三分の一であるのに対し、統合校舎にすれば二分の一まで引き上げられるという統合誘導的な財政制度が確立した。

また標準学級数「一二〜一八学級」および、通学距離「小学校四キロ、中学校六キロ」の中教審答申の基準がそのまま継承されて法制化されたのも特徴的である。当時、この標準学級数の設定については「一二～一八学級を標準とする前に、一学級の児童生徒数についても考察すべきであったのではなかろうか」といった率直な疑問も教育雑誌では出されている。[*15] このように、国策である学校統廃合の流れのなかで、子どもにとって望ましい教育的な基準としてではなく、統合政策に引きずられるかたちで、学校適正規模が決められていったことは、その後の政策にも影響を及ぼしていくことになる。

なお、一九五三年から、町村合併を誘導するために学校統合の補助率が高められたことによって、無理な合併などにより従来の自治体間で紛争が生じた場合、統合校をめぐるトラブルに発展するケースが出現した。たとえば合併に反対する紛争において児童生徒の通学拒否が行なわれるケースが複数起きたことから、一九五六年、文部省と自治省は「町村合併に関する紛争に係る小学校又は中学校の児童生徒の通学拒否等の是正措置について」という通知を各都道府県知事および教育委員会に出している。たしかに、埼玉、富山、愛媛などで、町村合併時の学校統合が紛争化しているケースも多いが、東京など大都市部ではこの時期の統廃合はほとんどみられない。統廃合は地域的に偏在しており、また実際の統合校数も明らかにされていない自治体が多い。しかし、市町村合併を進めるという教育外の目的のために、校舎建設費の国庫補助率の変更によって統合が誘導された、という施策がとられたことはその後の統廃合政策にも踏襲されていくことになる。

4　一九七〇年代の過疎地における学校統廃合と教育的なUターン通達

一九五八年の義務教育施設費国庫負担法の制定以降、漸増していた統合数は七〇年代を迎えて急増していくことになる。図1－3、1－4、1－5の北海道および新潟の廃校数をみると一九七一年から増加し、統廃合の大きなピークを迎える。しかし、図1－1の東京では、この時期わずか二件、過疎地に指定された島しょ部で統合が行なわれたにすぎず、地域の偏りは非常に大きかった。これは、結論を先取りするようではあるが、一九七〇年の過疎地域対策緊急措置法により統合校舎建築および教員宿舎建築の国庫補助率が三分の二にまで引き上げられたため、過疎地を擁する自治体で統廃合が急増したものである。同法は、過疎地を地盤とする保守系議員らの要求による議員立法で、一〇年間の時限法として制定されたものであった。その後、過疎地域振興特別措置法、過疎地域特別活性化措置法、と引き継がれていくことになる。

高度経済成長を背景として一九六〇年代に地方農山村地域などから都市部への急激な人口流入により、全国で人口減少地域が拡大してくる。過疎団体に指定された市町村は、一九七〇年の開始時には七七五、七一年には一〇四七となり、全国自治体の約三割を占めるまでになった。

そのような状況において一九六九年、行政管理庁行政監察局による「過密・過疎地域における義務教育

表2　過疎地域における学校減少数の推移

（単位：校）

	小学校減少数	中学校減少数	備　考
1970年	43	84	過疎地対策推進法で補助率３分の２へ
1971年	115	157	
1972年	115	139	
1973年	128	171	いわゆるUターン通達
1974年	81	85	
1975年	58	78	
1976年	35	51	
1977年	29	42	
1978年	35	30	

出典）若林敬子『学校統廃合の社会学的研究』1999年, 76頁。

に関する行政視察」が行なわれ、報告書が公表された。そのなかの「過疎地域における学校統合について」において、過疎地では、小学校における複式学級、中学校における教科外担任等の「劣悪な教育条件の解消」が進まず「教育水準の低下」をまねいているので、国は学校統合の効果的推進をはかり「学力水準の維持、向上」に資するべき、とされた。

そのために改善すべき点として、第一に、過疎地域における学校統合にかかる財源措置の改善、第二に寄宿舎制の普及、活用があげられている。その説明において、過疎地の町村で統合校舎の総事業費が一〜二億円の場合、実際にはうち七〇〇〇〜八〇〇〇万円を設置者が一般財源から捻出しなければならないにもかかわらず、財政規模が一億七〇〇〇〜一億八〇〇〇万円程度ではそれが困難であるため、国庫負担率を引き上げる必要がある、とされている。*16

そのような状況で過疎地対策緊急措置法が制定された。同法では、過疎地活性化方針や基本計画ののち、九条に、国による負担および補助の割合の特例として、従来の義務教育施設費国庫負担法における統合校舎の補助率である二分の一を三分の二にまで引き上げることがあげられている。なお、同種の特例は、過疎地の児童福祉施設、消防施設の建築においても認められた。また一〇条では、統合にともなう教職員住宅の建築の補助率がやはり三分の二と定められた。危険校舎改築の補助金は三分の一のままだったため、自治体によっては老朽化した危険校舎を無理に統合させて修築するケースが出現することになる。この法改正を受けて、表2にみるように全国の過疎自治体では翌一九七一年以降、統合件数が激増し、国庫補助金も、図1にみるように七〇〜七四年まで急カーブで上昇していく。しかし、急激な統廃合により各地で統合反対紛争が続出する。九か月間同盟休校が続けられた栃木県田沼町のケースや、同盟休校と裁判闘争に発展した富山県立山町のケースなど全国で多くの紛糾がみられた。

そのような全国の過疎地での紛争の多発を背景に、高知県選出で教員出身の山原健二郎衆議院議員（日本共産党）が国会で無理な学校統合について質問（衆議院予算委員会第二分科会、一九七三年三月七日）を行なったことを契機に、文部省は統合推進の方針を見直さざるをえなくなっていく。高知県は、山間部の小規模校を多数抱え、生活圏が孤立しているため通学困難や寄宿舎通学が生み出されていた。山原は、高知県で一九五六〜七〇年の間に一四〇校の小中学校が廃校になったことを原因として、「深刻な教育上の問題」が生じたことを実態調査にもとづいて証言した。たとえば、統合後の寄宿舎での「病人と非行児」および「登校拒否症」の増加、バス通学のためのクラブ活動や学習の延長における困難、通学費の保護者自己負担増、寄宿舎担当要員の労働過多などが出現していることが述べられた。さらに、地域から学校が消えたことから学校を会場にした部落懇談会が開催できなくなった、など地域コミュニティの問題も指摘した。そのうえで山原議員は以下のように追及した。

「この三一年の……これは中央教育審議会の答申の中に訂正規模と申しますか、『小規模学校を統合する場合の規模は、おおむね一二学級ないし一八学級を標準とすること』というのがございます。その規模が一番教育を行なうのに適切な規模だ、だから統合するんだ、これがもう論理の基礎になっているわけですね。……これは教育学的に申しましてこれが適正規模だという根拠はどこにあるのですか。

これは高度経済成長政策とつながった中身がありまして、学校経営費が割り高になるという、教育の問題よりもむしろ財政問題から統合をやっていくという思想もこの中にはあらわれています。また現実に地方自治体においてはそのことが中心になっておるわけですね。そうすると教育でありながら教育から離れた財政問題で統合を進めていく、ここに住民と意見の食い違いが出てくる源もあるわけでございますから、そういう点でこの一二―一八学級という適正規模というものも基準が崩れておると思いますので一応これを撤回されまして、そして無理な統合などというものはやらないとかあるいは通達をもう一度改めて出し直すとかいうことが今日必要になってきておるんじゃないか」[*17]。

それに対する政府側の回答は、「適正規模」はあくまで「施設、設備の配置、教員定数の充実」という点からみて「一番望ましい」ものであり「学問的あるいは科学的な見地からこれが最適であるというのは、教育につきましてはそういうような判断は出しにくい」（岩間英太郎政府委員）というものであった。その結果、それまで統合の基準となっていた一九五六年通知について、「修正の必要があれば中身の検討をする」という政府側の言質が引き出されていくことになったのである。[*18]

このやりとりは一九七三年の文部省初等中等局長・文部省管理局長通達「公立小・中学校の統合について」の内容に結実していくことになる。これは、いわゆる〝Uターン通達〟と称される文部省の統廃合政策の方向転換であった。そこでは、学校統合の意義および学校の適正規模については「五六年の通達による」、としながらも、「学校規模を重視する余り無理な統廃合を行ない、地域住民との間に紛争を生じたり、通学上著しい困難を招いたりすることは避けなければならない」としたうえで、さらに、「小規模校には教職員と児童・生徒との人間的な触れ合いや個別指導の面で小規模校としての教育上の利点も考えられる」ので「小規模校として存置し充実する方が望ましい場合もある」と記されている。これは、機械的な統合が「児童・生徒の心身に与える影響」に配慮した画期的な内容であり、子どもの成長・発達という視点から学校施設の基準にまで言及した、日本で初のケースでもあった。

文部省は、さらに一九七四年度から危険校舎改築の負担率も統合と同じ三分の二にまで引き上げ、統合と同一の国庫補助率での改築が可能となったため、安易な統廃合による校舎改築に歯止めをかけることになる。その結果、表2にみるように、全国における統廃合数は一九七四年から減少に転じその後横ばいとなっていく。

この時期には、過疎地の問題が出現した一方で、大都市部における過密校問題、すし詰め学級の問題も出現する。過疎地対策救急措置法によって過疎地の統廃合が急増する転機になった一九七〇年は、大都市部に集中する私立学校への公費負担を法制化した私学助成金が法制化された年でもある。公教育費の都市部への集中と地方のインフラ切り捨てが同時に進行していったのである。

5　新自由主義教育改革のもとでの学校統廃合
――平成の大合併と学校選択制

一九七五年以降、一時期上昇したもののその後横ばいが続いていた統合数、廃校数が、再度急激に増加に転じていくのは、九〇年代半ば以降からの新自由主義的な政策、すなわち地域の新自由主義的再編である平成の大合併および首都圏を中心にした学校選択制とリンクした統廃合の増加の影響が大きい。

政府は、一九六五年の制定以降「市町村の合併の特例に関する法律」を一〇年ごとに延長（二〇〇五年三月に期限切れ）し、市町村の自主的合併を促してきたが、前述のように大きな変化はなかった。その転機は一九九九年に成立した「地方分権一括推進法」に含まれる合併推進のための特例法の改正であり、合併特例債の創設や地方交付税算定替の期限延長などの財政誘導政策により、「合併後の自治体数を一〇〇〇を目標」（与党行財政改革推進協議会）とする強力な合併推進政策がとられた。そのねらいについて、岡田知弘は、地域の〝グローバル国家への再編〟すなわち、『『住民の生活領域としての地域』と『資本の活動領域としての地域』の乖離を後者の論理によって強制的に再編統合する」[19]ことにあるとする。地域を多国籍企業や国内大企業の活動しやすい単位に再編し、多数の小規模経営体を切り捨てていく。それは政府にとっては「小規模自治体への地方交付税・交付金の削減と強制的な市町村合併による、財源の大都市への集中と農村支配体制の広域再編[20]」という意味をもつものであった。

特例法にもとづく自主合併であるとしながらも、「市町村合併支援プラン」(二〇〇一年)などの合併に向けての手厚い財政支援の反面、一九九八年度からの小規模自治体への地方交付税減額などさまざまな〝アメとムチ〟施策を駆使して合併に追いこんでいった。二〇〇二年の「経済財政運営と構造改革に関する基本方針二〇〇二(いわゆる骨太の方針)」では「団体規模等に応じた事務や責任の配分」と称して、小規模自治体の事務権限を縮小し都道府県や他自治体が「肩代わり」するといった議論が登場する。同年の自民党地方行政調査会「地方自治に関するプロジェクトチーム」中間報告では、「小規模市町村」を「人口一万人未満」と規定している。この「一万人」という数字にも根拠や説明はなく、昭和の大合併期の「八千人」同様、基準としてきわめてあいまいな性格をもつものであった。そのような政策を受けて二〇〇三年に全国で三一九〇だった市町村数は、一二年には一七一九にまで減少していくことになる。

学校についていえば、合併特例債を財源として学校統廃合を合併後の計画に組みこんでおけば、用地の取得にも校舎建築にも適用でき、合併後少ない負担で新校舎建築ができるというメリットがあった。また、

図3　公立学校の年度別廃校発生数

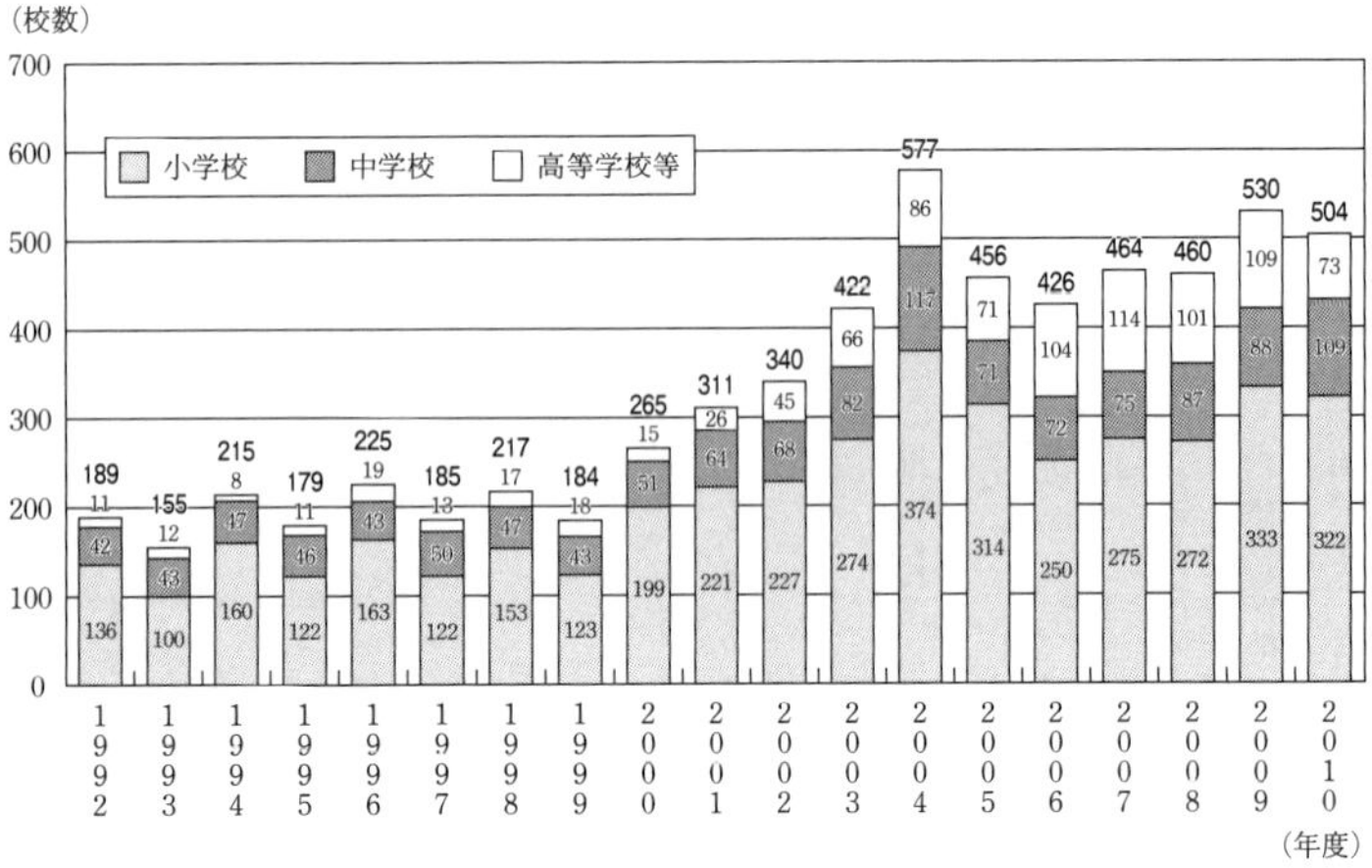

注）2010年度については，東北３県（岩手県，宮城県および福島県）を除く。
出典）文部科学省文教施設企画部施設助成課。

合併前に公共施設を統合して〝身ぎれいにしておく〟ために学校統廃合を行なう小規模自治体も出現していった。図3にみるように、市町村合併のピークを迎える二〇〇二年以降、全国の廃校数が増加していくのは、小中学校については市町村合併にともなう統廃合が増加したことに起因するが、他方で、地方交付税の削減を背景とした高校統廃合政策のスタートも影響している。

すなわち二〇〇三年の東京を皮切りに、多くの都道府県で高校学区が撤廃もしくは拡大され、同時に教育学的根拠のない高校の「適正規模（多くの場合、学年四～六学級）」が設定されていくことになる。現在、四七都道府県中二三都県が全県一学区制を導入しており、かつて全国でみられた高校中学区制は兵庫と福岡に残るにすぎない。その兵庫でも二〇一二年現在、学区拡大への制度改革が強行されようとし

図４　公立学校の都道府県別廃校発生数（1992〜2010年度）

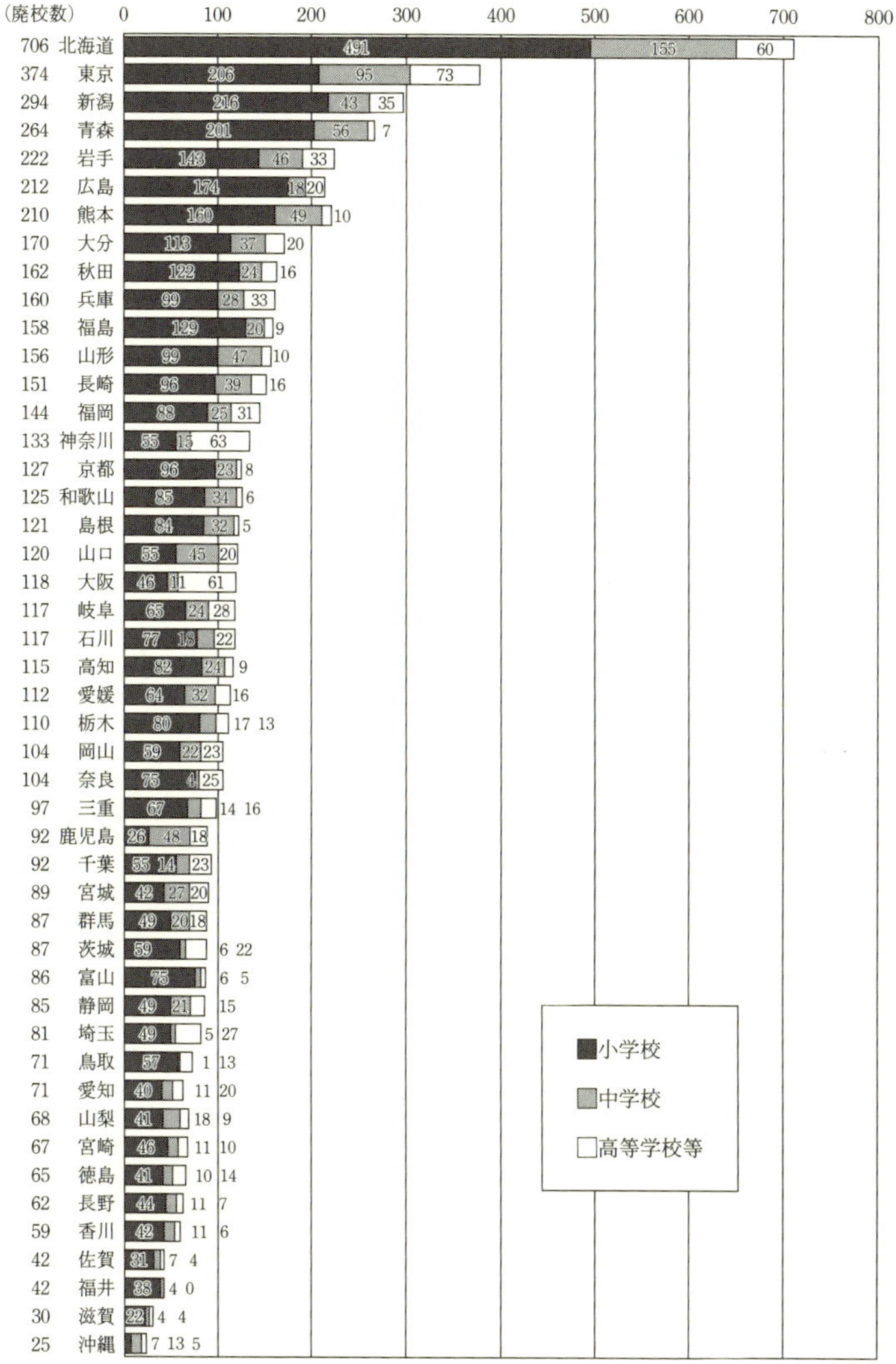

計　6,304

注）岩手県，宮城県および福島県は2010年５月１日現在の廃校数。
出典）文部科学省文教施設企画部施設助成課。

ている。[21]

高校通学区域の拡大は、都市部の進学校や人気校への生徒の集中と競争の激化を生み出し、僻地などの周辺にある高校の生徒減と「適正規模」以下校の統廃合を導き出していく。東京、神奈川、大阪などの大都市圏では、産業構造の転換に応じた〝人材〟育成をめざす高校「多様化」を理由とした大規模な高校のスクラップ・アンド・ビルドがこれにくわわる。さらに、この「多様化」政策は東京を一つのモデルとして全国に拡大していく。生徒や保護者の選択行動を利用した学校統廃合は、まず高校段階でその原型がスタートしたといえよう。

図4は、都道府県別の一九九二年から二〇一〇年までの廃校数の総計である。北海道で最も廃校数が多く、東京、新潟、青森、岩手、広島がそれに続いている。圧倒的に廃校数が多い北海道は、経済的な停滞に起因した過疎化および少子化を理由とする廃校が多いが、東京以外の三位の新潟以下の上位自治体では過疎・少子化にくわえて市町村合併にともなう廃校が二〇〇〇年以降目立っている。さらに高校の廃校が、東京、神奈川、大阪など先行的に「多様化」と称する高校のスクラップ・アンド・ビルドが先行的に行なわれた都市部に集中している点も特徴的である。

市町村合併がほとんど行なわれなかった東京と首都圏の一部では、この時期に別のかたちで新自由主義教育改革が進展していく。小中学校における学校選択制の拡大とそれにリンクした学校統廃合の増加がその第一段階となった。新自由主義教育改革とは、英米の教育改革をモデルとした「国家が決定したスタンダードの達成率に基づく、学校間・自治体間の競争の国家による組織を内容とし、エリートと非エリートの早期選別を目的にした、徹底的な国家統制の仕組み[*22]」と定義することができる。産業構造の転換に応じた新しい〝人材〟養成という経済的な目的のために、学力テスト結果公表、学校評価、学校選択制などで各学校を競わせ、従来平等であるはずだった公教育制度を序列的に再編していくための制度的仕組みである。さらに、入学した生徒数に応じて教育費が配分される制度（バウチャー制度）が導入されれば、選択制とリンクさせて小規模校を速やかに廃校にすることが可能になる。

一九九六年、政府の行政委員会の提言「規制緩和推進に関する意見（第二次）」で、公立学校間の「格差」の導入と「保護者の選択」の推進がうちだされ、財界と政府はともに学校選択制を推奨していくことになる。同年、早くも東京都足立区は、実質的な学校選択制である通学区域の弾力化を導入し、翌一九九七年、文部科学省通知「通学区域制度の弾力的運用について」は、多くの自治体で指定校変更を容易にし、保護者の選択行動の拡大を促した。それらの結果、表3にみるように、東京では二三区中一九区で学校選択制が導入されることになった。そのさい、最も導入が早かった品川区教育委員会が用いた、①学校の特色づくりを進める、②競争のなかで選ばれる学校をめざすよう教師の意識改革を促す、といった効果が検証されていないロジックがほぼすべての自治体で導入理由とされた。しかし東京、埼玉以外では、県庁所在地などを中心にピンポイントの導入がみられたにすぎず、二〇〇九年の全国の選択制導入率は小学校一二・九％、中学校一四・二％（いずれもへき地校の学区指定をなくした特認校制度を含む）にとどまった。さらに二〇〇八年から選択制導入自治体は激減し、群馬県前橋市、東京都江東区、杉並区など廃止・見直しを行なう自治体も出現した。中教審も、二〇〇八年のアンケート結果などから「学校と地域の関係の希薄化」などを理由に、「全国一律に学校選択制導入を促進すべきではない」との慎重な姿勢を示すようになり、推進派だった内閣府系の規制改革会議による文部科学省（文科省）の方針転換を批判するようなコメントすらみられるようになった。[*23]学校選択制は、一部地域を除いて約一〇年間で見限られた制度といえよう。その動向とクロスするかのように、小中一貫校制度による統廃合が激増していくようになる。小学校と中学校を同一施設に収容する施設一体型小中一貫校は、しばしば一〇〇〇人規模の過密校となり、さらなる学校施設条件の悪化を生み出している。

東京では、表3にみるように、同時期に自治体独自の審議会（適正配置委員会など）による学校の「適正規模」「最低基準」が設定された。複数の自治体では、学校教育法施行規則・義務教育施設費国庫負担法に標準学級数として数字が残る「一二〜一八学級」を「適正規模」として採用した。また「最低基準」として「一五〇人」「一八〇人」など、教育学的根拠のない数字が設定される傾向がみられた。これによって、学校選択制導入後、保護者から選択されない単学級構成などの学校が「最低基準」を割りこんだ場合、地域・保護者との合意形成など煩雑な手続きをとらずに容易に学校を廃校にすることが可能になった。その結果、二三区では、二〇〇〇〜〇八年の間に一三〇校以上の小中学校が廃校となっている。また、選択制は導入せずとも、指定校変更など保護者の選択行動をたくみに利用した統廃合が全国的に行なわれて

表３　東京都23区の学校選択制と学校統廃合の実施状況

	学校選択〈選択範囲〉*と〈導入年度〉		学校統廃合					
	小学校	中学校	計画策定年（年）	適正基準（学級数） 小学校	適正基準（学級数） 中学校	最低基準・統廃合基準（人数） 小学校	最低基準・統廃合基準（人数） 中学校	廃校数（00〜08年）
千代田区		全・03	00		12〜18			4
中央区		全・04						（計画中）
港区	隣・05	全・05	02	12〜18	9〜18	100人	200人	3
新宿区	隣・05	全・05	95			150人程度	150人程度	6
文京区		全・03	02	12〜	9〜	150人	120人	2
台東区		全・03	00	12〜18（246〜720人）	12〜18（363〜720人）	150人	180人	11
墨田区	全・01	全・01	95	12〜18	12〜18			7
江東区	全	全						14
品川区	ブ・00	全・01						1
目黒区	隣・05	隣・03	03		11〜			3
大田区	指定校変更活用		03	12〜18	12〜18	150人		5
渋谷区	全・04	全・04						（計画中）
中野区	05年実施予定を延期		04	18程度	15程度	240人	180人	5
杉並区	隣・02	隣・02	03	12〜18	9〜12			2
豊島区	隣・01	隣・01	01	12〜18	9〜18			20
荒川区	全・03	全・02						2
板橋区	全・03	全・03	01	12〜18	12〜18	150人	150人	7
練馬区		全・05	04	12〜18	11〜18			8（10年実施）
足立区	全・02	全・02	95	12〜24	12〜24	11学級以下	11学級以下	12
葛飾区	隣・05	全・05						8
江戸川区	受入校	全・03						
世田谷区			00					2
北区	指定校変更活用		02	12〜18	9〜15			19

注）〈選択範囲〉――全：全校，隣：隣接校，ブ：同一ブロック内の学校。
出典）新潟大学教育学部比較教育学ゼミ（2005年５月）をもとに作成。

いる。

いくつかの自治体は、従来の「適正規模」を意識しながらも、都合のよい「統合基準」の設定を行なっている。統合基準には自治体によってばらつきがみられ、「単学級の出現（小学校では一一学級以下）」を統合基準とする東京都足立区、仙台市などや、「複式学級の出現（小学校では五学級以下）」を統合基準とする埼玉県小鹿野町など過疎地の自治体など、統合したい対象に応じた「適正規模」「最低基準」や理由を作為的に設定し、それを割りこんでくると自動的に統合するといった行政当局にとって有利な施策がとられている。たとえば、東京都日野市の「適正規模」は「小学校で学年三学級以上」と他市と比較して大きいが、これは導入当時、統合対象と想定されていた特定の小学校の規模に合わせて設定されたと思われる。京都府宇治市における小中学校とも「一八学級未満は統合対象」という全国でも最大規模の「統合基準」も、同様の理由によって設定されたと推測される。

学校の「適正規模」「適正配置」化を進める理由として、全国の自治体は、「小規模校では教育的効果が上がらない」「小さい集団では切磋琢磨できない」「社会性が育たない」といった教育的〝俗説〟を多用しているが、実際にはコスト削減が大きな要因であることは否めない。二〇〇八年、財務省の財政制度等審議会は「平成二〇年度予算編成の基本的考え方について」のなかで、三〇年間で子どもの数は四割減少したにもかかわらず学校数は数パーセントしか減っていないことをあげ「小規模校には教育政策・効果上の問題があり、財政上も非効率」であるため、積極的な再編・統合を進めるべきとしている。

さらに廃校になった学校跡地利用については、以前は国庫補助対象施設のために規制が多かったが、二〇〇八年の「補助金等に係る予算の執行の適正化に関する法律」二二条の改正によって、校舎の転用、跡地の売却や民間への貸与が容易になっている。すなわち、国庫補助事業完了後一〇年以上経過した場合は、統廃合後の「転用・貸与・譲渡・取り壊し」、また国庫納付金相当額以上を学校施設設備のための基金に積み立てたうえで、民間事業者へ有償による貸与・譲渡が可能になった。さらに、完了後一〇年未満の場合でも、地域再生計画、市町村合併により統廃合を行なう場合に、無償でほかに転用・貸与等ができるようになった。くわえて二〇一一年の東日本大震災以降、校舎の耐震補強工事に対する国庫補助率の引き上げ措置が二年間延期されたため、老朽化して耐震基準を満たさない複数の学校を統合して新校舎にする自治体が出現している。このように、学校統廃合を行なう自治体に対する手厚い支援政策が、今日の統廃合の急増とそれによる公教育の序列的再編を促しているといえよう。

6 小中学校の設置基準の設定と教育条件の規制緩和

新自由主義教育改革のもう一つの流れとして、学校条件整備にかかわって公教育の規制緩和が進められている。二〇〇二年、戦後はじめて全国レベルの「小学校設置基準」「中学校設置基準」が法制化された

（文部科学省令第一四号および第一五号）。これは前述のように一九五〇年に文部省が試みて挫折して以来空白のままにおかれ、六〇年代にはより充実した教育条件を望む中学校長会などから法制化要望が出されるなど、法制化が期待されていたものであった。

ところが、二〇〇二年の新しい「小学校設置基準」「中学校設置基準」は学校条件整備の全体的な水準を上げるためのものではなく、「多様な教育機会を提供する観点から、私立学校を設置しやすくするために、小・中学校の設置基準の策定を進める」（中教審第二回総会〇一年二月）ために、むしろ基準の低さが目立つものとなった。学校設置基準は、同時に私立学校の認可基準として機能するものであるが、それまで小中学校レベルでは存在しなかったため、各都道府県が地域の実情に応じて「設置審査認可基準」を定め、私立小中学校を認可するようになっていた。その基準のハードル（自己所有の敷地、校舎、人員、財政など）は総じて高く、設置基準ができる前年に全国で私立の小学校は約九〇校、中学校は約五〇〇校が存在するのみで、私立校が多い高校段階とは状況を異にしていた。

「小学校設置基準」「中学校設置基準」は、全一二条および附則から構成され、一条では、小学校（中学校）が学校教育法その他の法令の規定によるほか、この省令によって設置されること、およびそれが「最低基準」であることが明記されている。このように「最低基準」とするのか、あるいはより充実した学校を設置するための「一定の水準の確保」をめざすのか選択的な論点があったが、審議の結果、前者の考え方が採用されたものである。「私立学校を設置しやすくする」という当初のねらいからみて当然ともいえよう。また特徴的なのは二条の、小学校（中学校）は「目的を実現するため、教育活動その他の学校運営の状況について自ら自己点検および評価を行ない、その結果を公表するよう努めるものとする」という「自己点検・自己評価・情報提供」の規定である。同様の規定は、同時に、高等学校設置規定、幼稚園設置基準、専修学校および各種学校設置基準にも新しく導入された。事前の中教審の論議では、「責任ある学校運営や開かれた学校づくりを高める観点から、学校の説明責任をより明らかに」するという新自由主義的なアカウンタビリティ（説明責任）の視点から「自己点検」条項の必要性が提起されている。しかし、学校の公共性を担保すべき「設置基準」に、このような設置者側の「態度」的な内容が盛りこまれる点についての違和感は否めない。さらに、学級編制及び教諭数（四条～六条）、施設及び設備（七条、八条）では、たとえば「一学級の児童（生徒）数は四〇人以下」と現行のままであり、公募意見では批判が集中した。また施設の基準値は制定前の自治体の基準よりおおむね低めに設定され、「他の学校等の施設・設備等の併用」（一一条）も認められている。総じて、施設面でそれまでよりも劣悪な条件の学校が出現する可能性が生じたといえよう。[*24]

私立小中学校設置基準を緩和する政策については、二〇〇〇年の「教育改革国民会議」の提言「新しい学校づくり」を受けた、二一世紀新生教育プラン（二〇〇一年一月）において「多様な教育機会を提供する新しいタイプの学校の設置の促進」が提起され「私立学校の設置のための基準の明確化」が主要施策としてあげられている。すでに財界は、社会経済生産本部報告書「選択・責任・連帯の教育改革」（一九九九年）にみられるように、より積極的な学校教育への市場原理の導入、学校の「個性化・特色化」を推進すべきとの指針を示していた。二〇〇一年三月から、二一世紀教育新生プランに関して、文科省と経済同友会や経団連など財界各団体の懇談が数回もたれており、一二月の中教審初等中等教育分科会での審議をへて〇二年四月の法制化が急がれた。中教審では、民間主体が公費で「公立」学校を設置するアメリカのチャーター・スクール制度の資料[*25]がたたき台とされた。また、同時期に経済活性化のために構造改革特区制度を導入しようとしていた内閣府の規制改革推進会議が、学校設置基準の制定に向けて文科省にプレッシャーをかけていたことも証言から明らかになっている。二〇〇二年から、構造改革特区に申請する自治体の募集もはじめられ、そのなかには新しい学校設置主体として株式会社立学校・NPO法人立学校の設置を認められる教育特区も含まれていた。株式会社立学校は、教育特区における「校地・校舎を所有しない学校」という学校設置条件の規制緩和によって生み出されたものである。ただし、株式会社は、一般の学校法人に対するような私学助成の対象とはならない。

このような株式会社立学校に文科省は反発したが、規制改革会議は千代田区・東京リーガルマインド（株式会社立大学）のケースを皮切りに、そのような教育特区の認可を進めていった。すなわち、特定自治体が特区申請して認可されれば、その自治体において株式会社立学校もしくはNPO法人立学校の設置が可能になったのである。

たとえば、高校段階（中高一貫校は除く）では、表4にあるように二〇一二年までに全国で二〇校の株

表4　特区制度を利用して設置された株式会社立高等学校

	学校名	学校設置者	特区申請自治体	特区の名称
1	美川特区アットマーク国際高等学校	株式会社アットマーク・ラーニング	石川県白山市	美川サイバータウン教育特区
2	ウィザス高等学校	株式会社ハーモニック	茨城県高萩市	高萩市教育特区
3	代々木高等学校	株式会社代々木高校	三重県志摩市	伊勢志摩インターネット高校特区
4	くまもと清陵高等学校	株式会社ふりーだむ	熊本県南阿蘇村	南阿蘇村教育特区
5	勇志国際高等学校*1	株式会社清風学園	熊本県天草市	御所浦町教育特区
6	ウィッツ青山学園高等学校	株式会社ウィッツ	三重県伊賀市	伊賀市意育教育特区
7	さくら国際高等学校	新教育システム株式会社	長野県上田市	上田市コミュニティー教育・交流特区
8	創学舎高等学校	株式会社愛郷舎	埼玉県深谷市	渋沢記念深谷人づくり特区
9	北海道芸術高等学校	株式会社日本教育工房	北海道清水町	文化と人が響き合う清水町教育特区
10	大智学園高等学校	株式会社コーチング・スタッフ	福島県川内村	川内村教育特区
11	ルネサンス高等学校	ルネサンス・アカデミー株式会社	茨城県大子町	大子町教育特区
12	日々輝学園高等学校	株式会社エデュコジャパン	栃木県塩谷町	塩谷町教育特区
13	クラ・ゼミ輝（キラリ）高等学校*2	株式会社クラ・ゼミ	静岡県吉田町	吉田町教育特区
14	相生学院高等学校	富士コンピュータ販売株式会社	兵庫県相生市	海と森と人が輝く相生市教育特区
15	ECC学園高等学校	株式会社ECC	滋賀県高島市	高島市環の郷教育特区
16	ウィザスナビ高等学校	株式会社ナビ	兵庫県養父市	養父市教育特区
17	師友塾高等学校	株式会社文学の館	広島県尾道市	尾道市人間教育特区
18	東豊学園つくば松実高等学校	株式会社つくば東豊学園	茨城県つくば市	つくば市教育特区
19	一ツ葉高等学校	株式会社 I am succsess	熊本県山都町	山都町潤い，文楽，そよ風でつづるまちづくり特区
20	川崎特区アットマーク明蓬館高等学校	株式会社アットマーク・ラーニング	福岡県川崎町	川崎町地産・地習・e環境教育特区
21	AIE国際高等学校*3	株式会社オーアイシー	兵庫県淡路市	淡路市教育特区

注）＊1．2010年度に学校法人化。
　　＊2．2011年度に学校法人化。
　　＊3．2013年開校予定。
出典）星野亮平「不登校支援とはどうあるべきか」（2011年度和光大学現代人間学部卒業論文）より。

式会社立の高校が設置されている。それらをみると、第一に、すべてが広域通信制高校（単位制・普通科）であり、主に高校中退者、中学校までの不登校経験者を対象としている点、第二に、認可した自治体の多くが地方の過疎自治体である点が特徴的である。その多くは長期賃契約によって自治体から土地・建物を借り受け、もしくは廃校になった施設を利用するケースもみられる。なかには、年に数日のスクーリングとITを利用したレポート提出のみで高校卒業資格を取得でき、授業料は習得単位ごとに設定されるようなタイプの高校も存在する。[*26] 自治体は、町おこし、もしくは法人税収入増・雇用増などの目的のためにそのような企業を受け入れる傾向がある。同様の傾向は、チャータースクールの民間企業進出率が全米で最も高いミシガン州（チャータースクールの企業経営率が七〇％以上）でもみられる。すなわち、民間企業経営のチャータースクールを「公立学校」として認可するチャーター認可団体の多くが、へき地・過疎地の公立大学・短大となっている事態ときわめて類似している。これらの大学・短大は、そのチャータースクールが公費で運営される学校として適切か否かの許可およびその後の審査を行ない、その手数料を公費から得ることができる。慢性的な財政難を抱えるへき地の公立大学・短大は、チャータースクールの認可手数料により安定的で大きな収入を得ることが可能になるのである。いずれにせよ、企業と自治体の利害が一致して、公教育の新しい市場が開かれたという点では日米で共通しているといえよう。ただし、アメリカのチャータースクールが公立学校に不満をもつ貧困層・マイノリティの教育要求を反映しているのに対し、日本の場合、主に不登校者と中退者を対象とした市場であるという点は注目に値しよう。なお、

NPO法人立学校として出発した、不登校児童・生徒のためのフリースクールを前身とする学校は、その後すべて、「教育特区」を利用した学校法人立の私立学校に転身している。

他方、日本では、義務教育段階や一般の全日制・定時制高校では企業の経営進出が進んでいるわけではない。ただし、類似した傾向はほかにもみられる。たとえば、大阪府において橋下徹大阪府知事のもと、二〇一一年度から、年収六二〇万円以下の家庭に対して私立高校の授業料が実質無償化されたことにより、従来府立高校に入学していた層が大量に私立高校に入学するようになった。府が各高校に対して「パーヘッド（頭割り）」の原則[*27]と称する、入学生徒数に応じる原則を基本とした教育費配分を行なったため、一部の私立高校が定員を超えて多くの入学者を集めるようになったのである。その結果、半数以上の府立高校――その多くはいわゆる「底辺校」である――が定員割れを起こしている。二〇一二年に公表された大阪府教育基本条例案では、三年続けて定員割れを起こした高校の廃校が規定されていたため、将来的に府立高校の統廃合・縮小と私立高校生徒受け入れの増加が懸念された。その後、猛反対する府教委との折衝で「統廃合」の文言は「再編整備」へと変更されることになった。このような事態も、アメリカでチャータースクール進出によって入学者を奪われた公立学校が定員割れを起こし廃校とされる状況と酷似している。学校間の競争と学校統廃合を促す、生徒一人当たり教育費配分制度であるバウチャー制度については、これまでたとえば、二〇〇六年に長野県上田市など自治体レベルで導入が計画されたものの、市民の反対運動により阻止されてきた。大阪府のケースは、実質的なバウチャー制度の導入といえよう。

このようにみてくると、戦後一貫して学校条件整備について全国的な基準・法制が存在しないがために、政治的な事情を背景に自治体規模等から導き出された教育学的根拠がない「適正規模」が今日まで独り歩きし、さらに校舎建築の国庫補助率の上げ下げによって、政策や自治体の望むままに統廃合政策がコントロールされてきたことが明らかとなる。そのうえに、今日の新自由主義教育政策のもと、学校条件整備がなし崩しにされ、公教育の序列的再編を加速させているといえよう。

〔付記〕図表の作成にあたって、岩井桃子、石山樹臣（元和光大学学生）、大高庸平（元和光大学院生）、荒井みゆき（大正大学学生）四氏のご協力をいただいたことに謝辞を送りたい。

◉注

＊1　境野健児・清水修二『地域社会と学校統廃合』（八朔社、一九九四年）は、「統廃合が政策的に行われた時期」を、明治の町村合併、明治末から大正、それとならんで「戦後の高度成長期」と広く区分している。しかし、その根拠とされる「小学校数の推移」をみると、一九七三年までの学校数の急減と七四年以降の上昇がみられ、そこには学校建設国庫補助金の影響があると思われる。また本章は若林敬子『学校統廃合の社会学的研究』（御茶の水書房、一九九九年、および同書増補版、二〇一二年）の戦後の統廃合時期区分のうち、昭和の市町村合併期、過疎地対策期については参考にしているが、それ以降については新自由主義の影響という異なった分析視点を用いている。

＊2　市川昭午・林健久『教育財政』（戦後日本の教育改革4）東京大学出版会、一九七二年　三三四頁。

＊3　内藤誉三郎『教育財政』誠文堂新光社、一九五〇年、一二四頁。

＊4　喜多明人『学校施設の歴史と法制――公教育条件としての学校施設問題』エイデル研究所、一九八六年、七九頁。

＊5　同前。
＊6　「今期通常国会提出予算法律案について」「学校施設基準法」（文部省内部資料・一九四九年秋に第七通常国会提出準備のための文書）『辻田力文書』国立教育政策研究所教育史資料室所蔵。
＊7　同前。
＊8　前掲、若林『学校統廃合の社会学的研究』四一頁。
＊9　『地図で知る平成の市町村大合併』国際地学協会、二〇〇五年、一四頁。自治庁は、「行政事務再配分及び町村の規模の合理化に関する通知」（一九五一年）に合わせて出された第一次試案において、小規模自治体は単独で中学校を設置するには非能率的で人口八〇〇〇人内外が能率的としている。
＊10　自治庁「町村合併促進法施行に関する件通知」一九五三年。
＊11　長野県総務部地方課編『長野県市町村合併誌』一巻、一九六五年、八五四頁。
＊12　前掲、若林『学校統廃合の社会学的研究』四四頁。
＊13　前掲、市川『教育財政』四八一頁。
＊14　『内外教育』八〇六号、時事通信社、一九五七年。
＊15　『内外教育』九五三号、時事通信社、一九五八年、三〇頁。
＊16　前掲、若林『学校統廃合の社会学的研究』四七一～四七五頁。
＊17　国会会議録検索システム（http://kokkai.ndl.go.jp/）衆議院予算委員会第二分科会、四号、一九七三年三月七日、山原健二郎議員の発言より。
＊18　同前、岩間英太郎政府委員の発言より。
＊19　岡田知弘「グローバル経済下の自治体大再編――なぜ『平成の市町村合併』なのか」岡田知弘・京都自治体問題研究所『市町村合併の幻想』自治体問題研究社、二〇〇三年、二五～二六頁。
＊20　同前。

＊21　兵庫県教育委員会は高校一二学区を五学区に再編する「基本計画」（二〇一一年）を公表し、一二年現在、教職員、保護者、住民らによる反対運動が起きている。
＊22　山本由美『学力テスト体制とは何か――学力テスト・学校統廃合・小中一貫教育』花伝社、二〇〇九年、一一頁。
＊23　内閣府・規制改革会議「学校制度に関する保護者アンケート」二〇〇九年。
＊24　山本由美「小学校設置基準・中学校設置基準制定の背景について――教育の規制緩和と条件整備」『季刊教育法』一三四号、エイデル研究所、二〇〇二年。
＊25　チャータースクールは、一九九一年ミネソタ州のチャータースクール法制定以降、二〇一一年には四〇州で法制化され、約五四〇〇校に約一七〇万人が通うまで拡大している。
＊26　政府の構造改革特区推進本部の評価調査委員会教育部会は、株式会社立学校の学校法人化問題について、二〇一二年六月に意見とりまとめを行なっている。
＊27　清水宏吉『検証　大阪の教育改革――いま、何が起こっているのか』岩波ブックレット、二〇一二年。

（山本　由美）

第4章 学級定員基準とその仕組み

1 本章の課題

学級定員は日本の教育条件の要をなしている。教育条件整備の法的な義務づけがきわめて不十分であるにもかかわらず、日本の教育条件を維持向上させる力の中心となってきたのは、学級定員改善を求める国民の運動と世論であったといえるだろう。その運動がよりどころとしつつ改善を求めてきた法制度があった。義務教育費国庫負担法（一九五二年、法律第三〇三号）と公立義務教育諸学校の学級編制及び教職員定数の標準に関する法律（一九五八年、法律第一一六号。以下、義務教育標準法）である。両法は、「義務教育無償」（憲法二六条）、「教育の機会均等」（教育基本法四条）など「教育を受ける権利」（憲法二六条）の理念にもとづいて、ともに「義務教育水準の維持向上に資する」ことを目的（一条）として制定され、事実上わが国の義務教育のナショナルミニマム基準法として作用してきた。そして、市町村立小中学校等の教職員の給与を市町村より財政力が安定している都道府県の負担とする市町村立学校職員給与負担法（一九四八年、法律第一三五号）による教職員給与県費負担制度とともに、教育の機会均等の実現に寄与してきたといえる。

ところが、近年の新自由主義的教育政策の進行により、義務教育費国庫負担制度や教職員給与県費負担制度が大きく改変され、義務教育におけるナショナルミニマムの保障と教育の機会均等が揺らいでいる。本章では、義務教育諸学校の学級編制および教職員定数に関する制度の概要と、制度をめぐる経緯や問題点を考察し、改正の方向を示して、教育条件整備法制論議の参考に資するものとする。

2　学級定員基準・教職員定数と教育財政制度の仕組み

学級編制「基準」と「標準」

学級編制「基準」とは、学級（クラス）を編制するときの一学級の上限人数である。都道府県教育委員会が定めるこの学級編制「基準」は、義務教育標準法三条二項による国の定めを「標準」として決められている。たとえば、小中学校単式普通学級の場合、基準が「四〇人」であれば、四一人以上の学級を編制することはできず、同学年に在籍する児童生徒が四一人の場合は二〇人と二一人の二クラスに、八一人の場合は二七人ずつの三クラスに……と編制するよう運用されてきた。現行の義務教育標準法では、同様に複式学級（数学年の児童・生徒を一学級に編制）の場合、小学校一六人（第一学年の児童を含む学級は八人）・中学校八人、そして特別支援学級は八人などと学級編制標準を定めている（義務教育標準法三条二項）。

教職員標準定数＝基礎定数＋国庫加配定数

編制学級数の増減により教職員定数も増減する。国が定めた各都道府県の公立小中学校に配置するべき教職員総数の標準（義務教育標準法六条。以下「標準定数」）の大部分は、学級数により定められる学校規模を基礎として算定される「基礎定数」[*1]（義務教育標準法七条一項、一一条一項等）だからである。このほかに、ティームティーチング（TT）等指導方法の工夫改善や不登校対応など、特定の教育目的のために国の判断で上乗せされる「国庫加配定数」[*2]（義務教育標準法七条二項、一五条）がある。したがって標準定数は基礎定数に国庫加配定数をくわえたものということになる。[*3]

義務教育費国庫負担金と地方交付税

義務教育は基本的に地方の事務である（学校教育法五条、二九条、四〇条。地方財政法九条）。そのため、地方自治体の教育費負担はきわめて大きい。しかし、地方自治体の税源は少なく、しかも地方自治体間には著しい財政力格差がある。こうした状況下ですべての国民が全国どこでも一定の内容・水準の教育を無償で受けられるよう保障するために、国は毎年の地方財政計画にもとづいて、二つの方法で地方自治体に対する財源移転を行なっている。その一つが文部科学省（文科省）を通じて交付される義務教育諸学校の教員給与や建設費等に対する国庫負担金で、もう一つが総務省を通じて交付される地方交付税である。

地方財政法一〇条は、国と地方公共団体相互の利害に関係がある事務のうち、その円滑な運営を期するために国が進んで経費を負担する必要があるものとして、義務教育にかかわる教育職員の給与と義務教育諸学校の建築経費をあげている。このように国庫負担金の対象事務・事業については、国と地方の共同責任があるとされ、法令によって国と地方の負担割合が決められる。その国負担分は国庫負担金として支出され、地方負担分は地方交付税算定上の基準財政需要額に算入される。

ただし、その負担額には制限が設けられている。公立小中学校の教職員のほとんどは、都道府県が給与負担者である県費負担教職員であり、その給与にかかる都道府県の実支出額の三分の一は国が負担するよう義務教育費国庫負担法に定められている（二条）。また、義務教育費国庫負担法第二条ただし書の規定にもとづき教職員の給与及び報酬等に要する経費の国庫負担額の最高限度を定める政令（二〇一一年三月二五日、文部科学省令第六号。以下、限度政令）により、義務教育標準法で算定された標準定数による国庫負担額の限度が算定され、各都道府県に教職員の配置数に従って国庫負担金が支払われる。そして、残りの三分の二の財源は、義務教育標準法にもとづく標準定数が測定単位となり基準財政需要額に算定されて地方交付税が交付され、教職員給与を国が保障する仕組みとなっている。

教育におけるナショナルミニマム保障制度として機能

このように、都道府県の定める学級編制「基準」は、一つひとつの学校の一クラスの人数と学級数と教職員の数を決めるうえで重要な役割をもっており、義務教育標準法が定める学級編制「標準」は、国により保障される最低基準（ナショナルミニマム基準）として作用してきた。つまり、学級編制「標準」と「基準」は、実態としては義務教育諸学校の教育条件の最低基準として機能してきたのである。

3　学級編制と教職員定数

(1)　義務教育標準法の変遷と問題点の考察

義務教育標準法の制定

全国で「すし詰め学級」問題が顕在化していた一九五八年に制定された義務教育標準法において、学級編制「標準」は五〇人からスタートした。その直前までの各都道府県の単式普通学級の編制「基準」は、五二～六四人とバラバラで多人数であった。法制定にあたって、教職員定数確保の財源をめぐり、大蔵省などとの妥協を余儀なくされたようであるが、法制定当時の文部省は、この問題の解決のために積極的な「義務教育水準の向上」姿勢をとっていたように思われる。[*4] 国が定める学級編制「標準」を最低基準と位置づけ、都道府県の学級編制「基準」がそれ以上の水準となるように財政的に保障（実員実額制）もした。そして教職員定数改善計画（以下、定数改善計画）を策定し、段階をふんで制度の改善を実施していった。[*5] このことで、地方の教育財政は安定に向かい、徐々に「すし詰め学級」問題は解消されていった。こうして義務教育費国庫負担制度が整備されることにより、全国どこでも同じような水準の条件で教育が受けられる基盤がつくられていったといえる。

しかし、法制定時に学級編制「標準」を、条文上はっきりと最低基準と規定しなかったことが、[*6]のちの時代に政府の都合のよいように解釈、運用される原因をつくることになってしまったといえる。以後、学級編制「基準」と「標準」の関係とその解釈は揺れつづけ、現在に至っている。[*7]

基礎定数改善による学級編制「標準」と教職員定数の改善

それ以後、財政的な制約もあり、改善が順調に進んだとはいえないが、第二次定数改善計画（一九六四〜六八年度）では単式普通学級編制標準を四五人に改善し、第五次計画（一九八〇〜九一年度）では四〇人学級を実現した。第六次計画（一九九三〜二〇〇〇年度）では、複式学級、特殊教育諸学校・学級の学級編制標準が改善された。一方で、文部省の法制定時の積極的な「義務教育水準の向上」姿勢は徐々に失われていったといえる。義務教育標準法三条条文を改正することなく、学級編制「基準」や「標準」は、その上限人数を下回って学級編制（水準向上）してはならない、いわば最高基準のように法解釈を変更して、独自の施策で少人数学級制を実施しようとする自治体にブレーキをかけるような指導を繰り返すようになった。[*8]

それでも義務教育標準法制定以後ここまでの教育条件整備の施策は、文科省自身が「ナショナル・ミニマムを保障」という表現を使い、曲がりなりにも学級編制「標準」と基礎定数の改善による教育水準向上のための施策が進められてきたといえよう。だがこれ以降進められていく新自由主義的な政策への転換により、政府・文科省は教育予算を大幅に削減し、「地方分権」や「規制緩和」の名目で、ナショナルミニマムの保障を放棄し、地方にその責任を転嫁していくこととなった。

「学級編制の弾力化」による最低基準崩しの進行

「三〇人学級実現」などさらなる学級編制標準の引き下げを求める国民世論の盛り上がりのなかで行なわれた二〇〇一年の義務教育標準法改正において、文科省は学級編制と定数改善の方法を、それまでの「基礎定数部分の改善」から「学級編制の弾力化」方針へと大きく転換した。国民世論が期待した学級編制「標準」の改善は行なわれず、都道府県が国の「標準」の上限学級人数を下回る数での「基準」を設定してもよいこととし、地方裁量での「少人数学級制」を許容する内容とした。それは、国民世論の求める少人数学級制の実施責任を、財政保障なしに地方自治体へと丸投げするものであった。この改正により、いわば学級編制「標準」は最低基準としての性格を取り戻すこととなったのだが、都道府県の学級編制「基準」は、条文の改正のないままで事実上「弾力化」され、法的な拘束力があいまいな解釈となって最低基準としての性格を失っていった。

この改正の結果、少人数学級制を求める世論は地方自治体を動かし、そのうえ文科省が国庫加配定数の「少人数学級制」への選択的利用を許可した（二〇〇四年度）ことで、地方裁量での部分的「少人数学級制」が、さまざまなかたちで広がっていくこととなった。しかし、財政難を抱える地方の裁量ゆえの限界があり、その実態は国民が求め期待していたものとは違う、さまざまな矛盾を抱えた「少人数学級制」となった。たしかに実際に少人数となった学級には、多くの望ましい教育効果があらわれ、当事者は歓迎の声をあげている。しかしそこには、以下のような問題点も指摘することができる。[*9]

①学級編制「基準」が、最低基準として厳格に解釈されず、弾力的に解釈、運用されることにより、「少人数学級制」が可能になる一方で、四一人以上学級が編制されるという例も生じている。

②少人数学級のための増学級分の教員を、低予算で「やりくり」するために、「基礎定数」分の教職員の配置数が、地方自治体により、実際の配置の段階でさまざまな方法により切り崩されている。その結果、小学校専科教員や中学校副担任など学級担任外教員が学校現場から引き揚げられるなど、学校に配置されるべき数の教職員が実際には配置されない状況が生まれている。[*10]

③「国庫加配定数」の配当に偏りがあり、その配置の判断にさいし、国や地方自治体の施策誘導がはたらいていることで、自治体間、学校間に教員数という基本的な教育条件での格差が生じている。

④「少人数学級制」実施のための増学級分に必要な教員のうち、都道府県単独措置分や市町村費負担分は、ほとんどの場合、非常勤を含む臨時的な任用とされている。臨時的任用教職員は、義務教育費国庫負担金の削減や地方財政難を背景とする人件費削減と、教職員管理の目的をもって、政策的に増やされている。

また、二〇〇一年義務教育標準法改正では、学級編制を少人数化することなく、特定の教科の授業での み従来の学級単位とは異なる少人数の学習集団を組織して行なう指導「少人数授業」のための法改正もなされた。そのために少人数指導や習熟度別指導など、きめ細かな指導を行なうための国庫加配定数改善を中心とする第七次定数改善計画（二〇〇一〜〇五年度）が実施された。このことは、いわゆる「定数くずし」を生み出すことになった標準定数の非常勤者、短時間勤務者への国庫負担換算可能条項（義務教育標準法一七条の改正）とともに、非常勤による臨時的任用者を大幅に増やす結果となった。

教育にゆとりをもたらすと期待された少人数制が、逆に教育からゆとりを奪うという矛盾の拡大に、教育現場には「こんなはずじゃなかった」という失望も広がっている。これらの事態は、現行の義務教育標準法のもつ弱点が露呈した姿といえるであろう。「義務教育水準の維持向上」という法の目的達成のためには、学級編制「標準」「基準」の改善とともに、その弱点を一つひとつ検証し、誤った解釈や運用を許さないための法改正が必要である。

構造改革による定数改善の停止と政権交代

構造改革を掲げる小泉内閣は、第八次定数改善計画を策定せず、一九五九年度より続けられてきた定数改善計画は停止した。そのうえ、公立学校の教職員について「児童及び生徒の減少に見合う数を上回る数の純減をさせるため必要な措置を講ずるものとする」と定めた、簡素で効率的な政府を実現するための行政改革の推進に関する法律（二〇〇六年、法律第四七号）を成立させた。それが障壁となり、以後国庫加配定数の改善さえも停滞し、教職員定数は改善どころか純減することとなった。

こうした構造改革路線への国民の強い批判を受け、二〇〇九年八月の総選挙で自公政権は敗北し、民主党を中心とする連合政権への交代が行なわれた。「少人数学級推進、学校現場での柔軟な学級編制、教職員配置」をマニフェストに掲げた民主党を中心とする政権において、文科省は二〇一〇年八月に「新・教職員改善計画（案）」を発表し、小中全学年での段階的な三五人学級の実現と、それに続く小一・二学年での三〇人学級実現をはじめとする教職員定数改善をめざした。二〇一一年度予算折衝において文科省は第一・二学年での三五人学級制を予算要求したが、財政再建を重視する菅内閣により、その財源を第一学年だけに値切られる格好となった。こうして、二〇一一年四月の義務教育標準法改正により、三〇年ぶりに単式普通学級編制「標準」が第一学年において改善され「三五人」となった。これは、ゆきとどいた教育実現のため少人数学級制を求める国民世論に一定応えたものといえる。さらに二〇一二年には、野田内閣において文科省は三五人学級の小二への拡大をめざしたが、またもや財務省は予算増を認めなかったため、法改正による学級編制「標準」の改善は行なわれず、国庫加配定数九〇〇人増で対応するにとどまった。[*11]

二〇一一年義務教育標準法改正の問題点

しかし、政府・文科省は、少人数学級制実施の目的に『強い人材』は成長の原動力としての未来への投資」を掲げるなど、国家の成長のための子どもの学力向上に必要な学級編制規模の適正人数とその費用対効果を探っているようだ。[*12]「すべての子どもにゆきとどいた教育を」といったスローガンのもとにとりくまれてきた少人数学級を求める運動は、四〇人という上限人数の学級で学び生活する子どもたちの環境が、憲法二五条における「健康で文化的な最低限度の生活」にふさわしくない状態だという認識のもと、二六条で「法律の定めるところにより、その能力に応じて、ひとしく教育を受ける権利を有する」とした教育権の保障を求めるものである。国家の経済成長のための少人数学級制とナショナルミニマム保障として少人数学級制の理念は根本的に違うものであり、政府と国民とのこの志向性の違いは、教育の中身や質の問題として、その矛盾があらわれつつある。

また、二〇一一年の義務教育標準法改正では、民主党が政策の「一丁目一番地」と位置づける「地域主権改革」のもとで、学級編制「基準」は、「従わなければならない基準」から「標準としての基準」へと「義務付け・枠付けの見直し」がなされた(二〇一二年度より施行)。この改正点について国会で鈴木寛文科副大臣が「今回、(小一で――引用者)四〇人以下を三五人以下にしましたけれども、そこは標準という形にしておりますので、そこは、例えばいろいろな事情で三六とか三七になるというのは別に学級編制基準を逸脱したことになりません」と答弁している(第一七七回国会衆議院文部科学委員会、二〇一一年三月三〇日)。つまり「四一（三六）人以上学級は許されない」制度が、「四一（三六）人くらいなら許される」制度になってしまったのである。市町村は、都道府県「基準」の上限人数を下回る学級編制を行なう（水準向上）こともありうるが、同時に「基準」の上限人数を上回る学級編制が行なわれる（水準後退）ことを許容することにもなる。このことは、自公政権時代に進められた「学級編制の弾力化」を義務教育標準法に明文化させたものであり、義務教育標準法の根幹ともいえる最低基準制度があいまいなものとされてしまったことを意味する。

この都道府県の学級編制「基準」の標準化は、第二学年以降の三五人学級化計画の進行とともに、今後の動向を注視しなければならない問題である。「学校現場での柔軟な学級編制、教職員配置」の実態が、さらなる国のナショナルミニマム保障の放棄と地方への責任転嫁、そして地方の選択的教育条件切り下げへと向かうのであれば、それは、教育水準のさらなる後退をまねき、教育の機会均等を崩す格差を拡大する結果となろう。「地域主権改革」もまた、新自由主義改革の延長、継続であるとして国民の批判と審判を受けずにはいられないであろう。

国民は、ゆとりある教育の実現のために少人数学級制を求めたが、結局出現したのは矛盾に満ちた「学級編制の弾力化」であった。そうした実態にもかかわらず「少人数学級制」の矛盾点に目をつぶって過大評価することは、一方で進行する大幅な教育費の削減による教育条件の後退の現状を覆い隠し免罪することにならないだろうか。国民の教育権を保障する「義務教育水準の維持向上」という目的を達成し、教育の機会均等を実現するためには、国によるしっかりとした財政保障のもとでの少人数学級制が実現されねばならない。

(2) 改正の方向性

あるべき学級編制と教職員配置を実現するための義務教育標準法の改正点は以下のようになる。

①義務教育標準法は、学級編制や教職員定数などの最低基準を定める基準法として改正する。

②学級編制「標準」「基準」は最低基準であるという性格を明確とするため、学級編制「標準」は学級編制におけるナショナルミニマム基準として、都道府県「基準」はローカルオプティマム[*13]（地域的最適保障基準として、最低基準と明文化し法改正する（三条）。現行法の学級編制「標準」については、単式普通学級で小中学校とも三〇人とするなど、複式学級、特別支援学校・学級ともさらに少人数化する。

③教職員定数の標準は、最低基準とする（六条、一〇条）。

④基礎定数のうち、算定のさいに学校規模別に掛け合わせる「乗ずる数[*14]」を抜本的に改善する。その設定に関しては、学校における担任外教員（小学校における専科教員、中学校における副担任などとして校内人事される教員）の数が、教員の適切な授業もち時間数などを勘案して教育指導の実態に見合った人数として配置されるようにする。また、「乗ずる数」は整数化し、それらにより算定された学校規模ごとの定数は、実際に学校に配置されるべき教職員配置数とする。

⑤国庫加配定数については、その配当の基準を明確にして国や都道府県の加配判断による施策誘導を許さないものとする。学級数など明確な算定基準をもたない国庫加配定数は、配置数の不安定さから臨時的任用として置き換えられる危険性が高く、学校間・地域間に教員配当数の格差を生む原因となるため、その目的や内容を吟味して④「乗ずる数改善」と関連しつつ基礎定数に移行するよう法改正する。

⑥いわゆる「定数くずし」を可能にした標準定数の非常勤者、短時間勤務者への国庫負担換算可能条項（一七条）を廃止し、国庫負担換算を正規任用の常勤者に限るよう法改正する。また、少人数授業のための条項（七条二項）は廃止する。

⑦教職員は、原則的に正規職員として任用されるよう法改正する。そのため、最低基準定数の教職員を臨時的に任用することを禁止するよう法改正する。産・育休や特休、研修などの代替教員についても、臨時的任用ではなく、正規教員のプール制などで対応できるようにするなど、常勤者については臨時的任用を許さないよう法改正する。臨時的任用が必要な場合の法整備を進め、原則は同一労働同一賃金など労働条件を整備する。

4 学級編制と教職員配置を支える教育財政制度

(1) 義務教育費国庫負担法の変遷と問題点の考察

義務教育費国庫負担法の復活と拡大

義務教育費国庫負担法は、その国庫負担支出基準としてはたらく義務教育標準法と連動して、学級編制や教職員定数などの教育条件保障の役割を果たしてきた。義務教育費国庫負担法の変遷を、その制度の中心である教職員給与費の安定的標準的支出の点について考察する。

一九四〇年制定の旧義務教育費国庫負担法は、占領軍の日本民主化政策の一環として、中央集権体制の根幹である国庫補助金制の全廃を主張したシャウプ勧告（一九四九年）の断行により廃止されたが、教育財政を支える必要から五三年に復活することとなった。義務教育費国庫負担法は、「義務教育について、義務教育無償の原則に則り、国民のすべてに対しその妥当な規模と内容とを保障するため、国が必要な経費を負担することにより、教育の機会均等とその水準の維持向上とを図ること」を目的とし、教職員給与（給料その他の給与および報酬等）の「実支出額」の二分の一（不交付団体は最高限度内）や教材費の「一部」を国庫負担の対象としていた。

国庫負担制度は、財政制度、地方制度の未整備の段階で、それらに先行して成立し、それらの整備を補う過程で発達していった。給与費の対象は恩給費（一九五六年度）、共済費（六二年度）、公務災害補償基金負担金（六七年度）、児童手当（七二年度）、学校栄養職員（七四年度）に拡大、また養護学校が負担対象となり（五六年度）、その児童生徒が増加するなど負担金額が多額なものとなった。その分、国の補助金のなかに占める割合が大きくなり、負担金額が地方交付税額算定の基礎ともなるため、国の財政悪化のたびに財政当局の縮減の標的とされていくこととなった。

学級編制とのかかわりでいうと、国が定める学級編制「標準」を最低基準と位置づけ、都道府県の学級編制「基準」がそれ以上の水準となるよう奨励していた文部省の積極的な姿勢は、その超過分も含め実支出額を国庫負担金と地方交付税により保障するという制度（実員実額制）に支えられていたからにほかならない。「すし詰め学級」の解消は、国からの安定した財政保障により実現したのである。

国庫負担制度の縮減と廃止攻撃

しかし、財政縮減の標的となり、文部省は一九六三年の義務教育標準法改定時に限度政令を改正（六四年度）し、それまで地方交付税の不交付団体についてのみ設けられていた負担金の限度額を交付団体にも適用した。この改正で、教職員の実数が標準定数を超えるすべての都道府県について、国庫負担されるのは標準定数分までとなり、実員実額制から定員実額制へ移行した。このことにより、都道府県が国の学級編制「標準」の水準以上の「基準」を定めれば、その超過分の教職員給与費はすべて負担しなければならなくなったため、都道府県独自の「義務教育水準の向上」姿勢は徐々に失われていくこととなった。文部省が、法三条条文を改正することなく、その解釈において学級編制「基準」や「標準」は最高基準という姿勢へと変質していき、独自努力で少人数学級制を実施しようとする市町村にブレーキをかけるような指導を繰り返すようになったことも、定員実額制への移行との関係が深いと思われる。

経費の対象と金額の拡大を続けた国庫負担金であったが、政府の「行政改革」(一九八一年〜)や「構造改革」(二〇〇二年〜)などのもとで、抑制・縮小へと政策が変更され、今日に至る問題が発生することとなった。

まずは第二次臨時行政調査会を舞台とする「行政改革」により、旅費・教材費の一般財源化(一九八五年度)、恩給費・共済年金の追加費用の負担率引き下げ(八六年度)、共済費長期給付金の同措置(八七年度)が実施された。このとき、四〇人学級化が進行中であった第五次教職員定数改善も行革関連特別法により凍結されて、教育費支出が大幅に削減されることとなった。

さらに「構造改革」においては、「三位一体の改革」(国庫補助金削減・地方交付税見直し・税源移譲の一体改革)のもとで、退職手当、共済長期給付分等の削減(二〇〇三〜〇六年度)、教員給与「国立学校準拠制」廃止にともなう地方裁量的決定(〇四年)を行なった。

そして、ついに義務教育費国庫負担制度の廃止までが検討されるなかで、文科省は「総額裁量制」（都道府県に所要経費の総額を交付し、給与・定数の決定の裁量を認める制度）を二〇〇四年度より導入した。国庫負担制度廃止をめぐる議論は、結局賛成反対双方の妥協がはかられるかたちで義務教育費国庫負担法が改正され、教職員給与のうち国が負担する比率が従来の二分の一から現行の三分の一へと引き下げられることとなった（二〇〇六年度本格実施）。

財政保障なき地方裁量権拡大の実態

地方交付税交付金の大幅な削減にくわえ、義務教育費国庫負担制度における国庫負担対象経費項目の一部削除、総額裁量制導入、国庫負担率の二分の一から三分の一への引き下げなどの制度改変は、教職員給与費の地方負担分を増大させた。地方自治体は、給料・諸手当の削減や臨時的任用の多用などにより教職員給与費の削減・抑制を進めることとなった。その結果、国庫負担対象の教職員給与費実支出額が、国庫負担限度額を下回る都道府県が増えつづけ、二〇〇九年度には二三に達した。これを、財政力指数との関係において分析してみると、財政力の弱い自治体ほど、国庫負担対象の教職員給与実支出額が負担金限度額を下回っている傾向にある。つまり、自治体の財政力による教育条件格差が広がっているのである。*15

文科省は総額裁量制導入時、「地方裁量権を拡大することにより、地方は少人数学級制など独自の施策が進めやすくなる」と説明していた。しかし、比較的財政力の弱い自治体ほど、独自な教育施策を行なう余裕はなく、むしろ自治体独自での教職員給与の削減、臨時的任用の多用、「定数くずし」による非常勤任用の多用など、あの手この手で制度を「活用」して給与費の削減・抑制を行なっている傾向がある。財政保障なき地方裁量権の拡大は、「学級編制の弾力化」の矛盾を拡大し教職員給与費削減を生み出しているだけ、といえる状況である。これらの事態は、教育の機会均等と教育水準の維持向上という制度の目的から、かけ離れた格差と後退の姿といえよう。

地域主権改革のもとでの義務教育費国庫負担制度

「補助金の一括交付金化」をマニフェストに掲げた民主党の地域主権改革のもとで、義務教育費国庫負担制度がどのように変えられようとしているのかは、まだ具体像がみえてこない。政権交代以降、教職員定数は自公政権時代から若干の純増へ転じはしたが、第一学年に三五人学級が導入された二〇一一年度予算での義務教育費国庫負担金は、給与削減などで一〇年度当初比一・七%の二七一億一八〇〇万円減となった（一二年度はさらに約七〇億円の減）。

文科省は教育一括交付金制度の導入を検討していると伝えられているが、それが義務教育費国庫負担金を吸収するものとなれば、総額裁量制以上に、地方の裁量権は拡大することとなるだろう。しかし、地方に自由な裁量が与えられようとも、少人数学級制など財政に負担のかかる独自施策を実施することは、わずかな富裕自治体を除き、相当な困難がある。それどころか、現在の危機的な地方財政のもとでは、裁量拡大による自由が、さらなる給与・手当削減や臨時的任用の多用を生み、「人件費削減の自由」へと作用することだろう。国の財政保障の不十分なままでの地方の裁量権の拡大は、教育条件の切り下げと格差拡大を進行させる危険性のほうが高い。ましてや、教育水準の維持向上の義務的負担金である国庫負担制度の廃止は、重大な教育水準の後退をまねくであろう。国庫負担制度はきわめて重い存在理由があり、自治体の自由や独立を理由に廃止、縮減されるべきものではない。

(2) 教職員給与県費負担制度の変遷と問題点の考察

財政保障なき学級編制の弾力化

義務教育標準法下において、学級編制の権限は市町村にある（四条）。したがって、市町村が独自に少人数学級編制を行なうことも、法制定時より可能であった。しかし、その実施には多額な財政的負担がともない、財政力の弱い市町村には実施困難である。そのうえ、一九五八年法では、市町村教育委員会が学級編制を行なうにあたっては、都道府県教育委員会の「認可」が必要だと規定していた（旧法五条）。また、地方自治法は都道府県の学級編制「基準」設定と、上記の「認可」を「機関委任事務」に位置づけていた（別表3「都道府県教委の機関委任事務」）。そして、義務教育費国庫負担と地方交付税の両制度とともに教職員給与県費負担制度が、教職員配置の財政を裏づけていたために、市町村は実質的に学級編制権を都道府県や国に制限されているという側面があった。このような制度により、市町村や都道府県の財政に左右されることなく、全国統一的な学級編制が可能となったのは間違いないが、同時に、市町村は自由な学級編制や教職員配置を都道府県や国に縛られるという結果も生み出した。

同様に、都道府県も法の定める学級編制「標準」を超える水準での都道府県学級編制「基準」設定の権限を、法制定時よりもっていたはずであったが、文科省は「教育の機会均等の確保」を理由に全国一律の国「標準」どおりの都道府県「基準」を求める指導を行なうようになっていったことはすでに述べたとおりである。

ところが、「地方分権改革」推進政策のなかで教育分野でも「規制緩和」が行なわれ、地方分権一括法（一九九九年）により、「機関委任事務」が廃止され「自治事務」となった。それを受けて二〇一一年に改正された義務教育標準法では、上記の学級編制「認可」制は「事前協議同意」制へと変更された。学級編制において、市町村と都道府県は形式的には対等になったのである。さらに、市町村立学校職員給与負担法の改正により、構造改革特区においてのみ例外的に認めていた市町村費教職員任用制度が二〇〇六年度に全国化され、市町村独自の学級編制や教職員配置が進めやすくされた。すでに述べたように、学級編制「基準」は「標準」の上限人数を下回る数で設定可能と追記（義務教育標準法三条二項、三項）され、「基準」設定に関する都道府県の裁量も拡大された。

ただし、これらの「弾力化」は国による財政保障をともなわず、裁量権が拡大したとはいえ、市町村も都道府県も「標準」の水準以上の学級編制を実施するには財政的な限界があった。そのため、「少人数学

郵　便　は　が　き

料金受取人払郵便

本郷支店承認

4148

差出有効期間
2013年2月28日
まで

(切手を貼らずに
お出しください)

1 1 3-8 7 9 0

4 7 3

(受取人)

東京都文京区本郷 2-11-9

大月書店　行

注文書

(裏面に住所・氏名・電話番号を記入の上、このハガキを小社刊行物の注文に利用ください。指定の書店にすぐにお送りします。指定がない場合はブックサービスで直送いたします。その場合は書籍代1500円未満は500円、1500円以上は200円の送料を書籍代とともに宅配時にお支払いください。)

書　名	ご注文冊数
	冊
	冊
	冊
	冊
	冊

指定書店名 (地名・支店名などもご記入下さい)	

ご購読ありがとうございました。今後の出版企画の参考にさせていただきますので、下記アンケートへのご協力をお願いします。

▼※下の欄の太線で囲まれた部分は必ずご記入くださるようお願いします。

●購入された本のタイトル		
お名前《フリガナ》	年齢	男・女
電話番号（　　　）　　－	ご職業	
ご住所　〒		

●どちらで購入されましたか。

市町村区　　　　　　書店

●ご購入になられたきっかけ、この本をお読みになった感想、また大月書店の出版物に対するご意見・ご要望などをお聞かせください。

●どのようなジャンルやテーマに興味をお持ちですか。

●よくお読みになる雑誌・新聞などをお教えください。

●今後、ご希望の方には、小社の図書目録および随時に新刊案内をお送りします。ご希望の方は、下の□に✓をご記入ください。

□ 大月書店からの出版案内を受け取ることを希望します。

●メールマガジン配信希望の方は、大月書店ホームページより登録ください。（登録・配信は無料です）

ご記入いただいた事項を他の目的で使用することはございません。

なお、このハガキは当社が責任を持って廃棄いたします。ご協力ありがとうございました。

級制」を実施しようとする市町村や都道府県は、標準定数内の教職員の「配置転換」、自治体の独自予算による教職員の臨時的任用など、さまざまな財政的な「やりくり」により実施するにとどまり、その自治的裁量権を十分に活用しきれているとはいえない。

学級編制「事後届け出制」と人事権の移譲の行きつく先

さらに、「地方分権改革」政策の教職員給与県費負担制度にかかわる議論は、政令指定都市に認めている教職員人事権の中核都市・特例市への拡大が検討されるに至ったが、検討中に政権交代を迎え、いったん停止となった。「地域主権改革」を進める民主党など連合政権のもとでも、「地方分権改革」は基本路線が継承され、二〇一一年の義務教育標準法改正により、学級編制「同意」制は、市町村の「(事後)届け出」制へと、さらに「弾力化」された(施行は二〇一二年度より)。また、大阪府のように、独自に教職員人事権を市町村(やその連合体)に移行しようという動きもある。

これまでの経緯をふまえると、教職員給与県費負担制度の解体と教職員人事権の市町村への移行の方向へと政策が進められているとみてよいのではないか。これらの政策は、政府・文科省による中央集権的な統制を緩和し、たしかに地方の教育行政の分権化を進めたといえるが、同時に教育条件のナショナルミニマム保障という国の責任を地方に転嫁する政策であったのは間違いないであろう。それは、地方教育行政の拡充と発展ではなく、教育条件格差の拡大と広域行政、道州制導入など地方行政の統廃合へと進む危険性が高い。財政保障なき地方裁量権の拡大のねらいに注意を払わなければならない。

(3) 改正の方向性

以上の一九八〇年代以降の流れに抗して、ナショナルミニマムを財政的に裏づける国庫負担制度を確立するためには、次のような改正がなされるべきである。

①国庫負担制度は、義務教育諸学校の教職員給与費の負担だけでなく、義務教育費の無償（憲法二六条二項）を保障するための制度として維持し、教材費など学校教育活動の必需経費に拡大するなど抜本的に拡充する。

②教職員給与のうち国が負担する比率を現行の三分の一から二分の一へ戻す。

③国庫負担対象教職員の範囲を、市町村費負担教職員（給食調理員、現業職員など）へ適用拡大し、また負担対象を諸手当などにも拡大して、適切な給与・定数基準を設定する。

④限度政令を改正して実員実額制に改め、市町村や都道府県が独自の努力により国の基準を超えて学級編制、教職員配置するさいにも財政的保障を行なう制度に改善する。

⑤現行の総額裁量制を廃止し、教職員給与水準の保障、臨時的任用の原則禁止、「定数くずし」禁止を含め校種・職種別標準定数配置の最低基準厳守を明確にした制度に改善する。

⑥地方交付税制度を抜本的に改善し、財源保障機能と財政調整機能を強化する。教職員給与を含む教育費

においても自治体間の格差を生まない、公平で安定した地方教育財政を保障する制度に改善する。
⑦教職員給与県費負担制度は維持し、教職員人事権についても現状制度を維持する。

5 まとめにかえて
――「本当の三〇人学級」実現のイメージ

「義務教育水準の向上」という目的を達成するため、義務教育標準法は基準法に改正する。現行法の学級編制「標準」は、学級編制最低基準と改め、小中学校単式普通学級においては「三〇人」を上限人数とする。また、標準定数は、国庫負担対象を拡大された最低基準定数とする。この規定は、すべての国民にいつでもどこでも保障されるべき権利としての最低限の基準（ナショナルミニマム基準）として、住民自治といえどもその水準を下回ることはできないものとする。そして国は、その実現のために十分な財政保障を地方自治体に対して行なう。

現行法の都道府県学級編制「基準」は、国の最低基準の水準を上回る「二九人以下」でのみ設定可能なローカルオプティマム（地域的最適）保障としての最低基準と改める。同様に都道府県教職員定数も最低基準とする。また、市町村も、都道府県の最低基準の水準をさらに上回る市町村基準を設定可能にする。そのさい、地方自治体が独自の努力で、より高い水準での学級編制や教職員配置が可能な財源を確保するため、現行の限度政令を改正し、国庫負担金でその基準定数以上の分の教職員給与の実額をも保障する（実員実額制）とともに、財源保障機能をより強化させた地方交付税が自治体の教育財政を支える。こうした地方の努力により引き上げられたローカルオプティマムの最低基準が、国のナショナルミニマムの最低基準をさらに押し上げていくという循環により、「義務教育水準の向上」がはかられていく。

これらのことを実現していくカギはナショナルミニマム保障論にある。「本当の三〇人学級」は、学級編制や教職員定数などの厳格な最低基準の設定と国庫負担制度や交付金制度による国の財政保障のうえで、地方がローカルオプティマム（地方的最適）保障達成に努力することで実現するからである。

現段階では、新自由主義改革は政策上、分権推進というかたちをとりつつ、ナショナルミニマム保障の縮小と放棄を進めている。それは、新自由主義理論が、ナショナルミニマム保障権を自由への脅威と論じ、標的としているからである。しかし、危機にさらされているナショナルミニマム保障という理念は、まだ国民一般によく理解され、普及しているとはいいがたい。むしろ、ナショナルミニマム保障を強調する者は、「地方分権」に反対する者=「集権派」としてくくられ、自由と民主主義に反する守旧派のようにみなされ攻撃されてしまうような風潮でさえある。それでも、社会権としての教育権を保障する憲法と、それをよりどころとした国民運動が、新自由主義教育改革に対抗し、各所でその進行を阻んでいる。

「本当の三〇人学級」を実現し、教育の諸条件を改善しようとする者は、「自由化」「規制緩和」「弾力化」「地方分権」「地域主権」などの一見魅惑的な言葉に惑わされてはならない。それらの美名により行なわれようとしている制度改革が、包括的には福祉国家的機能の解体と再編成という目的で行なわれているからである。たんに「自己決定・自己責任・自己負担」の自己完結型自治体を志向する古典的ともいえる自治論にとどまらず、生存権や教育権など社会権を保障された国民が、国家に対しその行政責任を問うことを含む福祉国家型の自治論を展開する必要がある。そしてナショナルミニマム保障とローカルオプティマムの達成とを求めることの正当性を国民に広げるため「ナショナルミニマム」を流行語大賞とするほど、国民の間に論じ、説き、語らなければならない。

◉注

＊1　文科省がホームページ等で「(義務教育標準法により――引用者) 学校数、学級数、児童生徒数に基づいて都道府県ごとの定数を算定」する教職員定数を総称して使用する用語。限度政令一条五項の「教員算定基礎定数」と同じではない。

＊2　「加配定数」は、文科省がホームページ等で「(義務教育標準法により――引用者) 教育上、特別配慮が必要な場合に対応するもの」として政令にもとづき配当する教職員定数を総称し使用する用語。地方自治体負担で「加配」される定数と区別するため、ここでは「国庫加配定数」の用語を使用する。

＊3　都道府県はこの標準定数をもとに条例により教職員定数を定めるため、都道府県単独措置による任用などにより、標準定数より多い定数となる都道府県が生まれる。そして、実際に任用される教職員の実数は、臨時的任用の形態や市町村費任用などさまざまな要因により教職員定数とは一致しない。

＊4　「国の方で決めた基準よりもさらに促進していただ（くように）……強力に指導してまいりたい」第二八回国会衆議院文教委員会文科省答弁、一九五八年四月九日。

＊5　本書第1章、参照。

＊6　第二八回国会において「標準」は「基準」と同じかと質問された文部省は、何度も「同じような趣旨」「中身は同じ」「内容的には同じ」「文部省の解釈は従来の文教関係の法律に盛られておる基準の同じ考え方」と答弁している（衆議院文教委員会、一九五八年四月一六日）。

＊7　山﨑洋介「地方裁量『少人数学級制』における義務標準法の解釈・運用の問題点と改善の方向について」（ゆとりある教育を求め全国の教育条件を調べる会［以下、調べる会］ＨＰ［http://yutoriarukyouikujouken.com/index.php?FrontPage］、二〇〇九年）参照。

＊8　このような解釈、運用が生まれる理由としては、国の「制限」的側面だけでなく、地方自治体の事情もあると考えられる。小川正人は「地方自治体の財政事情や都道府県内における市町村格差の拡大を忌避しようとする都道府県教育委員会の意向を考えると、国の『標準』が、事実上、『最高基準』的な意味合いをもつことになったことは否定できないであろう」としている（小川正人「県教育委員会における『義務標準法』の運用と教職員配置の実際」『東京大学大学院教育学研究科教育行政学研究室紀要』二〇号、二〇〇一年、一五三頁）。

＊9　山﨑洋介・調べる会編『本当の30人学級は実現したのか？——広がる格差と増え続ける臨時教職員』（自治体研究社、二〇一〇年）参照。

＊10　「（義務教育標準法七条、一一条等は——引用者）実質的には、単に都道府県ごとの総定数を算定する方法を定めたにとどまらず、これらの算定方式を通じて、ある程度個々の学校ごとの教職員数をも算定しうる意味をかねそなえているものとみなければならない」（佐藤三樹太郎『学級規模と教職員定数——その研究と法令の解説』第一法規、一九六五年、一三一頁）。

＊11　山﨑洋介「『小2でも35人以下学級を実現する』という平成24年度文部科学省予算案についての見解」（調べる会ＨＰ、二〇一二年）参照。

＊12　文科省「公立義務教育諸学校の学級規模及び教職員配置の適正化に関する検討会議」の配付資料等（文科省ＨＰ

http://www.mext.go.jp/a_menu/shotou/hensei/003/1311669.htm）参照。

＊13　ナショナルミニマムとローカルオプティマムについては、福祉国家と基本法研究会・井上英夫・後藤道夫・渡辺治編著『新たな福祉国家を展望する——社会保障基本法・社会保障憲章の提言』（旬報社、二〇一一年）一三六頁、二宮厚美・田中章史『福祉国家型地方自治と公務労働』（大月書店、二〇一一年）二一〇頁を参照。

＊14　「乗ずる数」とその切り崩しの実態については、山﨑洋介「地方裁量『少人数学級制』における義務標準法の解釈・運用の問題点と改善の方向性について」第二章（調べる会ＨＰ掲載、二〇〇九年）、前掲、山﨑『本当の30人学級は実現したのか？』第五章を参照。

＊15　山﨑洋介「少人数学級制の財源問題を考える」（『季刊教育法』一六六、エイデル研究所、二〇一〇年）参照。

（山﨑　洋介）

第5章 教員給与の法的仕組みと問題

1 本章の視角と課題

学校教員の給与や勤務条件は、「教師の人間としての生活条件であることに加えて、子どもたちが良い教育をうけるために必要な『教育条件』でもある」[*1]と指摘される。子どもの学校教育をになう教師という職業が、一定の人間生活を保障する条件をもたないところでは、教師の教育活動の人間主体性は期待することができず、また、優れた教師を採用することも難しくなる。その意味で、先の指摘が示すように、教員給与は教師個人の生活問題であるだけでなく、子どもに提供される教育の質を決定する主要な「教育条件」であるといえる。公教育の無償化の実現は、ただたんに外形的、量的な意味での教育保障にとどまらず、その「質」を保障する「教育条件」の問題として、教員給与に言及せざるをえないのである。

ところで、教員給与をめぐる問題は、近年の教育財政論の中心的な位置を占め、とくに、義務教育費国庫負担法の存続問題をめぐって多くの論議が重ねられてきた。なかでも、二〇〇四年の「限度額政令」の改正による「総額裁量制」の導入や、〇六年の法律改正による国庫負担割合の二分の一から三分の一への引き下げにともない、各地方公共団体における教員給与の運用や実態に関する研究が盛んに行なわれてきた。

本章は、こうした教員給与の「実態調査」とは異なり、近年の動向を法制面から検討しようとするものである。とくに、教員給与を保障する法的「基準」を検討する視点から二〇〇四年の法改正まで教育公務員特例法（以下、教特法）旧二五条の五に定められてきた「国立学校準拠主義」に着目し、この廃止による教員給与法制の変化に着目するものである。のちに詳しくみるように、国立学校準拠制は、教員に特殊な「あるべき給与体系」が確立されるまでの暫定的立法措置として、国立学校教員の給与を公立学校教員給与の基準とすることを主旨としていた。本章はこの国立学校準拠制の廃止にともなう教員給与の水準低下やその競争主義的再編の問題を検討するものであるが、これらの現象の要因を国立学校準拠制の廃止に求めるのではなく、教員に固有な「あるべき給与体系」とこれを実現する基準立法の不在という観点から検討するものである。よって、以下では、公務員給与の基本原則と国立学校準拠制を中心とする教育公務員に特殊な給与制度を概観したうえで、国立学校準拠制廃止以降の教員給与制度改革の動向を東京都を事例として検討する。

なお、公立学校教員の給与をめぐる制度論は、教育公務員固有の問題として完結せず、本来、公務員給与制度全般に及ぶ問題である。実際、二〇一一年の六月三日には、国家公務員への団体交渉権の付与等を盛りこんだ「国家公務員の労働関係に関する法律案」が国会に提出され、従来の人事院体制からの大転換ともいえる改革が進行している。本来であれば、このような公務員給与制度の一大改革を総括し、「あるべき制度論」を展開する必要があるが、現段階でこれらを評価するには学術的にも運動論的にも期が熟していないといわざるをえない。このため本章においては、一般の公務員に比してきわめて特殊な仕組みによって形成されてきた教員給与制度を概観したのちに、その固有な制度論的課題を提示するにとどめることとする。

2 公立学校教員給与の基本原則

(1) 公務員給与の基本原則

教育公務員たる学校教員も、憲法二八条が定める「勤労者」であり、本来、そこで明示された団結権、団体交渉権、団体行動権（争議権）が保障される。また、労働基準法（以下、労基法）二条が示すように、労働者の給与等の労働条件は、団体交渉等をつうじて労働者と使用者が対等に決定することが基本となる。しかしながら、日本においては国家公務員法、および地方公務員法（以下、地公法）により、公務員は争議権、および団体交渉権が制限されている。このため、公務員の給与決定にあたっては、以下のような一般労働法とは異なる原則が採用されている。

公務員給与の「法定（条例）主義」

公務員給与決定に関する原則の第一に、「勤務条件法定主義」があげられる。勤務条件法定主義とは、公務員の勤務条件が法令によって決定されることを意味しており、国家公務員の場合は法律によって、地方公務員の場合は条例によって定められる。教育公務員の場合、国立学校教員の給与に関しては、他の国家公務員と同様に、一般職の職員の給与に関する法律（以下、給与法）により定められ、公立学校教員の場合には、「学校職員の給与に関する条例」などの名称によりその給与が定められてきた。しかしながら、二〇〇四年に国立大学法人法が施行されたことにともない、国立学校等の教職員が国家公務員身分をはずれたことから教育公務員は公立学校に勤務する地方公務員のみとなり、その給与は、すべて都道府県の条例によって定められている。

勤務条件法定主義の意義は、戦前の公務員である「官吏」の諸制度が天皇の官制大権・任官大権にもとづく勅令によって定められていたのに対して、戦後は公務員の基本的制度を国会の制定する法律によって定めた点にある。これにより公務員制度のあり方を国民の民主的統制のもとにおくと同時に、法によって公務員の身分と勤務条件を保障することとなったのである。さらに、地方公務員の場合は、地方公務員法二四条六項により、具体的な勤務条件の決定は自治体の条例によるものとされている。このことは地方公務員の勤務条件の決定にあたり地方自治を尊重することを趣旨としており、国家公務員に対する地方公務員の特殊な性質を示している。[*2]

職務給の原則

第二に、公務員の給与決定における重要な原則とされているのが「職務給の原則」であり、地公法二四条一項では、「職員の給与は、その職務と責任に応ずるものでなければならない」と定められている。現行法制上の仕組みでは、給与条例に定められた職務分類にもとづく「給料表」とそこに示された職務の級により、地方公務員の給与が支給されている。

教育公務員にあたっては、一九五四年一月から施行された改正給与法により、国立学校教員を対象とする「教育職俸給表」が、大学教員を対象とする「俸給表（1）」、高等学校教員を対象とする「俸給表（2）」、小中学校教員を対象とする「俸給表（3）」のいわゆる「三本建俸給表」として新設された。また、一九五七年の給与法改正により「等級制」が採用され、高等学校教員と小中学校教員を対象とする俸給表は、一等級から三等級が設けられ、それぞれ一等級は校長、二等級は教諭、三等級は助教諭等が対象とされた。[*3] この三本建俸給表は、一九六二年の高等専門学校の発足にともなって「俸給表(4)」が新設されたことにより「四本建俸給表」となり、また、七五年には教頭職が法制化されたことにより「特一等級」が新設され四等級制が実施される。公立学校教員においても、のちにみる国立学校準拠制により、上記の俸給表と同様に「四本建・四等級」が給与条例上の給料表に準用され、長らく公立学校教員給与の決定方式として機能してきたのである。

人事院、人事委員会勧告と「均衡の原則」

また、第三に公務員給与における「均衡の原則」と、そこに果たす人事院および人事委員会の役割に公務員給与の特徴をみることができる。先述したように民間の労働者と異なり、公務員は争議権とともに団体交渉権が制限されている。地方公務員の場合は当局との交渉のうえ、書面での「協定」を結ぶことが地方公務員法上認められているが、民間労働者と同様に、私法上の強制力をもつ「協約」を締結することは制限されている(地公法五五条二項、九項)。こうした公務員の労働基本権制限の代償措置とされているのが人事院(国家公務員の場合)および人事委員会(地方公務員の場合)による勧告制度である。地公法二六条によれば、各地方公共団体の人事委員会は、毎年少なくとも一回、給料表が適当であるかどうかについて、地方公共団体の議会および長に報告するものとされており、あわせて適当な勧告をすることができるとされている。人事委員会は、毎年、当該地域における民間給与の実態調査をもとに、給与に関する勧告を行ない、これを前提に給与条例が改正されることとなっている。しかしながら、実際には、人事委員会の多くの勧告は国家公務員の給与に対してなされる人事院勧告と同一内容によって行なわれてきたことが指摘されている。[*4]

そうした国家公務員の給与の影響を法的に裏づけているのが、給与決定方式における「均衡の原則」である。地方公務員の給与の決定にあたっては、「生計費並びに国及び他の地方公共団体の職員並びに民間事業の従事者の給与その他の事情」を考慮しなければならないとされている（地公法二四条三項）。このうち、国や他の地方公共団体の職員の給与を考慮することが、一般に「均衡の原則」と呼ばれており、とくに地方自治を前提とする地方公務員の給与において、国家公務員との均衡がどこまで求められるのかが重要な法的争点とされてきた。[*5] 一方、教育公務員においては、次にみる国立学校準拠制により、国立学校教員の給与との均衡が前提とされてきた点に特徴がみられる。

(2) 教育公務員に特殊な給与原則

国立学校準拠制

公立学校教員の給与決定には、上記のような公務員法上の一般原則が適用される一方で、教育公務員に特殊な原則がいくつか存在する。その第一が、教特法二五条の五によって示されてきた「国立学校準拠主義」である。この規定は、一九五〇年に地公法が公布されたことにともない、五一年の教特法一部改正によって新設された条文である。そこでは、「公立学校の教育公務員の給与の種類及びその額は、当分の間、国立学校の教育公務員の給与の種類及びその額を基準として定めるものとする」（教特法二五条の五。傍点——引用者）とされ、公立学校教員の給与は条例主義を原則としながらも、法律によって定められた国立学校教員の給与をその「基準」とすることが示されたのである。

一九五一年の教特法一部改正の国会審議において、当時文部事務次官の關口《せきぐち》隆克からは国立学校準拠制の設立趣旨が以下のように説明されている。

「第二十五条の五は、公立学校の教育公務員の給与については、地方公務員法の第二十四条第三項によれば、国立学校の教育公務員のそれを考慮して定めるとなつておりますが、一歩進んで国と地方とを通ずる教育公務員それ自体の給与を体系づけるため、両者の権衡をはかるべきであるとの考え方から、あまねく全国に所在している国立学校の教育公務員の給与を基準とすることをうたつた次第であります。すでに国立学校の教育職員一般については、一般職の職員の給与に関する法律により人事院が特別に研究いたしまして、その結果を国会、内閣に勧告いたすことになつておりますし、また御承知のように公立学校の教員の給与については、種々財源とか個々の額とかで問題が多いのでありまして、教育公務員の給与体系が確立するまでは、少くとも地方自治行政のわく内で、その精神に牴触しない限度のかかる措置をなしたいのであります」[*6]（傍点――引用者）。

この国立学校準拠制の立法趣旨には大きく二つのことが示されている。第一に、一般公務員における「均衡原則」の上乗せにより公立学校教員の給与を拘束することで、人事院勧告を公立学校教員にも貫徹させようとする点である。実際に一九五七年の文部省通達によれば、この国立学校準拠制にもとづく「基準」は、より強い拘束力をもつことが示されている。すなわち、「給与制度の基本である給料表について、国立学校の教育職員と異なった内容のものを採用することは教育公務員特例法二十五条の五の趣旨に反するものと考えられるから、教育職員の給料表は、一般職の職員の給与に関する法律別表第五（教育職俸給表）と同様の内容とする」（昭和三二・七・二六文初地四〇二初中局長）という見解が示されている。のちにこの基準については、「全く同一の内容でなければ違法であるとしたものではない」（昭和三二・八・一六文初地四〇二初中局長）と再度通達されているが、地公法上の「均衡原則」の上乗せとして、国立学校教員給与への準拠を求めていることは、一般公務員からみた公立学校教員給与の特殊性であるといえる。

第二に、あるべき「教育公務員の給与体系」の確立を想定しながら、「当面」の立法措置としてこの規定が導入された点である。文部省内に設けられた教育法令研究会の解説によれば、本条の趣旨は以下のように説明されている。「国家公務員たる国立学校の教育公務員については、不十分であるとはいえ、現在その職務と責任の特殊性にもとづいてある程度の特別な取り扱いがなされているのであるから、地方公務員たる教育公務員においても、それと同様な措置を加えて、教育公務員のための来るべき給与体系の確立に備える必要があるのである。これが本条の設けられた趣旨なのであって、本条に『当分の間』とされているのは、近い将来において教員のための給与体系の確立を予想していることを示すものである」（傍点――引用者[*7]）。また、具体的な立法論としても「できるだけ早い機会に教育公務員給与法とでもいった独立の給与体系が設けられるべきものである[*8]」と、教育公務員の「あるべき給与体系」を実現する特別法の必要性が示されていた。

実際に一九五四年八月の中央教育審議会（以下、中教審）「義務教育学校教員給与に関する答申」においては、国立学校準拠制をあくまで暫定措置とする観点から、「教員の給与制度を根本的に再検討し、教員としての職務の特殊性に適応した給与制度を樹立すること」や、「給与問題と関連して、教員定数を含む学校基準を策定して、教育水準の維持向上を図ること」が提言されていた。ところが、一九五六年に発行された「教員等の勤務時間の特例に関する規程」（文部省訓令四号）では、その三条において国立学校教員の勤務時間管理にあたり、発生した時間外勤務を他の勤務日に割り振るという「変形労働時間制」が採用され、教員の「職務の特殊性」が勤務時間管理をめぐる「特例」に限定して法規化される。この教員の勤務時間管理をめぐる問題は、あとでみる「国立及び公立の義務教育諸学校等の教育職員の給与等に関する特別措置法」（以下、給特法）の教職調整手当の妥当性をめぐりふたたび論議されるが、そこには教員に特殊な勤務形態と教員給与をいかに連動させるのか、またこれとかかわって教員定数をいかに算定するのかという「あるべき給与体系」をめぐる法的論点が含まれていたといえる。

教員の勤務時間管理をめぐっては、従来から教育労働の自主性と創造性を尊重する観点から「授業時間規制」を理想とする主張がなされてきた[*9]。また、のちにみる一九五八年制定の公立義務教育諸学校の学級編制及び教職員定数の標準に関する法律（以下、義務教育標準法）においても、当初、学校教育法施行規則に定められた「標準授業時間数」をもとに、小学校においては教員一人の週当たり勤務時間＝四四時間のうち、教科指導時間を二四時間、教科外指導時間を二時間、残りの時間を授業準備時間として設定し、ここから教員定数を算出するという方式が示されていた[*10]。第1章で検討された公立高校標準法案においても教員の週当たり授業時数をもとに教員定数を算出する方式が模索されるなど、教員の勤務実態と教員定数とを連動させる試みがなされていたのである。そこには、標準授業時間数と勤務時間管理を連動させたうえで、教員の勤務実態の「特殊性」に応じた「あるべき給与体系」が検討される可能性が示されていたといえる。

しかしながら実際には、こうした授業時数を反映させた教員定数立法と、教員給与、勤務時間管理は連動されることなく、のちの給特法と「学校教育の水準の維持向上のための義務教育諸学校の教育職員の人材確保に関する特別措置法」（以下、人確法）をめぐる問題にみられるように、教員の勤務実態を必ずしも反映しない論理において教員給与法制は形成されることとなる。よって、教員の「あるべき給与体系」の立法化は実現をみることなく、その後も国立学校準拠制が、公立学校教員の給与を決定する法的基準として機能するのである。

県費負担教職員制度

地方公務員の給与は、任用される地方公共団体の条例にもとづいて支給されることが原則である。公立小中学校の多くは、市（区）町村立学校であり、その教職員も市町村職員となる。また、学校教育法五条に示された「設置者負担主義」の建前からすれば、公立学校教員の給与は、市町村が負担することが原則となる。しかしながら、市町村立小中学校の教職員においては、特例として、その給与を都道府県の条例によって決定し、都道府県がこれを負担するという原則が採用されている。

この法的仕組みによれば、市町村立小中学校の教職員は、市町村立学校職員給与負担法の一条および二条により「県費負担教職員」と呼称され、都道府県がその給与を負担することが原則とされる。そして、地方教育行政の組織及び運営に関する法律の四二条により、「県費負担教職員の給与、勤務時間その他の勤務条件については……、都道府県の条例で定める」とされている。このように、公立小中学校教員の多くが市町村職員としての身分を有しながら、その給与が都道府県の条例によって定められ、都道府県が負担するという原則を採用している点に、教員給与の特殊な原則をみることができる。

義務教育費国庫負担法と義務教育標準法

公立義務教育学校の教員においては、さらに特殊な仕組みとして、国がその給与の一定割合を国庫負担するという方式がとられている。一九五二年に制定された義務教育費国庫負担法にもとづき、国は教職員人件費の二分の一の額を国庫負担金によって支出し（二〇〇六年改正以降は三分の一）、また、残りの額を地方公共団体の一般財源となる地方交付税交付金として算出することで教職員給与を財政的に保障してきたのである。公立小中学校教員の多くが市町村職員でありながら、都道府県が給与負担の第一義的な責任をにない、さらには負担額の半分を国が保障するという他の公務員に類例をみない仕組みが導入されたのである。

また、こうした教員給与に関する法律として重要なのが、公立小中学校の教職員定数の法的根拠として機能してきた義務教育標準法である。義務教育標準法は、第一に、一学級当たりの生徒数の全国的な標準を示し、各都道府県教育委員会がこの「標準」をもとに学級編制の「基準」を定める仕組みを形成し（三条二項）、第二に、この学級編制の標準をもとに、学校数、学級数に応じ、都道府県ごとに配置すべき教職員数の標準を定めている（七条）。義務教育標準法によって導き出された教職員定数は、義務教育費国庫負担金の交付額と（限度額政令二条）、地方交付税の基準財政需要額の算出における教員数の基準となることから（地方交付税法一二条三項）、公立学校教員の給与を保障する財政基準としての役割を果たしてきたのである。このような公立学校教員給与をめぐる財政制度もまた、一般の地方公務員からみた公立学校教員に特殊な仕組みであるといえる。

3 教員給与をめぐる特別立法
——給特法と人確法

(1) 超過勤務手当問題と給特法

上記の教員給与に固有な原則にくわえて、さらに教員給与制度を複雑にしているのが、教員の超過勤務や休日勤務などの「時間外勤務」をめぐる特殊な取り扱いである。

全労働者の労働条件に関する一般原則を定めた労働基準法（以下、労基法）は、その三二条において一週間当たりの労働時間を四〇時間以内とし、一日当たり八時間を超えて労働させてはならないと定めている。また、同じく労基法三七条は、時間外労働があった場合に割増賃金を支払うことを義務づけている。これら労基法による労働条件の最低基準が地方公務員においても適用されており、労基法が適用除外される国家公務員においても、一九五〇年の給与法により、その一四条で労基法と同様の労働時間の制限がなされ、一六条において超過勤務手当の支給が、また、一七条二項で休日給の支給が義務づけられている。しかしながら、教育公務員においては、労基法、および給与法の上記条項が適用除外され、時間外勤務手当は支給しないという特殊な取り扱いがされてきた。こうした取り扱いの法的根拠となっているのが、教員の時間外勤務手当を不支給とする代わりに、俸給月額四％の「教職調整額」を支給することを定めた一九七一年五月制定の給特法である。

この法律の制定に至る経緯は以下のようにまとめることができる。一九四八年に国家公務員の新給与法として制定・施行された政府職の俸給に関する法律においては、従来の一八〇〇円ベースによる給与を、二九二〇円ベースに切り替えるにあたり、勤務時間に応じて一定の割合を乗じることとした。このさい、一般公務員が「四十四時間」未満とされたのに対して、教員の場合は「四十八時間以上」に該当するものとして約一割高い俸給月額が適用された。この高い切り替えが、教育公務員には超過勤務手当を支給しないという原則を採用する根拠とされたのである。[*11] 教育公務員の給与における有利性は、先にみた「三本建俸給表」の俸給額にも含められるが、その有利性が次第に失われ超過勤務手当の不支給の問題が浮上してくる。これに対し、日本教職員組合（以下、日教組）は労基法にもとづく超過勤務手当の支給を求めて、文部省および人事院と交渉を行なうと同時に、法廷闘争を展開していくのである。[*12]

教員の超過勤務手当の支給については、一九五〇年三月に文部省から人事院への照会がなされており、人事院からは「正規の勤務時間をこえて勤務することを命ぜられたすべての時間に対して所定の超過勤務手当が支給さるべきであると解する」との回答がなされた。[*13] また、日教組からは一九六三年一二月二四日付で人事院総長宛に「教育職員の超過勤務手当に関する質問状」が提出され、人事院はその回答においても「所定の超過勤務手当が支給されるべきである」と回答している。[*14] こうしたなか、人事院は、一九六四年の給与勧告において、「この問題は、教員の勤務時間についての現行制度が適当であるかどうかの根本にもつながる事柄であることに顧み、関係諸制度改正の要否については、この点も考慮しつつ、さらに慎重に検討する必要があると考える」との見解を示し、教員給与制度そのものの見直しを提起したのである。[*15]

この勧告を受けて、文部省は一九六六年から六七年にかけて「教職員の勤務状況調査」を実施し、教員の超過勤務の実態把握に乗り出した。その結果、一人当たり週平均の服務時間外勤務が、小学校教員で二時間三〇分、中学校教員で三時間五六分、全日制高校で三時間三〇分に及ぶことが示された。また、注目されることに、この調査では超勤時間数に対する一月当たりの超勤手当額の対俸給比率が示されており、小学校教員で三・三％、中学校教員で六・六％、高校教員で一・六％、平均三・八％と計上されている。[*16]

これらの調査のもと、文部省は教員の超過勤務問題を認識する一方で、その対応においては、超過勤務手当の支給という労基法上の一般原則をとらなかった。この問題の対応策として一九六八年三月に国会に提出された教特法の一部改正法案においては、超過勤務手当の代替措置として俸給月額四％の教職調整額を支給するという変則ルールが提案されたのである。教特法改正は結果的に成立しなかったものの、その国会審議が行なわれるかたわら、日教組からは教員の超過勤務問題に関する要望書が、一九七〇年一二月七日付で提出される。日教組からは、第一に「休日や勤務時間外に行う測定可能な時間外労働については労働基準法第三七条にもとづく割増賃金を支給すること」、そして第二に、「教育労働の特殊性にかんがみ、自主性・自発性にもとづく超過労働に対しては、定率（四～八％）の特別手当（調整額を含む）を支給すること」（括弧内——原文）という、超勤手当と調整額の「二本立て」による要求が示されたのである。[17]こうした経緯のもと、最終的には人事院が教職調整額の方式を支持する「意見の申出」を一九七一年二月に行なったことにより、[18]四％の教職調整額を定めた給特法が同年五月に成立する。

給特法は三条において、国立学校教員の「俸給月額の百分の四に相当する額の教職調整額を支給する」と超過勤務手当の代替措置を規定する。そのうえで、「国立の義務教育諸学校等の教育職員を正規の勤務時間……をこえて勤務させる場合は、文部大臣が人事院と協議して定める場合に限るものとする」（七条）として、教員に命じうる時間外勤務の限定を示している。この「文部大臣が人事院と協議して定める場合」の具体的内容は、一九七一年七月五日に「教育職員に対し時間外勤務を命ずる場合に関する規程」（文部省訓令二八号）として発行され、超過勤務を命じることが可能な業務として、（1）生徒の実習に関する業務、（2）学校行事に関する業務、（3）学生の教育実習の指導に関する業務、（4）教職員会議に関する業務、（5）非常災害等やむをえない場合に必要な業務の五項目が示された（四条）。

なお、公立学校教員に関しては、給特法八条により「国立の義務教育諸学校等の教育職員の給与に関する事項を基準として教職調整額の支給その他の措置を講じなければならない」とされ、この国立学校教員における変則ルールが各都道府県の条例に準用されることとなった。ちなみに、時間外勤務の限定五項目に関して、上記（3）の教育実習業務は、国立大学附属学校を対象とすることから、公立学校においては除外されている。

このように、給特法においては、超過勤務手当の代替措置として、時間外勤務が可能な業務を上記項目に限定し、これを教職調整額で対応するという、労基法の一般原則からは例外的な仕組みが確立された。人事院は先の「意見の申出」の解説において、「教員の時間外勤務とこれに対応する給与等について、これをその職務と勤務態様の特殊性に応じたものに改めようとするものである」[*19]と説明し、教員の職務の「特殊性」によってこの特異なルールの正当性を強調したのである。

先にみたように、日教組においては、一方で労基法にもとづく超勤手当を要求し、他方でこの「特殊性」を理由とする例外的なルールとしての教職調整額を受け入れるという二本立ての戦略がとられた。ゆえに、こうした日教組の対応に関しては、「日教組もまた、教員の時間外勤務に関するルールを労働基準法に沿ったルールから乖離させる一端を担うことになった」との問題が指摘されている。[*20] しかしながら、より重要なことは、日教組においても給特法の変則ルールか、一般労働法の適用かという二項対立図式が採用され、「あるべき給与体系」の模索が行なわれなかったという点である。給特法の成立後も続く教員の超過勤務訴訟の実態にみるならば、[*21]この変則ルールは教員の職務の「特殊性」に対応するどころか、労基法上の待遇よりも教員の勤務条件を引き下げる役割を果たしてきたといえる。その意味で、日教組が給特法上のルールを受け入れたこととの問題は、一般労働法からの逸脱を示した点にあるのではなく、教員に特殊な給与体系を追究しなかった点にあるといえる。

(2) 人確法の法的特徴

給特法による教職調整額と同様に、特殊立法を根拠に支給されている手当に「義務教育等教員特別手当」をあげることができる。この特別手当の新設を含め、一九七〇年代の教員給与改善の法的根拠となったのが、一九七四年二月に制定された人確法である。。この法律は、わずか四つの条文によって構成され、その三条において「義務教育諸学校の教育職員の給与については、一般の公務員の給与水準に比較して必要な優遇措置が講じられなければならない」と定めるにとどまり、具体的な給与額や支給率について命じるものではない。しかしながら、四条において「人事院は、国会及び内閣に対し、国家公務員である前条の教育職員の給与について、同条の趣旨にのっとり、必要な勧告を行なわなければならない」と定めるように、人事院勧告を通して国立学校教員の給与を引き上げ、これを公立学校教員に準用するという法構成がとられたのである。

この人事院勧告を通した給与引き上げ方式のもと、実際に三次四回にわたる給与改善の措置がなされている。一九七四年に実施された第一次給与改善では、国立学校教育職員の初任給を一般行政職の上級職乙試験採用者にくらべて一五・一%引き上げるという措置がとられた。一九七五年に実施された第二次給与改善では、小中学校教員の俸給月額が平均三%、高校教員では二・六%改善され、さらに俸給月額四%相当額の「義務教育等教員特別手当」が新設されることとなる。第三次給与改善は二回に分けて行なわれ、一九七七年実施の第一回改善においては、義務教育等教員特別手当が俸給月額四%から六%相当に引き上げられた。また、教員組合からの反対運動を呼び起こした、いわゆる「主任手当」が創設され、日額二〇〇円、月額約五〇〇〇円が設定される。一九七八年の第二回改善においては、義務教育等教員特別手当の平均約二〇%改善が行なわれた。[*22] こうした三次四回にわたる国立学校教員の給与改善措置により、公立学校教員においても上記の給与改善が同様に行なわれ、東京都では教員の給料月額と義務教育等教員特別手当との合算額が、一般公務員の給料月額より最大で約三〇%高くなったことが報告されている。[*23]

このように教員給与の大幅な改善を実現した人確法であるが、その制定の契機とされる一九七一年の中教審答申「今後における学校教育の総合的な拡充整備のための基本的施策について」では、中間管理職の創設を意図する「五段階給与制」が提示されていたことから、日教組は当初、法案に反対姿勢を示していた。また、当初から一般労働法にもとづく労使交渉による給与決定をつらぬこうとする立場から、人事院主導の給与改善を批判する動きも存在していた。その一方で、日教組内には人確法案を廃案にすることによって、給与改善の途が閉ざされることに対する動揺もあった。このような人確法をめぐる賛否両論が日教組内で並立するなか、最終的には文部大臣と日教組委員長のトップ会談に至り、「人材確保法案に関する覚え書き」において「五段階給与制はとらない」等の条件が盛りこまれたことにより人確法は成立することとなる。[*24]

教員給与の法制史からみるならば、人確法の制定は給特法に象徴される教員給与法制の特異な仕組みを、さらなる優遇措置の上乗せにより正当化する役割を果たしたといえる。その意味するところは第一に、人確法の成立が日教組の「労働運動」を沈静化させ、人事院・人事委員会体制に日教組を包摂することになったという点である。日教組は人確法をめぐる条件闘争の末、その法的枠組みを前提とした賃金闘争へと運動方針を転換することとなる。それはとりもなおさず一般労働法にもとづく給与闘争を軟化させ、人事院体制を事実上容認することを意味していたといえる。また第二に、より重要な問題として、教員の職務の特殊性に応じた「あるべき給与体系」を確立するという当初の立法計画を事実上消滅させた点である。人確法による優遇措置は、勤務実態を反映した「優遇」ではなく、政治的決着によって実現された「優遇」であった。人確法を日教組が受け入れたことは、当初暫定措置とされた国立学校準拠制とこれにもとづく給与方式を恒常化すると同時に、教員給与の決定を時々の財政事情と政治的決着にゆだねることになったといえる。ゆえに、人確法をめぐる日教組の方針転換は個別の給与政策をめぐる方針としてではなく、戦後日本の教員給与法制を確定するきわめて重要な転換点であったとみられる。

4 「国大法人整備法」による国立学校準拠制の廃止

二〇〇一年に小泉政権が誕生し、構造改革の一環として財政改革、地方分権改革が断行されるなか、従来の教員給与の法的枠組みも大きく変容することとなる。その端緒となった立法改革として義務教育標準法の改正（二〇〇一年）や、「総額裁量制」の導入（二〇〇四年）、義務教育費国庫負担法の改正による国庫負担率の削減（二〇〇六年）などがあげられる（本書第4章）。一方、教員給与の法的基準という観点からみた場合、とくに重要な立法であったのが、二〇〇四年四月一日より施行された国立大学法人等の施行に伴う関係法律の整備等に関する法律（以下、国大法人整備法）である。国立大学が法人化され、公立学校が準拠すべきとされてきた国立学校が事実上消滅することになり、これにかかわる諸法律を整備したのが国大法人整備法であった。教員給与関連の諸法についても以下のような重要改正を行なっている。

最も重要な点は、従来の教員給与法制の屋台骨ともいえる役割を果たしてきた国立学校準拠制が廃止されたことである。国大法人整備法の三条は、教育公務員特例法関連の法改正を行ない、同法二五条の五による国立学校準拠制を廃止した。そのうえで、新一三条を創設し、「公立の小学校等の校長及び教員の給与は、これらの者の職務と責任の特殊性に基づき条例で定めるものとする」と定め、公立学校教員の給与の決定を都道府県の条例に完全委任したのである。これにより、都道府県には公立学校教員給与の決定における大幅な裁量が付与され、給料表上の給料月額や職務の級、諸手当の支給条件をはじめ自由な制度設計を行なうことが可能となった。

また、国立学校準拠制の廃止は、その他の教員給与関連法に波及することとなり、法律によって定められてきた教員の諸手当等に関する具体的な支給額が、同じく都道府県の条例に委任されることとなったのである。学校教員の給与に関する特別立法とされてきた給特法もまた、その名称が公立の義務教育諸学校等の教育職員の給与等に関する特別措置法に代わる。給特法は、その三条で国立学校教員に対する俸給月額四%に相当する教職調整額を法定し、これを八条において公立学校教員に準用することを定めていた。国大法人整備法によりこの八条の準用規定は削除され、調整額を定める四条は「教育職員……には、その者の給料月額の百分の四に相当する額を基準として、条例で定めるところにより、教職調整額を支給しなければならない」と改正された。ここでは、「四%」の教職調整額があくまで参照基準とされ、その具体的な支給額は条例にゆだねられたのである。

同様に教員給与の優遇措置の法的根拠とされてきた人確法においても、国大法人整備法三四条により変更が行なわれた。先にみたように人確法は、三条で教員給与の優遇措置を定め、四条において、国立学校教員の給与に関し人事院が必要な勧告を行なうことを規定していた。人確法は、国立学校教員を介して人事院勧告を公立学校教員に波及させることにより、その給与の優遇措置を行なうという手法をとっていたのである。国大法人整備法によりこの四条は削除されたため、人事院勧告の後ろ盾をもって教員給与の優遇措置を行なう方式が消滅することとなった。これにより人確法三条の示す「優遇措置」は、具体的な給与改善の方途を絶たれ、事実上、空文化したといえる。

また、教員にかかわるその他の諸手当についても、当該手当額が法定事項からはずれ条例化される傾向をみることができる。高校教員の定時制通信教育手当の法的根拠とされてきた高等学校の定時制教育及び通信教育振興法においても、従来、その五条において国立の高等学校教員には「その者の俸給月額に百分の十……を乗じて得た額の定時制通信教育手当を支給する」と定め、六条により「公立の高等学校の校長及び教員の定時制通信教育手当は、前条の規定による国立の高等学校の校長及び教員の定時制通信教育手当を基準として定めるものとする」と規定していた。ここでも、国立学校の手当額をまず法定したうえで、公立学校にこれを準用するという方式がとられていたのである。国大法人整備法一七条は、上記六条を削除したうえで、五条を「定時制通信教育手当は、……条例で定める」と改正し、具体的な手当額に関する規定を削除し、これを条例に委任したのである。同様に国大法人整備法の二五条は、産業教育手当の支給に関する法律を改正し、高校の農業、水産、工業、商船の産業教育を担当する教員に支給されていた産業教育手当について、従来「俸給月額の百分の十に相当する額」と定められていた具体的な手当額を削除し、「その内容は条例で定める」とした。

上にみてきたように、教員給与は国立学校準拠制にもとづき、法律によって定められた国立学校教員の給与が、公立学校教員の給与を事実上決定する役割を果たしてきた。また、教員に特殊な手当等を定めた諸法律も、まず国立学校の手当額を法定し、これを基準として公立学校教員の手当に準用するという方式がとられてきたのである。国立学校準拠制の廃止は、このような教員の給与法制を改変し、公立学校教員の給与を都道府県の大幅な裁量にゆだねることとなった。すなわち、国立大学の法人化という外的要因により、教員給与はその法的基準を失うこととなったのである。ここに、当初予定されていた「あるべき給与体系」とこれを実現する立法措置がとられなかったことによる教員給与法制の問題が噴出することになる。

5　東京都における教員給与制度改革

(1) 手当支給方式の改革

国立学校準拠制が消滅したことにともない、都道府県の教員給与にはいかなる変化があらわれることになったのか。ここでは、教員給与制度の改革がめざましい東京都を事例として検証する。[*25] 東京都では二〇〇四年度からの国立学校準拠制廃止を控えて、〇三年五月に「教員給与制度検討委員会」が設置され、「第一次報告」(〇三年一〇月)、「第二次報告」(〇五年八月) がそれぞれ提出された。「第一次報告」は主に、従来一律に支給されてきた諸手当の支給方式の変更について、「第二次報告」は給料表や職制についての提言を行ない、この内容は二〇〇六年七月に提出された「教員の職のあり方検討委員会」の報告書に引き継がれている。[*26] なお、二〇〇七年の中教審答申「今後の教員給与の在り方について」では、先行する東京都の改革モデルが多く取り入れられており、東京都を端緒とする主幹教諭の導入が多くの都道府県に波及したように、今後さらに東京都と同様の制度改革が全国化する可能性がある。

東京都における国立学校準拠制廃止後の教員給与制度改革は、まず「第一次報告」を受けて、教員の諸手当等に関する支給方式の変更から着手された。その変化は、まずもって給特法を根拠とする教職調整額の支給方式にみることができる。従来は、給特法により教職調整額が法定されてきたことから、東京都でも給料月額の四％が一律に支給されてきた。これに対し、二〇〇五年四月一日からは、この教職調整額の支給に関し、大学院派遣研修等に参加している者については二％の支給額にとどめるとされた。さらに、東京都が全国に先駆けて導入した指導力不足教員制度と教職調整額を連動させ、「指導力ステップアップ研修」を受講している者は二％の支給に、さらに、この研修を受けたあとに、なお児童等に対する指導を適切に行なうことができないと認定・通知された者への支給は一％にとどめるとされたのである（教職調整額に関する規則二条）。

また、高校の定時制通信教育手当に関しても、具体的な手当額が法律上削除されたことにともなって、支給額の大幅な変更が行なわれる。従来、管理職以外の教員では法定の給料月額一〇％が一律に支給されていたものが、現在、五％へと大幅に削減され、さらに、任期付きの教員に関しては、従来の八％から三％へと減額されている（定時制通信教育手当支給に関する規則二条）。これと同様に、産業教育手当に関しても、従来は法定された手当額にもとづき、定時制通信教育手当の非受給者に関しては、給料月額の一〇％が一律に支給されてきた。これに対し、現在の支給方式では、「実習を伴う農業又は水産に関する科目」

図1　義務教育等教員特別手当新旧比較

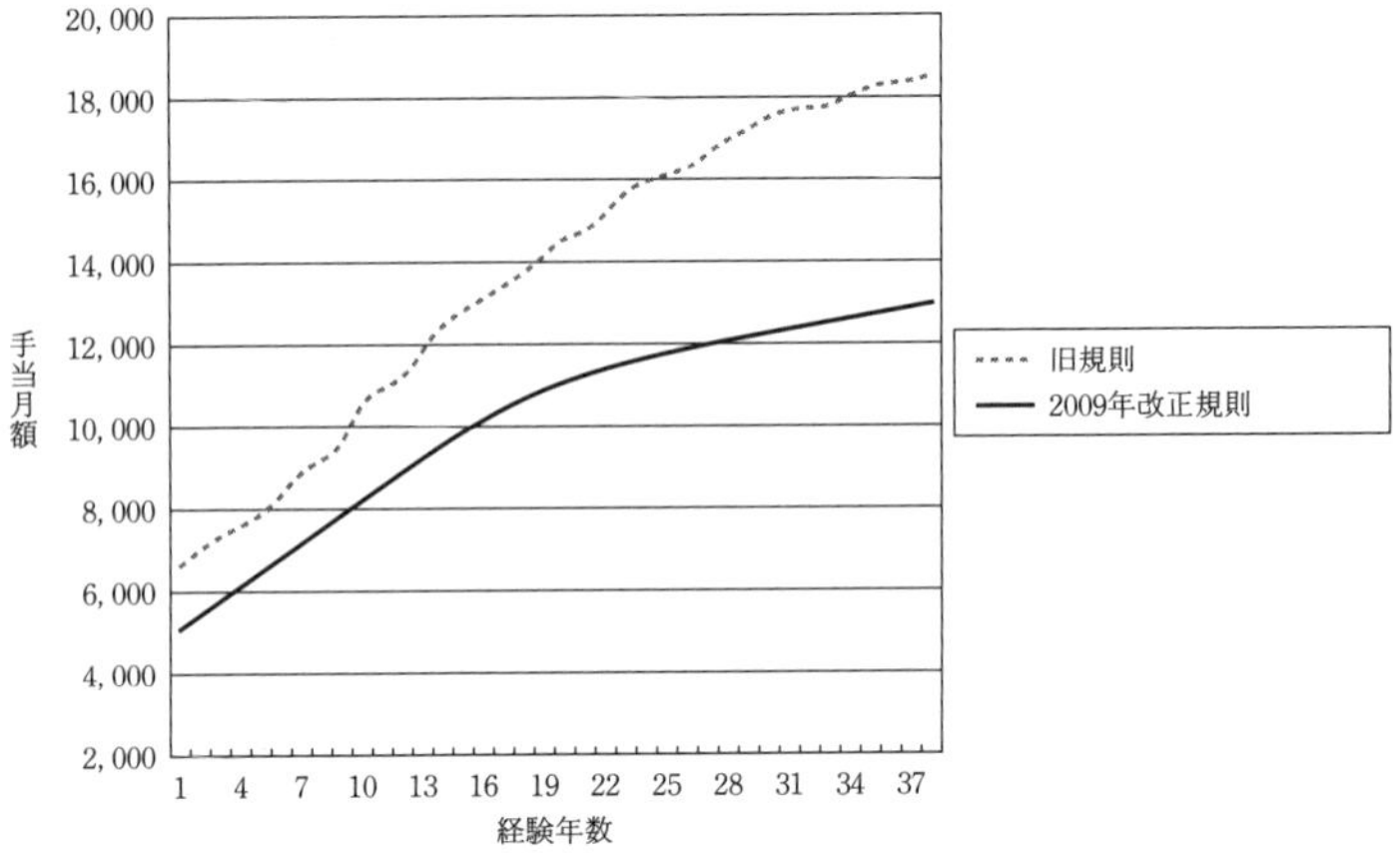

出典）『東京都教育例規集』（ぎょうせい）の平成19年版，および平成21年版より作成。

の担任、および実習助手には給料月額の八%が、また、「実習を伴う工業に関する科目」の担任、および実習助手には給料月額の六%が支給されるという方式に改められたのである（産業教育手当支給に関する規則二条一項）。

さらに、人確法を根拠として支給されてきた「義務教育等教員特別手当」においても大きな変化がみられる。東京都においては「義務教育等教員特別手当に関する規則」により、給料表の号給に応じて具体的な手当額が定められてきたが、これがのちにみる「主任教諭」の導入にともなって、二〇〇九年の規則改定により大幅に引き下げられている。図1は、旧規則と二〇〇九年改正規則の手当額を教員の経験年数に応じて比較したものである。[*27] 二〇〇九年規則により手当額の水準が引き下げられるとともに、その伸び幅も大幅に抑制されている。仮に四年制大学新卒者で三八年間の在職年数をへた場合の手当額の生涯格差は約一六八万円にも達する計算となる。ここには、国立学校準拠制の廃止にともない、人確法による教員給与優遇措置が空文化された影響の一端をみることができる。

(2) 給料表の改訂

東京都における教員給与制度改革は、給与の本体を決定する給料表の改訂においても著しい。国立学校準拠制のもとでは、国立学校教員の「四本建俸給表」に応じた給料表が採用され、高等学校、小中学校教員の給料表においては、これも国立学校と同様に「四級制」が採用されていた。また、具体的な給料月額も、給与法に定められた国立学校教員の俸給月額が、ほぼ同一内容で東京都の公立学校教員の給料月額とされてきた。表1は、国立学校教員を対象とする最後の給与法となった二〇〇三年改正法による小中学校教員の俸給表と、これを受けて〇四年に改訂された東京都の給与条例による給料表の比較である。ここにみられるように、共通する三六号給までの給料月額は、三六号給時点での一〇〇円差を除いてすべて同じ月額が設定されていた。東京都では、国立学校準拠制の廃止により、このような国立学校教員に準じて形成されてきた給料表の体系が大幅な変容を遂げることになる。

東京都では、二〇〇三年に全国に先駆けて「主幹教諭」が導入された。これにともない、〇四年より小中学校教員と高等学校教員の給料表には、「特二級」が新設され、「五級制」の給料表へと再編される。また、二〇〇六年には「号給四分割制」が採用され、通常一年間の勤務ののちに一号給昇給させる「一号上

表1　小中学校教員の俸給表（国立学校）と給料表（東京都）の比較

号給	2003年給与法	2004年東京都条例	号給	2003年給与法	2004年東京都条例
1	—	—	23	378, 200	378, 200
2	162, 900	162, 900	24	385, 800	385, 800
3	171, 200	171, 200	25	392, 600	392, 600
4	180, 200	180, 200	26	398, 900	398, 900
5	191, 100	191, 100	27	404, 600	404, 600
6	198, 000	198, 000	28	409, 800	409, 800
7	205, 000	205, 000	29	414, 600	414, 600
8	212, 400	212, 400	30	419, 400	419, 400
9	220, 300	220, 300	31	424, 100	424, 100
10	231, 300	231, 300	32	428, 100	428, 100
11	242, 800	242, 800	33	432, 300	432, 300
12	254, 400	254, 400	34	436, 200	436, 200
13	266, 700	266, 700	35	439, 800	439, 800
14	279, 400	279, 400	36	442, 200	442, 300
15	292, 500	292, 500	37	—	444, 800
16	306, 100	306, 100	38	—	447, 300
17	319, 500	319, 500	39	—	449, 800
18	332, 100	332, 100	40	—	452, 200
19	342, 000	342, 000	41	—	454, 600
20	351, 800	351, 800	42	—	457, 000
21	361, 700	361, 700	43	—	459, 400
22	370, 000	370, 000			

出典）「一般職の職員の給与に関する法律」（2003年10月16日改正）および東京都「学校職員の給与に関する条例」（2004年10月14日改正）より作成。

位昇給制度」に代わり、従来の一号給を四分割したうえで、昇給させる号給を勤務成績に応じて差別化する仕組みが形成された。二〇〇六年に制定された東京都の「昇給に関する基準」によれば、職員の昇給は定期評定と欠勤等の日数、および処分歴にもとづいて行なわれるとされており、このうち定期評定は毎年度の人事考課によるものとされた。この勤務成績にもとづく昇給の決定は、以下の四つの段階に区分され、それぞれ昇給する号給数が格差づけられている。各区分は、「最上位」が六号給、「上位」が五号給、「標準」が四号給、「下位」が三号給の昇給とされており、このうち「最上位」と「上位」の割合は、在職人員の三〇％以内とされ、とくに「最上位」については五％以内とされている。このように、「号給四分割制」は人事考課と結びつけられることにより、従来の年功にもとづく定期昇給の仕組みを改変し、成果に応じた給与配分という新たな方式を導入したのである。

さらに二〇〇八年には、新しい職として「主任教諭」が導入され、〇九年より教員の給料表は「六級制」が導入されることとなる。公立学校教員の給料表は、「一級」が助教諭、講師等、「二級」が教諭、「三級」が主任教諭、「四級」が主幹教諭、「五級」が副校長・教頭、「六級」が統括校長・校長が該当するものと再編された（学校職員の初任給、昇格及び昇給等に関する規則二条別表一）。また、この二〇〇九年の給料表改訂においては、高校教員の給料表が廃止され、小中学校教員と高校教員の給料表が一本化されることとなった。このように、「六級制」とされた小中高の統一給料表は、従来、「二級」として包摂されてきた「一般教員（classroom teacher）」を教諭、主任教諭、主幹教諭という職階に区分し、その待遇を差

図2　「2級」給料表年度別比較

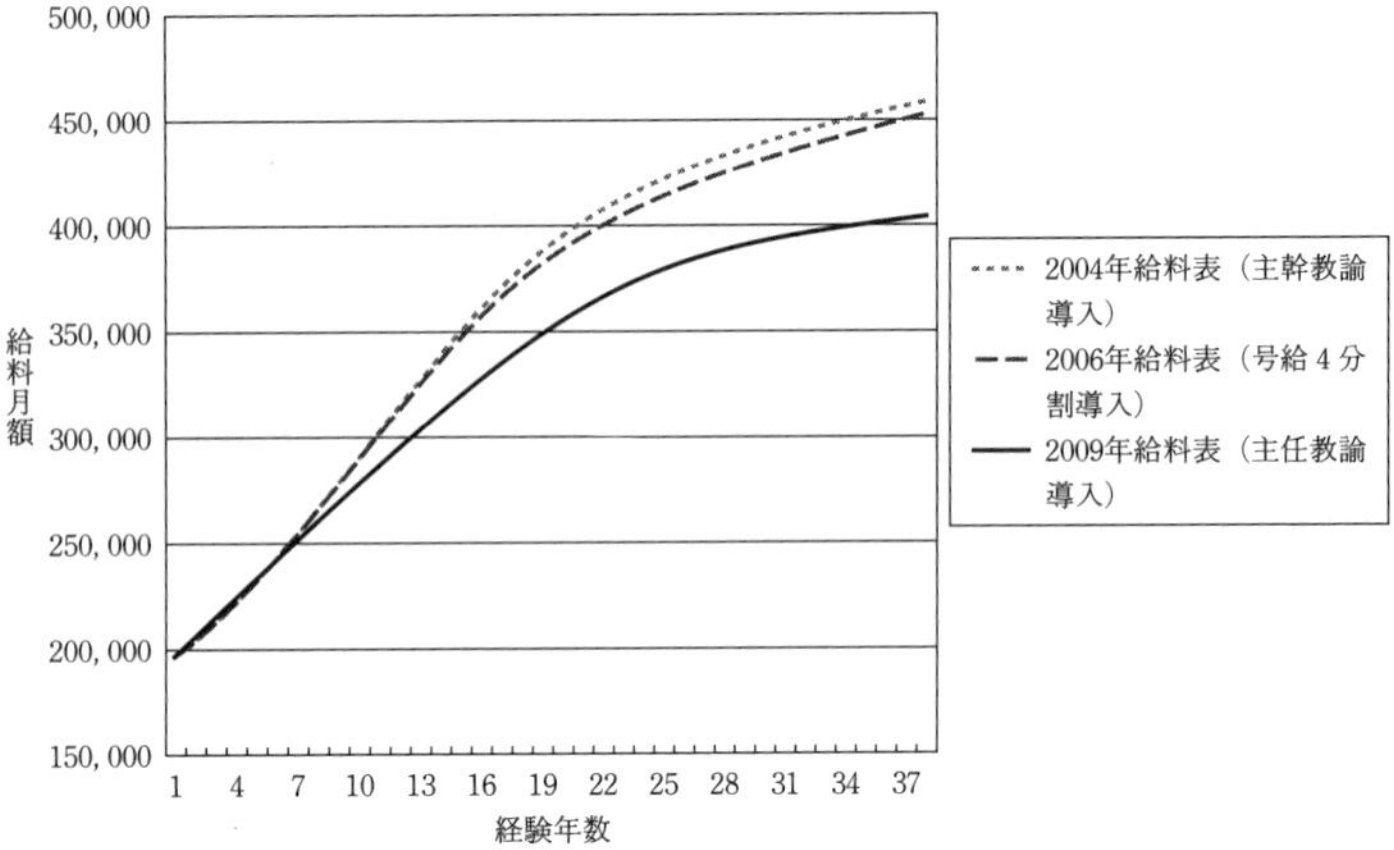

出典）各年の『都政六法』（学陽書房）より作成。

別化した点に特徴がみられる。

こうした給料表の改訂を受けて東京都の公立学校教員の給与は、具体的な給料額においても大きな変化が生じることとなる。図2は二〇〇四年以降の上記改革に応じた給料表の年度別比較である。二〇〇三年に主幹教諭が導入され、二〇〇四年から「特二級」が新設されたが、先にみたように、この二〇〇四年時点における給料表は、国立学校教員の俸給表と同一水準が維持されていた。また、「号給四分割制」が導入された二〇〇六年の給料表にみても給料額は漸減にとどまっている。ところが、「主任教諭」の導入にともない二〇〇九年の給料表に六級制が採用されたことにより、「二級」教諭職の給料月額は大きく引き下げられたことがみられる。こうした大幅な給料額の引き下げには、給料表上の減額にくわえて、二〇〇九年の「学校職員の初任給、昇格、及び昇給等に関する規則」の改正により、四年制大学卒業者の初任給

図3　級別給料表比較

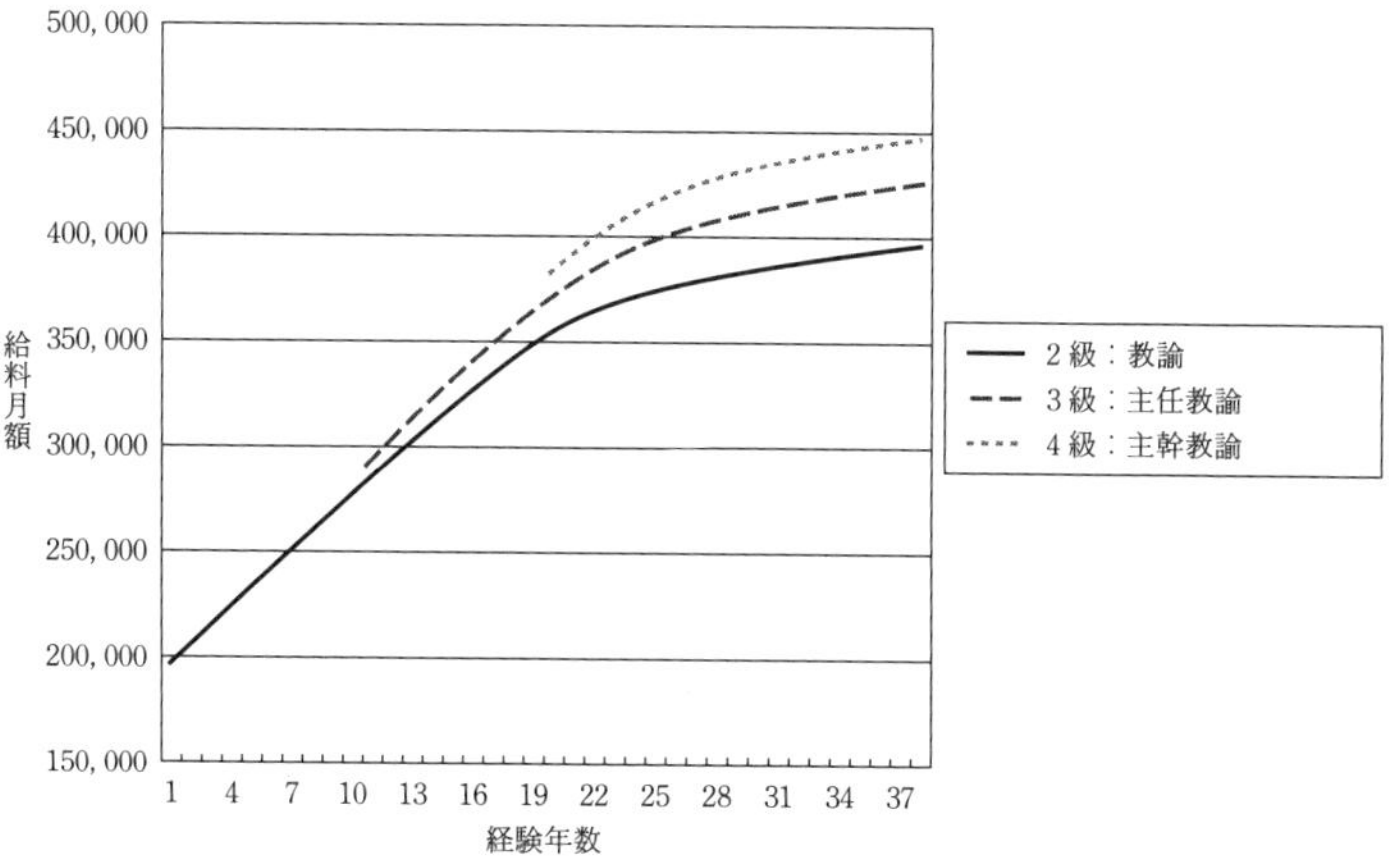

出典）『都政六法〔平成23年版〕』（学陽書房，2011年）より作成。

が、従来の「二級一七号給」から「三級九号給」に「格下げ」されたことが大きく影響している。これにより、国立学校への準拠が維持されていた二〇〇四年の教諭職の給料表と主任教諭が導入された〇九年の給料表を比較した場合、四年制大学新卒者の生涯給料額を在職年数三八年間と仮定して計算すると、その差額はおよそ一二七一万円にも及んでいる。これに先の義務教育等教員特別手当の差額をくわえると、生涯給与額の差額は一四三九万円以上にも及ぶのである。

また、図3は同じく四年制大学新卒者が三八年間在職すると仮定して、教諭（二級）のまま在職期間を終えた場合の給料表と、一〇年目に主任教諭（三級）に昇格した場合の給料表、二〇年目に主幹教諭（四級）に昇格した場合の給料表を比較したものである（二〇一〇年現在）。教諭職にとどまった者と、一〇年目に主任教諭に昇格して在職期間を終了した者との生涯給料額の差は七四五万円に及び、さらに、同じく主任教諭をへて二〇年目に主幹教諭に昇格した者との差額は、一二三九万円に及ぶ。教諭職からみるならば、主任教諭、主幹教諭に比して、給料額と昇給がきわめて抑制されており、生涯賃金における明らかな格差がみられる。先の「教員の職のあり方検討委員会」の報告書においては、当時、東京都の全教員の約八五%にも及ぶとされた「二級」教諭職を新しい職に割り振ることが示されていたが、二〇一〇年現在においても、教諭職の全教員数に占める割合は、小学校で八〇・八七%、中学校で七六・〇九%、高校で八三・〇六%、小中高全体では七九・九六%と依然として高い割合を示している。[*28] 人件費の大部分を占める「二級」教諭職の給料額を「新しい職」の導入によって引き下げたことは、財政支出削減の観点からみるならば、その効果はきわめて甚大であるといえる。

このように、国立学校準拠制廃止後の東京都の教員給与制度の改革動向にみるならば、それは学校教育の主要な当事者である「教諭」の給料、諸手当の水準低下を一律に生み出していることが示されている。とくに教員給与の本体である給料表の改訂は、教員の大部分を占める教諭職の給与を低下させ、総体として人件費の削減方策に利用されている。

さらに、東京都の教員給与制度改革は、たんなる給与水準の引き下げにとどまらず、成果主義と競争主義にもとづいて教員給与を配分する新たな方式を導入している点も注目されるところである。世取山洋介は、国立大学法人法の分析を通じて、これを「新自由主義教育改革」による新たな統制手法の導入としながらその特徴を以下のように示している。すなわち、「政府によるある特定の作用の供給およびそのための財政支出の義務付けに関わる民主的に設定された普遍的なルールを撤廃・緩和して、そのルールから政府を解放し、政府にそれが保有する貨幣の使用目的、配分量、配分方法および支給先の決定に関する自由裁量を与えること」（傍点――引用者）と特徴づけながら、これを「金銭の支配力」による統制と位置づけている。*29 国立学校準拠制の廃止は、法律にもとづく給与決定のルールから都道府県を解放し、教員給与の仕組みを「金銭の支配力」にもとづいて再編する方途を提供するものになったといえる。上にみてきた東京都の事例は、教員給与決定の都道府県条例への大幅な委譲により、給与の配分方式における裁量を得た地方政府が、これを競争的・差別的に再編し、給与制度を通じた「新たな教員統制」の方式を確立するプロセスにあることを示している。

6 まとめにかえて――教員給与をめぐる制度論的課題

上にみられるように、国立学校の廃止という外的な要因によってもたらされた教員給与法制の変化は、都道府県の教員給与に関する裁量を大幅に拡大し、公立学校教員の給与決定の方式を流動化ないし形骸化させてきたのである。このような教員給与法制の現状を前提としながら、「子どもの教育条件」としての教員給与をいかなる法制度において維持するべきであろうか。国立学校準拠制が廃止された現状において、教員給与の水準を保障する制度論が問われている。教員給与に固有な制度論的課題として、少なくとも以下の点があげられる。

第一に、国立学校準拠制に代わる教員給与の基準立法を策定するという課題である。一九五一年の教特法一部改正によって導入された国立学校準拠制は当初、「あるべき給与体系」が実現されるまでの暫定措置とされていた。国立大学の法人化という外的な要因によって公立学校教員の給与法制が流動化したことは、とりもなおさずこの「あるべき給与体系」の確立とその立法化がなされなかったことによって生じたものといえる。よって国立学校準拠制が廃止された現在、当初の構想に立ち戻り、教育公務員に特殊な「あるべき給与体系」の確立とこれを実現する基準立法の制定が求められている。

また、このあるべき給与基準を、第1章に示された基準立法の二類型――「教育条件基準」と「教育財政基準」――の観点から構想するならば、教員の給与は時の政治情勢によって決定される「教育財政基準」としてではなく、「あるべき教育条件基準」として策定されることが望ましい。もちろん、教員給与はその他の教育条件基準と異なり、経済情勢や民間給与水準等が考慮されざるをえない領域であるが、従来は主たる考慮事項とされてこなかった教育的要素をいかに教員給与に反映させるのかが重要となる。なかでも、子どもの教育条件としての標準授業時間数と教員の勤務実態を主たる考慮要素としたうえで、学校現場の教育ニーズを反映させた教員給与基準を設定することが必要となる。

教員給与の決定は地方自治を本旨とする各都道府県の「条例主義」を前提としながらも、この給与基準立法をもとに、国はその基準に見合う財政保障を行なうと同時に、各都道府県の公立学校教員の給与水準を維持・改善するための指導・助言機能をになう。子どもの教育条件としての教員の給与・勤務条件に関しては、これを都道府県の自由裁量にゆだねるのではなく、一定水準を保障するための給与基準立法が求められる。

また、第二の課題としてあげられるのが、一般公務員の給与制度にも及ぶ問題として、人事院・人事委員会体制と教員の労働基本権をめぐる問題にいかに対応するかという課題である。国立学校の廃止により、人事院の調査・報告・勧告機能は、公立学校教員の給与に実質的に反映されない仕組みとなった。先にみたように、人事委員会の多くは、人事院勧告にならって同一内容の勧告を行なっており、このため、地方公共団体のうち東京都を除いて人事院と同等の本格的な調査・勧告を行なう人事委員会は存在しないことも指摘されている。[*30] したがって、地方公務員においても人事院が重要な役割を果たしてきたことに鑑みるならば、公立学校教員はその労働基本権制限の代償措置を十分に保障されていない状態にあるといえる。

この代償措置がともなわない現況においては、公立学校教員の労働基本権の制限を解除し、団体交渉にもとづく協約締結権を認めることが本筋となる。また、この団体交渉の実施にあたり、国レベルにおいては人事院に代わり教員給与に関する調査・決定を行なう固有の機関を設立することで学校現場の教育ニーズに対応した全国的な給与基準を設定することが求められる。地方公共団体においても教員給与の調査・決定をになう機関を設置し交渉の当事者能力をもたせることで、各地域における団体交渉を実質化することが必要となる。一方、団体交渉による給与決定は、教員給与の「法定（条例）主義」や、先に示した給与基準立法の趣旨と矛盾するかにみえるが、従前から、勤務条件法定主義は勤務条件の「基準法定主義」を意味しており、法定された給与基準を前提に、団体交渉によって給与・勤務条件の詳細を決定することは勤務条件法定主義に何ら矛盾しないことが指摘されている。[*31] ゆえに、学校現場の教育ニーズを反映した教員給与を確立するためにも、教員団体との団体交渉を実質化させることが有効であるといえるだろう。

さらに第三の課題として、従来、給特法の変則ルールにもとづいて対処されてきた教員の超過勤務をめぐる問題をいかに解決するかという点があげられる。一九六七年の調査を根拠として設定された教職調整額基準の「四％」という数値も、現在において有効性をもちうるか疑問視されるところである。また、その調整額も国立学校準拠制の廃止により、都道府県の裁量のもと支給額が流動化する状況となっている。このことは、給特法による特例自体の制度的崩壊状況を示しており、給特法による労基法からの適用免除の正当性が疑われる。国立学校準拠制が廃止され、給特法の代替措置が機能しない現況においては、当面、労基法の一般原則を適用し超勤手当を支給することが当然となる。また、このような時間外勤務をめぐる「あるべき制度論」としては、勤務時間管理を民間労働者や一般公務員と同様に「総勤務時間規制」のみによって管理するのではなく、先にみた標準授業時間数と教員一人当たりの週担当授業時間数を基礎とした「授業時間規制」を採用することが望ましいといえる。学校教員の職務の自主性・創造性にもとづく特殊な勤務形態や時間外勤務の扱いを検討し、先の給与基準立法に反映させることが求められる。

◉注

＊1　兼子仁『教育法〔新版〕』有斐閣、一九七八年、三二七頁。

＊2　阿部泰隆ほか『地方公務員法入門』有斐閣双書、一九八六年、六一〜六二頁。橋本勇『新版　地方公務員法〔第2次改訂版〕』学陽書房、二〇〇九年、三五一頁。

＊3　佐藤美樹太郎『教職員の給与』学陽書房、一七九五年、二六〜三〇頁。

＊4　西村美香『日本の公務員給与政策』東京大学出版会、一九九九年、一〇九頁。前掲、橋本『新版　地方公務員法』四七八〜四七九頁。

＊5　前掲、阿部ほか『地方公務員法入門』七〇〜七一頁。

＊6　第一〇回国会・衆議院文部委員会第一号（一九五一年一月三〇日）。

＊7　教育法令研究会『改正教育公務員特例法逐条解説』学陽書房、一九五一年、一七九頁。

＊8　同前、一七八頁。

＊9　たとえば、青木宗也「教育労働と勤務時間」『季刊教育法』一〇号、総合労働研究所、一九七八年、一七六頁。三輪定宣「授業時数削減と教師の勤務時間」『季刊教育法』二四号、総合労働研究所、一九七七年、三四頁。

＊10　佐藤三樹太郎『学級規模と教職員定数』第一法規、一九六五年、一一七〜一一八頁。

＊11　前掲、佐藤『教職員の給与』二一〜二二頁。

＊12　山本吉人「『教職員給与特別措置法』の問題点」『ジュリスト』四八五号、有斐閣、一九七一年。

＊13　『教職員の超過勤務手当について』の人事院事務総長回答」（一九五二年三月一六日）、人事院給与局『教員の超勤問題に関する資料』（一九七一年一月）、一五頁。なお、以下の経緯については中村圭介・岡田真理子『教育行政と労使関係』（エイデル研究所、二〇〇一年）に詳しい。

＊14　『教職員の超過勤務手当について』の人事院職員局長回答」（一九六四年二月一四日）、前掲、人事院給与局『教員の

超勤問題に関する資料』二〇頁。

＊15　同前、二二頁。

＊16　「四一年度文部省の教職員の勤務状況調査結果概要」、前掲、人事院給与局『教員の超勤問題に関する資料』二三〜二七頁。

＊17　「関係者からの要望内容（四五年提出要望書抜すい）」、前掲、人事院給与局『教員の超勤問題に関する資料』七三〜七四頁。

＊18　「義務教育諸学校等の教諭等に対する教職調整額の支給等に関する法律の制定についての意見の申出」『人事院月報』二四二号、一九七一年、一三頁。

＊19　人事院給与局第一課「教員給与の勧告について」『人事院月報』二四二号、一九七一年、一〇頁。

＊20　前掲、中村・岡田『教育行政と労使関係』一五一頁。

＊21　近年の超勤手当訴訟の動向については、萬井隆令「なぜ公立学校教員に残業手当がつかないのか」（『日本労働雑誌』五一巻四号、二〇〇九年）五〇〜五三頁。また、義務教育学校教員の残業時間・持ち帰り仕事の実態については、東京大学グループによる『教員勤務実態調査（小・中学校）報告書』（二〇〇七年三月）。

＊22　文部省教育助成局財務課「教職員の定数・給与――新学校制度40年：経緯と展望」『教育委員会月報』三九巻一〇号、一九八八年。

＊23　教職員人事問題研究所『学校運営と教職員』ぎょうせい、二〇〇三年、一六九頁。

＊24　丸山和昭「『人材確保法』の成立過程――政治主導による専門職化の視点から」『東北大学大学院教育学研究科研究年報』五六集一号、二〇〇七年、一二八頁。

＊25　以下にみる東京都の教員給与関連の条例、規則については各年の学陽書房編集部編『都政六法』（学陽書房）、および東京都教育庁総務部監修『東京都教育例規集』（ぎょうせい）を参照。

＊26　国立学校準拠制廃止後の重要問題として教員の「非正規雇用化」があげられるが、本章では正規採用教員の給与制度

に焦点をあてる。なお、「非正規雇用化」の問題については、橋口幽美「常勤講師・非常勤講師は、こんなふうに増えている」（『季刊教育法』一六六号、エイデル研究所、二〇一〇年）が詳しい。

＊27 「学校職員の初任給、昇格及び昇給等に関する規則」にもとづき、初任者の号給を設定したうえで、「標準」昇給により経験年数をへた場合を想定している。

＊28 東京都総務局統計部人口統計課『平成二二年度学校基本調査報告』（二〇一一年二月）に示された数値より算出。

＊29 世取山洋介「国立大学法人法（制）と『学問の自由』」日本教育法学会編『日本教育法学会年報』三四号、有斐閣、二〇〇五年、一〇一頁。

＊30 前掲、西村『日本の公務員給与政策』一〇九頁。

＊31 室井力『公務員の権利と法』勁草書房、一九七八年、三五頁。

（髙橋　哲）

第6章 教材整備に関する基準の展開と問題点

1 本章の目的および枠組み

本章は、戦後日本の国レベルにおける教材整備政策の展開を分析し、かつ、教材のナショナル・スタンダード保障のための制度原理、すなわち、そのような制度を構築する場合の基本的な考え方を検討することを目的としている。ここで教材とは、「学校における指導または学習のさいの補助的手段として使用される教具（設備・備品など）類」[*1]である。具体的には、教材整備にかかわる二つの基準、すなわち第一に、教材整備の目標としての教材整備基準（教材のナショナル・スタンダード）、および第二に、教材整備を行ならにあたっての公費負担の範囲を示す教材財政基準が、一連の教材整備政策においてどのように設定されてきたのか、それらの基準はどのように機能してきたのかを分析する。

本章が対象とする戦後日本における国レベルの教材整備政策は、基準の設定主体・水準・範囲・性質の観点から、三度の転機を経験している。そのなかでもとくに大きな転機は、一九八五年の教材費の一般財源化である。しかしながら、ここで新たに明らかにするのは、教材の公費負担水準をめぐる文部当局対財務当局の攻防のみではなく、その両者が学校現場の裁量にもとづく教材整備をいかに阻害してきたのかということである。具体的には、一般財源化に至るまでの教材費国庫負担制度が、初期には低水準ながらも現場裁量にもとづく教材整備を公費負担により進めたのだが（第2節第1項）、それが財務当局と文部当局の整備水準をめぐる攻防のなかで現場裁量を否定するものへと変容した（第2節第2項）。さらに、教材費が一般財源化されたのちも、教材財政基準設定権限を自治省に奪われた文部省が（第3節第1項）、自らの政治的意図を実現するべく、特定補助金の拡大に乗り出した（第3節第2項）。それが手詰まりになると、自らの設定する教材整備基準をついに解体し、その機能変容を現在ねらっているのである（第3節第3項）。

最後に、このような歴史のなかで見捨てられてきた、国家的な教材整備基準と学校現場における教材選択の自由を、公費負担により双方同時に保障することを提起する（第4節）。

2 義務教育費国庫負担法下の教材整備政策

(1) 教材のナショナルミニマム保障の試み（一九五三〜六七年）

終戦後、教材に要する経費を国の財源で措置する仕組みができるまで、八年を待たなければならなかった。その間、学校の設置者管理主義・設置者負担主義（学校教育法五条）の考え方にもとづき、地方自治体が教材に要する経費を負担することとなっていた。しかし、地方教育財政においては、教員給与費、学校施設設費の確保・充実に押されて、教材費の確保には積極的な考慮が払われることはなく、その結果、相当な部分を父母負担（ＰＴＡ負担）に頼ることになっていた。[*2]

以上のような、設置者負担主義に則って「公費負担とされている経費を私費にあおぐ変則を改めなければならない」[*3]という問題意識にもとづいて、一九五二年に制定された義務教育費国庫負担法の三条に教材費の「一部」国庫負担が規定された。国が負担する教材費[*4]（すなわち、教材財政基準）は、小中学校など学校種別ごとに検討され、小学校の場合、一二学級、児童数六〇〇人を標準学校として、現有教材の調査をふまえたうえで、専門家の意見を参考に教科ごとに必要とされる教材の品目と数量を出し決定された（すなわち、教材整備基準）。学校当たりに実際に交付される教材費国庫負担額は、学校種ごとの児童生徒当たり教材費に、補正された各学校の在籍児童生徒数を乗じた金額となる。[*5] このように、法律上の規定は教材費の「一部」国庫負担ではあるが、実質的には教材整備基準に含まれる教材の合計額が〈全額〉国庫負担により支払われるという制度構造となっていた点は注目されるべきである。

その後、一九五五年には理科教育振興法、学校図書館法の施行により、補助対象から理科教材および図書が除外されたものの、[*6] 養護学校への国庫負担開始（五六年、公立養護学校整備特別措置法）、図書の補助対象への復活（五七年、学校図書館法改正にともなう図書への特定補助金の打ち切り）、国庫負担割合の「一部」から「二分の一」への改善（五八年）、特殊学級への加算開始（六三年）と、教材財政基準の水準・範囲ともに改善されてきた。児童生徒数の補正係数は、一九五四年、五八年、六三年、六五年、六六年の五回改正され、児童生徒当たり単価も、五五年に一度下方修正されたが、[*7] 五八年以降はほぼ毎年改善されてきている。その結果、一九五三年から六六年における小学校および中学校の標準学校当たりの教材費は、それぞれ二・五二倍、二・四七倍という伸び率を示している。しかしながら、国庫負担とされた教材の水準・範囲は、「望ましい教育が可能であるというていのものではな」[*8] く、教材費国庫負担金の額は国庫補助金全体の規模からすれば大きくはなかった。『地方教育費の調査報告書』によれば、小学校教育費の国庫補助金に占める教材費国庫負担金の割合は、四・四九％（五三年）から一・四八％（六六年）へとむしろ下降している。

この初期の教材費国庫負担制度の特徴的な点として、負担金算定に用いられた教材の品目や数量、単価等が、実際に地方や学校が国庫負担金を利用するにあたって拘束力をもたなかった点がある。制度創設当時の文部省初等中等教育局財務課長・天城勲によれば、「教材については法律または政令により義務付けられた規模も内容もないのであるから、地方公共団体自らの判断において、合理的かつ妥当な教材が維持されるように努めればよろしい」[*9]とされ、地方や学校には教材選択・購入における一定の自由が認められていたのである。

以上のように、当初の教材整備政策は、教材財政基準と教材整備基準が統一的水準で設定された。財源の制約でこの教材整備基準がナショナルミニマムとしてのレベルにとどまっている点は否めないが、教材選択、教育方法決定における地方や学校の自律性にもとづいて、基準算定に含まれない教材の購入にも国庫負担金をあてることを積極的に認めている点が、それ以後の教材整備政策との対比で示唆深い。また、使途を定めた国庫負担金による財源措置であったため、規模は小さいものの確実に教材費を私費負担から公費負担へと変える方策となった。

(2) 学習指導要領実現方策としての教材財政基準の引き上げ（一九六七〜八五年）

教材費が国庫負担とされたものの、教材費国庫負担額は伸び悩んでいた。『文部省年報』によれば、一九五三年から六六年までの教材費国庫負担金総額の増加率は、一・四六倍にとどまっている。[*10]文部省はそれを「積算根拠の薄弱な予算はみのらない」[11]ためだとし、学級編制基準、教員定数基準、学校施設基準に続く「教材・教具の基準」創設をめざした。[12]教材基準の設定が他の分野よりも遅れたことの理由の一つに、教育的理想を掲げる現場教師の意見と財政圧縮を考える財務当局との意見を調整する立場に立つ初等中等教育局財務課において、両者の意見調整が困難と認識されていた点がある。実際に教材基準設定にこぎつけた一九六七年当時の財務課長・岩田俊一は、「専門家の意見を参考とはするが、予算要求の立場に優位性をもたせ、望ましい教材基準の内訳に緩急の順序を附」すことにより、この困難性を克服したと、当時を振り返る。[13]

文部省に一九六六年六月に設置された教材基準調査研究会が答申した教材基準案をふまえて、文部省は義務教育諸学校に最小限度整備すべき教材費の総額を二八六〇億円と算定した。この案が大蔵省の査定にかけられ、そのうち六七年度分の六五億円の教材費国庫負担金が事務次官による予算折衝にかけられた。だが、この大蔵省査定と予算折衝の過程で、一九六七年度予算は四四億円にまで減らされ、しかも、これに合わせて、文部省が示した教材整備基準案の総額も、当初の二八六〇億円から二二八七億円に、約六〇〇億円も圧縮されてしまう。[14]すなわち、学習指導要領に則った指導のために必要とされる教材の品目が「緊急性」を判断理由として減らされ、その必要数量も単年度の予算不足を理由に圧縮されたのである。

こうして、一九六七年、「学習指導要領に示された指導内容を実施していくうえで基礎的に必要とされる教材」[15]の品目および数量を、学校の規模別および教科別に掲げる「教材基準」が、通達（昭和四二・

八・三〇、文書財第三七一号）という形式により発出された。そして、教材基準に示された二二八七億円の七〇％にあたる一六〇〇億円分が教材整備一〇年計画として財源措置されることとなった。予算圧縮にともなって教材基準自体を縮小したにもかかわらず、一〇年で措置される予算はその縮小された全額にすら及ばなかったのである。ここにも「教材費国庫負担金の増額をなるべく抑制したい」財務当局への譲歩が表出した。[*16]

さらに、そのような財政上の意思決定をへた教材基準が、通達という形式をもって発出されたことは別の問題点を生んだ。すなわち、「『教材基準』に列挙された品目以外の教材は、原則として教材費国庫負担金では購入できないこととなった」[*17]のである。これは、教材基準が学校現場における教育方法・教育内容決定にまで多大な制約を及ぼすことを意味する。岩田は、一九六七年の教材整備政策の改革は、「教育関係者にあらたなご利益をもたらすものとは思われない」と吐露する。そして、教材基準の要諦は「学習指導要領と教材費とを密接な関連の下に置」くことであると続けている。[*18]

教材基準の設定にともない、交付される国庫負担金算定における測定単位が児童生徒単位から学級単位に変更された。その変更の背景には、教材基準にあげられた教材が、教師の使用するものや学校に備えつけるような比較的耐用年数の長いものに限られたことがある。つまり、児童生徒が個人で所有し使用する教材は、教材費国庫負担制度から除外されたため、測定単位が学級に変更されたのである。このことは、教材基準の設定が、児童生徒の使用する教材の保護者負担を軽減することは意図しておらず、応益負担原則がとられているということを示している。こうして、学級当たり教材費単価（小学校であれば一九六七年度は一万六六〇〇円）に補正された学級数を乗じた額の半額が、学校当たりの教材費国庫負担金として学校設置者に対して交付されることとなった。[19] これにともない、特殊学級加算も児童生徒当たりから学級当たりに変更されて継続となったのである。[20]

一九七二年より沖縄県への教材費国庫負担が開始され、[21] 同年の学習指導要領改訂により必修となった中学校のクラブ活動のための教材費が教材基準に加算された。[22] その翌年には通達（文書財第四一〇号）によりカラーテレビなどの品目を教材基準に追加し、新設校加算も開始した。[23] 特殊学級加算、新設校加算を含む学級当たり単価は、政令により、教材整備計画どおりに一九八一年までは毎年改善されている。

さらに、一九七八年には、学習指導要領の改訂にともなって教材基準も改正され、国庫負担対象となる品目の範囲や数量が大幅に拡大された。[24] この教材基準改正にともない、一九六七年からの第一次教材整備一〇年計画に続き、七八年から第二次教材整備一〇年計画が立てられた。しかし、この改正教材基準と第二次計画についても、大蔵省に対する概算要求では約八三三〇億円で「学習指導要領を実施していく上で望ましい教材の整備を図る」（傍点――引用者）とされていたものが、最終的に「学習指導要領を実施する上において標準的に必要と考えられる教材」（傍点――引用者）の範囲である総額四五七二億円にまで整備水準が下げられてしまう。[25] 第二次教材整備計画の規模をめぐる大蔵省との交渉で、改正教材基準のカバーする範囲もろともにその規模が縮小されたのである。しかも、一九六七年時点では教材整備基準（教材基準）が教材財政基準（第一次教材整備計画）よりも一応は高水準であったのに対し、教材整備基準（改正教材基準）が教材財政基準（第二次教材整備計画）と同水準にまで引き下ろされている。

文部省による当初案よりもかなり圧縮されたものの、第一次、第二次教材整備計画のもとで、標準学校当たり教材費単価は徐々に引き上げられてきた。小学校については、一九六七年には二九万八八〇〇円であったのが、ピーク時の八一年には一〇五万一二〇〇円と三・五二倍にまで伸びた。同様に中学校も四・四七倍という伸び幅であった。しかし、同時期の本務教員給与の伸び率が六・五六倍（小学校）、五・八〇倍（中学校）、建築費の伸び率が一五・六六倍（小学校）、一四・三八倍（中学校）であったことと比較すると、[*26]教材財政基準の向上は他の財政基準よりも重要視されてきたわけではないことがわかる。

このように、教材基準が設定されて以降の教材費国庫負担制度は、教材財政基準の引き上げにより、とにもかくにも教材費国庫負担金の増額を導き、それを長期的に安定して獲得することに成功する。しかしその増額は、財務当局による財政圧縮という政治的誘因により多分に制限されたものだった。しかも、文部当局による学習指導要領実現の強化という政治的誘因により、教材選択・教育方法決定における学校の自律性を弱める役割をも備えていた。この二つの政治的意図が折り重なりながら、教育的ニーズとは無関係に、教材基準が設定されて以後の教材費国庫負担制度はつくられていたのである。

3　地方交付税法下の教材整備政策

(1) 教材整備基準の性質の変更と教材財政基準設定主体の変更（一九八五年〜）

教材費国庫負担金制度創設以後、教材基準の設定・改正にともなう教材財政基準の改善により、教材にかけられる費用は増加の一途をたどっていたが[*27]、第二次教材整備一〇年計画さなかの一九八二年、公費負担される学校当たり教材費単価は減少に転じる。小学校の標準学校当たりでは、一九八四年までの三年間で、ピークの一〇五万一二〇〇円（八一年）の六九％にあたる七二万六六六〇円にまで引き下げられた。中学校でも同様である。この数年の動向から明らかになるのは、文部当局の掲げた教材整備計画が、実際に予算を編成する大蔵省に対する拘束力をもっていなかったということである。こうして教材費全体が縮小していくなか教材費国庫負担制度が廃止され、教材費はすべて地方の一般財源で措置されることとなった。

教材費が一般財源化された契機は、鈴木善幸内閣の掲げた行財政改革を実行するため、総理府の付属機関として設けられた第二次臨時行政調査会による「行政改革に関する第三次答申」（一九八二年七月三〇日）にある。[*28] 同答申は、〈公財政支出の縮減を求める観点から、「国の地方公共団体に対する補助金等については、次の方針にもとづき、速やかに見直しを行ない、その整理合理化を図るべきである」と提起した。そして、「整理合理化」の具体的方針として、「地方公共団体の事務として同化、定着していると認められるもの」をあげており、この方針にあてはまるものとして、教材費国庫負担金に白羽の矢が立てられたのである。この答申を契機として、一九八五年、教材費国庫負担制度の廃止を含む六六の項目、五九の法律の改正を一括して行なう国の補助金等の整理及び合理化並びに臨時特例法に関する法律（一九八五年法律三七号）が制定された。この法律の審議経過において教材費国庫負担制度に関しては、「義務教育の国の負担の原則の空洞化を企図」するものであるとの批判がなされた。[*29] これに対し、中曽根康弘首相（当時）は、「義務教育費国庫負担制度における旅費、教材費は、地方公共団体の事務事業として定着しているとの判断から、地方一般財源化を図ったところでございます」と応じ、「重要な政策変更を企図したものではなく、義務教育費国庫負担制度の基本は堅持しているものであります」との認識を示した。[*30] このように、教材費国庫負担金は、教育問題として個別の検討をなされることなく、行財政改革の一環として廃止されるに至ったのである。[*31]

以後、一般財源化された教材費は、地方交付税法の改正（一九八五年、法律四四号）により、全額地方交付税で財源措置されることとなった。これにともない、「国庫負担に適するものの品目及び数量の範囲を示していた」教材基準の性格は、「教材整備のための参考基準」へと変更された。[*32] こうして、教材基準の教育方法を拘束する性質は、実質的にはともかくとしても、法的には失われた。さらに、教材基準の教材財政基準としての性質は地方交付税（基準財政需要額）へと継承され、その設定主体は文部省から自治省へと転換した。それでは、教材費の一般財源化後、その教材財政基準としての水準はどうなったのであろうか。一九八四年の国庫負担金算定における学級当たり単価と八五年の基準財政需要額算定における学級当たり単位費用とを比較すると、著しく減額されている。[*33] 算定に含まれている教材の具体的な範囲は明らかでないため、この学級当たり単位費用の減額の理由は不明であり、そこに教育的観点からの検討が含まれていたのかははなはだ疑問である。ただ、一九八五年以降は、減額された学級当たり単位費用に学校当たり単位費用をくわえることで、後述するように、教材に関する基準財政需要額全体については、八四年の水準よりも改善されている。しかしながら、このような算定根拠の不透明さと教育的根拠の欠如は、基準財政需要額算出基準の教材財政基準としての信頼性を低下させるには十分である。

他方で、教材基準が教材財政基準としての実質を失ったことで、これは教材整備基準としての性質のみを有することとなった。ただし、一九七八年の教材基準の改正の経緯——すなわち、財政的理由により「望ましい」水準案から「標準的」水準へと引き下げられたこと——を思い起こすと、とうてい、教材基準が教材整備基準として妥当な水準であるとはいえない。

さらに、一九九一年三月には文部省により、学習指導要領の改訂に対応して、従来の教材基準を見直し、「標準教材品目」が策定された。[*34] 標準教材品目は、「新学習指導要領を実施する上において、義務教育諸学校で標準的に必要とする教材の品目及び数量を示すもので、各学校がその実情に応じて、特色を生かしながら教材を整備する際の目標、あるいは参考とすべきもの」である。[*35] 基本的な性質は従来の教材基準の延長線上にあるといってよい。文部省は、名称自体を「教材基準」から「標準教材品目」に改めることで、この教材整備基準の指導助言性を強調している。[*36] しかし、たとえば小学校の特別活動についてあげられた「ゲートボール一式」「百人一首」という品目、生活科についてあげられた「電話セット」「遊具セット(羽子板、お手玉、けん玉、積木、輪投げなど)」は、教育方法どころか教育内容にまで踏みこんでこれを誘導するものである。標準教材品目に示された教材品目リストの教育方法拘束力が、実質的な意味で失われたといえるのかどうかは、より現場に近いところで調査されるべき課題である。[*37]

文部省はまた、標準教材品目の策定に合わせ、第三次教材整備一〇年計画(一九九一年〜、総額八〇〇〇億円、初年度五四〇億円措置)を策定した。この整備計画が自治省の決定する地方交付税額にどれほどの影響を与えたのかは不明であるが、第二次整備計画の最終年度(一九八七年)が国庫負担金と地方交付税額を合わせて六四〇億円の措置を予定していたことに注意しておく必要があるだろう。すなわち、標準教材品目策定により教材整備基準が向上したはずであるにもかかわらず、文部省が新しく措置を予定している財政的水準は、以前の教材整備計画のそれを下回っているのである。

(2) 特定補助金の飛躍による二つの教材財政基準の併存状況(一九八五年〜)

このような教材基準の法的拘束力の弱化および指導助言性の強い標準教材品目の策定にもかかわらず、国により措置される教材費は一定の水準を保っていた。教材財政基準が教材整備基準と無関係に算定されていることの傍証である。前述したとおり、一般財源化前の一九八四年の標準校当たりの教材費は、国家財政の逼迫により小中学校ともに過去三年間下降していた。その後、一般財源化された一九八五年、ふたたび上昇に転じ、ともに前年比二・八%増となった。さらに翌年にはともに二・〇%改善し、一九八八年にもほぼ同水準を保っている。

ここで、国によって措置される教材費がひも付きではなくなったことにより、地方がその措置分を教材購入費にあてているのかどうかが次に問題となる。[*38]

これに関して、境野健児は、福島県伊達郡の九つの地方公共団体について、教材費一般財源化の前後計三年間の教材費の予算措置の動向を調査している。[*39] それによれば、国庫負担制度の最終年度(一九八四年)の教材費予算と比較して、翌年も同水準を維持したのは三自治体である。残りの六自治体は、一般財源化初年度(一九八五年)に教材費予算が極端に削減された。しかし、そのうち三つの自治体は翌年(一九八六年)に若干改善されている。境野によれば、教材費が一九八六年に増加に転じている自治体の特徴として、理科教育振興法の補助を受けているか、学校を当時建築中だった。また、三年間安定して教材費予算を組んでいる自治体のなかには、教育費の定率保障のシステムを用いているところがあるという。しかし、そのような個別事情や積極策をもっていない自治体においては、一般財源化後に教材費予算が減らされているのである。

もう一つ別のデータを参照しよう。文部科学省（文科省）作成による教材費予算措置状況の資料によれば、[40]基準財政需要額上の教材費の実際の予算措置率（全国平均）は、教材費の一般財源化以後一九九三年までの間、一二〇％前後を推移していたが、それ以降下降をはじめ、九七年以降ついに一〇〇％を切ってしまった。基準財政需要額の算定根拠の不透明さと教育的根拠の欠如が、教材費の実際の予算措置率に影響を与えていることは明らかである。

このような基準財政需要額の算定基礎の機能不全があるその裏で、存在感を増してきているのが、教材に対する特定補助金である。[41]教材基準の示す網羅的かつ全体的な範囲を対象とする教材費国庫負担金制度とは別に、個別の領域の教材購入に対する特定補助金には、古くは一九五四年の理科教育振興法、学校図書館法による補助金や、五七年からの特殊教育設備に対する補助金等がある。『補助金便覧』によれば、これらの特定補助金が、教材費国庫負担制度が解体されたのち大幅に拡大している（図1）。一九八四年には総額約三七億円であったのが、九三年には九五億円にまで達した。しかも、法律上の支出根拠を有する「法律補助」による特定補助金が中心であった一般財源化以前とは異なり、その拡大した額のほとんどが、法律上の支出根拠をもたない「予算補助」であったことにも注意しておくべきである。[42]一九七六年には法律補助の八九・一％に対して、予算補助が特定補助金全体の一〇・九％を占めるにすぎなかったのが、八五年以降拡大し、九一年には七七・三％にも達した（法律補助二二・七％）。文部省は、法律上の根拠な

図1　教材に対する特定補助金の推移

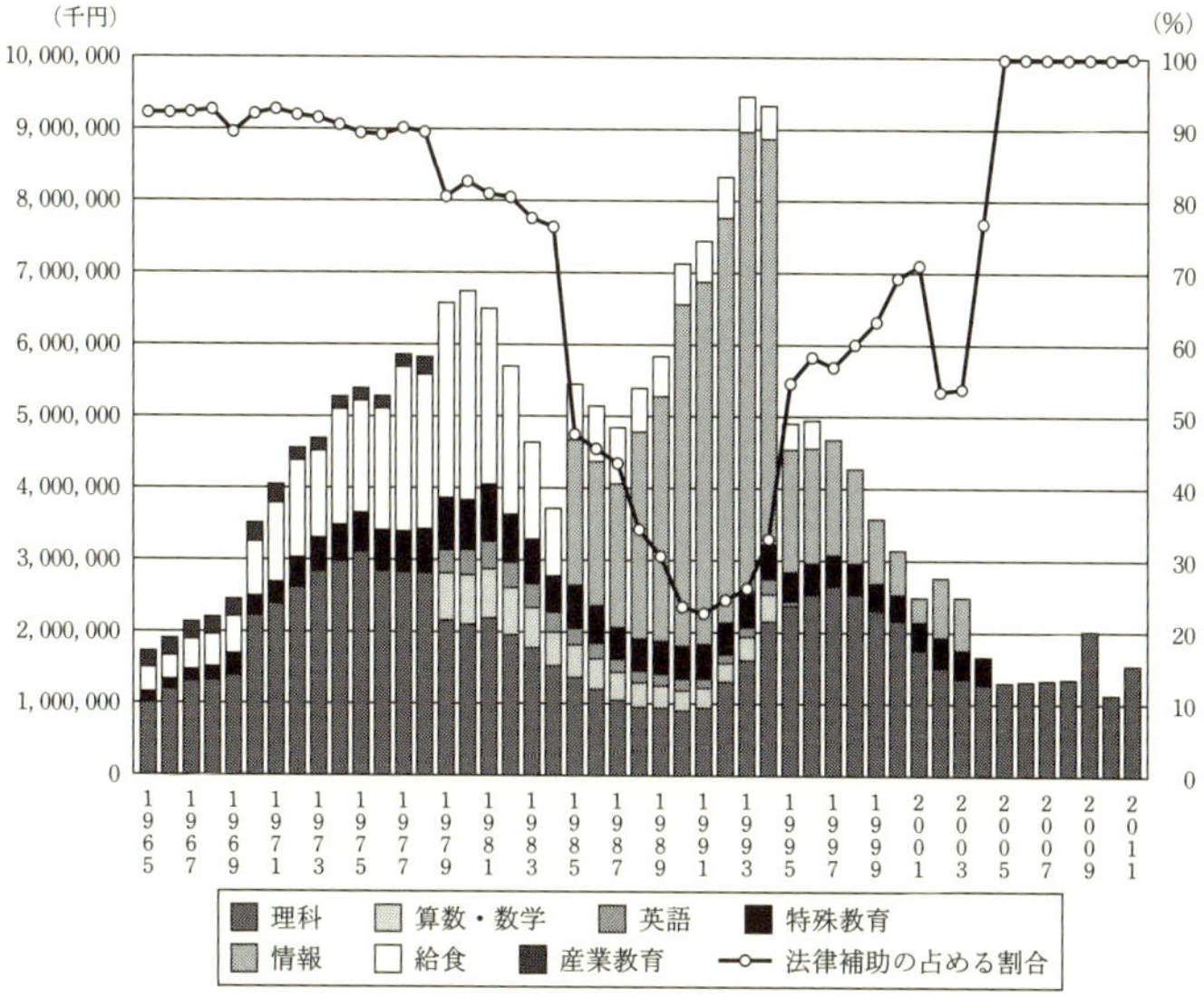

出典）各年の『補助金便覧』『補助金総覧』を参考に、福嶋作成。

しに大蔵省との交渉のみで、特定領域へ集中的に予算投下を行なってきたのである。

特定補助金総額の拡大の大きな要因は、教育用コンピュータ[*43]である。一九九〇年からはコンピュータ教室を設置する五か年計画により、平均およそ五六億円が投入された。この教育用コンピュータへの予算投下により、教材用設備への国庫補助金総額の規模にも影響が出た。『地方教育費の調査報告書』の教材用設備費（教授用設備・備品費）の国庫補助金の変遷（中学校）をたどると、教材費国庫負担制度最終年度である一九八四年は、第二次教材整備計画分やその他の特定補助金を含めて約五八億円が措置されていたが、九二年には特定補助金のみで約五九億円が措置されていたのである。この一九九二年は、コンピュータ教室を全学校に設置する五か年計画の三年目にあたる。

ふたたび『補助金便覧』のデータに戻ると、一九九三年をピークに、九五年の小中学校設備に対する特定補助金額は四九億円へと激減し、その後も減少の一途をたどっている。二〇〇四年には、理科教育振興法を法的根拠とする理科設備への補助金とわずかな特別支援教育設備への補助金以外はすべての特定補助金が打ち切られた。二〇一一年現在の小中学校設備に対する特定補助金額は、およそ一四億円である。これにともない、「予算補助」による特定補助金の支出という手法も、特定補助金による特定領域への予算投下の手法も、ほとんど終焉を迎えているといってよい。[*44]

このように、教材費の全額一般財源化により、教材整備基準（教材基準・標準教材品目）と教材財政基準（地方交付税額の算定基礎）とは設定主体を違え、まったく別個に設定されるようになった。これにより、教材整備基準は指導助言性が強調されるようになり、教育財政基準を引き上げていく目標としての意義を失った。また、自治省による地方交付税とは別に、文部省の特定補助金により特定教材の購入を促進する手法の拡大がみられ、主体と目的、対象とする教材や支出方法を異にする二つの教材財政基準が併存する状況となった。しかし、ある特定領域への文部省の進出意欲を示す特定補助金は、コンピュータ教室の設置計画終了後、地方交付税制度に吸収されていった。他方で、その算定根拠の不透明さ、教育的根拠の不在ゆえに、地方交付税額上の教材費は他への流用が増えてきたのである。

(3) 教材整備基準の解体と教材財政基準の機能不全（一九九八年〜）

教材基準の策定以降、範囲の大小はありつつも整備すべき教材の網羅的なリストが示されてきたことの意義を、「教材整備の水準と質を維持向上させるための統一的根拠を示したこと」であると考えるならば[*45]、その意義を文部当局自身が放棄してしまったのが「教材機能別分類表」の設定であったといえる。教材機能別分類表は、二〇〇〇年三月に設置された義務教育諸学校における標準教材品目の在り方等に関する調査研究協力者会議による報告書「これからの義務教育諸学校の教材整備の在り方について」（二〇〇一年一月）で提言された。地方分権改革の流れを背景として、同報告書は、地方や学校が教材を購入するさいに標準教材品目には「拘束力があるとの誤解」があると指摘した。それをふまえて文科省により通知された教材機能別分類表は、「教材の機能を重視した教材選択・教材整備が図られるよう、教材の機能的な側面に着目して分類整理し、教材を選択し整備する際の留意点を示した参考資料[*46]」とされる。これまで共通教材・教科別教材というように領域別に品目・必要数量が網羅的に示されていたリストの形式をとりやめ、共通・各教科という領域のなかで教材を四つの機能（①発表・表示用教材、②道具・実習用具教材、③実験観察・体験用教材、④情報記録用教材）に分類し、品目の名称は例示でとりあげるにとどめ、各品目例の必要数量は示さないこととされた。たとえば、小学校の①発表・表示用教材の「壁絵等（英語アルファベットポスター、世界のあいさつ言葉など）」（総合的な学習の時間）、③実験観察・体験用教材の「高齢者疑似体験用具一式、保育人形、介護用品モデル一式、車椅子など」（総合的な学習の時間・福祉関係体験用具）などがある。このように、教材機能別分類表の設定を契機に、文部当局は各学校にとっての教材整備基準としての統一的・網羅的な教材品目のリストアップという手法を放棄し、自らの望む教育内容・教育方法を実現するための教材のみをピンポイントで掲げる手法へと移行したのである。

さらに二〇一一年、文科省は教材機能別分類表を廃止し、「教材整備指針」を策定した。中央教育審議会初等中等教育部会教育課程部会において教育財政室長は、この教材整備指針の性質について「あくまでも文部科学省が一般的な指導助言の一環として作成をする参考の資料という位置づけ・性格」であると説明している。[*47] 新学習指導要領に対応するための改訂点がいくつかあるが（小学校における外国語活動、中学校における武道に関する教材の新規例示等）、実質的な性質は教材機能別分類表とほとんど変わっていないといえる。品目は網羅的・一般的なものではなく、特定のものが例示される形式のままであり、時折文科省の推奨する教材が紛れこんでいる点もそのままである。[*48]

このような教材整備基準の解体とピンポイントな教材購入・教育方法誘導方策としての基準の性質変容により、網羅的・全体的目標を失った教材整備のための地方交付税は、いよいよ流動的に支出されるようになる。文科省は、教材機能別分類表の設定にともない、二〇〇二年度から「新たな教材整備五ヵ年計画（第四次教材整備計画）」を始動させ、総額約四三〇〇億円の措置を決定した。これが一応は総務省に対して影響力をもったのか、初年度の基準財政需要額上の標準学校当たり教材費は、小学校で前年比一五％増、中学校で一六・五％増と大幅に伸び、この五か年中にも小学校では三二四万円から三五〇万二〇〇〇円と、ともに漸増されてきた。しかし、そのように増額された教材費の実際の地方における措置率の全国平均は、前掲の文科省のデータによれば、一九九七年に一〇〇％をついに割ったのち下がりつづけ、二〇〇七年度決算では六五・三％にまで落ちこんだ。[*49] 都道府県別にみると、措置率が一〇〇％を超えたのは、じつに東京、神奈川、大阪の三都府県のみである。[*50] また、同年の公立小中学校の一学校当たりに実際に配布された教材費の全国平均は一四九万円である。同年の地方交付税の算定額は、小中学校ともに三〇〇万円余りであったので、その半額にも満たない額しか学校現場には教材費として渡されていない、ということである。

さらに文科省は、二〇〇九年より「新学習指導要領の円滑な実施のための教材整備緊急三カ年計画」（総額二四五九億円を地方交付税措置）、一二年度より「義務教育諸学校における新たな教材整備計画」（一〇か年で総額八〇〇〇億円を地方交付税措置）を策定している。これらの新計画は、新学習指導要領や教材整備指針で例示された教材の整備に必要な新規分の経費を積算している。二〇〇八年にはおよそ七九〇億円であった地方交付税上の教材費を、〇九年以降約一〇〜三五億円程度増額することを意図している。

このように、二〇〇〇年代に至り、それまで指導助言性は強くとも網羅的・全体的に教材整備の目標を示していた教材整備基準は、文科省自らにより解体され、ピンポイントで個別の教材・対象領域を掲げる形式へと変更された。ただし、この形式の変更がどれほどの影響力をもっているのかは現時点では不明である。その一方で総務省により算定され、交付される地方交付税は、自治体レベルにおいて教材費以外への流用が拡大している。使途が自由で算定根拠の不透明な地方交付税は、すでに教材財政基準としては機能不全に陥っている。

4　教材整備のナショナル・スタンダード保障のための制度原理

本章は、戦後日本における文部省・文科省による教材整備政策の変遷を追い、いかなる教材整備基準の形式が存在してきたか、どの程度の教材財政基準を国が保障してきたかと同時に、それが学校現場における教材整備についての裁量をどの程度制約してきたのかを検討してきた。

教材整備にあてられる予算を国が保障すると同時に、学校現場において教職員の裁量を保障するには、二つのプロセスにおいて、教育活動を編成し、その教材を実際に使用する教育専門職たる教師の声が反映されるルートが確保されていることが重要であると考えられる。すなわち、国が設定する教材財政基準の設定過程と、その教材財政基準にもとづいて措置された教材費の地方における執行過程である。この二つのプロセスに着目して、今一度教材整備政策の歴史を振り返ると、以下のようになる。

国庫負担制度としてはじまった教材整備政策は、教材整備基準と教材財政基準とが同水準に設定され、教材のナショナルミニマムを保障する制度として構想された。基準の設定においては現場における現有教材の調査をふまえ、専門家の意見を反映して教材の品目が決定されており、さらに、措置された国庫負担金をどの教材にあてるかは制約を受けない点が特徴であった。その後、校長や指導主事等により原案が作成された教材基準の通達による設定にともなって、教材整備基準・財政基準ともに引き上げられたものの、それは財政的理由により妥協的水準に抑えられていた。同時に教材費執行における裁量が大幅に制限され、学習指導要領を物的側面から実現するための制度に一変した。さらに、国の財政逼迫や行政改革の動向を背景として、学習指導要領の全局面にわたってそれに必要な教材を包括的に整備する国庫負担制度が放逐された。すなわち、妥協的ラインにしても一応の教材整備基準を示してきた教材基準は実質的に撤廃され、教材財政基準は総務省によって教材整備基準とも現場教師のニーズとも無関係に設定されるものとなった。交付税すると、教材費として算定され交付された金額すべてを地方が教材購入費にあてなくなってきた。交付税制度のもとでは、地方に教材費執行の自由が与えられるが、それは教師の教材選択の自由を保障するものとはいいがたいのである。

このような教材整備基準の欠落と教材財政基準の形骸化、そして教師の教材選択の自由の制約状況を、現代においていかに立て直せばよいのだろうか。政策の歴史的変遷を顧みれば、そのヒントは教材財政基準の設定過程、教材費の執行過程の双方において現場教師の声を反映させるルートを確保していた初期の国庫負担制度にあることは明らかである。まず、理想的教材整備基準――教材のナショナル・スタンダード――が、教育専門職たる教師と各学校の教育条件整備の専門職たる学校事務職員による知恵と経験を結集して検討されるべきである。それは地方や学校ごとの独自性に対応しうるよう一般的かつ包括的な基準となり、技術革新や教育内容の変化により向上しうる。次に、教材財政基準は、教材整備基準を満たすよう漸次引き上げられていくべきであり、決して後退してはならない。具体的には、教材を含む教育課程全体の実施のために必要とされるものにかかる経費、すなわち学修費のみに使途を定めた国庫負担金制度を創設することを提起する。[*51] 交付される国庫負担金の算定基礎は一般的かつ包括的な教材品目のリストだが、このリストはあくまで算定基礎であるべきで、教材基準のように拘束力をもって発出されるべきではない。基準財政需要額の算定基礎と同程度の大まかなくくり――たとえば「教材、教具、備品および図書」――として発表されれば十分であり、教材選択の自由はあくまで教師に付与される。各校における教科ごとの教材の偏在の是正も、現場における教師や学校事務職員の裁量にゆだねられる。そして、国庫負担金による負担額を超えて現場において教材購入にかかった費用も、国庫負担により補助されるべきである。

◉注

＊1　宮園三善「教材費」『教育経営辞典』二巻、帝国地方行政学会、一九七三年、二八〇頁。

＊2　今村武俊「教材費の配分について」（『文部時報』九一三号、一九五三年九月）参照。文部省調査課編『地方教育費の調査報告書（昭和二七年会計年度版）』によれば、小中学校の「教材用設備・備品費」である四六億円中、寄付金が占める割合は二二・三%にのぼっている。

＊3　天城勲『教材費の解説と研究』港出版合作社、一九五三年、一一頁。

＊4　同前、二一〜三二頁。
＊5　義務教育費国庫負担法三条二項に委任を受けた「義務教育費国庫負担法にもとづく教材費の国の負担額等を定める政令」（五三年以降ほぼ各年発出）が、二条で児童生徒当たり教材費の額を定め、三条別表で児童生徒数補正のための算式を定めている。
＊6　ただし、学校図書館法においては教材費国庫負担として図書を含むことを妨げないと規定されている（一三条）。
＊7　前述した理科教育振興法・学校図書館法成立にともなう、理科教材・学校図書の算定基礎からの除外がその原因とみられる。
＊8　前掲、天城『教材費の解説と研究』二四頁。
＊9　同前、四二頁。
＊10　文部省『文部省年報』一九五三年度版、一九六六年度版。
＊11　岩田俊一『教材基準』帝国地方行政学会、一九六七年、九頁。
＊12　今村武俊「小中学校の教材・教具の基準の設定」『教育委員会月報』一七一号、一九六四年一一月、九頁。
＊13　前掲、岩田『教材基準』一〇〜一六頁。
＊14　同前、一九〜二〇頁。
＊15　文部省『我が国の教育水準』一九七〇年。
＊16　前掲、岩田『教材基準』二一頁。
＊17　同前、二二頁。
＊18　同前、二三頁。
＊19　義務教育費国庫負担法三条二項に委任を受けた「義務教育費国庫負担法に基く教材費の国庫負担の限度額算出の基礎となる額を定める政令」（一九六七年以降各年発出）が、一条一項第一表で学級当たり単価を、同条同項第二表で学級数補正のための算式を定めている。

＊20　前掲の政令が、一条二項の表中で特殊学級の障害種別加算単価を定めている（一九七三年以降は同条三項、七八年以降は同条四項に移行している）。

＊21　一九八一年までは優遇措置として国庫負担割合が四分の三とされた。

＊22　同時にクラブ活動のための教材費の五か年整備計画が立てられ、初年度である一九七二年は中学校の学級当たり単価に約三三一〇円が加算された。

＊23　前掲の政令が、一九七三年より一条二項で新設校の学級当たりの加算額を定めている。

＊24　教材基準の改正により、教材基準にあげられている品目数は二二二三点から三四一四点へ飛躍的に拡大した（文部省初等中等教育局長通達「義務教育費国庫負担法及び公立養護学校整備特別措置法にもとづく教材費の国庫負担金の取扱について」〔文書財第二六九号〕一九七八年一〇月五日）。また、学級数を補正する算式も、一九六七年以来はじめて改善されている。

＊25　古村澄一・宮園三善『新しい教材基準――その解説と運用』ぎょうせい、一九七八年、一〇八～一一五頁。

＊26　文部省『地方教育費の調査報告書』一九六七年、一九八一年。

＊27　教材費国庫負担金の総額は、一九億円（一九五三年）から一八九億円（八一年）と、およそ一〇倍に増加した。

＊28　文部省『学制一二〇年史』一九九二年。

＊29　第一〇二回国会衆議院会議録第一五号（一九八五年三月二〇日付、質問者沢田広〔日本社会党・護憲共同〕）。

＊30　第一〇二回国会衆議院会議録第一五号（一九八五年三月二〇日付、質問者沢田広に対する中曽根康弘首相の答弁）。

＊31　境野健児「自治体の教材費はどうなったか」（『賃金と社会保障』九五七号、一九八七年）も同旨である。

＊32　文部省教育助成局長通知「公立義務教育諸学校の教材費の地方一般財源化について」（文書財第一二二号）一九八五年五月三一日。

＊33　一九八四年は七二万六六六〇円、八五年は四八万五〇〇〇円である。ともに一学級に対して算定される教材費に一八学級（標準学校における学級数）を乗じた額。

＊34　標準教材品目は、一九九〇年五月に発足した標準教材品目設定調査研究協力者会議（座長吉田治郎千葉市教育長以下三四名）および文部省教科調査官の検討をへて設定された。

＊35　教育助成局財務課「『標準教材品目』について」『文部時報』一三七七号、一九九一年九月。

＊36　標準教材品目は、通達ではなく、通知という形式により、地方に発出された。

＊37　教育方法拘束力の有無の検討の視点からではないが、現場からみた標準教材品目の各教科の教材整備基準としての問題点については、河野義顕「文部省新『標準教材品目』と技術科の条件整備」（『技術教育研究』三九号、一九九二年一月）、佐藤史人・坂口謙一・佐々木亨「技術科教育の物的条件整備に関する研究」（『和歌山大学教育学部教育実践総合センター紀要』一七号、二〇〇七年）、荒生薫・時長逸子「小学校における美術教材の変遷」（『デザイン学研究』四八巻三号、二〇〇一号）が、指摘している。このような、教科ごとに必要な教材、またそれをどのように公費負担するべきなのかという検討が、現場教師の目線からなされることは現代でもなお必要である。

＊38　教材費の地方一般財源化のさいの前掲文部省教育助成局長通知は、「各地方公共団体においては、学校教育における教材の重要性にかんがみ、従来と同様に各地域や学校の実態に応じて所要の教材費を確保し、教材の整備を進めるとともに、学校に備える教材の経費について保護者負担に転嫁することのないよう引き続き努力をされたい」としている。

＊39　前掲、境野「自治体の教材費はどうなったか」。

＊40　文部科学省「費用負担関連資料」二〇〇五年六月一八日（中央教育審議会義務教育特別部会［第二〇回］配布資料（http://www.mext.go.jp/b_menu/shingi/chukyo/chukyo6/gijiroku/05062401/001.pdf）。

＊41　特定補助金については、一九六五〜二〇一一年までの『補助金便覧』『補助金総覧』（日本電算企画株式会社）から、小中学校の設備整備にかかわる補助金のみをとりあげてグラフ化した。個々の補助金の性質により、特別支援学校等に対する補助金も少額ながら分割できずに含まれていることを付記しておく。

＊42　「法律補助」とは、「国が補助金等を交付することについて根拠法令のある場合の補助事業に対する補助金等の呼称」であり、「予算補助」とは、「『法律補助』以外の補助金等」をさす（『補助金総覧』平成二三年度版）。

＊43　教育用コンピュータは情報教育のみならず、あらゆる教科で活用可能な教材であるが、グラフにおいては、便宜上、「情報」に含めて示している。
＊44　二〇一一年現在の予算補助の占める割合は〇・一％（法律補助九九・一％）である。
＊45　山崎保寿「教材整備に関する国庫負担制度の変遷と課題」『静岡大学教育学部研究報告　人文・社会・自然科学編』六一号、二〇一一年三月。
＊46　初等中等教育局長通知「義務教育諸学校の教材整備について」二〇〇一年一一月五日（一三文科初第七一八号通知）。
＊47　文部科学省初等中等教育部会教育課程部会（第八一回、二〇一一年三月七日議事要旨（http://www.mext.go.jp/b_menu/shingi/chukyo/chukyo3/004/gijiroku/1303376.htm）。
＊48　たとえば、小学校教材整備指針には「教授用掛図（話すこと・聞くこと、書くこと（書写）、読むこと、伝統的な言語文化に関する指導用など）」（国語）とある。
＊49　文部科学省「教材費決算額の状況（平成二〇年度決算）」参照。二〇〇七年度が現時点での教材費措置率の底であり、翌〇八年度決算では、七七・五％にまでもち直している。文科省は、その要因として学習指導要領の改訂をあげている（http://www.mext.go.jp/component/a_menu/education/detail/__icsFiles/afieldfile/2010/03/04/1222228_1.pdf）。
＊50　都道府県ごとの教材費措置率と財政力支出との相関関係については、山本裕詞「地方分権化の『教育の機会均等』に関する国家の責任」（『東北大学大学院教育学研究科研究年報』五七集一号、二〇〇八年）が分析している。
＊51　詳しくは、本書第9章、および最終章を参照のこと。

（福嶋　尚子）

第III部

公教育の無償性

第7章 子どもの貧困と学校教育

本章では、子育て世帯の低所得と経済的困窮が増大している現状を概観したうえで、教育を含む子どもの生活保障に関連する日本の諸制度とそれを支えている支配的社会常識の大雑把な特徴の描写を試み、最後に、学校教育を含む基礎的社会サービスにおける公的保障と私的負担による上乗せ（「混合」）という視点から学校教育の現状を考察したい。

1 低所得子育て世帯の急増と経済的困窮の増大

(1) 低所得子育て世帯の急増

平均所得の大幅な減少

表1をみると、児童（一八歳未満の子）がいる子育て世帯の平均年収は、一九九六年から二〇〇九年までで、マイナス八四万円（マイナス一〇・八％）と大幅に下がったことがわかる。可処分所得は、マイナス八九万円（マイナス一三・六％）と、さらに大きく下がった。

この所得減少は、世帯人数の減少によるものとみることはできない。たしかに、核家族化の進行（児童のいる世帯で一九九六年七〇・五％→二〇〇九年七六・〇％）と平均児童数の減少（一九九六年一・七六人→二〇〇九年一・七二人）を反映して平均世帯人員は減っているが、平均有業人員数はほとんど変わっておらず、むしろわずかに上昇気味だからである。

また、核家族の割合が増えているが、有業者一人当たりの稼働所得額は「三世代家族」よりも核家族のほうが高い（二〇〇九年の所得額は三世代家族二七四万円、核家族三九八万円）ため、本来ならば子育て世帯の有業者一人当たり稼働所得額は上昇しておかしくない。だが、表1にあるとおり、実際には有業者一人当たりの平均稼働所得額は大きく減っている。子育て世帯平均所得の大幅な下落の最大の要因は賃金減少である。

くわえて、所得が大幅に下がっているなか、所得に対する可処分所得の割合が下がっていることに注意されたい。あとでもみるが、低所得子育て世帯への公租公課の増大は困窮を拡大する原因の一つとなっている。

低所得割合の急増

世帯収入平均が下がって、低所得世帯の割合は大きく増えた。図1、2は、子育て世帯について、四〇〇万円未満の三〇代世帯主世帯、および、四五〇万円未満の四〇代世帯主の世帯割合をみたものだ。この一五年ほどで、両者とも一七～一九％から二五％前後へと増えており、とりわけ、三〇〇万円未満の増加が著しい。貧困下層の急増と考えてよかろう。

2002	2003	2004	2005	2006	2007	2008	2009
702.7	702.6	714.9	718.0	701.2	691.4	688.5	697.3
4.4	4.4	4.4	4.3	4.3	4.2	4.2	4.2
1.7	1.8	1.9	1.8	1.8	1.8	1.7	1.8
372.1	359.0	353.9	363.5	355.5	356.2	367.9	356.1
643.1	643.4	657.2	655.2	643.0	639.3	641.5	626.0
656.9	654.7	676.4	668.0	657.6	654.1	659.9	637.5
586.6	569.0	599.5	579.6	564.7	552.5	545.7	564.1
83.5	81.0	83.9	80.7	80.5	79.9	79.3	80.9

なお、三〇代と四〇代で目安の金額に差を設けたのは、消費支出額が子どもの年齢で大きく変わるからである。二〇〇九年の「全国消費実態調査」によれば、夫婦と子二人の勤労世帯で、長子が高校生の世帯と長子が小中学生の世帯を比較すると、消費支出は年収三〇〇～四〇〇万円階層で約四〇万円、四〇〇～五〇〇万円階層で六〇万円の差がある。その差の主な部分は「交通通信費」と「教育費」である。なお、長子が高校生の世

表1　児童のいる世帯の所得関係資料

調査対象年次	1985	1988	1991	1994	1995	1996	1997	1998	1999	2000	2001
平均年収（万円）	539.8	603.5	710.6	758.6	737.2	781.6	767.1	747.4	721.4	725.8	727.2
世帯人員	4.5	4.5	4.5	4.4	4.3	4.4	4.4	4.4	4.3	4.4	4.3
有業人員	1.7	1.7	1.7	1.7	1.7	1.7	1.7	1.7	1.7	1.8	1.7
有業者1人当たり稼働所得（万円）	299.8	320.9	381.8	418.2	407.8	421.4	416.4	408.2	386.5	362.8	395.3
世帯当たり稼働所得（万円）	506.7	557.6	658.3	701.8	683.4	722.7	706.4	689.8	659.5	663.3	664.9
稼働所得のある世帯の稼働所得（万円）	513.1	566.8	669.8	715.3	692.8	732.5	720.5	700.2	674.2	680.7	677.0
平均可処分所得(万円)	476.4	508.7	593.3	636.8	616.5	653.0	647.5	623.8	604.8	609.9	598.7
可処分所得率	88.3	84.3	83.5	83.9	83.6	83.5	84.4	83.5	83.8	84.0	82.3

出典）厚生労働省「国民生活基礎調査」所得票。

帯と小中学生の世帯の世帯主平均年齢は、それぞれ、ほぼ四五〜四六歳と三八〜三九歳である。

図3、4は、三〇代世帯主の子育て世帯について、年収階層別割合の変化幅を一九九七〜二〇〇三年、〇三〜〇九年の二つの期間に分けて示したものである。前者では五〇〇万以下層が広く増加したが、後者では、このうち三五〇〜五〇〇万円の層が減少し、代わりに、二五〇〜三五〇万円層が増加している。ここ数年で、低所得子育て世帯のいっそうの貧困化が進んだことがわかる。

低賃金と長時間労働の拡大

子育て世帯の年収低下の第一の要因は、正規雇用男性における低賃金層の急増であり（図5）、第二に、非正規雇用の増加である（表2）。この激しい変化が起きた一九九〇年代末からの数年間は、日本型雇用の解体と本格的な高失業社会の到来にかぶせるかたちで、激しい労働規制撤廃と失業時保障大幅切り

図１　30代世帯主で児童のいる低所得世帯（400万円未満）率の推移

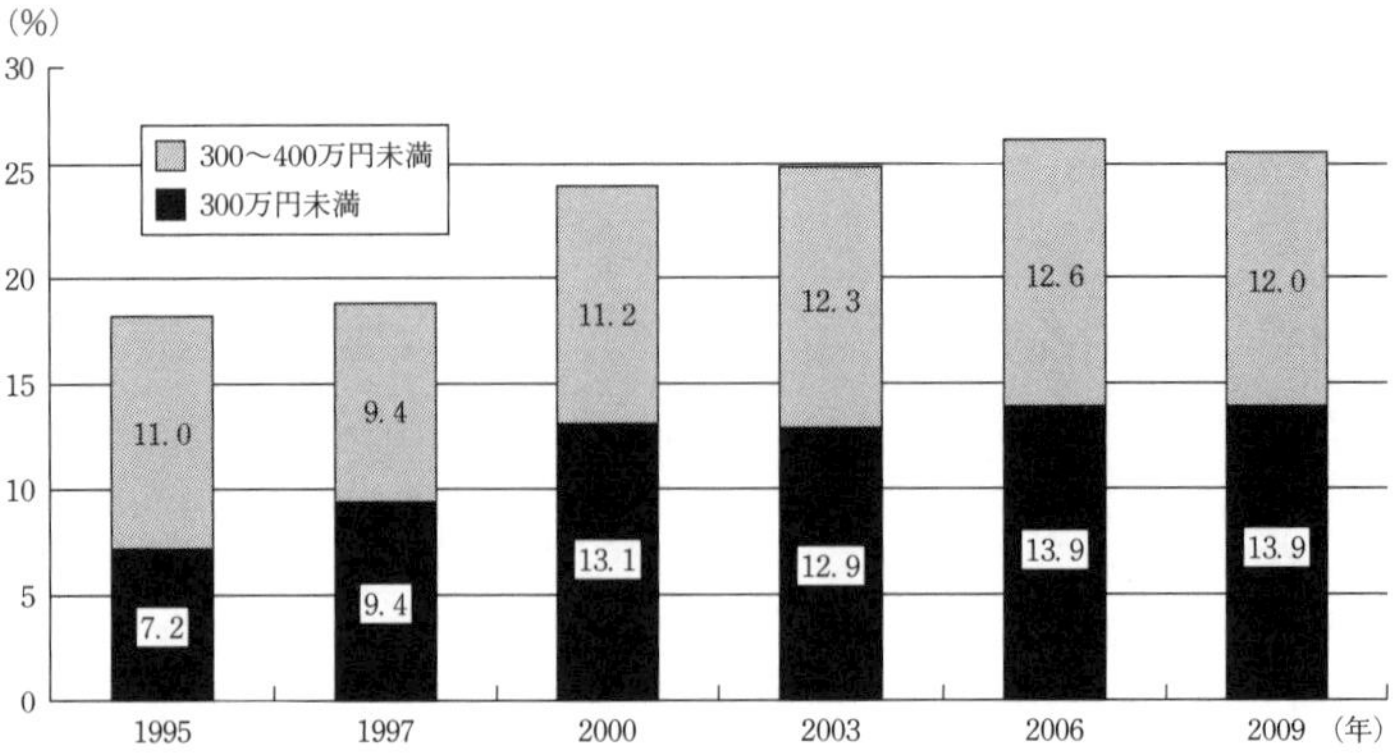

出典）厚生労働省「国民生活基礎調査」各年版より作成。

図２　40代世帯主で児童のいる低所得世帯（450万円未満）率の推移

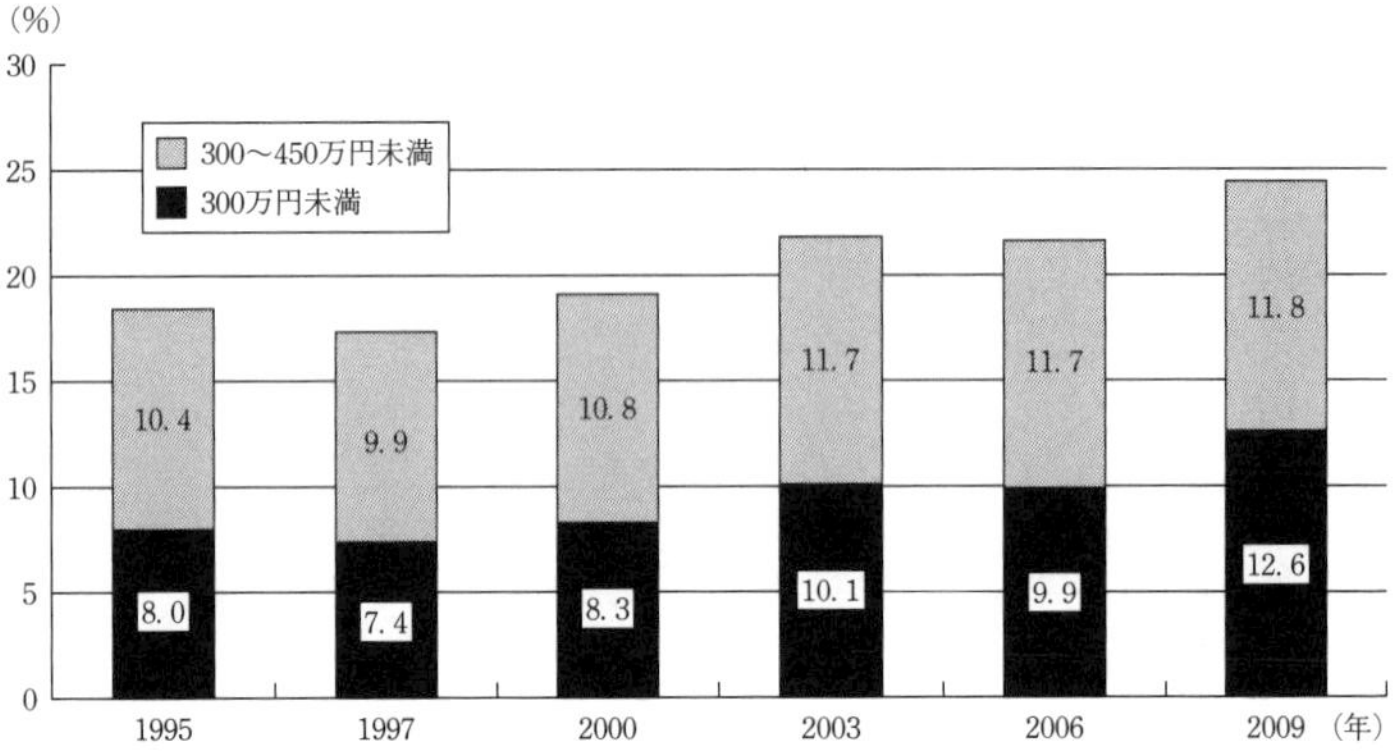

出典）厚生労働省「国民生活基礎調査」各年版より作成。

図３　30代世帯主で児童のいる世帯の年収階層別割合の変化幅（1997年→2003年）

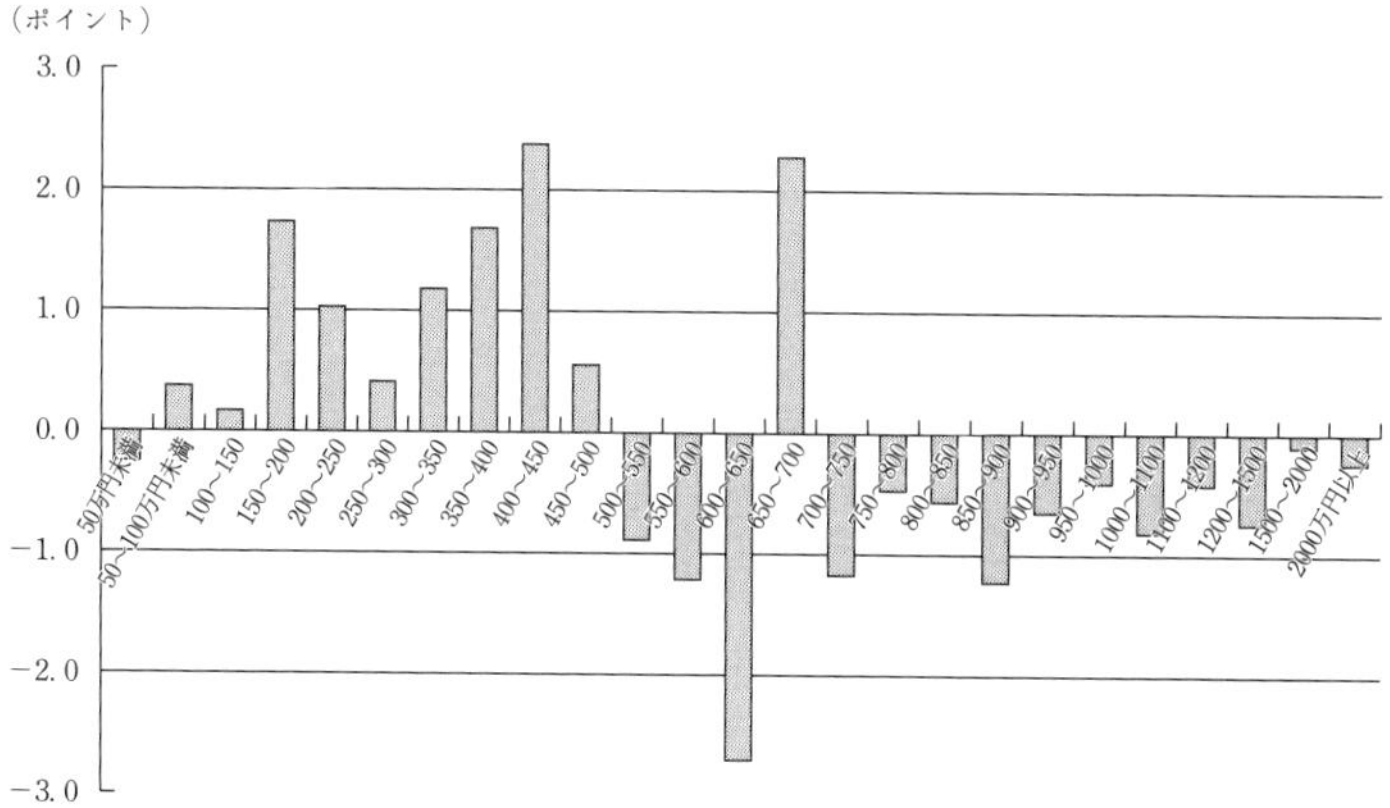

出典）厚生労働省「国民生活基礎調査」1998年，2004年より作成。

図４　30代世帯主で児童のいる世帯の年収階層別割合の変化幅（2003年→2009年）

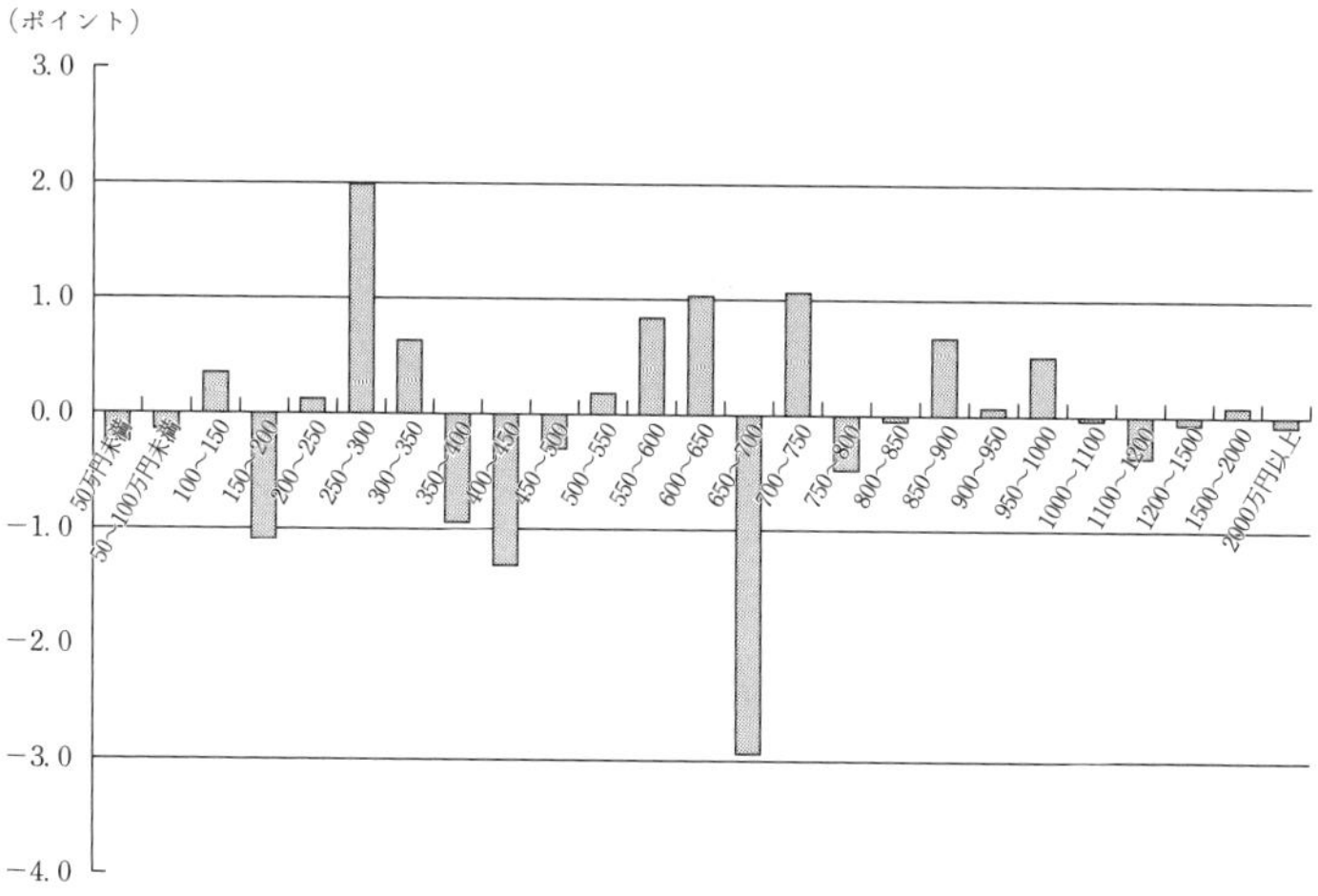

出典）厚生労働省「国民生活基礎調査」2004年，2010年より作成。

図５　低処遇比率の増大（正規雇用男性）

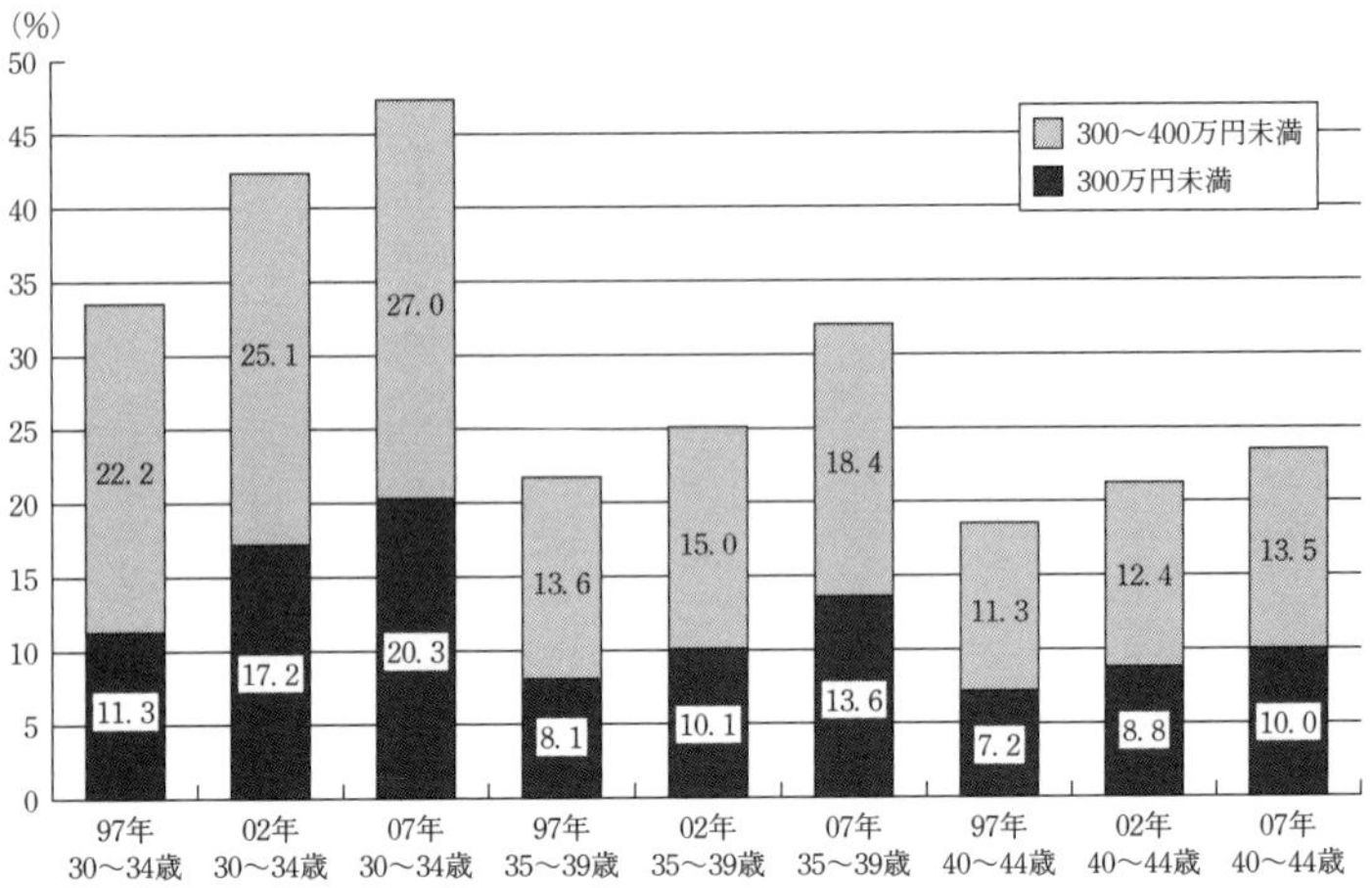

出典）厚生労働省「就業構造基本調査」。

表２　30代，40代における非正規割合の増加

（単位：%）

	男		女	
	30代	40代	30代	40代
1997年	3.7	3.6	43.6	52.3
2007年	10.3	7.7	50.9	59.6

出典）総務省「就業構造基本調査」。

下げが同時に進められた時期であった（図６）。雇用条件と労働条件全般にわたる長期の大幅な切り下げが行なわれた。

夫婦と子からなる世帯で有業世帯主の年収が二五〇万円未満の割合は、世帯主年齢三〇代が七・一%、四〇代で六・〇%である（「就業構造基本調査」二〇〇七年）。この人々の賃金は、世帯主一人分の最低生活費に達していない可能性が高い。親自身の最低生活を満たす所得も得られていない場合には、子どものための諸制度があっても、機能不全に陥る可能性が高いのはあたり前である。

なお、子育て世帯の世帯主の無業率はきわめて低い

図６　雇用保険給付の縮小

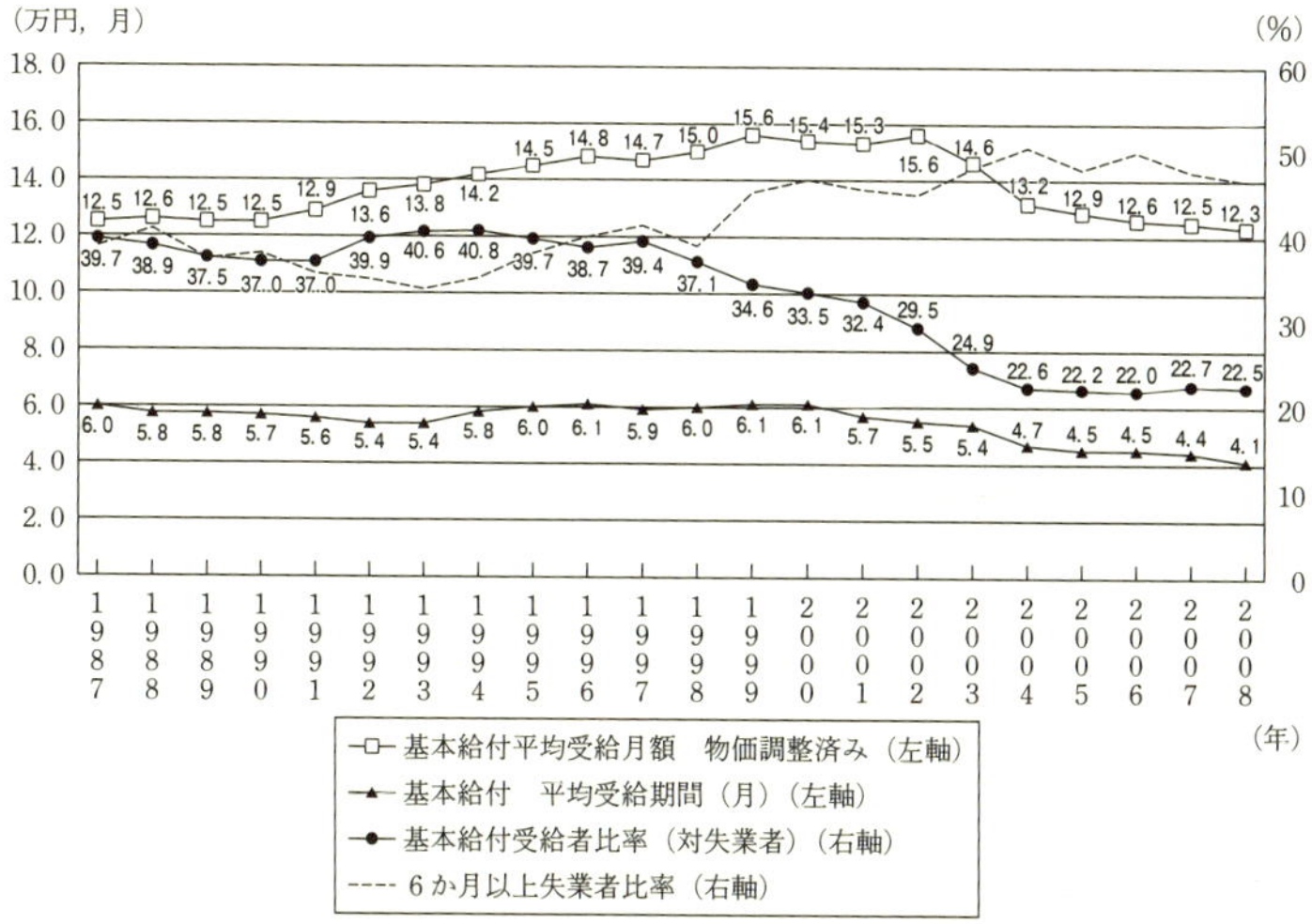

注）受給率の分母の失業者数は総務省「労働力調査基本集計」（年度平均値），半年以上失業者比率は総務省「労働力調査特別調査」（2001年まで。各年２月）・総務省「労働力調査詳細集計」（2002年以降。年平均値）を用いた。基本給付受給額の物価調整は2005年を100としたもの。

出典）厚生労働省「雇用保険事業年報」各年版，および，総務省「労働力調査基本集計」，総務省「労働力調査特別調査」，総務省「労働力調査詳細集計」から作成。

（三〇代で一・二%、四〇代一・四%。「就業構造基本調査」二〇〇七年）が、たとえば、二五〇万円未満などという低賃金世帯主の多くは「半失業」状態に追いこまれているとみるべきである。現在の日本では雇用保険給付を受けている失業者は二割強にすぎない（図６）ため、適職で生活可能な職を探しつづけることができず、悪条件の仕事でも就かざるをえない失業者が多数存在する。つまり、失業から半失業への移行の強制である。この異常に低い無業率は、失業子育て世帯への社会保障の極度の脆弱を物語るものである。

一時期、小学校・中学校の給食費未納が大きな問題とされ、「支払おうと

図7　週60時間以上働く労働者の比率の増加（年に200日以上就業）

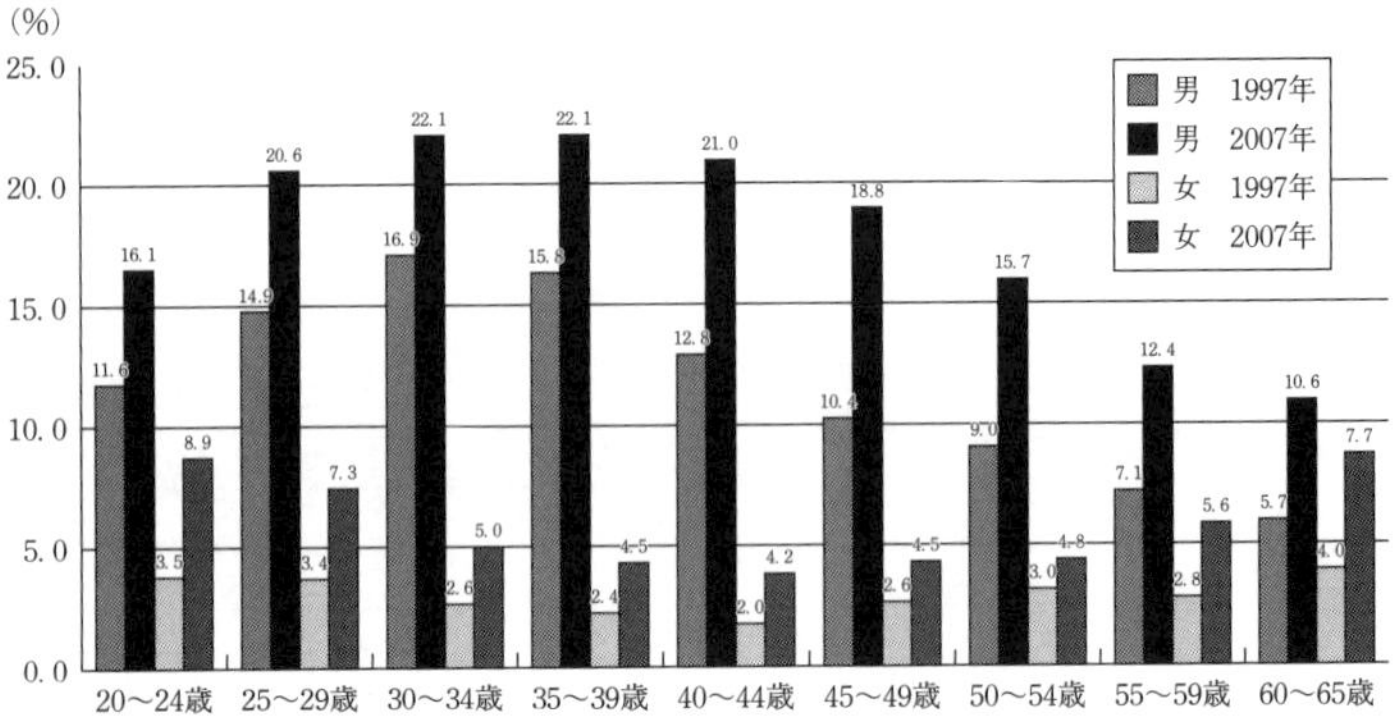

出典）総務省「就業構造基本調査」。

しない困った親」というイメージが広められたことがあった。学校関係者でも、給食費は就学援助の対象であることから、本当に困窮していれば就学援助を受けて支払ったはずだ、という主張があった。だが、就学援助制度がさまざまな理由で利用しにくい地域は少なくない。[1] 二〇〇五年に調査された県別の給食費未納率は、県別の失業率（したがって低所得世帯の比率）とはっきりとした相関がある。[2] 親の低所得を制度がカバーできていないことが主たる原因とみるべきであろう。

また、子どもの貧困を考えるうえで見落とせないのが、長時間労働の蔓延である。図7は、週に六〇時間以上働く労働者の男女別・年齢階層別割合の変化を示したものである。男性では五人に一人強が週に六〇時間以上、つまり、過労死ラインといわれる年間三〇〇〇時間を超えて働いている。この一〇年間の変化は非常に大きい。

図8、9は、週に六〇時間以上働く労働者の年収分布を示したものだが、男性は年収二〇〇万円台、三〇〇万円台、四〇〇

図8　週60時間以上働く男性労働者の年収分布（200日以上就業）

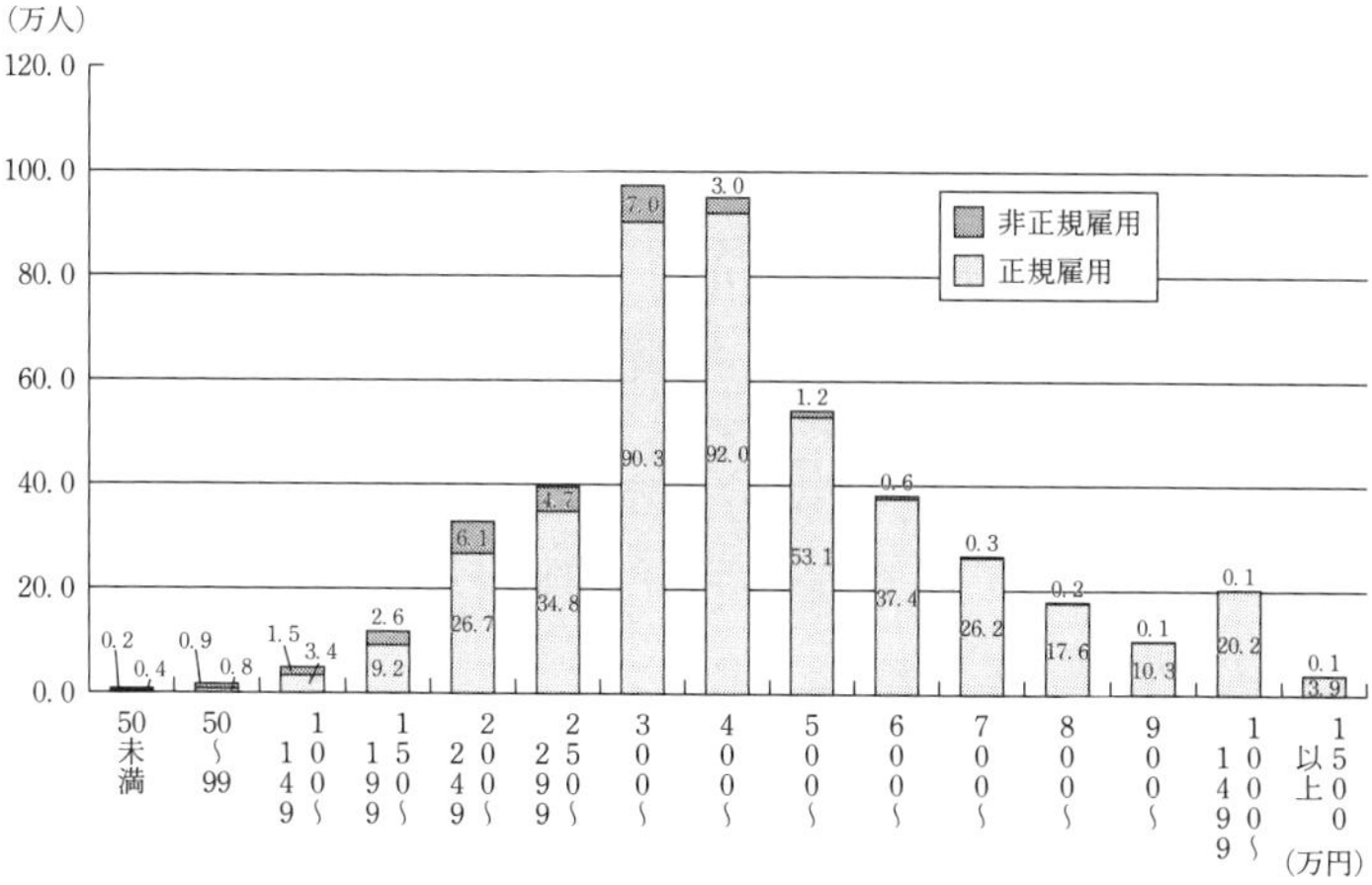

出典）総務省「就業構造基本調査」2007年。

図9　週60時間以上働く女性労働者の年収分布（200日以上就業）

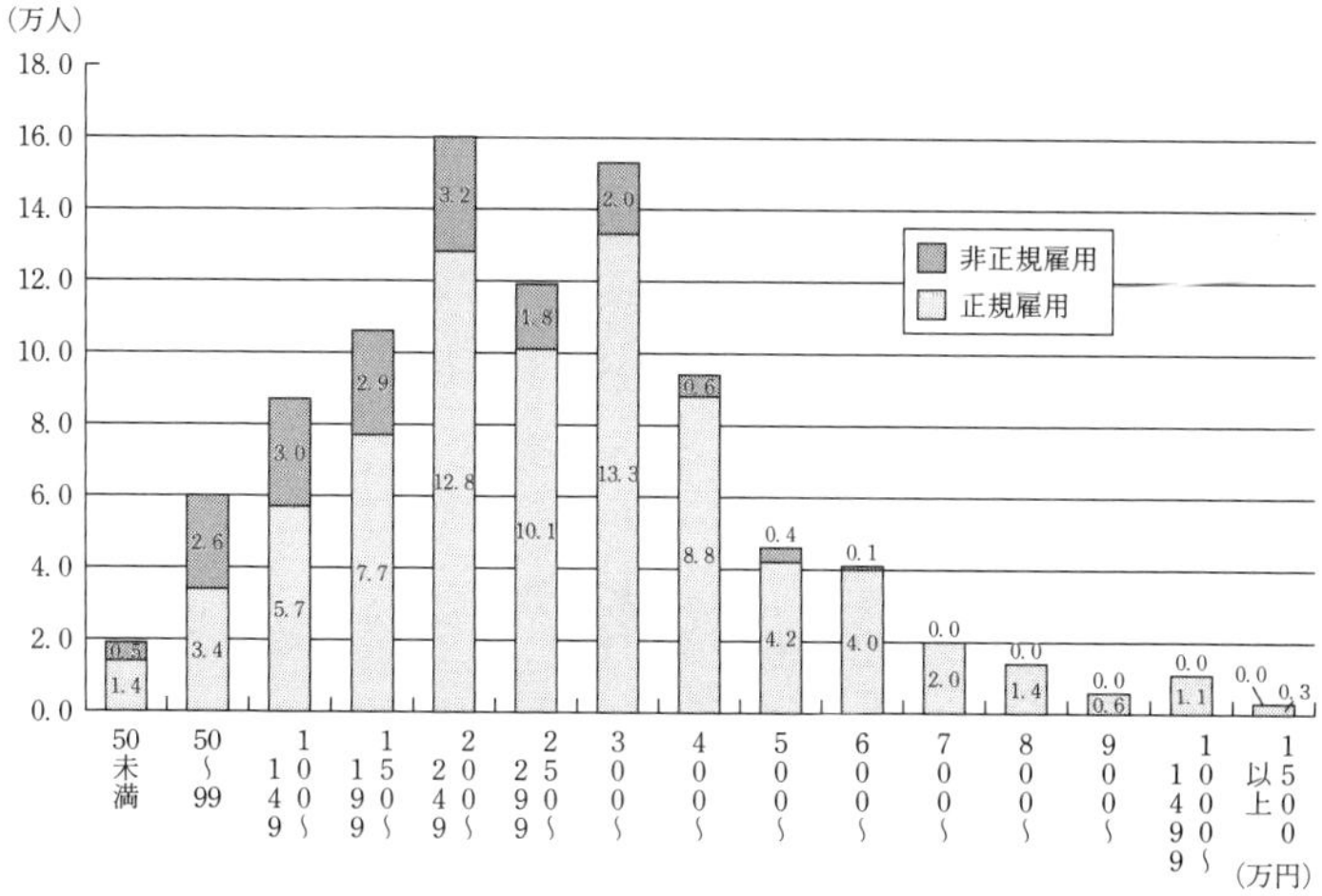

出典）総務省「就業構造基本調査」2007年。

万円台に、女性は一〇〇万円台、二〇〇万円台に集中している。長時間労働と時間単価の低下が悪循環を起こしている様子がみてとれる。[*3] 低所得子育て世帯の親が、同時に長い労働時間に追われて肉体的・精神的に余裕がなくなり、子どもの十分なケアが困難になる場合があることが予想できよう。

(2) 子育て世帯の家計の逼迫

年収の低い子育て世帯の家計は逼迫度を増している。

従来から、支出に裁量の余地が少ない住宅費(借家家賃)、光熱水費、交通通信費、医療費、教育費は、「社会的固定費」と呼ばれてきた。「全国消費実態調査」によれば、これと、主に直接税と社会保険料からなる「非消費支出」とをくわえた合計額が実収入に占める割合は、借家の世帯についてみると、一九九九年、二〇〇四年、〇九年で、三〇〇万〜四〇〇万円階層が四六・八%→四八・一%→四九・八%、四〇〇万〜五〇〇万円階層が四五・二%→四八・二%→五二・七%と上昇している。家計支出の硬直化の進行である。[*4]

また、夫婦と子二人の勤労四人世帯の金融資産純増率をみると、長子が小中学生のグループでは、年収三〇〇万円未満が二〇〇四年、〇九年ともにマイナスであり、預貯金が取り崩されていることがわかる。長子が高校生のグループは、三〇〇〜四〇〇万円で一九九九年、二〇〇四年、〇九年いずれの調査でもマイナスであり、〇四年では四〇〇〜五〇〇万円もマイナスであった。

表3　低所得世帯における固定的支出の増大

	2000年	2001年	2002年	2003年	2004年	2005年	2006年	2007年	2008年	2009年	2010年
実収入①	340, 872	334, 189	315, 226	326, 702	326, 105	320, 654	340, 111	315, 785	318, 933	307, 877	308, 535
公租公課計②	39, 761	39, 148	36, 205	37, 585	38, 870	40, 105	40, 172	31, 658	39, 713	40, 233	40, 472
社会的固定費小計③	125, 515	116, 591	112, 319	116, 772	118, 827	121, 889	128, 279	126, 674	122, 377	124, 641	128, 515
②／①(%)	11. 7	11. 7	11. 5	11. 5	11. 9	12. 5	11. 8	10. 0	12. 5	13. 1	13. 1
③／①(%)	36. 8	34. 9	35. 6	35. 7	36. 4	38. 0	37. 7	40. 1	38. 4	40. 5	41. 7
②＋③	165, 276	155, 739	148, 524	154, 357	157, 697	161, 994	168, 451	158, 332	162, 090	164, 874	168, 987
②+③／①(%)	48. 5	46. 6	47. 1	47. 2	48. 4	50. 5	49. 5	50. 1	50. 8	53. 6	54. 8
①−②−③	175, 596	178, 450	166, 702	172, 345	168, 408	158, 660	171, 660	157, 453	156, 843	143, 003	139, 548
18歳未満平均人数	1. 98	1. 95	1. 89	1. 94	1. 95	1. 98	1. 97	1. 96	1. 95	1. 98	1. 98
世帯主平均年齢	33. 2	34. 7	34. 7	34. 4	33. 0	33. 7	33. 7	33. 4	36. 1	34. 2	34. 8

注）有業者１人の勤労４人世帯で収入第Ｉ五分位のうち借家。
出典）総務省「家計調査」各年版より作成。

図10　子どもの相対的貧困率（2000年前後）

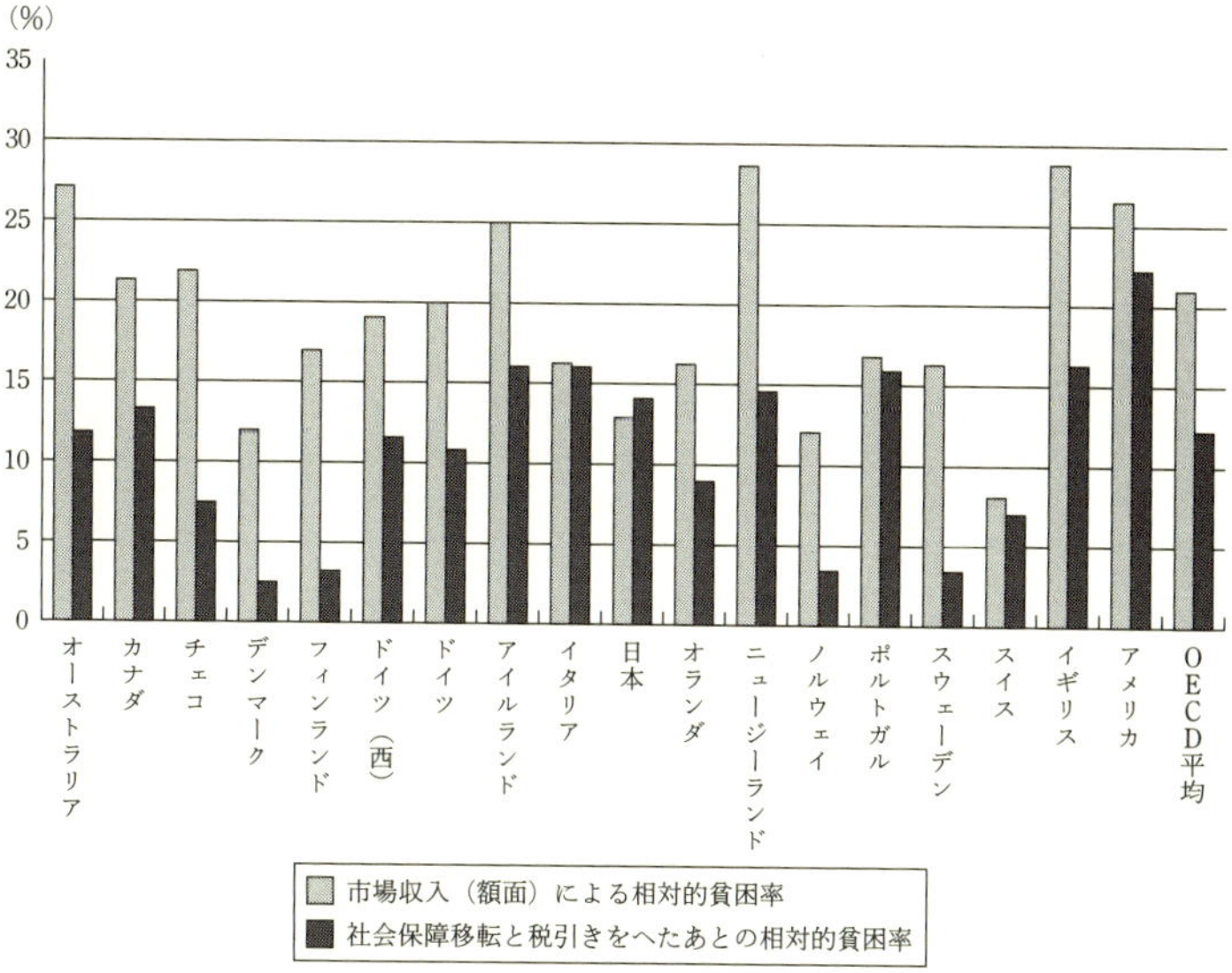

出典）OECD Social, Employment and Migration Papers 51: What works Best in Reducing child Pverty, Benefit or Work Strategy?（05 March 2007）

表3は、「家計調査」によって、世帯収入で下位二〇%の勤労世帯（「有業者一人の四人世帯」）のなかの借家世帯の状況をみたものである。実収入が大きく下がるとともに、固定的な支出の割合が上昇している。一八歳未満の平均人数と世帯主平均年齢をみると、このグループの中心は若い子育て勤労世帯であることがわかる。収入が下がるなかで公租公課の割合が拡大していることが重要であろう。衣食、交際費、教養娯楽費、生命保険、学資保険、預貯金等に使える月額は、この一〇年ほどで、月額三万五〇〇〇円以上減少している。

子どもの相対的貧困率を市場収入で測定した場合と、可処分所得で測定した場合では、後者が相当に小さくなるのが先進諸国の常である。だが、日本の場合は、可処分所得による貧困率のほうが大きい。公租公課が低所得世帯に厳しく、社会保障移転が貧弱であることのあらわれである（図10）。

(3) 子育て世帯の貧困率

低所得が増えれば「貧困」が増えるのは明らかだ。政府発表による子どもの貧困率（表4）は、他の先進諸国と比較すると非常に高い数字であるため、先進国の常識に照らせば、数値目標を設定して、貧困率を下げる計画を実施するのが当然である。だが、日本政府にはそうした計画はない。

政府発表によれば、子どもの貧困率は一九九四年から二〇〇九年で三・六ポイント、九七年からで二・三ポイント上昇した。だが、この数字は、低所得世帯の激しい増加とズレており、また、実感からも相当

表４　政府発表の貧困率

	1985年	1988年	1991年	1994年	1997年	2000年	2003年	2006年	2009年
貧困率	12.0	13.2	13.5	13.7	14.6	15.3	14.9	15.7	16.0
子どもの貧困率	10.9	12.9	12.8	12.1	13.4	14.5	13.7	14.2	15.7
子どもがいる現役世帯	10.3	11.9	11.7	11.2	12.2	13.1	12.5	12.2	14.6
大人が１人	54.5	51.4	50.1	53.2	63.1	58.2	58.7	54.3	50.8
大人が２人以上	9.6	11.1	10.8	10.2	10.8	11.5	10.5	10.2	12.7
貧困線 名目値（万円）	108	114	135	144	149	137	130	127	125
貧困線 実質値（万円, 1985年基準）	108	113	123	128	130	120	117	114	112

注）「現役世帯」とは世帯主が18歳以上65歳未満の世帯。
出典）厚生労働省「国民生活基礎調査」2010年。

にかけ離れたものである。この問題を検討しておきたい。

日本政府の貧困率推計はＯＥＣＤで採用されているやり方にもとづいたものだ。それぞれの世帯の可処分所得をその世帯の人員数の平方根で割って一人当たりの「等価可処分所得」を出し、国民全体でのその中位数の額の五〇％を貧困基準とする。国際比較が可能な方法として広く認められているものだが、日本の現状に照らしてみると、この推計方法には大きく二つの問題があると思われる。

第一に、この間、子育て世帯の所得平均は大きく減った。そのため、このやり方だと、貧困基準自身が大きく下がってしまい、貧困率はその分だけ過小評価される。この推計での可処分所得貧困基準は、一九九七年で名目値一四九万円（八五年基準実質値で一三〇万円）であり、二〇〇九年で一二五万円（同一一二万円）であった。貧困基準を実質値で固定し、等価可処分所得分布を実質値で示せば、同じ困窮レベルの子どもの割合の変化がわかるはずである。仮に、一九九七年の貧困基準実質値を、二〇〇九年の等価可処分所得分布（実質値）にあてはめてると、貧困率は二〇％強と推測できる。[*5] この一二年間で七ポイントほどの増加であり、低所得子育て世

図11　被保護世帯・世帯人数別の生計費指数

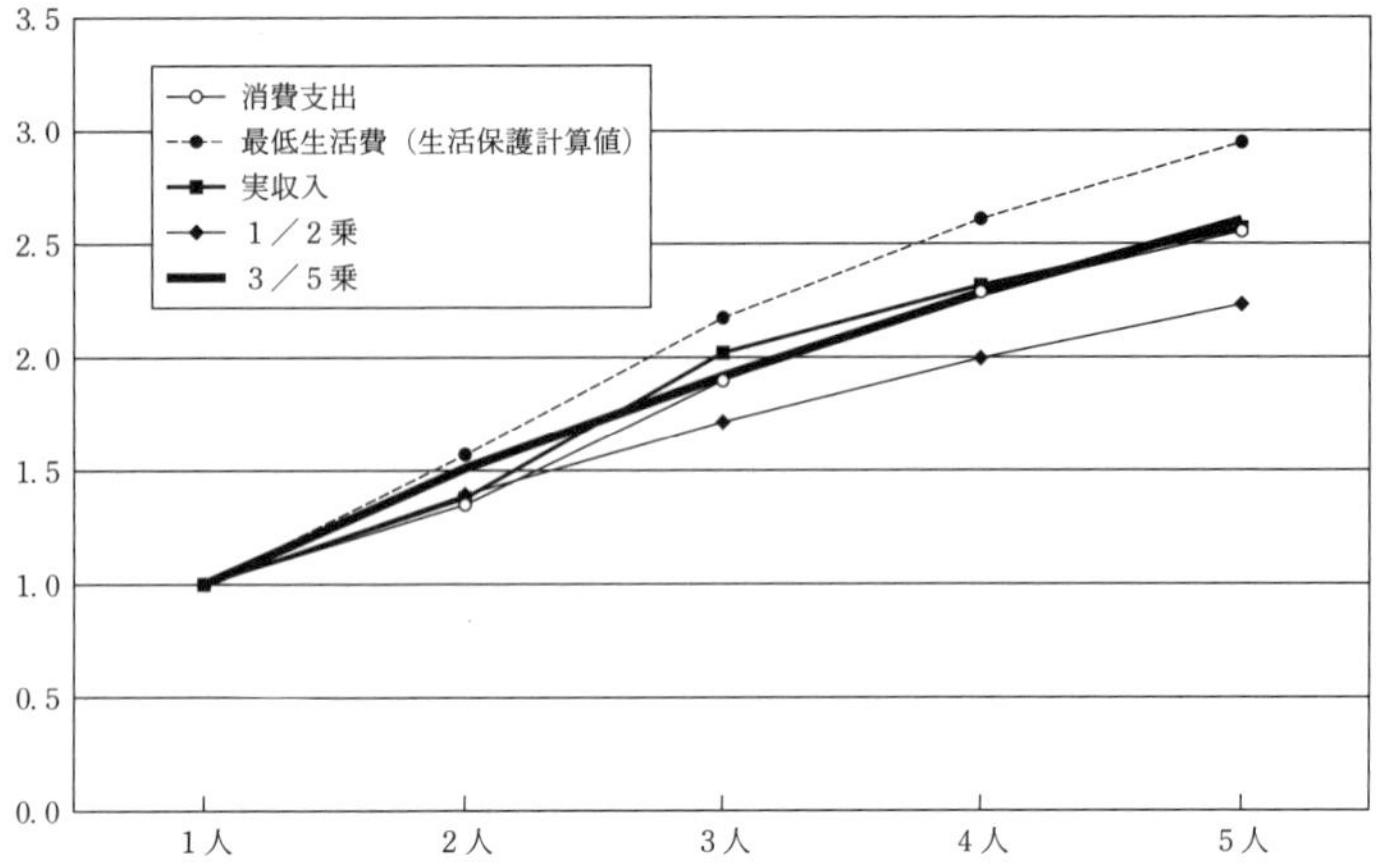

出典）厚生労働省「社会保障生計費調査」2009年。

帯の増加状況にほぼ対応する。

第二に、これにくわえて、世帯人数の平方根で割って等価可処分所得を出す方法が、日本社会の現状に見合っているかという問題がある。たしかに生活費は世帯人数に正比例して増加することはない。だが、日本はヨーロッパ福祉国家諸国と異なり、低所得世帯の借家家賃、子どもの養育費、学校教育費、医療費等に多額の費用がかかり、さまざまな生活基盤の利用料も高額である。そのため、家計費用は世帯人数に影響される度合いが大きく、換言すれば、生活費増加分が世帯人数に応じて逓減する、その程度が小さい。

生活保護被保護世帯に関する「社会保障生計費調査」によって、世帯人数による最低生活費、実収入、消費支出を指数で図示したのが図11だが、これらの線が、二人世帯の消費支出を除き、世帯人数の平方根を上回っていることに注意されたい。非福祉国家日本では、等価可処

表5　18歳未満の子がいる世帯の世帯人数別貧困率

貧困基準		世帯人数	2人	3人	4人	5人	6人以上	世帯人数計
賃金・給料が主な収入の世帯	他の収入が主な世帯							
②	①	1997年 2002年	58.1 62.5	16.2 23.9	14.0 21.3	13.9 22.3	14.2 20.5	15.3 23.2
③	①	1997年 2002年	65.2 68.0	19.7 27.6	16.5 23.8	15.2 23.8	14.6 20.8	17.6 25.7

世帯人数別貧困基準（万円）

	世帯人数	1人	2人	3人	4人	5人	6人以上
①生活保護世帯最低生活費全国平均値	1997年 2002年	106 115	182 192	250 261	303 316	341 360	409 425
②=①×1.4	1997年 2002年	148 161	255 269	350 365	424 442	477 504	573 595
③=①+給与所得控除	1997年 2002年	177 190	286 300	380 393	446 462	494 518	579 598

出典）上部は，総務省「就業構造基本調査」1997年，2002年の秘匿処理済みミクロデータ（一橋大学経済研究所社会科学情報センター提供）より作成。
下部は，厚生労働省「被保護者全国一斉調査」の基礎調査より作成。

分所得への変換のさい、世帯可処分所得を、世帯人数の二分の一乗ではなく、三分の二乗あるいは五分の三乗程度で割ることを考えるべきだろう。

なお、表5は、「就業構造基本調査」のデータを用いて筆者が試みた子育て世帯の貧困推計である。貧困基準は、生活保護被保護世帯の各世帯ごとに計算される最低生活費の世帯人数別全国平均値（基準表の①）をもとにした。「就業構造基本調査」は、それぞれの世帯の「主な収入」を一〇種類に分けて答えさせているが、そのうちの「賃金・給料が主な収入」の世帯については、①を一・四倍したものを②とし、給与所得控除をくわえたものを③とした。他の収入が主な世帯については、①をそのまま適用した。所得階層内部の均等分布を仮定し、一九九七年、二〇〇二年の秘匿処理済み個票データを用いて推計した。

②+①、③+①のどちらをとっても、一九九七年から二〇〇二年の激しい変化は明瞭である。

2 日本の支配的常識における「子どもの貧困」理解と学校教育

子育て世帯の低所得と困窮の拡大は、社会的責任によって対処されるべきものである。だが、断片的に指摘してきたように、この国では子どもの貧困を防止・救済する制度的保障はきわめて脆弱である。本節では、「子どもの貧困」に関する、現在の日本社会の支配的常識とそれにもとづく諸制度について、学校教育にかかわる部分を中心に、そのいくつかの特徴を指摘しておきたい。

(1) 義務教育年齢以下に限定

「子どもの貧困」を防止・救済する日本の諸制度は、義務教育年齢以下を対象としたものに偏っている。これに対して、現代の先進諸国での子どもの貧困への対応は、少なくとも一八歳まで、実質的には高等教育・職業準備までを対象とする場合が多い。

子どもの貧困への対処としてのはたらきをもっているものを数え上げても、母子保健、自治体による保育の実施義務と保育料の応能負担、小中学校教育の授業料無償と学校納付金等への就学援助、子どもの医療助成、国保保険料滞納世帯の子どもへの短期保険証発行（一五歳まで）、学童保育など、乳幼児あるいは小中学校年齢までのものが圧倒的であり、民主党政権による子ども手当も一五歳までである。

もちろん、保育の待機児童がたくさん生まれるような政府施策の現状があり、子どもへの医療助成があってもそれは乳幼児に限られる自治体が多く、また、本書第9章でも言及されているように、就学援助制度が十分に機能していない地域は少なくない。しかし、それにもかかわらず、少なくとも「総論」レベルでは、親の低所得によって、小中学校年齢までの子どもの肉体的生存と義務教育が確保できないのであれば、それは社会の努力で回避すべき「貧困」だ、という点でのゆるやかな社会的合意は存在するように思われる。

(2) 貧弱な貧困観にもとづく諸制度――肉体的生存と義務教育への限定

日本においては現在も、社会の努力で回避すべき「子どもの貧困」の主な内容は、子どもの肉体的生存と義務教育の確保を中心とした、たいへん狭い基準で合意されているようだ。だがもとより、現代の先進資本主義国の「貧困」理解の水準で考えれば、この程度のものが「貧困」の基準ということはありえない。大人による十分なケアと発達援助、遊びの空間と玩具、同年齢・異年齢の子どもと遊べる環境、居室と机、清潔でみすぼらしくない衣服・履物、旅行を含む各種の発展的社会体験、家族とすごす十分な時間、進路選択について萎縮しないですむ諸条件、文化的諸環境など、「健康で文化的」な子どもの生活が、きわめて多くの要素を必要とすることは明白であろう。問題は、親の低所得・長時間労働などでこれらが十分にできないケースを、「やむをえない」とみなすかどうかという点にある。阿部彩の研究によれば、これらを含む諸条件についての日本社会の認識水準はたいへん低い。[*6]

「貧困」理解の狭さは子どもの場合に限ったことではない。飢餓と栄養失調のみを貧困と考える向きが少なくないが、それは、日本の社会保障制度による実際の予防・救済水準が、容易にこのレベルに落ちこむからである。ギリギリの肉体的生存を救済ラインと考えれば、救済の失敗がただちに餓死につながるため、社会保障からみはなされての餓死があとを絶たない。

本来、現代社会における「貧困」は、「社会的、慣習的水準における最低生活」つまり『人並み』の生活」を基準として理解されなければならない。[*7] 先に列挙した子どもの成長に必要な諸条件は、程度の問題こそあれ、現代の子どもの「社会的、慣習的水準における最低生活」であり、これは「社会的標準」と理解すべき性質のものである。子どもの貧困の予防・救済の諸制度は、この水準で想定されなければならない。

(3) 子どもの基礎的養育費が親責任

日本社会の支配的常識では、子どもの基礎的養育費は原則親責任であると考えられている。従来の児童手当が所得制限をともなっていたのも、〈低所得で親責任を果たせない親への補助〉とみなされていたためである。就学援助も、低所得でその責任が果たせない親への補助とされるため、親の所得制限をともなう。

これに対して、多くの福祉国家諸国のように子どもの基礎的養育費と教育が社会責任ととらえられていれば、基礎的養育費（児童手当）と教育は、原則として所得制限なしにすべての子どもに提供されることになる。民主党政権が二〇一〇年四月からスタートさせた「子ども手当」制度は、子どもの基礎的養育費用への社会責任を認めて、親の所得制限を設けなかった（二〇一二年六月から所得制限つきに変更）。これは、日本ではじめての、所得制限なしの社会手当制度であり、福祉国家型の制度理念に近よったものである。しかし、そうであるならば、子どもの基礎的養育が可能な額でなければならず、たとえば、生活保護制度における子ども一人分に相当する額であることが必要だろう。

また、学校給食は子どもの基礎的養育の一部と考えられるため、福祉国家型の制度理念に従えば、これも所得制限なしで無料としてよい。

(4) 高校以降の養育費と教育費が端的に親責任

こうした考え方とそれに照応した諸制度のもたらした結果だが、高校とそれ以降の進学・職業準備への教育費用と生活費用が、ほとんどまったく端的な親責任にまかされたままである。この国の支配的常識に従えば、この領域での「子どもの貧困」は、承認されないか、あるいは、少なくとも社会の責任で回避すべきものとはみなされない。

これは、福祉国家諸国の制度および考え方と対照的である。ドイツを例にとると、子どもが高校生の場合はもとより大学生、大学院生あるいは職業訓練中であれば、児童手当は二五歳まで所得制限なしで出つづけ、その額は、公的扶助の子ども一人分にあたる。もとより、これらの学校・施設の学生負担はほとんどない。

現在の日本では高校は半ば義務教育化しているが、高校に通いつづけられる経済環境にない子どもの状態は、社会的に回避すべき「子どもの貧困」とみなされているか、疑問である。[*8] 公立高校授業料の不徴収の制度ができるまで、授業料減免基準を下げる一方で授業料未納者への行政措置は厳格化する自治体が増えていた。授業料支払いの困難を含め、はっきりと「経済的理由」による退学とされている高校生は、二〇〇五〜〇九年の平均で年二三七一人であった。[*9] 公立高校授業料が不徴収となっても、なお、通学費を含む学校教育費の平均額は、年収四〇〇万円未満階層で公立高校が二二万円、私立高校が六二万円の高額である。[*10] 高校に就学援助制度はない。

賃金が大幅に下がったこの十数年間で、親がその費用を払えず修学旅行に行けない高校生はめずらしくなくなった。また、低所得世帯の高校生のアルバイトについての系統的な調査はないが、アルバイトでクラブ活動ができず、長い労働時間で疲れ授業に集中できない子どもの話は、普通に耳にするようになった。二〇〇二年の「就業構造基本調査」によれば、ふだん就業している高校生の割合が最も高いのは世帯年収が二〇〇〜二九九万円の階層である。[*11]

さらに、大学、短大、専修学校等の中等後教育費用はきわめて高額なものとなり、他方で奨学金が学生ローン化しているのは周知のとおりである。

高校卒業後の進学・職業準備については、親責任と子どもの「自己責任」にそのほとんどすべてがゆだねられているといって過言でない。だが、正規雇用への就職率でみると、高校卒業後の学歴は大きな影響をもつ。一五〜二四歳の高卒女性では、無業と非正規の割合が合計で六割を超えつづけており、短大・専門学校卒では四割弱、大卒では三割強である。しかし、日本の現在の支配的常識では、正規雇用就職率にこれほど明白な学歴格差があり、職業上の選択肢が大きく制限されることが明白でも、なお、経済的事情で進学・職業準備ができないことは、社会が回避すべき「子どもの貧困」とはみなされていない。

(5) 年功型賃金を想定した先細り型支援

〈高校とそれ以降〉の教育費用とその間の子どもの養育費が端的に親責任とされている日本の現状は、現代の先進資本主義国として特異な姿というべきだが、その特殊日本的な背景にふれておきたい。

日本では、高校以降の教育に限らず、子どもの年齢が上がるにつれて、現金給付と社会サービス給付の双方が薄くなり、親責任がふくらむ。その背景となったのは、日本型雇用・年功型賃金が強い社会常識となってきたため、子どもが大きくなるとともに親の支払い能力が上昇することが想定されている、ということである。

高校授業料を含めた学校への支払い金額は、子どもの年齢とともに増加していくが、改正後の子ども手当（以前の児童手当も）は、年齢とともに減っていく。医療費の窓口支払いへの助成も小学校入学時にその多くがなくなり、子どもの医療保険無保険状態を回避するための国民保険法改正（二〇〇九年）も、高校生の無保険状態は無視したままである。

一九五〇年代までの日本社会は中学校までを社会標準とし、高校以降への進学をオプションとしてきた。一九七〇年代前半までには高校が社会標準化し、さらにその費用も八〇年代以降高額化し、九〇年代には専修学校を含めた中等後教育への現役進学率が五〇％を超え、二〇一一年には七〇％に上昇している。しかし、こうした変化にもかかわらず、高校以降の子どもの養育費と教育費は、私費負担にまかされたままである。いままでそれが可能と思われていたのは、日本型雇用が強い社会標準でありつづけたからであろう。

子どもの年齢が上がるとともに、親責任がたいへんなスピードでふくれあがるこのシステムは、世紀転換点前後を画期とする日本型雇用の崩壊とともに、大きな矛盾に直面している。

(6) 学校外補助学習の肥大化とその親責任

「学校＝職業」接続の日本的タイプと密接に関係するが、多くの先進諸国にはほとんどないと思われる「学校外の補助学習」の可能・不可能をめぐる「子どもの貧困」は、まったく親責任とされている。この問題の影響は大きい。[*12]

学校外補習の肥大化の背景については次節で考えるが、「塾に行く必要があるのに、費用が出ない」という状況は、二重の意味で大きな問題である。

一つは親と子の加重負担を余儀なくさせる、学校教育制度の不備である。学校外の補助学習が多くの子どもに必要とされている状況は異常というべきだ。これは、日本の現代の学校制度の根本的欠陥の一つであり、「子どもの貧困」の重要な要因とみなすべきものである。本書全体は、こうした基本的欠陥が生み出された背景を、教育条件整備のための行財政枠組みの極度の脆弱という角度から分析している。

もう一つは、子どもが余儀なくされることが多い塾通いの費用負担ができない親が多数いる、という問題である。高校受験を前にして、公立中学生の通塾率（年間の塾費用がゼロでない割合。「子どもの学習費調査」二〇一〇年）はほぼ七割となっているため、ここでのハンディの意味は小さくない。公立中学校に通う子どもの通塾費用の年収階層別平均額をみると、年収四〇〇万円未満階層は年間一〇万円弱、四〇〇〜六〇〇万円階層で一六万円、八〇〇〜一〇〇〇万円階層で二一万円、一二〇〇万円以上階層で二七万円で

図12　年収階層別の非通塾・通塾費用別割合（公立中学生，2006年）

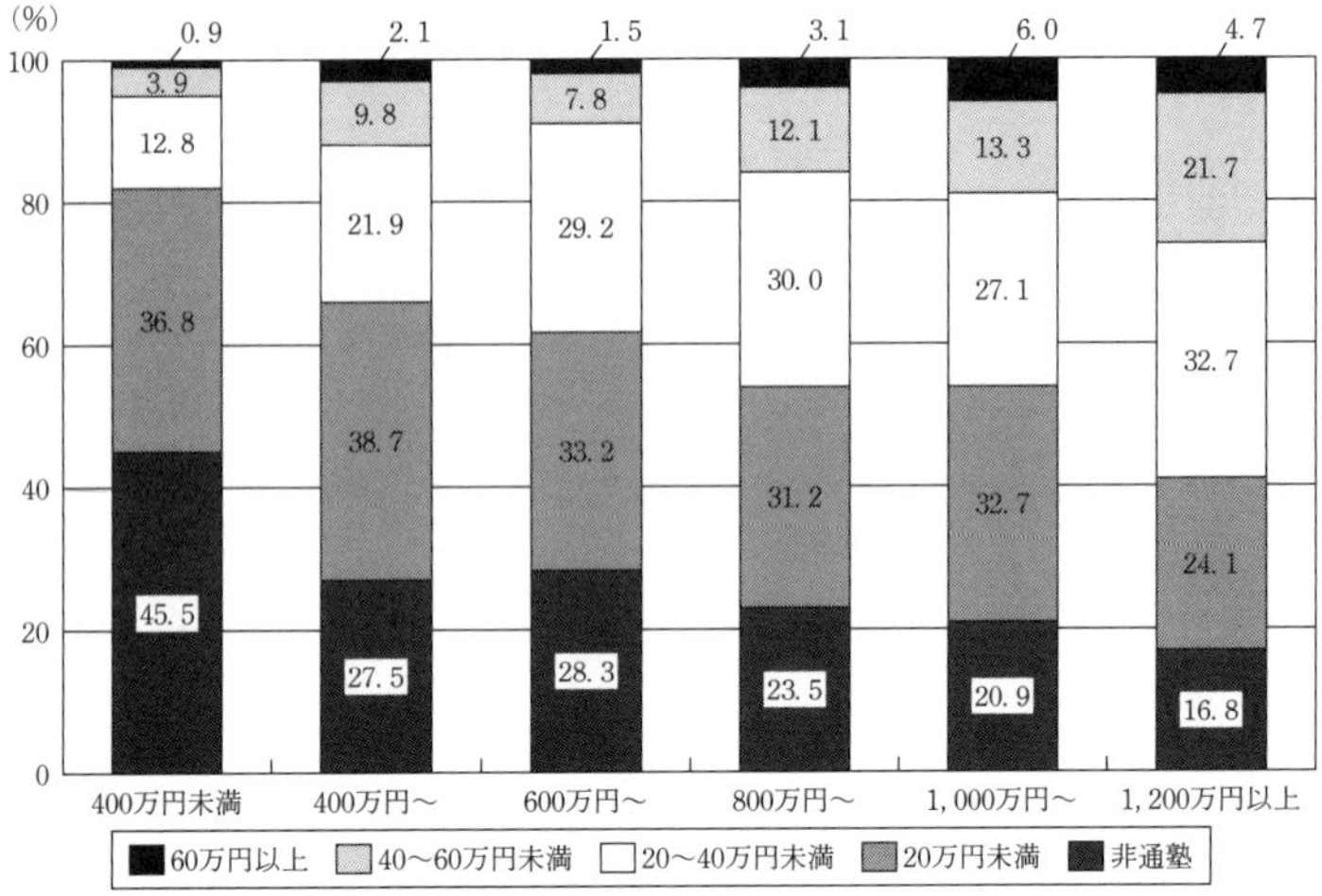

出典）文部科学省「子どもの学習費調査」2006年。

ある。非通塾者の割合は全体平均で二八・四%であるのに対し、四〇〇万円未満階層は四五・五%と高い。四〇〇万円未満の詳しい内訳があれば、差はさらに明確になろう（図12）。

日本の支配的常識と制度思想における、学校教育にかかわる「子どもの貧困」把握の特徴をいくつかながめてきた。それは、年齢区分の問題としても、その内容範囲の問題としても、また、そもそもの社会責任をとらえる諸原則についても、先進国としては特異なものである。大まかにいえば、中進国型の制度に部分的な修正がくわわった水準とみなしてよいだろう。こうした貧困把握と社会責任の設定の仕方は、ますます、日本の多くの子育て世帯の実情に合わなくなっている。

子どもの学校教育は、親の資力と無関係に、必要な学習機会と教育サービスが給付されて当然なのだが、明らかに、日本の学校教育は、膨大な私的負担による各種の「上乗せ」を前提したものである。これは、公的な教育サービス給付と私費によるサービス購買・各種チャンスの購買による教育との「混合教育」が大きな位置をもっていることを意味する。

3 学校教育における「必要充足」原則と「混合教育」脱皮の必要

(1) 基礎的社会サービスにおける、「公的責任による現物給付」と「必要充足」の原則

学校教育は「基礎的社会サービス」の重要な一部である。基礎的社会サービスについての福祉国家型の諸原則に照らした場合、日本の学校教育の現状はどのようにみえてくるのか。

学校教育、保育、医療、高齢者介護、障害をもつ人の福祉サービス、職業訓練などの社会サービスは、必要が生じたさいに受給できないとその人の生活全般に大きな困難をきたす。われわれはこれらを「基礎的社会サービス」と呼んでいる。福祉国家型の原則に従えば、基礎的社会サービスは、そのサービス提供と受給を確実なものとするために、公的責任による現物給付として行なわれるべきものと考えられる。[*13]

公的責任による現物給付とは、こうした基礎的社会サービスを公的財源によって、国・自治体が調達し、

それらのサービスを必要とする人々に現物で給付することである。その給付は時々の「必要」をしっかりと満たさなければならない。大事なことは、私費による補足サービス購買という「上乗せ」なしに、必要が充足されなければならない、ということである（「必要充足」の原則）。そうでなければ、上乗せを買う資力のない人々は、必要なサービスを受けられなくなるからである。

こうした原則に照らして大きく分類すると、現在の日本社会では、保育、小中学校教育、医療は、公的責任による現物給付が基礎的制度枠組みとなっている。[*14] それに対して、高齢者介護と障害をもつ人への福祉は、給付にあらかじめの限度が設けられており、上乗せを商品として買うことが組みこまれた制度となっている。なお、介護保険、障害者自立支援法では、基本的な給付の部分も現物給付ではない。利用者は事業者から商品としてのサービスを買い、それに対して、介護保険制度や自治体からその購買費用への、上限を定めた現金補助が出るという仕組みである。この二つの方式の違いは大きい。

ちなみに、公的な給付と私費によるサービス購買を合わせて必要を満たす方式は、医療の世界では「混合診療」と呼ばれてきた。医療では混合診療が長らく禁止されてきたが、[*15] 介護保険ははじめから混合介護が制度の本筋となった。

介護保険と障害者自立支援法は、上限つきの現金補助を受けながら商品としてのサービスを買う方式ということになるが、この方式では、基礎的社会サービスの「必要充足」は難しい。一割負担、および、上限を超えた場合の全額負担の支払いが、資力に依存してしまうからである（サービスを提供する事業者が必ず存在するとは限らない、という事情もこれに付け加わる)。

小中学校の学校外補習が必要とされ(本体である学校教育が事実上「上限」を設けられていると解釈できる)、そのサービス購買は全額私費である状態は、こうした観点でみると「混合教育」と特徴づけることができよう。他の場面の「混合」も含め、次で検討したい。

なお、公的責任による現物給付の趣旨を一貫させると、個々の利用のたびに利用料を負担させることは理に反する。現物給付の趣旨は、公的財源で調達したサービスを、必要とする人々に現物で給付することである。公的財源に対しては、住民は応能負担で税(あるいは社会保険料)を支払っているため、その都度の利用料は一種の二重負担となる。さらに、そのサービスが必要とされているかどうかと、その人に支払い能力があるか否かは、もともと無関係であり、利用料をとると、必要があるのに受給が抑制される可能性が生まれる。この点では、保育料が徴収されている現状も、医療保険が三割の窓口負担を課していることも、現物給付の趣旨に反しており、実際、多くの困難がそれによって生まれている。[*16] 日本の医療、保育の現在の制度は、基本枠組みは現物給付だが、この点については根本的見直しが必要である。[*17]

小中学校でも、各種の学校納付金の支払いは、一種のサービス利用料という性格のものとなっている。これが義務づけられることは、学校教育の現物給付原則の趣旨に反している。就学援助は、学校納付金による矛盾を緩和する重要な制度だが、それが十全に機能する環境を想定することは容易ではない。

本来、基礎的社会サービスを成り立たせる公的財源の調達と、必要なサービスの給付とは切り離されるべきである。必要なものは充足されなければならない。各種の基礎的社会サービスの財源は、一括して、応能負担の租税や社会保険料で調達すべきである。

なお、やや立ち入った考察となるが、「混合」では、本体の給付に上限をつけるために、公的に保障すべきものと私費にゆだねるべきものを区分しなければならない。上乗せ部分を高所得者が自由に買えるように「上乗せサービス市場」が発達するためには、この区分そのものがサービス売買代金の金額による区分へと収斂していくのが普通である。その場合、本体部分も、現物給付からサービス商品の売買への現金補助へと変質させられる。実際、介護保険は、本体部分そのものがサービス商品の購買への現金補助であり、区分は金額によっている。

これとはやや異なって、「混合」の区分を「最低限必要なもの」と「それ以外」とするというやり方もあり、実際、現在の医療でも狭い範囲で行なわれている（差額ベッド、高度先進医療、保険外歯科治療など）。「混合」の程度は抑制され、「必要」部分の現物給付が優位を占めやすいが、その場合でも多くの矛盾が出る。現在の学校教育はこれに近いかもしれない。

(2)「混合教育」

こうした基礎的社会サービスにおける「混合」の論点を参照すると、学校教育における「混合」の現状は次のように理解できるだろう。

第一に、現在の小中学校における「混合」は、本体の現物給付原則がまがりなりにも守られているという意味では、補足的な水準の「混合」であり、いわば、現在の医療の状態に類似している。これと比較すると、学校教育における「バウチャー」制度の提案は、定額の貨幣による教育サービスの選択・購買をつうじて再編制される学校教育本体と、私費での上乗せ授業料等によるかさあげ部分の「混合」に学校教育を変えようとする点で、介護保険制度なみの本格的な混合教育の提案と考えることができる。なお、公立高校授業料不徴収は、高校教育を小中学校と同様に公的に保障すべきものという位置づけに転換させる大きな一歩となるのか、あるいは、バウチャー型制度に連続するものとなるのか、まだ不明である。

第二に、小中学校教育における私費による学校外補習は、本体の現物給付が崩れていないという意味では補足的だが、内容的にみると、①すべての子どもが到達すべき標準的学力を獲得するために、学校外補習が重要な意味をもってしまっている点、および、②とりわけ中学校の学校外補習が受験競争における標準的条件となりつつあるという点で、大きな位置をもっている。小学校で「落ちこぼれ」ず、中学校時に競争上で一定の位置を確保することが、高校以後に決定的な影響を及ぼすことを考慮すると、学校外補習への親の負担能力が、子どもの学習のトータルな達成度を大きく左右していることは明らかであろう。

小中学校における学校外補習の拡大は、本体の機能低下と手をたずさえ、相乗的に進行したと考えられる。小中学校教育の場合、本体の機能低下の最大の要因は、本書が明らかにしたように教育条件整備基準の不在をはじめとする、教育行財政枠組みの著しい脆弱にある。同時に、高校以降の教育の「出口」の側から強制された、過剰な受験学力競争が小中学校での学校外補習の拡大を生み、本体を充実させる枠組みの著しい脆弱を覆い隠した、という事情もあろう。

第三に、高校教育は、公立高校授業料不徴収がはじまっても、全体としては、依然として私費負担を条件とするオプション(＝上乗せ)という性格を変えていない。現在、高校までの教育は、強い社会標準となっているが、それにもかかわらず、その全体は、小中学校が公的保障、高校が私費を条件とするオプション、というかたちで編制されている。高校がオプションでありながら、同時に強い社会標準であるということの矛盾は、小中学校のありように大きな影響を与え、過剰な学力競争と教育の「混合化」を促進するものとなっている。

本書の立脚点に従えば、高校教育までは、公的責任による現物給付型の基礎的社会サービスの本体の一環として、整備されるべきである。混合教育はなくさなければならない。授業料と各種学校納付金をなくすべきことにくわえ、通学についても、その費用を公的に負担するのみでなく、長時間通学の過度の肉体的負担がないように学校を配置する公的責任が認められるべきだろう。

第四に、すでにふれたように、大学、専門学校等の中等後教育は、高校教育よりもいっそう公然たる私費によるオプションとなっている。企業規模間の大きな賃金格差、および、就職にあたっての学歴格差と学校間格差がきわめて大きな位置をもつ日本型の「学校＝職業」接続の影響で、中等教育後の学歴等をめぐる競争は過剰なものでありつづけてきた。大きな問題は、この競争が、公的に保障された学習の場での競争ではなく、〈公然たる私費負担〉によるオプションの場を頂点とする学校ヒエラルヒーのなかでの競争として行なわれたことによって、日本の学力競争はきわめて不公正なものとなっていることである。小中高のありようを改善するためにも、中等後教育のこうした状態は抜本的改革が必要であろう。

◉注

＊1　二〇〇五年度の県別就学援助率と県民所得をみると、一人当たり県民所得が中央値である岐阜県より低い諸県でも、就学援助率の全国平均一三・二%を下回るところが多い。

就学援助率と１人当たり県民所得（2005年度）

	就学援助実施率	１人当たり県民所得
沖縄県	13.3	2,039
高知県	18.0	2,101
長崎県	12.6	2,147
宮崎県	9.8	2,166
青森県	13.0	2,206
鹿児島県	14.7	2,260
秋田県	8.1	2,298
熊本県	9.8	2,303
岩手県	7.0	2,340
鳥取県	10.6	2,341
島根県	9.0	2,362
山形県	4.9	2,383
愛媛県	8.2	2,436
佐賀県	7.2	2,468
北海道	20.1	2,511
宮城県	7.5	2,573
大分県	11.5	2,616
奈良県	10.5	2,621
香川県	9.6	2,622
和歌山県	11.6	2,661
山梨県	7.3	2,663
福岡県	18.0	2,686
新潟県	13.3	2,745
岐阜県	5.6	2,752
岡山県	12.8	2,759
福島県	7.4	2,789
兵庫県	16.8	2,791
福井県	5.8	2,815
徳島県	13.3	2,820
茨城県	5.5	2,835
群馬県	5.8	2,851
長野県	8.0	2,860
京都府	16.7	2,879
石川県	9.9	2,905
広島県	16.7	2,932
千葉県	6.6	2,949
埼玉県	10.5	2,960
山口県	24.0	2,980
大阪府	28.4	2,998
三重県	8.0	3,084
栃木県	4.9	3,118
富山県	5.8	3,179
滋賀県	9.7	3,202
神奈川県	12.3	3,221
静岡県	4.2	3,336
愛知県	9.1	3,503
東京都	24.4	4,607

注）2005年度平均値　13.2%以下に網掛け。

＊2　県別の失業率と給食費未納率の相関については、原田泰『日本はなぜ貧しい人が多いのか――「以外な事実」の経済学』（新潮社、二〇〇九年）四〇～四二頁参照。就学援助率、および完全給食実施率と給食費未納率の関係については、鳫咲子「未納問題から考える学校給食――子どもの食のセーフティネット」（『経済のプリズム』八七号、二〇一一年二

月）を参照。

二〇〇五年調査の県別未納率の母数は国公私立の小中学生だが、公立小中学生の占める割合と、公立のなかでの完全給食実施率を考慮して、完全給食を実施している公立小中学校の子どものなかでの未納者比率を出し、それと失業率との相関を求めると、ピアソンの相関係数は〇・六七〇となり一％水準で有意であった。就学援助率と未納率の相関は認められなかった。

＊3 六〇時間労働の場合、四〇時間を超える分を通常の時給の一・二五倍とし、一年に五〇週働くと仮定すると、時給一〇〇〇円では年収が三二五万円となり、時給八〇〇円で二六〇万円、七〇〇円で二二八万円である。二〇〇七年の地域最低賃金額は六一八～七三九円であったから、年収一〇〇万円台はほぼそのすべてが、二〇〇～二五〇万円台ではその少なからぬ部分が、最低賃金額未満の時給で働いていると考えられる。

＊4 教育費は学校外の費用を入れると年収階層によって大きな差が生ずるが、義務教育・高校教育の学校教育費には階層差はない。学校外教育費を含めても、低収入階層の教育費は社会的固定費と考えて差し支えないと思われる。

＊5 政府の貧困率推計の資料である「国民生活基礎調査」（二〇一〇年）では、実質値による等価可処分所得分布が二〇万円きざみの所得階層であらわされている（二〇一〇年調査の所得票・第一巻二〇〇表）。所得階層内の均等分布を仮定して推計すると、二〇・五五％となる。

＊6 阿部彩『子どもの貧困』（岩波書店、二〇〇八年）第六章の表6－1を参照されたい。

＊7 福祉国家と基本法研究会・井上英夫・後藤道夫・渡辺治編著『新たな福祉国家を展望する――社会保障基本法・社会保障憲章の提言』旬報社、二〇一一年、六四頁。なおこのとらえ方は、P・タウンゼントの相対的剝奪論による貧困理解、および、その影響を受けた江口英一の議論によっている。

＊8 前掲、阿部『子どもの貧困』第六章表6－1。希望する子には高校・専門学校までの教育を確保すべきだという回答は六二％にすぎない。

＊9 文部科学省「児童生徒の問題行動等生徒指導上の諸問題に関する調査」各年版、および、日本高等学校教職員組合

『高校生の修学保障調査』（二〇一一年）等参照。

＊10 「子どもの学習費調査」二〇一〇年。公立授業料不徴収以前の二〇〇八年調査では、それぞれ三六万円、七三万円。なお、日本高等学校教職員組合『高校生の修学保障調査』（二〇一一年）によれば、公立高校の回答校二七〇校中で、各校の生徒の交通費最高年額の分布をみると、一〇万円未満が四四校、一〇〜二〇万円が六三校、二〇〜三〇万円が二七校、三〇万円以上が一八校であり、交通費負担ゆえの不登校、遅刻などが報告されている。

＊11 「就業構造基調査」（二〇〇二年）、秘匿処理済みミクロデータからの推計。

＊12 「学校＝職業」接続の日本的タイプについては、乾彰夫「戦後日本における〈学校から仕事へ〉の移行過程——その今日的意味」（『〈学校から仕事へ〉の変容と若者たち——個人化・アイデンティティ・コミュニティ』青木書店、二〇一〇年）を参照されたい。

＊13 前掲、福祉国家と基本法研究会・井上・後藤・渡辺編著『新たな福祉国家を展望する』第Ⅱ部三の2の（2）を参照されたい。

＊14 現在の医療保険制度は医師が必要と判断した治療を、無制限に医療保険から現物のかたちで給付することになっており、全額私費による上乗せ治療（保険外治療）との併用（「混合」）は禁じられてきた。公的な医療保障だけで十分な医療給付ができることが建前であり、実際にも、通常の病気の治療に必要な医療のほとんどは保険医療として認められている。

混合診療を禁止してきたのは、上乗せの私費医療が治療全体にとって不可欠なものへと拡大していき、結局は、患者とその家族の資力によって治療が左右され、生命や身体の健康がカネで買われるものとなることを恐れたからである。なお、公的責任による現物給付方式では、サービスを給付する現場の専門家が、給付内容と給付の量についての判断・決定のさいに大きな位置を占め、臨機応変の対応がやりやすいのが普通である。それに対し、介護保険では、「要介護度」は、当事者と当事者をよく知る現場担当者を排除した介護認定審査会で判断され、またあらかじめ決められているサービス以外は提供できない。

＊15　構造改革による混合診療の制度的解禁と実質上のその抑制、および、介護保険の実態については、紙幅の関係で省略する。前掲、福祉国家と基本法研究会・井上・後藤・渡辺編著『新たな福祉国家を展望する』および、二宮厚美・福祉国家構想研究会編『誰でも安心できる医療へ――皆保険50年目の岐路』（［新福祉国家構想1］大月書店、二〇一一年）を参照されたい。

＊16　全日本民医連の「経済的事由による手遅れ死亡事例調査」をみると、二〇一一年では六七名の事例が集められている。そのうち、保険証がないなどのトラブルにかかわったものが四二事例だが、二五例は正規の保険証があり、窓口負担の支払いができないための手遅れであった。この事例が集められた範囲を日本全体に拡大して推計すると、五五〇〇名の「経済的事由による手遅れ死亡」が推測できるという。

＊17　保育料は応能負担だから合理的だ、という議論があるが、以下の点で納得しがたい。
第一に、公的責任による現物給付であれば、財源調達は税で行なわれて当然であるため、二重徴収となる保育料徴収はおかしい。

第二に、保育は自分自身は所得のない子どもに対するサービス給付であるため、保育料は親責任を前提とした請求となる。だが、保育が必要な子の保育の実施義務が親ではなく国・自治体にあるならば、この請求は根拠がない。

第三に、保育料の応能負担が実際の支払い能力に正確に対応することは望み薄である。まず、前年の所得税額に応じた保育料算定は、雇用の不安定がこれほど拡大した時代には、実態に合わない請求となる場合が少なくない。住民税の均等割も非課税という水準ではじめて保育料がゼロとなるなど、低水準にすぎる。また、請求額の算定枠組みは、国と自治体の財政状態によって容易に左右される。

第四に、仮に保育料を所得の実態に合ったものとして運用するとすれば、多くの事務負担を自治体と親が負うこととなろう。


（後藤　道夫）

第8章 教育における公費・私費概念
――その日本的特質

1 問題意識と課題
――福祉国家型社会構想と教育費

教育費をめぐる戦後日本的特質を端的に指摘するとすれば、公財政教育支出が低く抑えられてきたことと、およびその結果、私費への依存が異常なまでに高められてきたことにある。

日本の公財政教育支出は、ただたんに諸外国と比較して低かったということにあるだけではなく、公財政教育支出のうち教員給与費以外のもの、すなわち教材費や学用品費等に対する支出がきわめて少なかったことにもその特徴があった。教育費における私費負担の圧倒的な部分は、とくに授業料が無償とされている義務教育段階にあっては、父母・子どもにとって学校教育活動のなかで欠くことのできない教材・学用品費にあてられてきた。

しかし、現在に至る教育費の私費依存体質は、教員給与以外の支出を抑制する教育財政政策からのみ生み出されたものではない。一九七〇年代以降、子育て費をめぐる公的保障の整備を回避してきたことによって、この教育における私費依存体質はいっそう維持・強化されてきたのである。

戦後日本において、各家庭に対する子育て費の公的支援・保障制度はほとんど未確立であったため、各家庭は私的費用（賃金）のなかからこれを捻出することを強いられてきた。いわゆる日本型雇用と呼ばれる終身雇用および年功型賃金のもと、子ども・青年の生活に関する費用は年功制の基本給部分でまかなわれ、くわえて賃金に対する付加的給付（家族手当、扶養手当）と扶養控除によって、金銭的に援助されてきたにすぎない。この仕組みは、賃金労働者とりわけ日本型雇用の本体部分にのみ手厚い支援制度であった。

今日の新自由主義改革のもと非正規雇用・ワーキングプア・失業が著しく増大し従来の日本型雇用が解体してくるなか、賃金労働者にのみ有利な子育て支援・教育費制度では社会的に手当てされない人々が大幅に増加してきている。他国と比較してもわが国における「子どもの貧困」はより深刻な様相となって顕在化してきているが、その必然性は、子育て・教育に関する公的保障制度の整備を欠落させてきた戦後史のなかに内在している。

本章では、あらためて教育における「公教育費」「私教育費」概念を検討するとともに、子育て費用に対する公的保障制度の検討を行なう。ここでいう子育て費用とは、出産費用・育児費用・養育費用そして授業料等の子育てならびに教育費用のすべてを包含している。これに対応する制度として、日本には「家族手当」「扶養控除」「出産育児一時金」「児童手当」「教育扶助（生活保護）」等の措置が講じられてきており、あわせて奨学金制度、教育ローン制度がある。本章ではこうした諸制度の横断的かつ立体的な構造分析を進めるために、これを「子ども・青年の生活保障制度」として把握する。そのうえで日本における「子ども・青年の生活保障制度」のきわめて脆弱な様相を示しながら、公財政教育支出の特殊な仕組みを明らかにしたい。そのさい、日本には制度として存在しないが諸外国には存在する学生への生活保障費用（学生手当）についても言及する。

以上をつうじて日本型の似非福祉国家制度——すなわち企業社会と開発主義型政治——における教育費問題の特質を浮かび上がらせることになるであろう。こうして私費依存型教育費の構造が日本で生み出されてきたその制度的背景が示されると同時に、これとの対比において「子ども・青年の生活保障制度」を確立する福祉国家型社会構想の理念と視点が示され、その実現可能性をめぐる具体的手立てが追究されることになる。

2　日本における公費保障・私費負担の異常とその構造

二〇〇八年度会計を調査対象としたOECD『図表でみる教育　OECDインディケータ』(二〇一一年版)によれば、日本の公財政教育支出および私費負担の特質は次のようになる。①日本の教育機関に対する公財政支出のGDPに対する比率は、OECD加盟国のうちデータのある三一か国中で三一位、②初等中等教育段階および高等教育以外の中等後教育では三二か国中三〇位、③高等教育では三〇か国中三〇位、④就学前教育では三〇か国中二八位となっている。そして、⑤全教育費支出に占める私費負担の割合は、三三・六%となっており、チリ・韓国に次ぐ高さとなっている。ちなみにフィンランドやスウェーデンの私費負担の割合はわずかに二~三%である。

こうしたOECD調査の結果にもかかわらず、日本の財務省はきわめて異質な論理を展開しており注目される。財務省によれば、「日本の公財政教育支出GDP比は少ない」が、「子どもの数、政府全体の歳出規模も考慮すれば、公財政教育支出は、G5のなかでトップクラス」であり、しかも「マクロでは既に三〇人学級を達成」しているといい、「我が国の教員の授業時間は短い」うえに「給与水準は高い」とする。まさに「日本の公財政教育支出トップクラス=教員給与高水準論」ともいうべき内容である。[*1]

表1　初等教育・中等教育における消費的支出に占める「全教職員給与」と「その他の消費的支出」の割合

初等教育　(%)

	日本	アメリカ	イギリス	フランス	スウェーデン	フィンランド	OECD平均
全教職員の給与	87.3	81.1	76.7	77.3	70.6	66.1	80.1
その他の消費的支出	12.7	18.9	23.3	22.7	29.4	33.9	19.9

中等教育　(%)

	日本	アメリカ	イギリス	フランス	スウェーデン	フィンランド	OECD平均
全教職員の給与	86.8	81.1	73.9	82.2	67.4	63.9	78.5
その他の消費的支出	13.2	18.9	26.1	17.8	32.6	36.1	21.5

出典）OECD『図表でみる教育　OECDインディケータ』(2011年版) より作成。

いったいなぜ、このような論が展開されるのであろうか。

じつは日本における公財政教育支出の構造のなかにその秘密がある。教育支出は大きく分けて、消費的支出と資本的支出に分けられる。資本的支出とは一年以上の耐用年数をもつ資産に対する支出のことをいい、土地の取得、施設の建設や改築、大規模な補修に対する支出を含んでいる。これに対して消費的支出とは、教員の給与や教材・学用品、校舎の維持管理、給食などの費用である。

教員給与はこの消費的支出に占める費用として最大のものである。OECD（二〇一一年版）は、初等・中等教育段階における「消費的支出に占める教職員の給与の割合」を示しているが（表1）、これによれば、初等教育段階では、OECD加盟国の平均で八〇・一％であるのに対し日本では八七・三％、中等教育段階では、OECD加盟国の平均で七八・五％に対して日本は八六・八％となっている。

このように日本においては、公財政教育支出に占める教員給与の比率が圧倒的に高いという特徴が示される。この数字が示していることを逆に説明すれば、教員給与以外の消費的支出、すなわち教材費や学用品費、校舎の維持管理費用等の教育活動に直接にかかわる費用は、アメリカを除く先進各国で二〇〜三〇％もが公的に支弁されているのに対し、日本ではわずかに一二〜一三％にとどまり、おおよそ半分程度しかないということになる。教員給与を除けば学校運営費のじつに八〇％までもが父母の私費負担に依存しているという異常な事態（本書第9章参照）の財政論的な仕組みがここにある。

日本の教職員給与が不当に高いというのではない。医療分野・介護分野・住居分野等のあらゆる場面で福祉国家的諸制度の確立がきわめて貧弱であった戦後日本において、労働者の賃金は「生活給」[*2]として支給されることになる。そのため育児・住居・交通等の諸経費は賃金に上乗せされて支給され、とりわけ子育て費用が高くなる中高年世代に賃金が高くなるいわゆる年功序列型の賃金カーブが形成される。[*3]これが民間に準拠して決定される教員給与等に反映するため、諸外国とくらべて高い教員給与費が支弁されてきたのである。先にみた財務省の「公財政教育費支出トップクラス＝教員給与高水準論」とは、日本型の特殊な社会構造のゆえに引き起こされている教育費の見かけ上の性質を説明したにすぎない。[*4]

フィンランドやスウェーデンの場合で明らかなように、「公財政支出のうちその他の消費的支出」部分が分厚い制度を展望するのであれば、私費の割合を極限にまで抑えることが可能となる。[*5]福祉国家型社会を構想する場合に教員給与をどうするかはおいておくとして、課題の中心は、教員給与以外の消費的支出――すなわち教材費や学用品費等――を公財政教育支出にどのようにして位置づけるのか、費用単価の測定をどのようにして行なうのか、そのことをつうじて教育費支出における私費負担をいかに縮減していくのかということにある。

またこのことは、これまで教育費の私費負担を当為のものとしてきた諸経費について問うことでもある。そこで次節において、日本における「公教育費／私教育費」概念の混乱状況を指摘し、その再整理を行なうこととしよう。

3 日本における「公教育費／私教育費」概念の再検討

(1) 教育財政研究における概念の混乱状況

「公教育費／私教育費」とは、基本的には教育費を負担している主体を区分する概念である。かつて大蔵省の主計局員であった相澤英之は、「経費の負担主体による分類」として「公費」と「私費」とに大別し、「教育財政の確立は、教育費において占める公費負担の範囲の増大、その内容の適正化にあるということができる」と述べていた。[*6]こうした区分法を用いれば、国や地方公共団体が負担するいわゆる「公財政教育支出」のことを「公教育費」、保護者や利用者が負担する教育費を「私教育費」と呼ぶことができる。

ただし教育費を負担区分によって概念化する方法は、私費負担が公費保障の対象へと次第に移行していくような過程を考慮すれば、あくまでも「歴史的一形態」[*7]にすぎず、必ずしも恒常的で安定的な概念とはいえない。一九七〇～七三年頃にかけて行なわれた都道府県教育長協議会の一連の調査研究・報告「公費、私費の負担区分に関する研究報告」は、公費と私費の境界を明確に区分することを目的としていたが、結果として私費負担の固定化をまねくものであったことに留意しておく必要がある。そこで本章では、あくまでも私費負担の解消を目的として、現行日本の公教育制度において公財政教育支出の貧困が教育費の私費負担の増加を引き起こしていることを確認し、負担主体の区別を明確にすべきであることを提起するために「公教育費／私教育費」概念を用いることとする。[*8]

まずは政府公式統計が示す「公財政教育支出」が、費用負担主体の区分にもとづく「公教育費／私教育費」の境界を示すものではないことを確認しておこう。日本における教育財政研究の多くが政府統計に依拠しながら分析を行なってきたために、とくに実証研究を謳うもののなかに誤った結論を導いていることが少なくないからである。[*9]

かつて市川昭午は、教育費を「公費」と「民費」とに区分することを提起していたことがある。「民費」とは、今日でいう「私教育費」のことをさしているとみてよいが、そこで市川は、「教育費は公財政と民間の双方によって負担されるが、日本の総教育費全体についてみると、公財政支出がその六割以上を占めている」ことを示しつつ、しかしながら政府の公式統計には不十分さがあることを指摘して次のように述べていた。

「しかし、この公財政支出教育費から国公立学校の学生・生徒納付金や公費に組み入れられた寄付金に相当する額を除いた公財政負担の比率はそれより約二%弱低下し、六割前後となる[*10]」。

つまり市川によれば、日本政府の公式統計は、「公財政教育支出」のなかに、学生・生徒納付金や寄付金等を含みこんでいるのである。さらに、「この総教育費には大学および短大生の通学費や課外活動費、小・中・高校生の補助学習費など、私費負担教育費の一部とみてよい経費が含まれていない。逆に大学附属病院・実習農場の収入など、学生・生徒納付金以外の、『教育施設に伴う収入』が公財政支出教育費から控除されていない。そこでこの両者を考慮に入れた、広義総教育費における公財政の純負担教育費の比率を推計してみると、一九六九年で約五六%となる[*11]」という。こうして政府統計上、一九六九年当時で全教育費のうち六割を超えているとされていた「公費」の実質は、六割を割りこむことになると指摘する。

市川の「広義総教育費における公財政の純負担教育費の比率の推計」の算出方法は明示されていないため、ここではこの数字の妥当性について問うことはできない。この研究が発表された一九七三年以降、「公財政の純負担教育費（すなわち公教育費）」の算出を行なった研究は管見のかぎりみあたらず、そのためその後の「公教育費」の推移を確かめることは難しい。[*12] だが重要なことは、一九七〇年代初頭を境として「私費負担＝受益者負担費用」の割合が著しく増加していくことを考えれば、「公教育費」に含みこまれた「私費」の割合は漸次的に増加してきたことは明らかであり、八〇～九〇年代をへて爆発的な進学率の拡大と高等教育分野での授業料の大幅な値上げとを勘案すれば、今日では「公財政教育費に紛れ込んでいる私費割合」は相当に重たいものとなるということである。[*13]

(2) 政府統計にみる「公教育費」概念

それでは、政府統計において「公教育費」とはどのように説明されているのであろうか。たとえば、二〇〇九年発行の文部科学白書『我が国の教育水準と教育費』は、「公費負担」を「国や地方公共団体からの教育のための公財政支出」、「私費負担」を「学習者やその家庭から支出される授業料等の教育支出」と説明している。このうち「国や地方公共団体からの教育のための公財政支出」の金額については、『地方教育費調査報告書』における「公教育費の総額」において示されることになるのであるが、しかしながらこの数値は、以下にみるように純粋な意味での「公教育費」ではない。

『地方教育費調査報告書』において「公教育費の総額」とは「国・地方を通ずる総教育費」のことをさしている。これは「国の教育費」＋「地方教育費補助」＋「地方交付金中の教育費充当額（推計）」＋「都道府県教育費」＋「市町村教育費」の合計である。

このうち「国の教育費」は、「A文部省所管一般会計＋B国立学校特別会計－C文部省所管一般会計からの国立学校特別会計への繰り入れ＋D他省一般会計のうちの地方教育費補助」と計算される。この式計算中、BとCの計算が重要であるが、もともと「B国立学校特別会計」とは、「C一般会計からの繰入金」＋「E国立学校自己収入分（附属病院収入・農場収入等）」＋「F授業料・入学料等」のことである。すなわちB－Cとは、Aの文部省所管一般会計にEとFの金額を加算するための計算式ということになる。つまり市川が指摘をしていたように、「公教育費の総額」には負担区分上「公教育費」とはいえない国立学校自己収入分と授業料・入学料等が含まれていることになる。なお国立学校特別会計制度が廃止されたあとの現在に至っても、同様の計算方式が採用されている。[*14]

同様にして、「都道府県教育費」「市町村教育費」はそれぞれ、「地方教育費総額」－「公費に組み入れられない寄付金」として算出されているが、このことは「公費に組み入れられない寄付金」以外のもの、すなわち公費に組み入れられた寄付金や公費に組み入れられた（ている）公立高校授業料、公立大学および公立短大の授業料、保育園・幼稚園への通園料等を含んでいることを示している。以上のように政府統計に示される「公教育費」には、相当数の「私教育費」が含みこまれていることがわかる。

なお「文教予算のあらまし」等にみられる「文部省所管予算」においては、「国立学校特別会計への繰入分」のみを計上しているので、国立学校特別会計における自己収入分（附属病院収入等および授業料）を除外している。このように公費に組みこまれている費用の取り扱いは、政府統計のなかでも相当に混乱がある。

そこで問題となるのは、先に示した『図表でみる教育　ＯＥＣＤインディケータ』が、どのような根拠によって日本の「公財政教育支出」「公私負担割合」「私費負担による教育機関に対する支出」「教員給与支出」「教育機関以外の教育サービスに対する私費負担」「家計等私的部門への公的補助割合」等の数値を算出しているのか、そのことによってどのような日本の教育費構造の特質を示すことになったのかということになる。

ＯＥＣＤは、教育費を「公財政支出」と「私費負担」「私費負担のうち公財政からの補助部分」との三つのカテゴリーに分けている（表２―１、２―２）。このうち「公財政支出」を「教育サービスに対する公財政支出」「大学での研究・開発に対する公財政支出」「給食、学校までの交通機関、学生寮などの補助的サービスに対する公財政支出」とし、「私費」を「家計」と「その他の私的部門の支出」の合計で算出し、家計部門には「授業料への家計支出」「個人による本や参考資料の購入や、家庭教師に対する家計支出」が該当し、その他私的部門の支出とは「民間企業、宗教団体、慈善団体、企業・労働組合などの非営利団体」による支出のこととされる。

また「私費負担のうち公財政からの補助部分」というカテゴリーが立てられている。基本的にこの費目は、公財政からの補助であっても負担主体が家計からの直接支出としてみなされることから「私費」の範疇に含まれている。しかし、授業料等への補助を含めて家計やその他の私的部門に対する公的な補助金は

表２－１　OECD の教育機関に対する支出分類

公財政支出	教育サービスに対する公財政支出	給食，学校までの交通機関，学生寮などの補助的サービスに対する公財政支出
私費負担のうち公財政からの補助	教育サービスに対する公的補助を使った家計支出	
私費負担	授業料への家計支出	補助的サービス利用料への家計支出

表２－２　OECD の教育機関以外に対する支出分類

公財政支出		
私費負担のうち公財政からの補助	公的補助を使った個人による本の購入のための家計支出	公的補助を使った生活費への支出，通学割引
私費負担	個人による本や参考資料の購入や，家庭教師に対する家計支出	個人による学生の生活費や交通費のための家計支出

出典）OECD『図表でみる教育　OECD インディケータ』（2011年版）より作成。

「公財政支出」に含まれ、家計支出として直接教育機関に支出される授業料等私費負担の金額は公的補助の金額を差し引いて算出されることになっている。ちなみに日本からは「私費負担のうち公財政からの補助部分」に関する数値は示されていない。

このようにＯＥＣＤ調査においては、公教育費に含みこまれている授業料等の私費負担分を丁寧にそぎ落とし、純粋な「公財政教育支出」を割り出している点に特徴がある。実際、日本の文部科学省（文科省）がＯＥＣＤ調査に対して提出している資料では、幼稚園・小学校・中学校・高等学校・短大・大学の各段階において、「授業料・検定料収入」「寄付金収入・独自財源」を明確に「私費負担」というカテゴリーで取り扱い数値を算出している。

こうしてたとえば、二〇〇六年のデータで日本の公教育費は、文部科学省統計（「地方教育費調査」における「国・地方を通ずる総教育費（公教育費の総額）」）では二二・四兆円となっているのに対し、文科省がOECDに提出している資料では公財政教育支出は一七・五兆円と計上されている。いわば政府公式統計では、二〇〇六年データでじつに二一・九％もの「私教育費」が混ざりこんでいることになる。

(3) 概念枠組みの設定

みてきたように国際統計としてのOECDの分類は、基本的には負担主体の違いにもとづき「公財政支出」と「私教育費」が算出されており、これは先に示した負担主体区分概念である「公教育費／私教育費」として把握することも可能である。「公教育費／私教育費」の境界は各国の制度化の状況に応じて異なるものの、統計データ上の概念としては明確だといえる。「給食費」や「通学費用（交通費）」「学生寮費」であっても、これに公的財政的援助が行なわれていれば「公教育費」として、私費で負担しているのであれば「私教育費」として扱われることとなる。

ここで「公教育費／私教育費」の区分を、さらに日本の状況に即して整理すれば次のようになる。政府統計上の「公教育費」には、①いわゆる国や地方公共団体が支出する純粋な意味での「公財政教育支出」のほかに、②高校授業料や大学入学金・授業料、保育園・幼稚園通園料のように公財政に組みこまれている私費が含まれている。まずはこれを区別する必要がある。また③学校独自収入・国立学校自己収入があるが、これらも本来的には「公教育費」とは区別される。これにくわえて、④統計上は「公教育費」から区別されているが、③と同様の性格をもつ寄付金やPTA費といった「私費」がある。

次に、現在日本では「私費」とされている教育費のうち、⑤学校徴収金（制服、教材費、修学旅行費、給食費等）のような本来「公費」とすべき私費、さらには⑥通学費や学生寮費や下宿代等の（諸外国での制度化の状況を鑑みて）公費とすることが望まれる私費、⑦社会的合意さえあればいつでも公費化が可能な私費（補助学習費として、たとえば美術館や博物館、図書館の利用料、そうした施設への交通費）がある。

そのうえで、⑧私立学校の授業料や自己収入等の公教育の範囲内であっても「私費」として残るもの、そして、⑨学校外での個人的な教育費用等――すなわちOECDにおける「教育機関以外に対する支出」のなかの「私費負担」、つまり個人による本や参考資料の購入や、家庭教師に対する家計支出と個人による学生の生活費のための家計支出――が「私費」となる。これらを表にしたのが表3である。

以上の状況を確かめながら公教育費無償性原則の立場から課題を提示するとすれば次のようになる。第一に、②④および⑤⑥⑦をどのように公費制度化するかが最大のポイントとなる。今後、諸外国との制度比較等をつうじていっそう精緻な調査・研究が必要となる。第二に、戦後日本において②③を公費としてとらえてきた概念上・理論上の問題を指摘する必要があり、そのことは逆に、第三として、⑤⑥⑦を公費の対象から除外してきた問題として指摘することができる。このように整理することで第四に、今日、新自由主義改革のもとで⑦⑧に対する公費助成が進められてきていることも[*15]、新たな概念混乱状況の広がりとして指摘することができるであろう。第五に、「公教育費／私教育費」概念は、先に指摘したようにこ

表3　日本における公教育費／私教育費区分

公費／私費	分類
①公教育費	国・地方公共団体の財政においてまかなわれる教育費（私立学校助成補助金を含む）
②公教育費とは区分される私費 ＊文部科学省統計上，公教育費に含まれているもの	受益者負担金（入学金・授業料・通園料等）
③公教育費とは区分される私費 ＊文部科学省統計上，公教育費に含まれているもの	学校独自収入／国立学校自己収入（ベルマーク，廃品回収，農場収入，病院収入等）
④公教育費とは区分される私費 ＊文部科学省統計上は公教育費から除外されているもの	税外負担金（寄付金・PTA 費等）
⑤本来公費とすべき教育費で私費として扱われているもの	学校徴収金（制服，副教材費，修学旅行費，社会見学費，学校給食費等）
⑥公費とすることが望まれる私費	通学費・寮費（下宿代）
⑦社会的合意さえあればいつでも公費負担化が可能な私費	補助学習費（美術館，博物館，図書館交通費，スポーツ）
⑧公教育の範囲内ではあるものの，私費として残るもの	私立学校授業料，私立学校自己収入
⑨私教育費	学校外私教育費（家庭参考書，机，イス，電気スタンド，本棚，通塾代等）

れらの負担区分を固定化する危険性があることについて格段の留意が必要だということである。

また第六に、②④および⑤⑥⑦の私費負担と⑧⑨の私費負担との区別も重要な観点となる。⑧⑨のような私費負担を根拠に、②④⑤⑥⑦の私費負担を当然とする論説も多数存在するからである。とりわけ一九七〇年代以降の進学率の拡大と競争教育の激化を背景として、⑨のような家庭教育費の比重は飛躍的に増大してきた。その結果として「私教育費」の拡大を当然のことと受けとめる国民意識が醸成され、いわゆる「家計教育費支出の社会通念化」（三上和夫）ともいうべき現象も生み出されてきた。*16

しかしながら一九七〇年代の私費負担増加の背景に、⑤⑥⑦の私教育費が固定化され、さらに②の授業料等私費負担が増大してきたことをいささかも軽視することはできないであろう。次にみるように戦後日本の子ども・青年の生活保障にかかわる諸制度は、こうした私教育費の固定化と増大を補完するようにして形成されてきたからである。

4 戦後日本における子ども・青年の生活保障制度

(1) 家族政策支出の横断的検討——社会保障制度の日本的特質

ここからは、私教育費の固定化と増大を補完してきた戦後日本における子ども・青年の生活保障制度とはどういったものであったのかを検討する。ここでいう子ども・青年の生活保障制度とは、出産や育児、養育に関する費用に教育費をくわえたまさに子ども・青年の生活にかかわる全体をさしている。まずは、出産費用・育児費用・養育費用等いわゆる「家族政策支出」の日本的特徴を整理することからはじめよう。

家族政策支出の国際比較を検討している勝又幸子によれば、ＯＥＣＤの社会支出統計として示されているものは日本の国立社会保障・人口問題研究所が毎年公表する社会保障給付費資料の「児童・家族関係給付費」とほぼ同じであり、保育サービスや施設サービスへの利用料等を含む「児童扶養手当」、児童扶養手当や特別児童扶養手当等の「児童手当」、これに「育児休業手当」や「出産関係給付」をくわえたもので、児童にかかる医療費は含まれない。[*17] また、このうち父親と生計を同じくしていない母子世帯に支給される「児童扶養手当」は「養育費」と呼ばれる。[*18]

まず児童手当制度[*19]であるが、日本では児童手当法（一九七一年）によってようやく制度化され、翌年七二年から実施された。この制度は実施当初から「一八歳未満の児童が三人以上の家庭でかつ五歳未満の第三子以降」に限定され、さらに所得制限が設けられるなどその支給対象は制限的であった。

この児童手当をめぐる制度構想およびその論議を分析した後藤道夫は、もともと一九六〇年の「国民所得倍増計画」にこれが位置づけられていたものであり、この段階では「日本型雇用の特徴である長期雇用と年功賃金が経済発展の桎梏になるという認識」のもと、「賃金の年功性を弱め、労働力の流動性を高める手段」として構想されたことを明らかにしている。[*20] 同様に一九六〇年代の児童手当構想を人口政策との関係で分析した北明美は、この制度が年功賃金制度是正構想として登場してきたことを指摘している。北は、当初、政府は企業の拠出金を主な財源として制度構想を進めていたことを示し、しかしながらこの制度に対する財界団体からの支持を得ることが難しかったために、ぎりぎりの段階で「出産奨励」「中絶規制」等の「人口政策」が位置づけられたことを明らかにしている。[*21]

このように、日本における児童手当制度は、福祉国家的諸制度の一環として位置づけられてきたというよりも、歪んだ形で財界との妥協を繰り返しながら制度化がめざされ、それゆえきわめて矮小な制度として生み出されたのであり、ここにその後も期待されるほどにこの制度の拡充が進まなかった歴史的要因が存在する。差別的な職務給制度の導入と引き換えに構想された制度であったため、日本の労働組合はこの制度の導入に積極的ではなかったし、その後も強い関心が示されてこなかった。[*22] 北は、政府・厚生省によって意図的に「人口政策」が位置づけられた結果を反映して、女性運動内部において児童手当制度を「出産奨励策」「専業主婦奨励策」とみなす傾向が残され、その後、一九七〇年代には「年功的賃金カーブや賃金の家族手当の存続を前提としてそれらを女性労働者にも適用するよう求める運動や、社会保険における扶養家族の認定の適用を求める運動」があらわれるようになったとする。[*23]

児童手当制度はその後、支給対象範囲を第三子（一九八六年）、第一子（九一年）へと拡大し、二〇〇〇年以降には所得制限の緩和も進められてきた。しかしながら二〇一〇年の「子ども手当」制度が導入されるまで、諸外国では設定されない所得制限が日本では設けられてきたこと、および支給対象年齢も小学校修了前の一二歳までとされてきたことを考慮すれば、すべての子どもを対象とする生活保障制度としては十分な機能と役割を果たすことができなかったというべきであろう。また国際比較に明らかなように、家族関係社会支出の対GDP比率は日本が〇・七九％であるのに対してドイツは一・八七％、フランスで二・九九％、イギリスやスウェーデンで三％台となっており、その差は歴然としている（表4）。

表4　児童手当制度の国際比較

イギリス	ドイツ	フランス	スウェーデン	アメリカ
【児童手当】16歳以下，所得制限なし，全額国庫負担【扶養控除】1977年に児童手当に一元化，2001年度から復活，課税額のない場合には差額を給付	【児童手当】18歳未満（学生，失業者への特例あり），全額公費（連邦政府74%，州および自治体26%）【児童手当】と【扶養控除】から有利な方を選択する「二重システム」	【児童手当】20歳未満の第二子から，11歳以上の児童には割増給付，事業主拠出金が65%その他，【家族除数税額控除】など手厚い家族政策	【児童手当】16歳未満（学生の場合は20歳未満），学生には同額の奨学金を支給，全額国庫負担，控除制度は1948年に廃止し児童手当と一体化	なし，所得控除のみ（控除額が納税額を上回る場合は差額を給付），税制上の措置が実質的な児童手当の役割
3.27%	1.87%	2.99%	3.35%	0.65%

出典）前掲、島崎「児童手当および児童扶養手当の理念・沿革・課題」をもとに作成。下段は家族関係社会支出の対GDP比率（2007年）。OECD Social Expenditure Datebase（Ver. October 2010）より。

こうして児童手当が制限的な制度として確立をしてきた、一九七五年頃から福利厚生等の付加的諸給付として、つまり労働者賃金への諸手当の一つとして、「家族手当（扶養手当）」は拡大していくこととなった。[*24] この時期、「社宅・独身寮」「独自の退職金制度」「企業年金制度」「病院」「医療保険制度」などの法定外福利制度も充実していくことから示されるように、福祉国家的諸制度に代替して、日本では企業内賃金手当制度もしくは福利厚生制度として確立していくことになった。

大塩まゆみによれば、一九五〇年頃には全産業のなかで八〇%以上で家族手当が採用されていたが、六一年には六〇%を切るまでに低下し、その後徐々に採用率が増加してきた。[*25] いわば制限的な児童手当制度の確立とともに家族手当制度は役割を与えられ、拡大してきたということができる。

正確なデータはないものの、一九七〇年代後半から八〇年代初頭に「所定内賃金に占める家族手当の割合」はピークを迎えるとされている。[*26]

財政福祉としての「扶養控除制度」は、年間の合計所得が一定の金額に満たない扶養親族を有する場合に、納税者の総所得金額から所得税・住民税を控除する仕組みであり、この制度が財政的に措置していた金額は相当に大きい。[*27] この制度はシャウプ勧告を受けて一九五一年から扶養親族の数に応じて控除額を逓減させる方式として導入され（第Ⅰ期）、六一年には配偶者控除の新設とともに年齢に応じて扶養控除額に差を設けた方式が採用された（控除対象配偶者のない場合には若干の控除金額に上乗せ。第Ⅱ期）。この時期の後半（六六年〜）になると、年齢での控除額の差は解消され一律の金額となる。

一九七四年にようやく現在の制度となり、配偶者控除と同じ金額（八七年のみ例外）が措置されるようになる（第Ⅲ期）。この段階で税制調査会は「給与所得控除の大幅な拡充」を掲げ、いわゆる「頭打ち（上限）」を廃止した（税制調査会答申『昭和四九年度の税制改正に関する答申』一九七三年一二月）。このように児童手当の確立とほぼ同時期、制度の基本骨格がかたちづくられたのであった。扶養控除制度の基本的な性質は、非納税者世帯にとって経済的恩恵が何もないという点にある。[*28]

日本の子ども・青年への生活保障制度がきわめて部分的・制限的に確立されてくる一九七〇年代、日本型雇用はふたたび脚光をあびるようになる。こうしていわば福祉国家的制度の代替機能として、年功型の賃金体系が確立すると同時に、さらにこれを補完するようにして「会社内福利厚生（法定外福利）としての家族手当」と「財政福祉としての扶養控除制度」が位置づけられてきたということができる。これをあえて表現するならば「個別賃金政策」としての措置にとどめられたということであり、こうした動向を日本型企業社会の成立と一体のものとして読み解くことは容易であろう。

(2)「奨学金」概念の問題、教育ローン制度、学生生活保障費

さらに、日本における「私教育費の通念化」を促してきたもう一つの制度的背景として、日本に独自の「奨学金制度」「教育ローン／進学ローン制度」「学生生活保障制度」およびその概念の問題がある。日本に独特な進学ローン制度もまた日本の教育費政策・家族政策支出の基本構造が形成されてきた一九七〇年代に、これに呼応するようにして生み出されてきた。

もともと日本における奨学事業は、日本育英会（現独立行政法人日本学生支援機構）や地方自治体、学校、公益法人、営利法人、個人その他が提供する奨学金制度が中心となって進められてきた。受益者負担主義が文部政策に位置づけられた一九七一年に郵便局の簡易保険に学資保険が創設され、その後、同様の「商品」が政府系金融機関や民間金融機関へと拡大することとなった。現在の加入者数、事業規模は表5のようになっている。なおそのほかに、企業が従業員に対して行なう教育資金貸付制度[*29]や、都道府県社会福祉協議会が業務の実施主体となって、とくに貧困・低所得世帯に対して貸付を行なう生活福祉資金貸付制度における教育支援資金[*30]がある。

表５　日本における奨学制度・奨学事業・教育ローン

	沿革・内容	加入者数・事業規模
独立行政法人日本学生支援機構（前日本育英会）＊1	1943年設立 貸与制奨学金を中心 1990年代後半より無利子奨学金から有利子奨学金へ大幅に移行 2003年奨学金返還免除規定を廃止	奨学生数115万人，事業規模は9475億円（2009年）
地方公共団体，学校，公益法人，営利法人，個人・その他が提供する奨学金＊2	給与制と貸与制が混在 近年，大学・大学院で独自に「成績優秀者」等に対する奨学金制度（授業料免除含む）を設ける事例が増加している。	実施団体（個人）は2766。奨学生数は141万人，事業規模は全体で1100億円程度（2007年）
政府系金融機関（国民生活金融公庫）＊3	教育資金貸付制度（1978年創設） 保護者を対象に１回200万円の貸付	近年（2009年，2010年）の利用件数は12万件，その総額は1700億円前後
民間金融機関	銀行，保険会社，農協，共済保険等 一般消費者ローンより優遇	表注）を参照

注）「民間金融機関」の行なう進学ローン利用者の数，およびその事業規模については管見のかぎり統計が存在しない。

出典）＊１＊２は独立行政法人日本学生支援機構「平成19年度奨学事業に関する実態調査」。
　　＊３は日本政策金融公庫『業務統計年報』2011年版。

ここで、国民金融公庫（現在の日本政策金融公庫、以下「公庫」）が行なってきた「進学ローン制度」の沿革を確認しておこう。[31] 一九七七年五月、郵便貯金金利の引き下げにさいして時の郵政大臣が郵便貯金を原資とする教育ローン構想をうちだし、七八年度予算要求において郵政省案として「進学ローン制度創設」の正式要求がなされた。これを契機として一九七八年に全国銀行協会連合会（全銀協）に加盟する全八六行がいっせいに教育ローンを開始している。[32]

郵政省案が進学積立郵便貯金を原資とするものであることから、

「進学ローンに名を借りた貯蓄増強運動」との批判があり、最終的には大蔵省側から所得が一定額を下回る者に限って国民金融公庫から進学資金の貸付を行なう制度を設けることが提案され、一九七八年六月の国民金融公庫法及び沖縄振興開発金融公庫法の一部改正、同年一一月の公庫の業務方法書の全面的改正で「進学資金貸付」に関する条項が追加された（七九年度入学生から開始）。公庫は、「民間の教育資金融資を補完する制度」と位置づけ、これを「国の進学ローン」と呼び、「家庭における経済的負担の軽減と、教育の機会均等を図る政策の一翼を担っていく」ものであるととらえていた。一方、実質的に制度設計の中心を担った大蔵省は、「財政投融資を中心とした国の金融活動」の一環にこれを位置づけ、「今後とも、国民の要求の多様化に積極的に対応した財政投融資金運用のあり方を模索し続けていく必要があろう」と述べていた。[*33]

このことは、戦後日本の財政投融資政策が「小さな政府」論の抜け道として活用されたことと関係している。[*34]すなわち福祉的諸制度としての支出を極力避け、財政投融資の一環として進学ローン制度が整備されてきたのである。したがってこれを「貧困な文教政策の中和剤」[*35]とみることも可能である。なお日本育英会をはじめとする各種の奨学事業が学生本人に支給するのに対して、進学ローンは主に学生・生徒の保護者を対象としている点に特質がある。[*36]のちにみる「家族依存政策」と不可分の関係にあることはいうまでもない。

進学ローンが拡大していく一九七〇年代後半から八〇年代にかけて、これを新たな投資市場とみなす全銀協は、それまで無利子奨学金事業を進めていた日本育英会に対して有利子事業への「転換」を迫るようになっていた。[*37] これをうけるようにして第二次臨時行政調査会（第二次臨調）は、「有利子制度への転換」「返還免除制度の廃止」「返還期間の短縮」を答申する（一九八一年七月「第一次答申」）。日本育英会の無利子奨学金制度および給付制に近い意味合いをもつ返還免除制度は、銀行協会の事業拡大戦略にとって障壁としてみなされていたのである。対する文部省は「育英会奨学事業に関する懇談会」を設置し検討を積み重ね（一九八三年七月二八日「今後における育英奨学の在り方について」報告）、最終的には一九八四年の日本育英会法の全部改正によって有利子貸与制度（第二種奨学金）が「新設（すなわち無利子奨学制度と有利子奨学制度とが並存）」された。[*38] この段階では日本育英会の教育職返還免除制度および研究職返還免除制度は廃止されなかったものの、その後次第に縮小、廃止されることになる。[*39]

こうして日本における「奨学金」もまた非常に複雑な論争的概念・制度として形成されてきた。奨学金（scholarship, grant-in-aid）とは、もともと返済を要しない奨学のために措置される経済的支援のことであり「貸与」ではなく「給付」を基本とする。日本における奨学制度のほとんどが貸与制となっているが、本来的には「教育ローン（student loan）」と呼ぶべきものである。[*40] くわえて日本には歴史的には英才教育を主たる目的とする「育英」概念が存在する。今日、日本学生支援機構が行なっている奨学事業では、教育職・研究職への就職による返還免除規定は廃止され、大学院生のみを対象とする「特に優れた業績による返還免除」制度へと転換してきている。また日本学生支援機構「平成一九年度奨学事業に関する実態調査」によれば、各学校が行なう「奨学事業数」は増加傾向にあることが認められるが、その多くは「学業の特に優秀な者」を対象とするものである。概念に忠実に表現するならばこれらは「育英事業」というべきものである。

前表4に示されるように、ドイツやスウェーデンでは、学生に対する「生活保障費」が位置づけられていることは注目されてよい。ニュージーランドのように「学生生活保障制度（学生手当：student allowance）」として奨学金・教育ローンとは別個に学生の生活費全般に対する保障制度をととのえているケースもある。[*41]

この点に関して最後に指摘しておかなければならないのは、戦後日本の生活保護制度における若年勤労者ならびに高校・大学に進学する学生本人への支援の位置づけの弱さの問題である。今日、生活保護世帯の子どもが大学進学をする場合、世帯分離さえすれば保護者は生活保護を受給しつづけることが可能となっているが、学生本人がこれを受給することはできない。[*42] 通学費や学習品費などほとんどの学生が親からの生活費援助を受けていることを考えれば、親からの仕送りを期待できない生活保護世帯の学生にとって大学進学はきわめて難しい状況にある。「学生手当制度」の導入はまったなしの課題である。

5　新福祉国家構想の理念と公教育費のあり方

(1)「福祉社会論」のもとでの家族依存政策の形成・発展

出産・育児・住居等の社会保障制度の全体像をふまえずに、教育費のみを分析の対象としてきたこれまでの教育財政研究は、みてきたような戦後日本の公教育費をめぐる特殊な構造を解明できなかったばかりでなく、異常な私費負担の根拠を国民の教育意識に求めてきた。しかしながら子育て・育児・教育を「私的営み」ととらえる意識・観念は、ある特定の歴史的段階で成立・展開したある特定の制度下において形成され定着してきたとみるべきであろう。[*43]

一九六〇年代から七〇年代の時期に形成された日本の子ども・青年に対する生活保障の基本構造は、児童手当制度にみられるように同時期に諸外国において導入されたものとは制度理念のレベルでも制度設計のレベルでも相当に異なるものとして位置づけられ、その結果、公的社会保障制度としてではなく個別賃金政策に解消されるものであった。それはとりもなおさず日本型雇用のもとで世帯主の賃金稼得に依存するものにほかならなかった。

このことは教育政策支出にあっては、全体支出に対する教員給与費の占める割合の膨張をまねくものでもあった。この裏では、教育政策支出のうち教職員の給与以外の部分、すなわち教材費・学用品費等については制限的な支出にとどまるとともに、ここに私費負担の多くがあてられることになった。ここで日本における公費／私費概念の未成熟および私費負担に関する正確な統計データが存在してこなかったことの問題を重ねて指摘する必要があろう。教材費・学用品費に対する私費負担を当然のことと是認する制度的環境を準備することになったからである。

西欧型の流動的な雇用市場を想定し福祉国家の社会保障枠組みを志向していた一九六〇年代に対し、七〇年代に入るとそれまで否定の対象であった日本型雇用慣行としての終身雇用制・年功賃金制はむしろ維持・強化されるようになる。[*44] 一九七〇年代初頭に提出された「厚生行政の長期構想」「新経済社会発展計画」「社会保障問題懇談会報告書」等の一連の政策文書を分析した後藤道夫は、この時期を「福祉国家志向の終焉」と位置づけている。[*45]

すでに多くの指摘があるように一九七〇年代後半の日本において展開された「福祉社会論[*46]」は本来的な福祉国家構想とは似て非なるものであった。たとえば、社会経済国民会議『総合的福祉政策の理念と方向――日本型福祉社会の提唱』（一九七八年）は、「家族が老後のめんどうをみる」「隣近所で助け合う」「企業が従業員の福利厚生に手厚い」という特徴を日本固有の社会認識として示していた。同様に、経済企画庁内部に設置された総合社会政策基本問題研究会は、『総合社会政策を求めて――福祉社会への論理』（一九七七年）で「国家責任の解除」を志向し、「個人や家庭や地域社会や企業の役割」に着目している。このことは、通産省産業政策局『企業行動の現状と問題点』（一九七七年）のように「企業の社会的責任」として「雇用の安定」「安定採用」「福祉雇用」「福利厚生」を期待することでもあった。

この「福祉社会」論は一九八〇年からはじまる第二次臨調へと接続する。第一次答申（一九八一年七月）は「家庭、地域、企業等が大きな役割を果たしてきた我が国社会の特性は、今後もこれの発展が望ましい。すなわち、個人の自助、自立の精神に立脚した家庭や近隣、企業や地域社会での連帯を基礎としつつ、効率の良い政府が適正な負担の下に福祉の充実を図ることが望ましい」と述べ、その後、「活力ある福祉社会の建設」を基本答申したのである（八二年七月）。まさに国や地方公共団体の生活保障への「公的責任」は後景に退けられ、家庭や地域社会や企業内、家庭関係といったいわば「私的空間」にその責任を移譲しようとする点に、「福祉社会」論の特質がある。

こうして戦後日本において、国や地方公共団体が子ども・青年の生活保障について責任を負う仕組みは制度化されないまま、「家族依存政策」（宮本みち子）[*47]として展開してきたということができる。教育費の私費負担が温存ないしは増大していくなか、個別の賃金ならびに諸手当および所得控除としての扶養控除の拡大によって各家庭はこれを教育費として充当し、またその一方、進学当事者自身に支給される奨学制度の十分な発展を期待できないなか、親（保護者）を対象として融資される政府系金融機関あるいは民間金融機関が行なう教育ローン／進学ローンによって不足する教育費・生活費を補完するほかなかった。

(2) 対置されるべき福祉国家型財政構想をめぐる課題・論点

家族依存政策のもとにおける教育費の私費負担の増加、および子育て費用政策（子育て費の公的保障制度の欠如）を問題視する研究は、近年多くなっている。しかしその一方で、今日の教育財政研究においては「国家負担限界説」ともいうべきものがなお根強く残り、[*48] 国家財政の不足を根拠として普遍的な現金支給、普遍的な現物支給を不可能ととらえる。子ども手当の拡充を求め学費の無償化を志向する研究は多いが、その実現にあたっては国家負担限界説がつねに壁として立ちはだかっている。

こうした状況を打開するためには、より根本的な対応、すなわち福祉国家型財政構造を積極的に対置する必要がある。たとえば以下のような政策原則を想定することは大きな意味があろう。(1)最低生活費への非課税と保険料免除、(2)総合所得に対する累進課税原則、(3)企業の社会保障拠出・負担責任の強化、である。[*49] この政策原則にもとづき企業内福利・賃金手当および所得控除等の仕組みが再整理され財政負担構造の組み替えが行なわれれば、公財政教育支出および家族政策支出の抜本的な増額が可能となる。

教育についていえば、そのもとで教育費の完全無償および子ども・青年の生活保障（子ども手当、学生手当）の制度化が準備され予定されることになる。福祉国家の未成熟な戦後日本にあって相当に高く設定されざるをえなかった教職員給与費は、基盤的な経費・現物給付経費に組み替えることを可能とするであろう。[*50]

子ども手当制度については次のような構想を描くことができる。①これまで事業主負担として支弁されてきた教育費・養育費（家族手当、扶養手当）を国家的保障制度へ切り替え、その財源を事業主拠出金とする。②各企業および公務員の「扶養手当（家族手当）」は廃止され、企業は事業主負担分を拠出（税負担）する。③「特定扶養控除」「成年扶養控除」廃止（注27参照）の代替として、子ども手当の延長に大学生・大学院生への学生手当（学生生活保障制度）を位置づける。以上をつうじて正規雇用者・非正規雇用者のどちらもが恩恵を受ける社会的制度を確立する。くわえて、④子ども手当の金額については、衣食その他日常生活における最低生活保障の観点から定められている生活保護支給基準（一級地の場合で〇～二歳は二万九〇〇〇円、二～五歳は二万六三五〇円、六～一一歳は三万四〇七〇円、一二～一九歳は四万二〇八〇円、いずれも月額）と同額が措置されることが原則となる。

そして、人的控除については、子ども手当制度のあり方のいかんにかかわらず、扶養控除は「健康で文化的な最低限度の生活保障費」として課税対象から除外されるものとして論理的に独自に決定される。[*51] 各教育段階での教育費無償が実現し、子ども・青年の生活保障が十全に支弁される社会を前提とすれば、「教育費控除」としての性格をもつ特定扶養控除や成年扶養控除は廃止されることになる。

そのほか、育児補助・ベビーシッター補助等の可能性も追究しうる課題である。フランスではこれを雇用創出につなげ制度化を実現している。[*52] さらには、通学費用や寮費（下宿費）、補助学習費（博物館・図書館の利用料や交通費）等に対する公財政教育費支出の可能性も残されている。

最後に、福祉国家型財政構造のもとで実現されるはずの普遍的現金給付・現物給付について、「低所得者も高所得者も同一の手当と恩恵を受ける」ことを理由として、「逆差別」になるとの批判があるが、これにコメントを付しておこう。まず第一に、先に示したように福祉国家型財政構造の基本原則に累進課税制度が位置づくのであり、累進課税原則のもとでは高所得者はより高い税負担を求められるのであるから、この批判は問題にならないということである。高所得者は普遍的現金給付・現物給付を受ける以上の税負担を負い、大学進学によって卒業後に生活利益（所得向上）が生じた場合も、その所得に応じた税負担を負うことになる。第二に、逆差別批判は、社会的生産から生み出された富を、国家をつうじて再配分することを拒絶し、少数者の手に集中させるべきだとしている点において、福祉国家型財政構造が基礎にする考え方とは真逆となっているということである。そして第三に、個人が得る富が社会的生産の賜物なのだということを等閑視し、より高次の進学機会を得る者はより高い収入を得るので自ら教育費を負担すべきだとする受益者負担主義と、じつは同根の論理構造を有していることにも留意しなければならない。福祉国家型財政構造を構想することは、このような社会観や国家観に代わる、新しい社会理念としての国家像を示すことへとつながっている。

◉注

＊1　財務省「平成二二年度予算編成上の主な個別論点（文部科学予算について）」（二〇〇九年一一月三日）。財務省ホー

ムページに掲載がある。これに対する文部科学省の見解「財務省『文部科学予算について』に対し、文部科学省はこう考えます」が発表されている。

＊2　ただし戦後日本における労働者賃金の特質を「生活給」として表現することは正確ではない（木下武男『日本人の賃金』平凡社新書、一九九九年、四八〜五七頁）。戦後日本の労働者賃金は、男性労働者に対し妻子を扶養する手当が付加的に給付されるものであり、近年の研究ではこれを「片働き男性世帯主家族賃金」と呼ぶ場合がある。山田和代「戦後日本の労働組合における家族賃金の形成と展開」（竹中恵美子編『労働とジェンダー』明石書店、二〇〇一年）では、これを「家族賃金」として概念化し、その形成過程を実証的に分析している。

＊3　前掲、木下『日本人の賃金』五三頁。

＊4　なお給与費の比率が圧倒的な割合を示しているわが国の公財政教育費支出の特質のゆえに、とりわけ物価上昇とは相対的に独自の動きで形成されてきた賃金体系を考慮するならば、GDPデフレータを用いて統計的に処理することによって公財政教育費支出の多寡を判断することは研究上適切とはいえない。

＊5　たとえば、日本で現在の教員給与の総額を維持したうえで「その他の消費的支出」の割合を三〇％程度まで高めるとすれば約四・三兆円、諸外国平均の二〇％まで高めるとすれば約一・八兆円を新たに追加することとなる。この数字は、本書第9章が小中学校での全私費負担を解消するのに必要な金額として試算した一兆二四一六億円を十分に包含することの可能な数字としてみることができる。

＊6　相澤英之『教育費――その諸問題』大蔵財務協会、一九六〇年、一七四〜一九八頁。相澤の公費・私費主体区分論は、「子弟を学校に修学させている者は、当然そうでない者よりも余計経費を負担すべきではないかという議論が存在し得る」「（教科書費・給食費・学用品費まで――引用者）公費負担の範囲を拡大することは、確かに一つの考え方ではあるが、そこまで公費負担の範囲を拡張することは、いたずらに国民全体の負担を大きくすることになる」など、私費負担の解消を説得的に展開するものではなかった。そのため同書は基本的に「教育費標準」の算出や「国庫補助負担金」の増額にはきわめて消極的である。

＊7　馬場将光「教育費」細谷俊夫ほか編『新教育学大事典』二巻、第一法規、一九九〇年、三五〇頁。

＊8　井深雄二は「公教育費／私教育費」概念が「用語上の混乱を伴いがち」であることを指摘して、「有償制／無償制」概念を位置づけるべきであると課題提起しているが、その課題意識には本章でも共通する点が多い（井深雄二『近代日本教育費政策史——義務教育費国庫負担政策の展開』勁草書房、二〇〇四年、四〇〇〜四〇二頁）。

＊9　この意味で、日本における「公教育費／私教育費」のあいまいな状況を指摘して「グレーゾーン」とするものもあるが、負担区分上の境界ははっきりとしているのであって、政府統計上の概念的あいまいさをこそ問題とすべきであろう。

＊10　市川昭午「教育財政」林健久・貝塚啓明編『日本の財政』東京大学出版会、一九七三年、二一三頁。

＊11　同前、二一三〜二一四頁。

＊12　類似する指摘は、市川らの共著研究、市川昭午・菊池城司・矢野真和『教育の経済学』（第一法規、一九八二年）における菊池論文「家計支出の教育費」にもみられる（一六一頁）。しかしながらその問題意識は、公財政教育支出の算出そのものにはないため、数値の算出は行なわれていない。

＊13　たとえば、国立大学特別会計における「国立学校の自己収入」「授業料収入」、公立大学の「公立大学の自己収入」「学生納付金」、都道府県立高校・市町村立高校における「公立高校の自己収入」「授業料収入」、市町村の財政に組みこまれている幼稚園・保育園の通園料等を控除して正確な「公財政教育支出」を算出することが考えられる。ただし、これらは正確な統計データが存在しないため、在籍者数と平均的な授業料をかけあわせて総額を推定するほかない。筆者の独自の計算では、「公財政教育支出」に占める「私費分」の割合は、少なく見積もっても一九七〇年代で一〇％程度、二〇〇〇年以降でこの数字は二〇％超まで跳ね上がる。

＊14　二〇〇四年の国立学校特別会計の廃止にともない、「国の一般会計から国立大学法人関係補助金を控除し、国立学校法人等の歳出決算額を加えた額」として示される。これは「国立大学法人等の歳出決算額」における国立大学法人等の自己収入分および授業料等収入分を加算するための計算式である。

＊15　たとえば私立学校授業や学習塾等への通塾費用の一部に対して自治体が補助するケースも生まれてきている。こうし

た動向の整理と評価については、大阪府の私立高等学校等授業料支援補助金制度をモデルケースとして分析した本書第2章を参照されたい。

＊16　三上和夫『教育の経済――成り立ちと課題』春風社、二〇〇五年。三上は一九七五年の私学振興助成法の成立を、「(家計教育費支出に対する――引用者) 意識形態」が出現する「画期的旋回の時期」と分析している。

＊17　勝又幸子「国際比較からみた家族政策支出」『季刊社会保障研究』三九巻一号、二〇〇四年、一九頁。そのほか、都村敦子「福祉政策の"Harmonization"問題について――児童扶養控除制度と児童手当制度の一元化」(『季刊社会保障研究』一三巻一号、一九七七年)、近年の研究では島崎謙治「児童手当および児童扶養手当の理念・沿革・課題」(国立社会保障・人口問題研究所『子育て世帯の社会保障』東京大学出版会、二〇〇五年) が参考になる。

＊18　日本における養育費政策の展開過程および日英米との制度比較については、下夷美幸『養育費政策にみる国家と家族――母子世帯の社会学』(勁草書房、二〇〇八年) が詳しい。なお二〇一〇年から日本における児童扶養手当は父子家庭にも支給されるようになった。

＊19　児童手当制度の構想・導入・展開過程に関する総合的な研究として北明美「日本の児童手当制度の展開と変質(上)(中)(下)――その発展を制約したもの」(『大原社会問題研究所雑誌』五二四号、二〇〇二年、五二六・五二七号、二〇〇二年、五四七号、二〇〇四年) が詳しい。

＊20　後藤道夫「日本型社会保障の構造」渡辺治編『高度成長と企業社会』(日本の時代史27) 吉川弘文館、二〇〇四年、一九八～一九九頁。

＊21　北明美「一九六〇年代の児童手当構想と賃金・人口・ジェンダー政策」大門正克・大槻奈巳・岡田知弘・佐藤隆・進藤兵・高岡裕之・柳沢遊編『過熱と揺らぎ』(高度成長の時代2) 大月書店、二〇一〇年。

＊22　児童手当制度に対する労働組合勢力の対応については、前掲、後藤「日本型社会保障の構造」二〇一頁。

＊23　前掲、北「一九六〇年代の児童手当構想と賃金・人口・ジェンダー政策」二九六頁。北は、女性運動の側にも山川菊栄のように「母が働く、働かないにもかかわりなく、子供ができればその生活費はかかる」ことを根拠として、児童手

当制度に対する女性運動の側の「消極的な態度」を批判した人々の存在を示している。「子どもの存在」に対する社会的給付制度としての児童手当・子ども手当の根拠として注目される。

＊24　前掲、山田「戦後日本の労働組合における家族賃金の形成と展開」。

＊25　大塩まゆみ『家族手当の研究』法律文化社、一九九六年。

＊26　その後の長期的な傾向としては、「採用率」「所定内賃金に占める割合」ともに低下傾向にある。その主な要因として非正規雇用者の拡大や成果主義賃金制度の導入などがあげられる。なお「配偶者手当」は女性労働者にとって差別的な制度でもあることは指摘しておかなくてはならない。

＊27　二〇一〇年、民主党政権は子ども手当の財源として、この扶養控除のうち一六歳未満の年少扶養控除の廃止を決めた（所得税は二〇一一年一月から、住民税は一二年六月から）。なお高校授業料無償化にともない高校生に相当する一六歳から一八歳の控除の上乗せ分は廃止、そのうえでこれまでの特定扶養控除・成年扶養控除は存続され、一般扶養控除と名称変更される。

＊28　なおこの制度のもう一つの特徴は控除の対象に大学生・大学院学生を含んでいたことにあり、児童のみを支給対象としてきた「児童手当制度」との間では矛盾を抱えていたことになる。このことは逆に、一八歳以上の大学生・大学院生をも支給対象とする生活手当制度を用意する可能性が残されていることを示している。

＊29　財団法人労務行政研究所調査（一九九七年一一月一二日〜九八年二月六日）によれば、九七年〜九八年に実施された従業員五〇〇人以上の企業を対象とするアンケートで、七割の事業体で同制度が実施されている（「一般貸付および教育資金貸付制度の最新実態」労務行政研究所『労政時報』三三五〇号、一九九八年五月八日）。各会社の制度事例については『企業福祉』調査「生活資金・教育資金融資制度の実態」（『企業福祉』四九七号、一九九九年七月一五日）。

＊30　鳥山まどか「貧困・低所得世帯のための教育資金貸付――福祉的貸付制度から見た日本の教育費」（ゆうちょ財団『個人金融』二〇一〇年春号）が詳しい。鳥山は、奨学事業の中心をになってきた日本育英会（現日本学生支援機構）が「成績要件」「学力基準」を掲げてきたことによって、貧困・低所得世帯でこの制度を利用し進学することができな

い事態があり、その「制度上の不備」を補うものとして同制度が登場し位置づけられてきたとする。

＊31　以下の記述は、国民金融公庫『国民金融公庫五〇年史』（一九九九年）を参照。

＊32　伊ヶ崎暁生「教育ローンの開始と教育財政原則」『季刊教育法』二八号、総合労働研究所、一九七八年夏号。

＊33　窪田勝弘「進学ローン創設の意義と解説」『季刊教育法』二八号、総合労働研究所、一九七八年夏号。窪田勝弘は、当時、銀行局特別金融課課長補佐の職にあった。

＊34　伊藤正直「『開発主義』政策と大蔵省」『ポリティーク』五号、旬報社、二〇〇二年。

＊35　山田寛「教育ローンの功罪と限界」『季刊教育法』二八号、総合労働研究所、一九七八年夏号。

＊36　アメリカでは進学ローンの融資対象者は、親ではなく子（進学当事者）であるとの指摘がある（宮本佐知子「ニーズ高まる教育資金ファイナンス——教育ローンと五二九プランの活用」野村資本市場研究所『資本市場クォータリー』二〇〇八年春号）。

＊37　育英奨学制度の抜本的改悪に反対する連絡会議『教育費が危ない——奨学金制度の灯は消せない』創林社、一九八四年、一七五〜一八四頁。

＊38　日本育英会奨学事業における奨学金の有利子化をめぐる大蔵省・第二次臨調の審議経過および文部省（「育英会奨学事業に関する懇談会」）の政策対応過程については、三輪定宣「有利子奨学金をめぐる教育財政上、教育法上の諸問題」（同前書所収）、同「有利子奨学金制度の導入」（『季刊教育法』四九号、総合労働研究所、一九八三年秋号）、白川優治「財政投融資と奨学金制度・政策の関係についての研究——有利子奨学金事業と国民金融公庫『進学ローン』の創設における財政投融資の役割の検討」（財団法人ゆうちょ財団研究助成論文、二〇〇五年）。

＊39　一九八四年法改正にともない教員養成学部に対する特別枠の廃止、返還免除額の縮減が進められた。一九九八年四月入学者を対象として大学生・高等専門学校生の教育職および研究職返還免除制度が廃止（日本育英会法二四条の改正）され、二〇〇三年日本学生支援機構法の制定（日本育英会法の廃止）によって大学院生を対象とする返還免除制度は廃止された。

＊40　犬塚典子『アメリカ連邦政府による大学生経済支援政策』（東信堂、二〇〇六年）における日米「奨学金概念」の比較検討が参考になる（二四〜二九頁）。各国の奨学制度については、小林雅之『進学格差——深刻化する教育費負担』（ちくま新書、二〇〇八年）で概観できる。

＊41　近年のニュージーランドにおける学生支援政策の動向については、拙稿「ニュージーランドの大学改革と評価——新自由主義大学改革『転換』の行方とNZ型大学ガバナンス制度の検討」（大学評価学会『大学改革・評価の国際的動向』晃洋書房、二〇一一年）。

＊42　かつては高校生の場合も保護費の受給のためには世帯分離を必要としていたが、二〇〇五年の法改正によってようやく受給可となった。

＊43　この点、矢野眞和『「習慣病」になったニッポンの大学』（日本図書センター、二〇一一年）が参考になる。同書は日本の大学制度が進学希望に対して（とくに都市部において）抑制的にはたらいてきたこと（一九四〜一九五頁）、不況で進学率が上昇する（二一〇頁）等の興味深いデータを提示している。矢野は国際比較の観点から「新入生一八才主義」「卒業主義」「授業料親負担主義」という日本的特徴を指摘し、これを「日本的大衆大学病」と呼び、その原因を「日本的家族主義」「日本型雇用慣行」にあると指摘している。

＊44　乾彰夫『日本の教育と企業社会——一元的能力主義と現代の教育＝社会構造』大月書店、一九九〇年。

＊45　後藤道夫「最低生活保障と労働市場」竹内章郎・中西新太郎・後藤道夫・小池直人・吉崎祥司『平等主義が福祉をすくう——脱〈自己責任＝格差社会〉の理論』青木書店、二〇〇五年。それゆえ後藤は、一九七一年の児童手当制度を「六〇年代福祉国家志向の、いわば最後の産物であった」と指摘する（九八〜一〇一頁）。

＊46　日本における「福祉社会」論は、欧米の福祉国家制度と区別され、ナショナルミニマム・スタンダードの確立を放棄した点に特徴が見出される。真田是「『福祉国家』の変革と地域」（『講座今日の日本資本主義9』大月書店、一九八二年）が詳しい。

＊47　宮本みち子『若者が《社会的弱者》に転落する』洋泉社、二〇〇二年。同趣旨に、乾彰夫『〈戦後的青年期〉の解体

――青年期研究の今日的課題」(『教育』国土社、二〇〇〇年三月号)。

＊48　これに関するあるいは類する学説は数多存在する。

＊49　新福祉国家構想における財政原則については、福祉国家と基本法研究会・井上英夫・後藤道夫・渡辺治編著『新たな福祉国家を展望する――社会保障基本法・社会保障憲章の提言』(旬報社、二〇一一年)一五一〜一六三頁を参照されたい。

＊50　私学の自由および教育費の弾力性を考慮するならば、私費負担(私立学校授業料等)は一定程度残される。しかしながら高校・大学等で経済的に困難な学生・生徒ほど私立学校へ進学している現実をふまえるならば、私立学校授業料の無償化は当然政策目標として位置づけられ、あわせて私立学校の「公費民営化」「国公立移管」が検討課題となる。その場合、私学における教員給与費問題・特待生問題等、私学経営問題について検討すべき点が残されている。

＊51　北野弘久『税法問題事例研究』勁草書房、二〇〇五年、七二七〜七二八頁。

＊52　フランスの子育て事情については、中島さおり『なぜフランスでは子どもが増えるのか――フランス女性のライフスタイル』(講談社現代新書、二〇一〇年)、同『パリの女は産んでいる』(ポプラ社、二〇〇五年)、横田増生『フランスの子育てが、日本よりも一〇倍楽な理由』(洋泉社、二〇〇九年)等。

(石井　拓児)

第9章　学修費における私費負担の現状

1　問題設定

日本の義務教育制度は、「学校教育費」、「学校徴収金」、「学校納付金」、「受益者負担金」など、さまざまな名称で呼ばれている保護者からの大きな「私費負担」によって成立しているのが現状である。しかし貧困が広がるなか、この私費負担が家庭の大きな負担になっている。なかには給食費を含む私費負担を払うことができずに、苦悩する保護者や子どもたちがいる。こうした現状は学校事務職員のねばり強い問題提起や住民運動によって、近年ようやく社会的に知られるようになってきた。[*1] 就学援助制度は、給食費を含めた学校で徴収される私費負担を公的に援助する制度であるが、二〇〇五年に就学援助への国庫補助がなくなり一般財源化されたために、各自治体がこの制度を縮小するという危機的な状況にある。[*2]

保護者による私費負担の根拠は、都道府県教育長協議会によって一九七二年に出された「義務教育における公費私費の負担区分」基準がもとになっているとされている。そこでは、「私費負担とする経費」は、「ア・学校・家庭のいずれにおいても使用できるものや個人用の教材教具(教科書以外の個人用図書、ノート類、各種文房具、補助教材、学習用具)、イ・教育活動の結果として、その教材用具そのものまたはそれから生ずる直接的利益が児童生徒個人に還元されるもの(学習教材、学習活動、補助活動)」とされている。「利益が生徒個人に還元される場合は私費負担」という論理は、戦後の教育条件の未整備という歴史的条件にくわえ、一九七〇年代の教育政策のなかに取り入れられた「受益者負担主義」にもとづくものであった(本書第1章)。その後、義務教育の私費負担は、この「受益者負担主義」によって国民に受容され、かつ正当化されてきたのである。

本章では、学修費における「私費負担」の実態を明らかにするとともに、給食費を含んだ義務教育費の完全無償化に向けた提言を行なうことが目的である。本章の構成は、まずは「私費負担」の現状を公的調査や先行調査によって確認する(第2節)。次に、われわれが行なった「学校運営における公費・私費負担調査」の結果を分析し、日本の義務教育の運営が膨大な私費で成り立っていることを実証する(第3節)。それをふまえて、義務教育の完全無償化に向けた提言を行なう(第4節)。

なお、「学修費」とは、教材・教具、部活動、修学旅行、制服、体操着、そして給食にかかわる費用を示している（この言葉の歴史的な使用については序章、詳細な範囲については、最終章を参照のこと）。

2　義務教育制度における私費負担の現状

(1) 公的調査にみる私費負担の現状

日本の義務教育制度の運営は、どのくらいの保護者による私費負担で成り立っているのだろうか。以下、文部科学省（文科省）の調査、東京都の調査、長野県の調査という三つの公的調査から確認しておこう。

文部科学省「子どもの学習費調査」

文科省は二年ごとに子どもの学習費調査を行ない、その結果を『子どもの学習費調査報告書』として報告している。[*3] その報告書では、保護者が学校へ支出する私費を「学校教育費」、塾などの習い事に支出する私費を「学校外活動費」とし、それらに「給食費」を合わせたものを「学習費総額」としている。図1は、二〇〇八年調査の学習費を世帯の収入階層別にグラフ化したものである。どの収入階層も年間で公立

図１－１　収入階層別教育費（公立小学校）

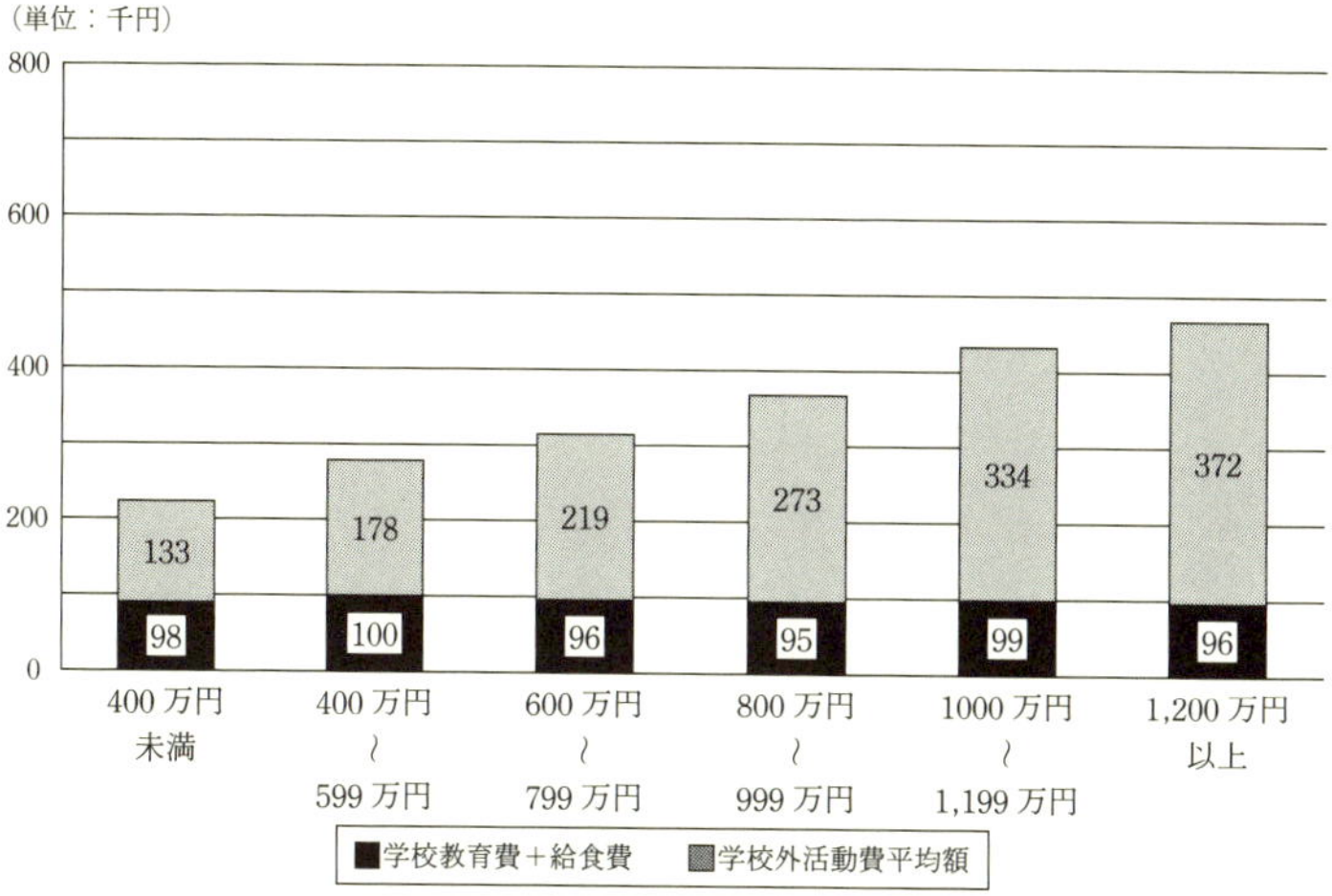

出典）文部科学省『平成20年度　子どもの学習費調査報告書』より作成。

図１－２　収入階層別教育費（公立中学校）

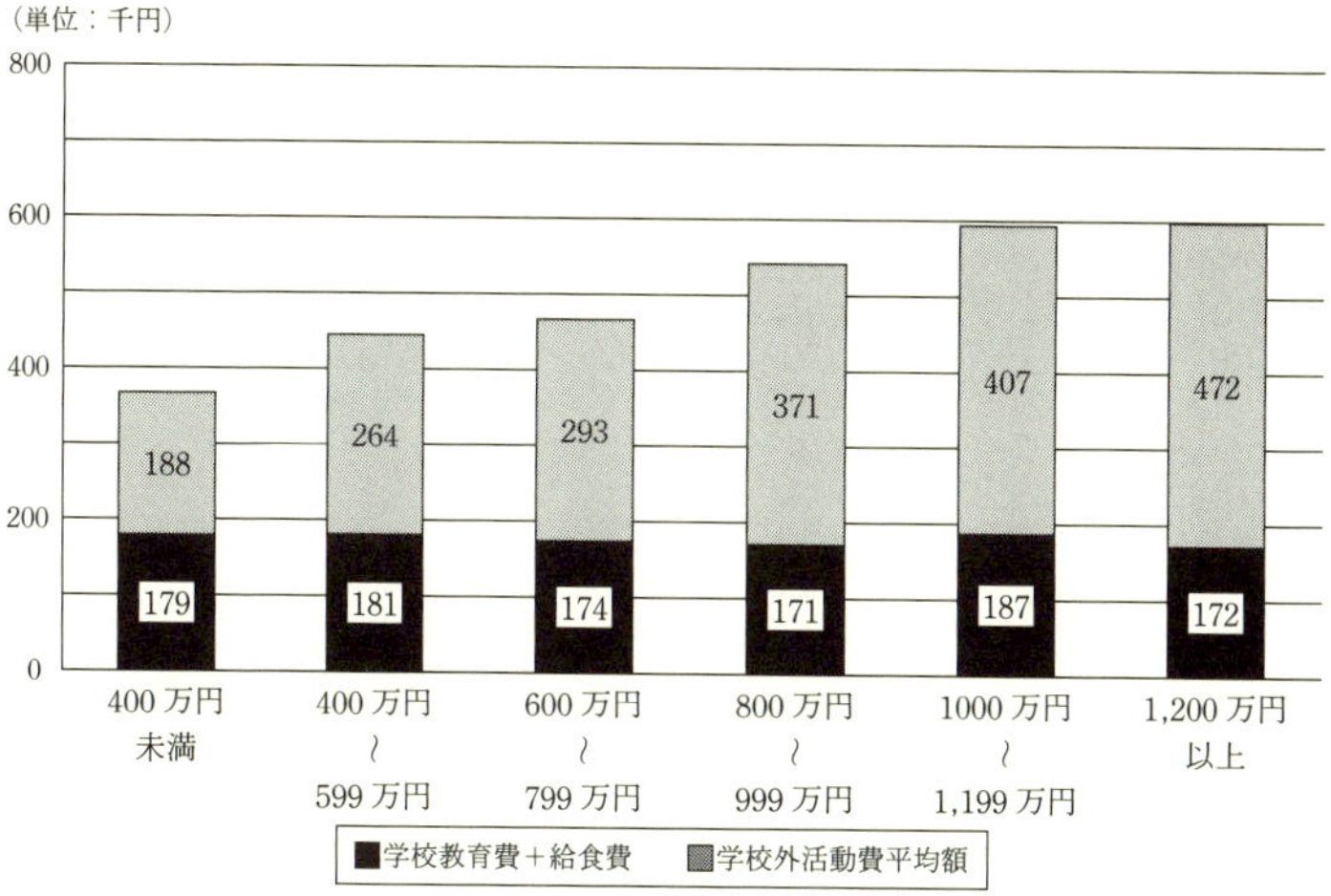

出典）文部科学省『平成20年度　子どもの学習費調査報告書』より作成。

小学校は一〇万円程度（うち給食費が四万円）、公立中学校では一七万〜一八万円（うち給食費が三・七万円）程度を学校へ支出していることがわかる。

さらに、「学校外活動費」（塾代、習い事など）においては、収入階層間の格差が顕著にみられる。収入格差と教育費支出の格差は相関しており、収入が高い階層ほど学校外教育費を支出する傾向があるが、家計への負担という観点でみれば、収入が低い階層のほうが教育費による家計の圧迫が強くなる。たとえば、年収四〇〇万円未満の家庭（公立高校で一六・七％、公立中学で一五・五％、公立小学校で一八・八％いる。二〇一〇年度調査では、それぞれ二一・五％、一七・四％、二一・七％と増加している）で、仮に公立小学校の子どもと公立中学校の子どもがいる場合を想定すると、年間に教育費として六〇万円弱、年収の約一五％を支出していることになる。他方で、収入一二〇〇万円以上の家庭で同じ条件で比較した場合、年間の学校外教育費は一〇〇万円以上になるが、それでも家計の約八・三％の支出にしかならない。近年、全国学力テストの結果と保護者の収入が相関していることが知られているが、これは塾代などにかける学校外活動費の違い、つまり親の経済力の違いが子どもの学力差としてあらわれている（＝ペアレントクラシー）と推測できよう。

表1－1、1－2は、学校教育費の一〇年間の推移である。ここからわかるように、こうした学校へ支出する私費は、小学校、中学校ともにこの一〇年間はあまり大きく変化していない。末冨芳によれば、こうした保護者の私費負担は小学校では一九七〇年代以降、中学校では九〇年代初頭からほぼ変化していな

表1－1　学校教育費10年間の推移（公立小学校）

	1998年	2000年	2002年	2004年	2006年	2008年
学習費総額	302, 019	290, 106	292, 278	314, 161	334, 134	307, 723
学校教育費	62, 011	56, 213	53, 448	54, 515	56, 655	56, 019
学校給食費	40, 486	40, 278	39, 302	40, 798	40, 937	41, 536
学校外活動費	199, 522	193, 615	199, 528	218, 848	236, 542	210, 168

出典）文部科学省『平成20年度　子どもの学習費調査報告書』より作成。

表1－2　学校教育費10年間の推移（公立中学校）

	1998年	2000年	2002年	2004年	2006年	2008年
学習費総額	439, 522	445, 118	437, 418	468, 773	471, 752	480, 481
学校教育費	137, 581	129, 353	129, 082	132, 603	133, 183	138, 042
学校給食費	35, 353	33, 339	34, 015	36, 701	36, 563	37, 430
学校外活動費	266, 588	282, 426	274, 321	299, 469	302, 006	305, 009

出典）文部科学省『平成20年度　子どもの学習費調査報告書』より作成。

表2－1　人口規模別教育費（公立小学校）

	5万人未満	5万人以上15万人未満	15万人以上	指定都市・特別区
学習費総額	252, 703 ＜	282, 595 ＜	315, 534 ＜	363, 634
学校教育費	60, 714 ＞	55, 883 ＞	55, 803 ＞	53, 162
学校給食費	43, 916 ＞	42, 302 ＞	40, 751 ＞	40, 106
学校外活動費	148, 073 ＜	184, 410 ＜	218, 980 ＜	270, 366

出典）文部科学省『平成20年度　子どもの学習費調査報告書』より作成。

表2－2　人口規模別教育費（公立中学校）

	5万人未満	5万人以上15万人未満	15万人以上	指定都市・特別区
学習費総額	388, 686 ＜	480, 127 ＜	498, 955 ＜	533, 464
学校教育費	135, 050	140, 320	137, 418	138, 713
学校給食費	47, 751 ＞	40, 147 ＞	35, 020 ＞	28, 553
学校外活動費	205, 885 ＜	299, 660 ＜	326, 517 ＜	366, 198

出典）文部科学省『平成20年度　子どもの学習費調査報告書』より作成。

いとされる。[*4] つまり、保護者の私費負担は歴史的に学校運営を成立させる恒常的な経費となってきたのであり、また現在もそうなのである。

表2−1、2−2は、教育費を人口規模別に集計したものである。小学校、中学校ともに、学校外活動費とそれを含めた学習費総額は人口規模が大きいほど高額な傾向にある。逆に、小学校、中学校とも学校給食費は人口規模が少ない地域のほうがより支出額が多いことがわかる。小学校では、学校教育費（私費負担）も人口規模が少ない地域のほうがより支出額が多くなっている。

東京都「保護者が負担する教育費調査」

東京都は独自に「保護者が負担する教育費調査」を行なっている。この調査では保護者の私費を、①「受益者負担額」、②「PTA・学校後援会等活動運営費」、③「従来の私費」の三つに区分して把握し、その合計を④「実支出額」として算定している。二〇〇九年度の「実支出額」の年間の平均は、小学校で五万一九〇四円、中学校で七万一六四八円となっている。「従来の私費」とは、「公費不足等（単価、規模）のため、その年度限りでPTA等からやむを得ず支出した経費、主に『学校』や『教職員用』に要した経費」をさしている。この「従来の私費」は「義務教育学校運営費標準」（一九六七年）の作成により、東京都がなくすことを目標にしている経費である。これに対して、教材費、修学旅行、学校給食などの「受益者負担額」は「利益が児童・生徒に直接還元される」私費のことであり、それを軽減することは目

図２－１　長野県小学校の学校徴収金（１人当たり）と財政力指数

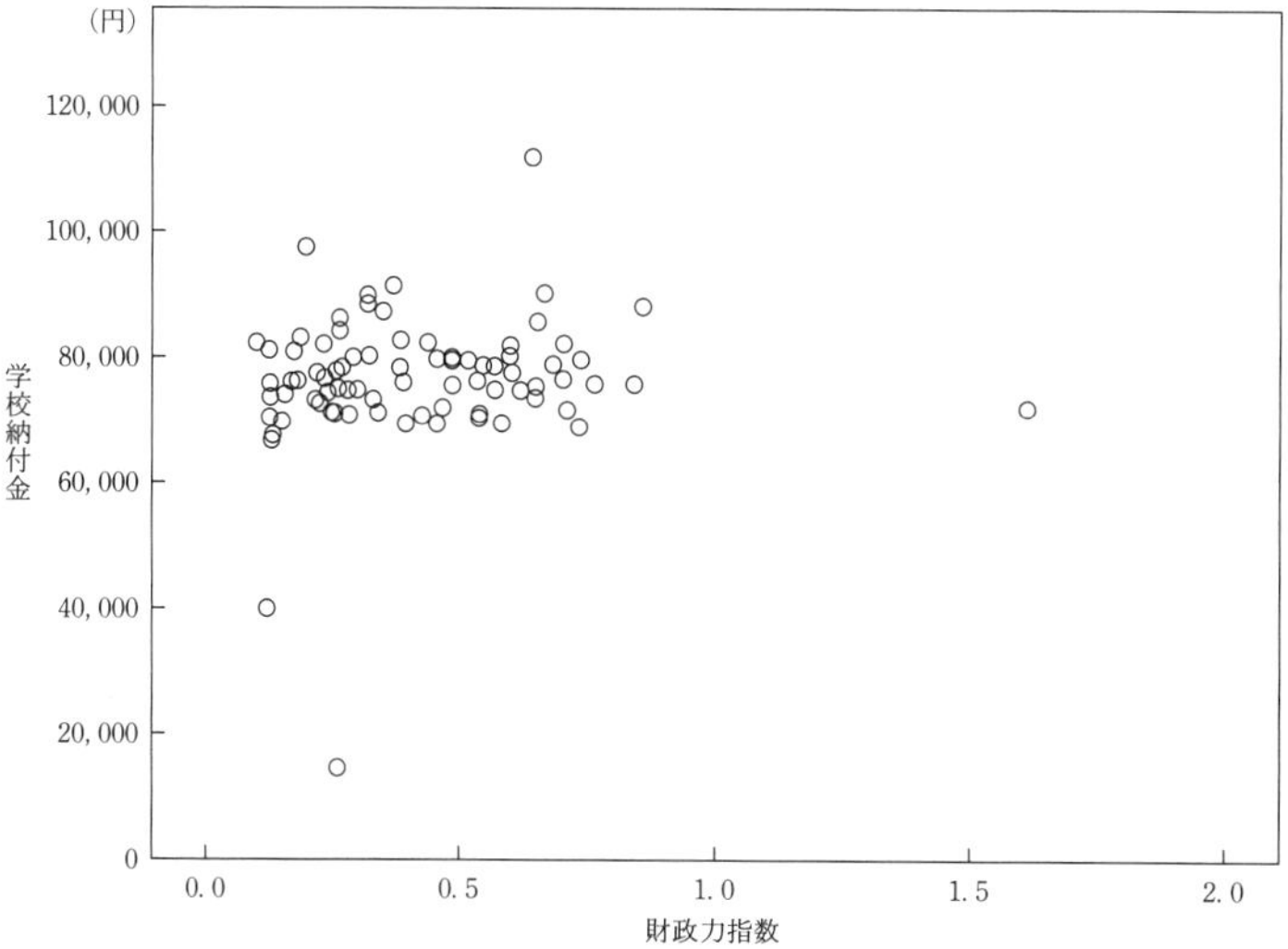

出典）「学校納入金等調査の概要」2008年，各自治体の決算カードより作成。

標とはされていないとみていいだろう。ちなみに、実支出額のうち、「受益者負額」は、小学校で四万八一五三円、中学校で六万九三九四円となっている。

長野県「学校納入金等調査の概要」

長野県も独自に「学校徴収金」（給食費を含む）という私費負担の調査を行なっている。「学校納入金等調査の概要」（二〇〇八年）によれば、子どもの一人当たりの学校徴収金の平均は、小学校で七万六三六七円、中学校で一一万八四〇五円となっている。この調査は、長野県内のすべての公立小中学校を対象として市町村ごとに集計されている。それぞれの市町村（小学校・八〇市町村、中学校・七四市町村）における財政力指数、教育費、学校徴収金それぞれの

図2－2　長野県中学校の学校徴収金（1人当たり）と財政力指数

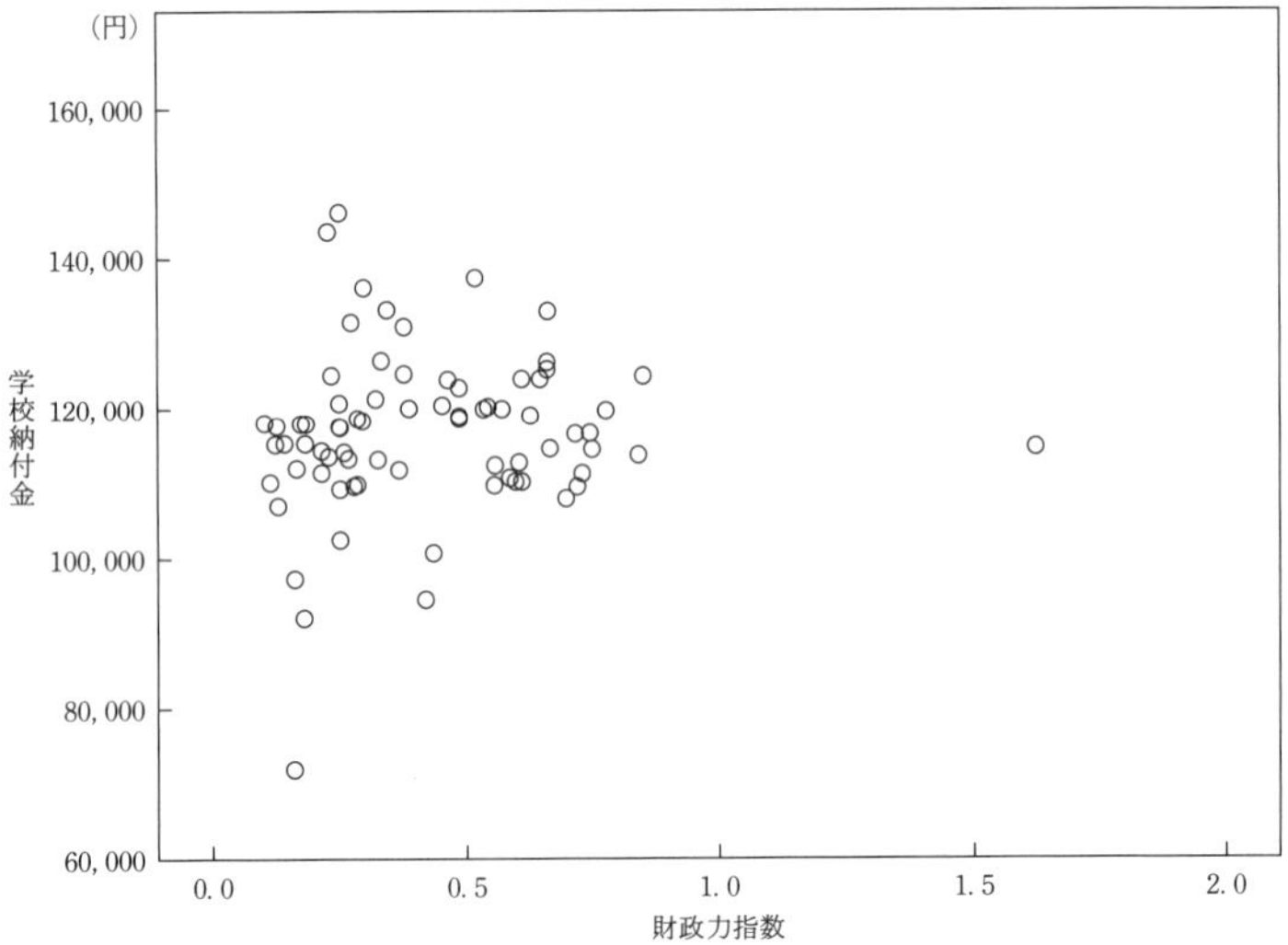

出典）「学校納入金等調査の概要」2008年，各自治体の決算カードより作成。

相関をみてみると、財政力指数と自治体の教育費（建築費を除く）に統計的に有意な正の相関関係（小学校・相関係数〇・三九六、一％水準で有意。中学校・相関係数〇・四七三、一％水準で有意）がみられるが、学校徴収金と財政力指数や教育費との間には相関はみられなかった。つまり、財政力が高い自治体ほど教育費が多い傾向がみられるが、教育費が多い自治体であるからといって、学校徴収金が少ないという傾向はみられないということである。これは公教育費の額の多少にかかわらず、一定の私費負担が保護者に求められているということを意味している。図2－1と図2－2は、それぞれ長野県の小学校と中学校の「学校徴収金と財政力指数」の相関の散布図である。これをみると、自治体の財政力にかかわらず、小学校も中学校も同じ

表3　3つの調査の私費負担平均の比較

	公立小学校	公立中学校
文部科学省「子どもの学習費調査」(2008年度)	97,555円	175,472円
上記から通学費，制服，通学用品，その他を除く	54,977円	132,894円
東京都「保護者が負担する教育費調査」(2009年度)	50,194円	71,648円
長野県「学校納入金等調査の概要」(2008年度)	76,367円	118,405円

金額帯に学校徴収金の額が集中していることがわかる。

三つの公的調査の結果のまとめ

上記三つの調査の私費負担額をまとめたのが、表3である。「子どもの学習費調査」には、「通学費」「制服」「通学用品費」「その他（学校のバッジ、上履き、アルバム代など）」が含まれているために、他の二つの調査より金額が高くなっている。ちなみに、二〇〇八年度調査での上記の四つの費用の合計は、公立小学校で二万二九円、公立中学校で四万二五七八円である。これらを学校教育費と学校給食費の平均の合計から引くと、公立小学校、公立中学校それぞれ五万四九七七円、一三万二八九四円となる。小学校は低額の順に並べると、東京都、全国（文科省）、長野県の順になる。中学校は、東京都、長野県、全国の順で高くなっている。ただし中学校の場合は給食を実施しているかどうかで私費負担の額に大きな違いが出ることを考慮しなければならない。いずれにしても、年間で公立小学校では五万から八万円程度、公立中学校では七万から一三万円程度の学校への私費が支払われているのが現状である。この私費負担なしには、日本の義務教育の運営は成立しないことが公的調査からもわかる。

(2) 公費・私費負担に関する先行調査の検討

『新しい時代の学校財務運営に関する調査研究報告書』の検討

次に先行調査を検討しておこう。全国公立小中学校事務職員研究会が『新しい時代の学校財務運営に関する調査研究報告書』（平成一八・一九年文部科学省「新教育システム開発プログラム」の委託研究）という公費と私費の実態を悉皆調査で行なっている。われわれと基本的なスタンスは違うが、いくつか押さえておくべき点があるので、以下概観しておこう。[*5]

第一に、学校配当予算が全般的に不足しているという実態が明らかにされている。学校配当予算（「学校で執行可能な予算として、学校を設置する市町村教育員会が各学校に配当［令達］した予算」八頁）が「不足したことがない」と回答している学校の配当予算の平均は、小学校では児童一人当たりで四万三七三三円、中学校では四万五〇四〇円となっている。また、「執行を次年度に見送った」ことがあると回答した学校の配当予算の平均は、小学校で二万七一四八円、中学校で三万二六三六円となっている。報告書では「小中学校の五割程度の学校配当予算は児童生徒一人あたり一〜三万円の水準であるが、この水準では義務教育における予算不足となっている可能性が高い」（四一頁）と指摘している。つまり、多くの学校で予算不足が生じているということになる。

第二に、学校配当予算（公費）と私費徴収との関連についてである。報告書では「児童一人あたりの公費と、私費との間に、顕著な量的関係性は認められない」（四五頁）ことが指摘されている。「学校徴収金（私費）は学校配当予算（公費）との関連性はなく、また支援費（PTA等による支援——引用者）は学校規模との関連性はない。これらのことは、私費と公費の関連性が、量的な合理性にもとづく判断基準を持たず、前年度主義や慣例によって決定されてきた可能性を示唆する」（四六頁）としている。たんに公費の不足だけではなく、私費の徴収は「前年度主義や慣例」が影響力をもつという指摘は、「私費負担」を減らすさいに考慮すべき重要な要件となってくるだろう。ちなみに、この調査によれば、徴収金の最も多い金額帯は、小学校で一万円以上二万円未満の四七・七％、中学校が四万円以上六万円未満の三二％となっている。

第三に、公費・私費負担の基準の有無についてである。学校徴収金の負担基準は、小学校で三一・六％、中学校三二・七％で、「教育委員会による負担区分に関する定めがないことが明らかになった」（五三頁）とされている。同時に、児童・生徒一人当たりの学校徴収金が高いランクにある学校では、「公費・私費の負担区分を定めていない」比率が高く、「公費・私費の負担区分を定めることで、学校徴収金の高額化を抑制する効果があるのでないだろうか」（同上）と指摘している。公費・私費負担区分を決める学校運営基準は、私費の抑制となる場合もあるが、他方で私費の固定化にもなる場合もある。この点は後述する。

「まとめ」のなかで、全体の七割の学校が予算不足だとしたうえで、「しかし、現在、学校運営に、どのような予算がいくら、どのようなことにかかっているか把握していない。学校運営に必要な経費の種類や額を把握するための調査手法の開発が必要である」（一二四頁）とし、「決算額のサンプル調査」の本格的な実施が必要であることが示唆され、一部実施されている。

3 学修費における公費・私費負担の実態調査

(1) 調査の概要

ここまでに概観した私費負担の公的調査や先行調査による現状をふまえて、われわれは全国学校事務制度研究会（以下、制度研）の協力を得て、学修にかかわる学校運営における公費・私費負担の現状を把握するための調査を行ない、全国の学校予算の比較分析をした（以下、制度研調査）。ちなみに、制度研は「義務教育の完全無償化の実現」をうちだし、私費負担の減額のために日々努力している学校事務職員たちの民間研究団体である。

調査の課題は、以下の三点である。

①私費負担がそれぞれの学校でどのくらいあるかの全国的な把握。

②学修費において公費と私費負担の割合はどのくらいなのかの実態把握。

③地域格差はどのようになっているのかの実態把握。

調査校は小学校一一校、中学校一三校の計二四校である。人口規模別に調査対象校を分類すると、五万人未満の学校が小学校四校（A～D小）、中学校二校（A、B中）、五～一五万人未満が小学校一校（E小）、中学校三校（C～E中）、一五万人以上が小学校三校（F～H小）、中学校五校（F～J中）、指定都市・特別区が小学校三校（I～K小）、中学校三校（K～M中）となっている。

調査は、私費として以下の一四項目を調査対象としている。①修学旅行費、②遠足見学費、林間学校費、③学級費、学年費、④児童会費、生徒会費、⑤PTA会費、⑥教科外活動費（a芸術鑑賞代、b部活動費、c職場体験費、d運動会費用）、⑦その他の学校納付金、⑧テスト・ドリル・副読本代、⑨学用品費・実験実習材料費、⑩通学費、⑪制服代、⑫通学用品費、⑬その他（体操着、上履き、水着、卒業アルバム代）、⑭給食費。これらの調査項目は、学修費のすべてを対象としていることになる。公費は、人件費、光熱水費や建築費や修繕費などを除いた学修にかかる金額（①消耗品費、②図書費、③備品費、④上記の私費項目に対する公費負担による補助金）を対象とした。

⑵ 調査結果とその分析

小学校、中学校別に調査結果をそれぞれ集計したものが、表4－1、4－2である。表からわかることをまとめておこう。

表4－1　小学校・私費・公費の集計

			私費負担（1人当たり金額）						
人口規模	学校名	児童数	小1	小2	小3	小4	小5	小6	1人当たり合計（6年間）
5万未満	A小	355	66,629	64,589	70,327	72,894	73,773	92,579	440,791
	B小	456	69,740	70,440	70,740	75,440	71,440	66,530	424,330
	C小	141	85,505	64,380	68,140	64,600	84,355	78,985	445,965
	D小	603	48,650	43,320	45,560	43,857	44,840	65,890	292,117
5～15万未満	E小	45	76,083	64,243	65,953	68,213	95,925	107,925	478,342
15万以上	F小	107	75,651	70,700	69,170	68,530	73,640	76,520	434,211
	G小	359	79,227	64,499	64,807	66,481	69,121	94,759	438,894
	H小	849	85,394	66,325	68,376	73,473	78,672	110,482	482,722
指定都市・特別区	I小	545	81,140	58,680	69,949	92,700	112,516	109,754	524,739
	J小	146	50,668	50,730	52,168	53,960	57,646	91,734	356,906
	K小	931	49,497	48,966	49,283	49,500	55,357	82,257	334,860
	平均	412	69,835	60,625	63,134	66,332	74,299	88,856	423,080

人口規模	学校名	私費1人当たり	私費合計	学校運営における私費合計の占める割合	私費1人当たり（給食費なし）	私費合計（給食費なし）	学校運営における私費合計（給食費なし）の占める割合
5万未満	A小	73,465	26,612,710	84%	22,240	8,127,835	61%
	B小	70,722	32,206,010	72%	20,282	9,205,370	42%
	C小	74,328	10,608,735	83%	27,614	4,022,455	65%
	D小	48,686	29,348,383	79%	15,466	9,313,723	54%
5～15万未満	E小	79,724	3,486,657	66%	33,184	1,392,657	44%
15万以上	F小	72,369	7,773,498	85%	27,137	2,933,820	67%
	G小	73,149	26,272,231	84%	27,061	9,726,801	67%
	H小	80,454	68,161,679	91%	26,454	22,313,679	77%
指定都市・特別区	I小	87,457	46,718,543	85%	37,993	19,937,943	72%
	J小	59,484	9,074,900	71%	18,668	3,124,096	45%
	K小	55,810	52,506,141	83%	14,010	13,590,341	56%
	平均	70,513	28,433,590	83%	24,555	9,426,247	61%

人口規模	学校名	公費①消耗品費	公費②図書費	公費③備品費	公費④それ以外の公費	公費合計	公費1人当たり	学校運営における公費合計の占める割合	学校運営における公費合計の占める割合（給食費なし）
5万未満	A小	4,076,755	709,184	441,000	0	5,226,939	14,724	16%	39%
	B小	6,342,000	1,271,000	2,777,000	2,405,000	12,795,000	28,059	28%	58%
	C小	1,319,990	228,500	310,000	311,000	2,169,490	15,386	17%	35%
	D小	4,844,000	1,279,000	1,280,000	558,000	7,961,000	13,202	21%	46%
5～15万未満	E小	1,036,000	82,000	576,000	103,950	1,797,950	39,954	34%	56%
15万以上	F小	752,000	131,000	532,000	0	1,415,000	13,224	15%	33%
	G小	3,002,000	400,000	1,438,000	0	4,840,000	13,482	16%	33%
	H小	4,195,000	760,000	693,000	1,079,460	6,727,460	7,924	9％	23%
指定都市・特別区	I小	5,884,000	150,000	1,868,000	22,400	7,924,400	14,540	15%	28%
	J小	2,895,000	201,000	570,000	103,240	3,769,240	25,817	29%	55%
	K小	6,970,000	1,288,000	1,204,000	1,018,000	10,480,000	11,257	17%	44%
	平均	3,756,068	590,880	1,062,636	509,186	5,918,771	17,961	17%	39%

表４－２　中学校・私費・公費の集計

			私費負担（１人当たり金額）			
人口規模	学校名	生徒数	中１	中２	中３	１人当たり合計（３年間）
５万未満	A中	40	64, 630	69, 727	10, 906	145, 263
	B中	205	70, 515	23, 715	113, 448	207, 678
５～15万未満	C中	453	119, 766	81, 920	117, 140	318, 826
	D中	105	135, 360	81, 760	162, 460	379, 580
	E中	260	116, 609	61, 811	79, 277	257, 697
15万以上	F中	75	162, 727	156, 771	110, 411	429, 909
	G中	243	14, 665	4, 090	41, 700	60, 455
	H中	326	70, 034	14, 474	71, 975	156, 483
	I中	792	165, 560	111, 140	175, 858	452, 558
	J中	596	178, 133	102, 643	151, 052	431, 828
指定都市特別区	K中	787	103, 680	79, 632	131, 760	315, 072
	L中	359	106, 192	15, 322	74, 489	196, 003
	M中	274	66, 638	44, 640	85, 910	197, 188
	平均		105, 731	65, 203	102, 030	272, 965

人口規模	学校名	私費１人当たり平均	私費合計	学校運営費における私費合計の占める割合	給食実施	私費１人当たり（給食費なし）	私費合計（給食費なし）	学校運営における私費合計の占める割合（給食費なし）
５万未満	A中	48, 421	1, 899, 325	54%	×	48, 421	1, 899, 325	54%
	B中	69, 226	14, 450, 217	78%	×	69, 226	14, 450, 217	78%
５～15万未満	C中	106, 275	41, 047, 320	88%	○	59, 255	19, 805, 700	78%
	D中	126, 527	13, 333, 300	79%	○	74, 327	7, 552, 300	68%
	E中	85, 899	22, 188, 634	71%	○	36, 767	9, 414, 314	51%
15万以上	F中	143, 303	10, 608, 645	83%	○	93, 747	6, 903, 358	76%
	G中	20, 152	5, 163, 380	30%	×	20, 152	5, 163, 380	30%
	H中	52, 161	16, 653, 253	71%	×	52, 161	16, 653, 253	68%
	I中	150, 853	119, 948, 481	93%	○	90, 669	72, 275, 117	89%
	J中	143, 943	86, 417, 790	92%	○	83, 241	50, 239, 398	87%
指定都市特別区	K中	105, 024	82, 440, 144	92%	○	56, 332	47, 941, 532	86%
	L中	65, 334	24, 728, 559	67%	×	65, 334	20, 118, 934	63%
	M中	65, 729	18, 214, 560	68%	×	65, 729	18, 214, 560	68%
	平均	90, 988	35, 161, 047	74%		62, 720	22, 356, 261	69%

人口規模	学校名	公費①消耗品費	公費②図書費	公費③備品費	公費④それ以外の公費	公費合計	公費１人当たり	学校運営における公費合計の占める割合	学校運営における公費合計の占める割合（給食費なし）
５万未満	A中	737, 000	164, 000	707, 000	0	1, 608, 000	40, 200	46%	46%
	B中	1, 981, 000	756, 000	1, 190, 000	223, 000	4, 150, 000	20, 244	22%	22%
５～15万未満	C中	2, 396, 000	855, 000	1, 016, 000	1, 377, 000	5, 644, 000	12, 459	12%	22%
	D中	1, 692, 000	154, 000	625, 000	1, 105, 000	3, 576, 000	34, 057	21%	32%
	E中	5, 449, 925	593, 912	2, 377, 725	795, 400	9, 216, 962	35, 450	29%	49%
15万以上	F中	1, 430, 600	332, 300	210, 000	170, 000	2, 142, 900	28, 572	17%	24%
	G中	6, 044, 900	534, 090	457, 400	5, 062, 140	12, 098, 530	49, 788	70%	70%
	H中	4, 103, 000	1, 169, 000	2, 478, 000	228, 200	7, 978, 200	24, 473	32%	32%
	I中	6, 572, 000	892, 000	1, 482, 000	0	8, 946, 000	11, 295	7%	11%
	J中	5, 490, 900	724, 000	1, 267, 000	0	7, 481, 900	12, 554	8%	13%
指定都市特別区	K中	5, 107, 000	754, 000	1, 576, 000	99, 750	7, 536, 750	9, 577	8%	14%
	L中	7, 909, 000	1, 037, 000	2, 460, 000	635, 876	12, 041, 876	33, 543	33%	37%
	M中	5, 388, 045	769, 521	1, 797, 598	705, 337	8, 660, 501	31, 608	32%	32%
	平均	4, 177, 028	671, 909	1, 357, 209	800, 131	7, 006, 278	26, 448	26%	31%

注）G中には制服代や体操服代等が含まれていない可能性がある。

公費と私費負担の学校間格差

小学校の公費一人当たりの平均は一万七九六一円、一番低い学校で七九二四円、一番高い学校で三万九九五四円と、公費一人当たりに相当の開きがあることがわかる。小学校の給食費も含めた私費負担は、一番低い額の学校で四万八六八六円、一番高い額の学校で八万七四五七円、平均では七万五一三円となっている。六年間の合計の平均では四二万三〇八〇円にもなる。給食費を除いた私費一人当たりは平均で二万四五五五円、一番低い学校で一万四〇一〇円、一番高い学校で三万七九九三円となっている。

中学校の公費一人当たりの平均は二万六四四八円、一番低い学校で九五七七円、一番高い学校で四万九七八八円と、小学校と同じく相当の開きがある。中学校の私費負担の平均は九万九八八円であるが、給食実施校で一番低い学校は八万五八九九円、一番高い学校が一五万八五三円で、平均で一二万三一一八円となっている。給食未実施校では一番額の低い学校が二万一五二円、一番額の高い学校が六万九二二六円、平均で五万三五〇四円となっている。すべての学校の給食費を除いた私費一人当たりは、一番低い学校で二万一五二円、一番高い学校で九万三七四七円と非常に大きな開きがある。

それでも小学校の平均で七万五一三円、中学校の給食実施校の平均で一二万三一一八円という結果は、文科省「子どもの学習費調査」の結果（小学校九万七五五五円、中学校一七万五四七二円）とくらべると、全体的に少ない傾向にある。

学修費における公費と私費の割合

学修費における公費合計は、小学校の平均で五九一万八七七一円、一番低い学校で一四一万五〇〇〇円、一番高い学校で一二七九万五〇〇〇円となっている。中学校の平均は七〇〇万六二七八円、一番低い学校で二一四万二九〇〇円、一番高い学校で一二〇九万八五三〇円となっている。

学修費における公費合計と私費合計の割合をみよう。小学校では、私費合計の占める割合が平均で八三%、公費合計が一七%となっている。給食費なしで計算すると、私費六一%、公費三九%となる。中学校では、私費合計の占める割合が七四%、公費が二六%の割合となっている。給食費なしで計算すると、私費六九%、公費三一%となる。学修費がいかに多くの私費で成り立っているのかがわかるだろう[*6]。

人口規模別の地域格差

人口規模別の地域格差は、小学校、中学校ともに顕著な傾向はみられなかった。これは調査校の数が十分でなかったことを反映していると考えられる。

公費と私費の相関関係

公費と私費とにはどのような相関関係があるのか、いつくか簡単な統計的な分析行なってみた。変数と

図３－１　小学校における１人当たり公費と私費負担の相関

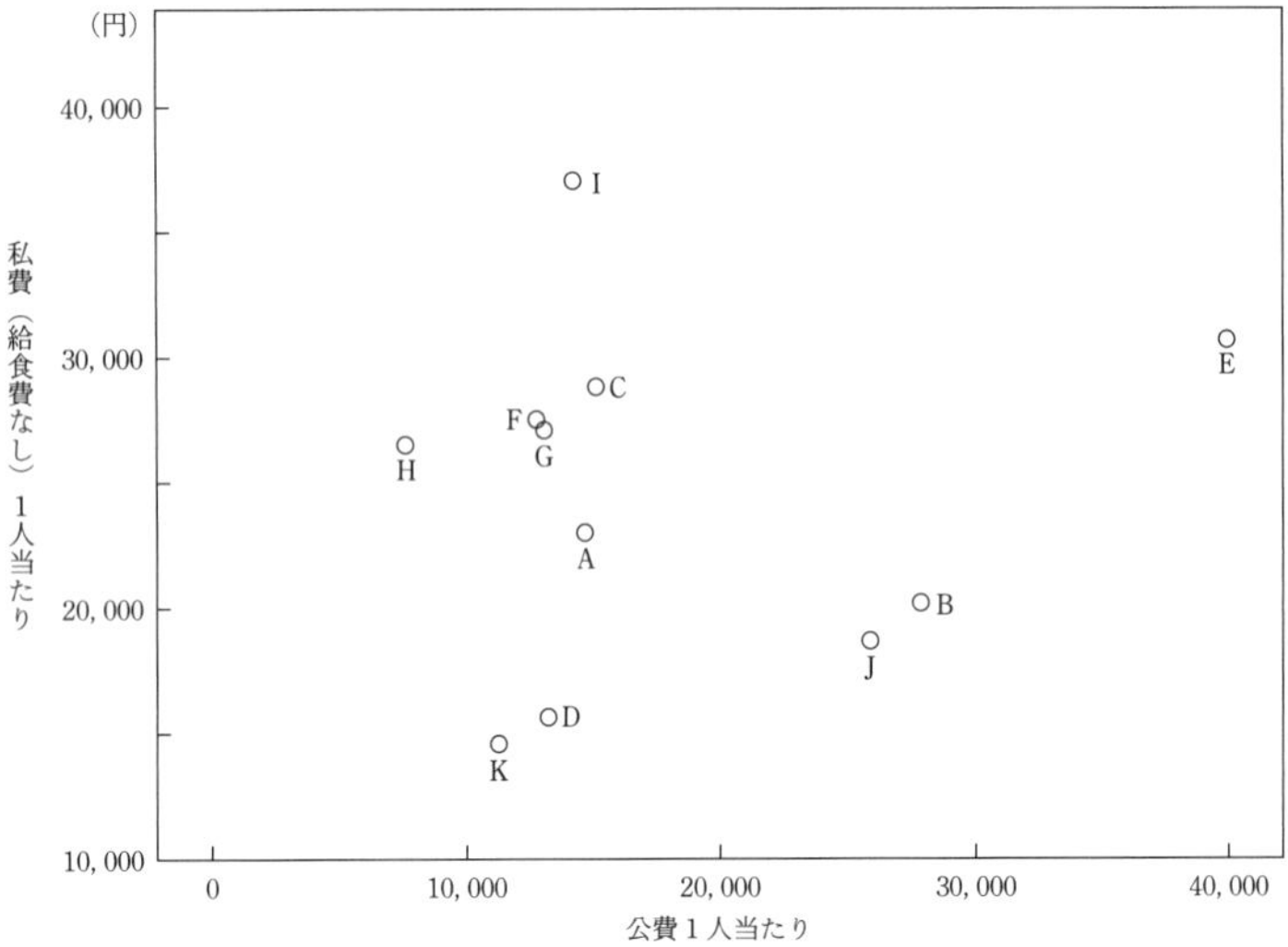

して、公費合計、私費合計、公費一人当たり、私費一人当たり、児童数、学級数、対象の学校のある自治体の財政力指数、自治体の教育費、基準財政需要額を入れて分析した。

小学校では、公費一人当たりと私費一人当たり（給食費なし）の間には有意な相関（〇・一八二）はみられなかった（図3－1）。つまり、一人当たりの公費が高額だと一人当たりの私費負担が少ないという関係にはないということである。公費合計と私費（給食費なし）一人当たりは、有意ではないが負の相関がみられた（マイナス〇・四二八）。これは学校規模が大きいと私費が少ないという傾向を示しているのかもしれない。

次に、調査対象校のあるそれぞれの自治体の財政力指数、教育費、調査対象校の公費、私費との相関をみると、小学校では自治体の財政力指数と教育費

図３−２　中学校における１人当たり公費と私費負担の相関

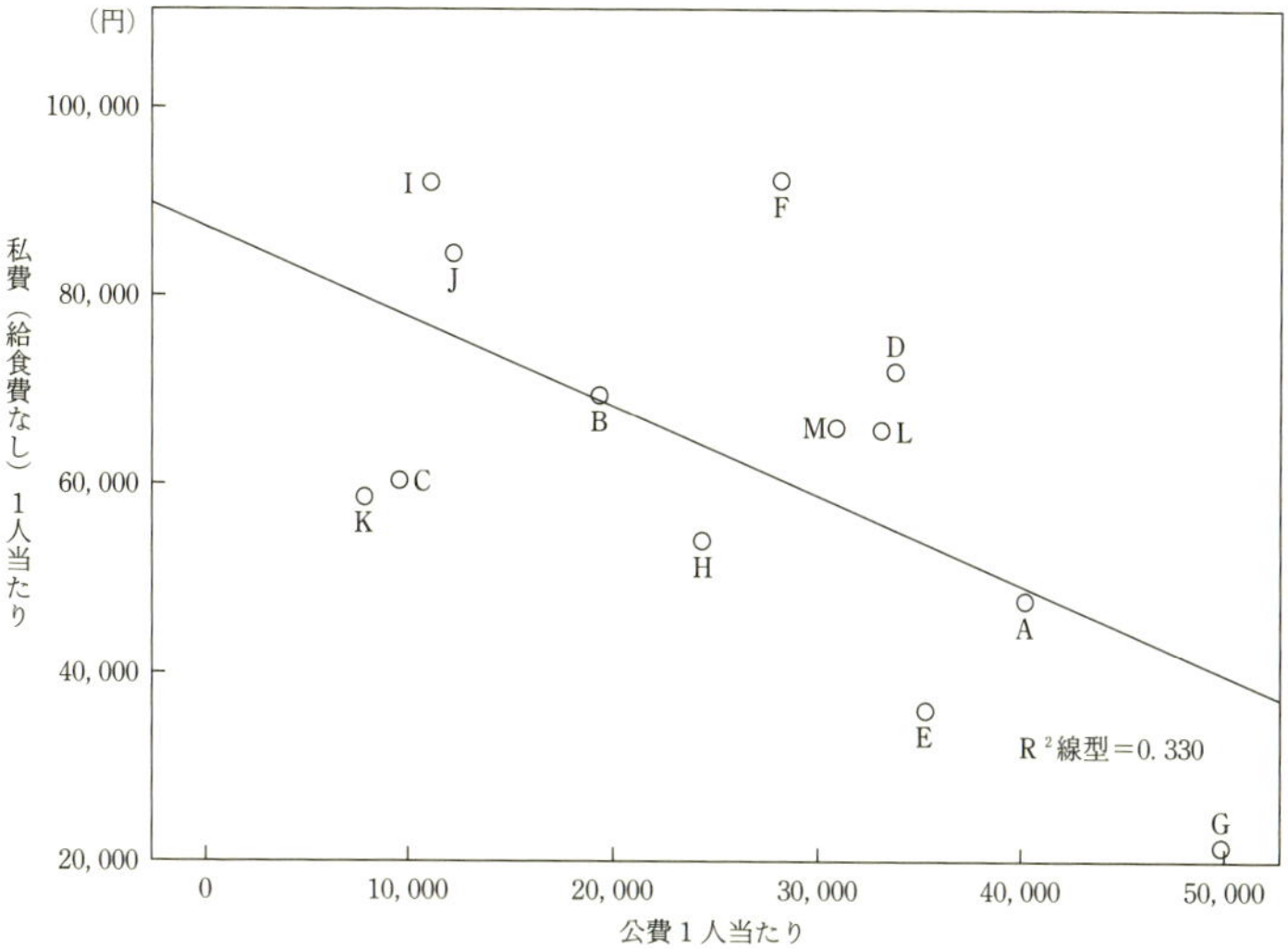

（建築費除く）との間に正の相関があった（相関係数〇・六六七、五％水準で有意）。つまり、財政力指数の高い豊かな自治体では教育費が高い傾向にある。しかし、自治体の教育費が高ければ学校の公費も高いという傾向はみられず、自治体の教育費が多ければ私費一人当たり（給食費なし）が低額であるという傾向性（相関係数マイナス〇・四四八）はみられたが、統計的に有意ではなかった。

中学校では、公費一人当たりと私費一人当たり（給食費なし）の間に有意な相関（相関係数マイナス〇・五七四、5％水準で有意）がみられた（図3−2）。つまり、公費一人当たりの額が多い場合、一人当たりの私費負担が少ないという関係があるということだ。

次に自治体の財政力指数と調査対象校の公費合計の相関であるが、ここには正の高い相関がみられた

（相関係数〇・八三九、一％水準で有意）。財政力指数の高い豊かな自治体ほど公費合計が高い傾向がある。しかし、公費一人当たりでみると、財政力指数との有意な相関はみられなかった。また、自治体の財政力指数、教育費（建築費除く）と私費一人当たり（給食費なし）との間にはそれぞれ負の相関がみられたが、統計的に有意ではなかった（相関係数マイナス〇・四六一、マイナス〇・一一一）。

図3－1、3－2は、小学校、中学校の公費一人当たりと私費一人当たりの相関の散布図である。先述したように、中学校には有意な負の相関があったが、小学校には両者の間に有意な負の相関がなかった。なぜ小学校ではそうならないのか。たとえば、E小は公費一人当たりの金額が一番多いにもかかわらず、私費も多いということがわかる（表4－1）。以下、私費項目の特徴を見ながら、この問題を考えてみよう。

私費項目における特徴

表5－1は、小学校における私費項目一人当たりの六年間平均の年間支出額を学校別にみたものである。ここで特徴的なことは、意外にも小学校において「テスト・ドリル・副読本代」が高額なことである。なかには一万円を超える学校もある。たとえば、ドリル代が一番高いF小のある県では、全国学力テストの影響で県の教育委員会からドリル学習をすることを求められているという。さらにF小と同じ県にあるE小もまたドリル代が高い傾向にあるが、E小のある市では市の補助金として、一人当たり約二〇〇〇円のドリル代が予算措置として上乗せされているという。こうした例は先に指摘したように、学校の私費の多

表5－1　私費項目1人当たりの6年間平均年支出額（小学校）

学校名	A小	B小	C小	D小	E小	F小	G小	H小	I小	J小	K小	平均
①修学旅行	0	12, 071	0	2, 667	9, 424	1, 125	3, 775	2, 742	0	3, 749	4, 229	3, 616
②遠足見学費，林間学校	3, 099	0	1, 992	653	3, 533	870	2, 582	3, 384	13, 843	723	1, 229	2, 901
③学級費，学年費	820	0	1, 500	0	600	2, 400	340	0	0	0	0	515
④児童会費，生徒会費，学年費	0	0	0	0	0	0	240	0	0	0	0	22
⑤ＰＴＡ会費	3, 000	1, 300	4, 800	3, 600	6, 000	3, 000	6, 000	1, 884	4, 800	3, 600	3, 000	3, 726
⑥教科外活動費	0	0	0	0	0	0	133	0	0	0	0	12
a）芸術鑑賞代	800	0	0	0	0	500	500	493	0	0	0	208
b）部活動費	0	0	0	0	0	0	0	0	0	0	0	0
c）職場体験費	0	0	0	0	0	0	0	0	0	0	0	0
d）運動会費用	0	0	0	0	0	0	144	0	0	0	0	13
⑦その他の学校納付金	2, 400	0	460	370	1, 630	4, 800	370	600	0	0	560	1, 017
⑧テスト・ドリル・副読本代	6, 410	4, 948	10, 422	4, 185	8, 250	12, 200	8, 138	7, 319	6, 322	8, 013	2, 385	7, 145
⑨学用品・実験実習材料費	2, 555	1, 676	3, 501	1, 250	232	775	1, 585	6, 761	7, 227	0	1, 441	2, 547
⑩通学費	0	0	0	0	0	0	0	0	0	0	0	0
⑪制服代	0	0	0	0	0	0	0	0	0	0	0	0
⑫通学用品費	0	0	0	0	0	92	0	0	0	0	0	50
⑬その他（体操着，上履き，水着，卒業アルバム代）	3, 156	287	4, 940	2, 742	3, 515	1, 375	11, 050	3, 272	5, 802	2, 583	1, 167	4, 567
⑭給食費	51, 225	50, 440	46, 713	33, 220	46, 540	45, 232	46, 088	54, 000	49, 463	40, 816	41, 800	45, 958
⑮1人当たりの合計	73, 465	70, 722	74, 328	48, 686	79, 724	72, 369	73, 149	80, 454	87, 457	59, 484	55, 810	70, 513
⑯1人当たりの合計（給食費なし）	22, 240	20, 282	27, 614	15, 466	33, 184	27, 137	27, 061	26, 454	37, 993	18, 668	14, 010	24, 555

さがたんに自治体の教育費や学校の公費の多さと直結しない原因を示唆している。つまり、教育予算にはそれをつくる側の恣意性が強くはたらいていることがわかる。教育費という観点からみた場合、全国学力テスト体制はドリル代などの私費負担を押し上げる傾向にあり、家計が苦しい家庭をよりいっそう追いこんでいるということになる。また、E小の場合は、少人数校のため、複式学級方式で五年生と六年生が毎年一緒に修学旅行に行くために、それにかかる経費が私費の合計を押し上げているという個別の事情もあるようだ。

また、公費一人当たりが一万三〇〇〇円程度しかないにもかかわらず、調査対象校で私費を一番少額に抑えているD小は、「全市的に保護者負担軽減の努力をしている」（自由

表５−２　私費項目１人当たりの３年間平均年支出額（中学校）

学校名	A中	B中	C中	D中	E中	F中	G中	H中	I中	J中	K中	L中	M中	平均
①修学旅行	18,794	27,064	18,133	23,667	旅行会社徴収	16,399	8,653	17,610	33,611	18,282	16,353	17,597	18,333	19,541
②遠足見学費，林間学校	0	167	6,667	2,167	0	1,585	3,333	2,446	342	5,185	4,207	12,292	9,717	3,701
③学級費，学年費	0	157	0	0	0	0	0	0	2,221	408	2,800	250	0	449
④児童会費，生徒会費，学年費	1,200	0	2,400	800	0	1,200	0	1,200	1,750	2,000	1,200	600	2,850	1,169
⑤PTA 会費・後援会費	4,800	2,400	2,400	3,000	0	32,400	2,000	5,400	3,000	2,542	2,400	3,000	5,200	5,272
⑥教科外活動費	0	0	0	0	0	0	0	0	1,165	0	4,833	0	0	461
a）芸術鑑賞代	0	0	0	0	0	0	0	0	1,030	1,030	0	0	0	158
b）部活動費	0	0	0	13,000	0	0	0	0	0	0	0	0	3,000	1,231
c）職場体験費	0	0	0	0	0	0	0	0	115	50	0	0	0	17
d）運動会費用	0	0	0	0	0	0	0	0	21	0	0	0	0	5
⑦その他の学校納付金	0	0	0	1,260	0	760	1,217	460	3,350	0	3,560	1,375	1,482	1,036
⑧テスト・ドリル・副読本代	6,044	13,220	11,500	2,974	0	14,747	0	3,780	14,586	11,452	6,680	5,370	3,923	7,252
⑨学用品・実験実習材料費	0	5,566	0	4,126	18,149	5,483	1,342	2,281	7,686	11,536	5,537	5,233	4,763	5,516
⑩通学費	0	0	0	0	0	0	0	0	0	0	0	0	0	0
⑪制服代	11,000	9,333	10,967	10,000	11,667	10,480	0	10,851	10,815	19,486	指定服なし	12,250	10,101	14,250
⑫通学用品費	0	0	0	4,000	0	0	0	700	2,030	2,367	0	0	0	1,589
⑬その他（体操着，上履き，水着，卒業アルバム代）	6,583	11,320	7,189	9,333	6,952	10,693	3,607	7,433	8,947	8,903	8,762	7,367	6,360	8,292
⑭給食費	0	0	47,020	52,200	49,132	49,556	0	0	60,183	60,702	48,692	0	0	28,268
⑮１人当たりの合計	48,421	69,226	106,275	126,527	85,899	143,303	20,152	52,161	150,853	143,943	105,024	65,334	65,729	90,988
⑯１人当たりの合計（給食費なし）	48,421	69,226	59,255	74,327	36,767	93,747	20,152	52,161	90,669	83,241	56,332	65,334	65,729	62,720

記述より）という。保護者負担軽減の努力の有効性がわかる事例である。小学校では公費が多い場合でも、私費が少ないという相関がない理由は明確にはわからないが、以上のことから学校のある自治体の教育政策や学校規模などが関係していることが推測される。

表５−２は、中学校の私費項目一人当たりの三年間平均の年間支出額を学校別にみたものである。中学校では、部費が十分ではなく、高額な部費の徴収（Ｄ中）や後援会費やＰＴＡ会費でそれを補っている学校がいくつかみられた。Ｆ中の場合は、平成の大合併の影響で予算配分が減額されたことによって、やむなく後援会費として部費を集めざるをえなくなっているという。こうした合併の影響は他県でもみられる。[*7] 大都市部の学校では高額な

部費が公費化されている例（G中、七〇万四三〇〇円）もあり、公費が全体的に少ないことが私費負担を押し上げていることがわかる。中学でも全般的に「テスト・ドリル・副読本代」が高く、一番高い学校では一万四七四七円で、一万円を超える学校が一三校中五校もあった。また、修学旅行代が高いのも中学校の特徴の一つである。

私費が一番少ないG中は、「（市において）原則として私費負担軽減をするために公費負担の基準が決められている」（自由記述より）のだという。しかし、こうした学校運営基準は私費の減額にも作用する一方で、私費負担の固定化につながるという両面性をもつ。たとえば、府中市の運営基準（「次のものは原則として公費負担とする。一副読本類、二練習帳、三学習帳類、四ワークテスト類、五教材用実習材料、六常時学校の付帯材料として直接教材として直接授業に使用するもの」）のような場合は、私費負担軽減に有効に作用するが、他方で横浜市のような運営基準（「実習の成果物が児童・生徒個人の所有になるものは私費負担」）の場合には私費の固定化につながる傾向にある。[*8] 学校運営基準の問題については後述したい。

私費軽減の努力

中学校では、公費一人当たりと私費一人当たりに有意な相関があった。したがって、公費の増額が私費負担の減少に直結するとみていいだろう。しかし、小学校の場合は両者の関係に有意な相関はなかった。これは先の分析とは別に、調査対象数が少ないことやサンプリングの問題もあろう。あるいは小学校と中学校の私費の金額の多さの違いという問題もあるかもしれない。しかし、それだけではなく、長野の「学校徴収金」の分析や先行調査にもあったように、私費負担が公費の多さと直結せずに、「地域や学校の慣例や前年度主義で決定されている」という面があることも推測される。だとしたならば、この「慣例や前年度主義」を変革する学校運営レベルでのとりくみが重要であることが了解される。制度研調査では、学校事務職員による私費負担軽減のさまざまなとりくみが自由記述欄にみられた。①私費負担の現状把握、意識化、見直し、②可能なかぎりの公費化・備品化、③私費と公費の一元的把握、④教員に対する意識化、⑤外部化・業者の見直しの五つに類型化して提示してみよう（表6）。

ここで印象的なのは、現在公費負担されていないもののなかで公費負担されるべき品目や費目を検討し、それを公費負担化させるという積極的な方法がとられていることである。また、私費と公費を一元的に把握できる会計システムを構築するという基礎的なとりくみも行なわれている。さらには、高額な制服の見直しや、卒業写真の業者依頼の廃止など、現在私費負担となっているものを簡素化するなどの工夫をして、私費負担軽減にとりくんでいるところもある。こうした学校運営レベルでの私費負担軽減のとりくみは、先に指摘した私費徴収の「慣例や前年度主義」を変革するために重要でありつづけることは間違いないであろう。

調査分析のまとめ

以上の調査から、日本の義務教育制度の学修費は高額な私費負担によって充当されていることがわかった。小学校、中学校のいずれも学修費に占める私費負担は約七〜八割を占めている。小学校と中学校の分析には違いがでたが、公費が全体的に不足していると同時に、私費負担は地域ごとや学校ごとの慣例がはたらいていることも推測された。したがって、公費の増大による義務教育の完全無償化の実現を推し進めながらも、学校現場が私費を徴収しない学校運営をすることが重要な課題となっており、学校事務職員の日々の努力が大切なことがわかった。

4 義務教育費の完全無償化へ向けた提言

(1) 義務教育費無償化に向けた三つの課題

義務教育費無償化の実現には何が必要だろうか。三つの提言を行ないたい。大きくいえば、学修費と学校運営費の両者を含む学校予算の増大要求とその学校予算の自主編成の要求である。

- 学級（画用紙，紙類，筆記用具など）・授業（塗料，版画用インク，調理実習用消耗品など）全体で使うもの，個人用ファイル（各教科，生徒会，総合的な学習用など一人６冊）など，公費で可能なものはなるべく保護者負担にしない。（Ｆ中）
- 武道の必修化に伴い，本校では柔道を必修とすることになったため，柔道着を公費購入することとした。２カ年計画で対応する（１着３千円の全生徒数分）（Ｌ中）

③私費と公費の一元的把握

- 制度研の会員の学校では公費・私費の「総会計システム」の考えを取り入れて，「１円でも保護者負担を減らす」取り組みをしている。（Ｃ小）
- 学校徴収金（預かり金）の取り扱い（集金・支払い・出納管理）を事務職員に一本化し，公費と私費を総合的に把握することによって，可能な限り公費化をすすめている。（Ａ中）
- 教材費の推移からみてもわかるように，2009年度から2010年度はかなりの減額が図れた。やはり，公費を扱い，保護者負担金も総額で考えて予算運営をしていくことが保護者負担の軽減の近道であると感じる。（Ｃ中）

④教員に対する意識化

- 縄跳びや彫刻刀，水着など業者の配布する注文袋がとても多いです。裁縫箱や習字セットなど学習と関係ない部分で華美になっていて価格もあがっています。教員はもっとこういうことに敏感になって欲しい。（Ｈ小）
- 2010年本校に異動し，事あるごとに１億円越す集金実態を周知させている。就学援助率約18%，ひとり親家庭が14%超の本校実態の中で，義務教育無償に近づく手立てを模索中。少ない公費予算の中に「保護者負担軽減枠」１人500円相当分を予算化し，計39万円分と，４月新入生用品分約15万円分を執行した。集金額１年4000円，２年6000円減額。（Ｉ中）

⑤外部化・業者の見直し

- 卒業写真撮影の業者発注を止め，学校のカメラで撮影し，無料で配布している。（Ａ中）
- 制服は市内で最も高額であり，現在学校職員とPTAで検討委員会を設置して見直しを検討中。（Ｊ中）

表6 「学校運営費調査」自由記述欄にみる各校のとりくみ

①「私費負担の現状把握，意識化，見直し」

- 新入学用品の中から学級備え付けとして公費で揃える品目を毎年増やしている。学校の中で保護者負担軽減の重要性をアピールして，教員とともに知恵を出し合って保護者負担を減らすように努力している。（A小）
- 年度当初の配当予算執行計画（案）で，毎年，保護者負担の軽減を最初にかかげています。近隣の学校では算数セットを買わせていますが，G小では頻繁に使う時計やブロック・数え棒・色板等を常備し，適宜補充しています。（G小）
- まず（現状）を把握し，軽減策をとっている。（I小）
- PTA会費・生徒会費については少しずつ減額の方向で毎年見直しをおこなっており，2010年度はPTA会費：4,800円，生徒会費：1,980円に減額改定した。また，学年費についても2010年度は各学年500円ずつと減額改定をおこなった。（M中）

②「可能なかぎりの公費化・備品化」

- 入学前全員購入品を検討し，公費でカスタネット・粘土板・探検バッグ・算数セットなど教室備付を増やしている。（B小）
- 入学時に算数セット2,500円を保護者に購入経費負担をしていただいてきたが，セットの中の計算カードだけは個人購入とし，他のセット品は学校備え付けとして公費購入することにした。家庭にあるもので使えるものは購入する必要はなく，全員購入品だったものを見直し，必要と思われる用品はできるだけ個人希望購入とする見直しを進めた。しかし，まだまだ見直す余地はある。（E小）
- 購入している物品を見ると，用紙，プリンターインク，ソフトペンのスペアインクなど，学校で購入すべきものがたくさんあったため，学校で購入することとし，学級費を400円減らした。（F小）
- 就学援助が多いこともあり，父母負担軽減については全職員で意識的にとりくんでいる。家庭学習で必要なものとその子が一生使うもの以外は公費でできないかという視点で取り組んでいる。（J小）
- 図画工作の作品製作用材料のうち用紙類と木材の一部は公費負担としている。（K小）
- 自治体の標準運営費で公費で購入可となっているものは極力公費負担するようにしている。（K小）
- 学校予算は，各学校の児童生徒数や学級数等を基に総額が決められるあてがいぶち予算ではあるが，その内訳は学校独自で決められるので，生徒の活動のために交通費等を取ることができる。（B中）

学修費の完全無償化――「学修費無償化法」の創設

第一に、現在、保護者に私費負担というかたちで重い経済的負担を課している学修費、すなわち児童生徒が使用する教材や、体験活動・修学旅行等の児童生徒の参加費、給食費等と、さらには教師の使用する教材・教具、その他学校に保管されている教材・教具や教授用設備の維持管理費を含む教育活動に直接かかわる学修費用すべての完全無償化を実現するために、国庫負担による「学修費無償化法」の創設を提言する。学修費は、いずれもが児童生徒の参加する教育活動にかかわる費用であることを考えれば、すべてが完全無償化されるべきである。

このような学修費の国庫負担額がどの程度必要であるかは現状調査により確認され、国庫負担総額が算出されるべきである。地域によって、また学校によって、教育活動の実態は異なり、またその多様性、個性を完全無償化の名のもとに消し去らないためにも、「標準的な教育課程における学修費の算定」などのシミュレーションを行なうことも、ましてや、それを法令等で基準化することも避けられるべきである。こうして算出された国庫負担総額を超えて、各学校で支出された学修費の実額についても、同様の国庫負担金制度のもとで追加的に措置されることが望ましい。

試みに、私費解消のためにかかる公費財政を試算してみよう。『子どもの学習費調査報告書』で示された小学生九・八万円（給食費、制服代込み）、中学生一七・五万円（同上）が私費徴収され、小学生が六五八万人、中学生が三四一万人いる場合（文部科学省『学校基本調査』速報二〇一一年）で試算すると、約一兆二四一六億円程度の予算があれば、これらの私費を完全無償化できることになる（試算の詳細は最終章を参照のこと）。ちなみに、山梨県早川町は町レベルで給食費も含め、義務教育の無償化の実施を決定したことが報道されている（『朝日新聞』二〇一一年一一月二九日付）。

学校運営費にかかわる公教育費の増大——「学校運営費法」の創設

第二に、市町村の学校運営費を増大させる必要がある。現在、学校運営に関係する予算財源としては、総務省から措置された地方交付税交付金や市町村持ち出しによる独自財源があてられているが、財政の苦しい自治体はそれを教育費、とくに学校運営費にはまわせない傾向、あるいはまわさない傾向がある。このため、教職員の給与、施設整備費、および上記の学修費を除いた教育費に使途を限定した国庫負担金制度を創設することが考えられる。この学校運営費国庫負担金を各市町村に直接配分したうえで、それを学校自身が行なう予算要求を参考にして各学校に配分する。そして配分された国庫負担金についての運用や細かい使途の決定については各学校にゆだねるべきである。こうした学校運営費にかかわる国庫負担金の対象としては、事務関係費、消耗品費、光熱水費、施設設備の維持管理費、各種保険料や慶弔費等が含まれる。

なお、学修費無償化法と学校運営費法を区分して創設する理由は、学校運営費の不足を学修費から充当させないこと、また学修費を実支出額保障にするためである。

学校予算の自主編成を認める──「学校予算は教育理念の財政化」

第三は、上記のような学修費、学校運営経費を含めた学校教育予算全般にわたる自主的な編成を認めることである。現在は標準行政団体（小学校：児童数七〇五人、学級数一八学級、中学校：生徒数六〇〇人、一五学級）をもとに基準財政需要額が決定され、それにもとづき地方交付税が各自治体に配分される。各自治体は交付税措置された額のなかから児童生徒数と学級数による「あてがいぶち」の学校予算を各学校に配当しているのが現状である。だが、これは抜本的に改革されなければならない。各学校の教育課程や学校運営計画にもとづいて積み上げられた予算要求をもとに、各自治体が予算総額の範囲内に抑えるなどの必要な調整を行なったうえで、各学校に配分する方式へ変更する必要があろう。このとき学校独自の教育理念を実現するために必要十分な予算要求を行なわせることが重要である。この要求の作成のプロセスで、先の調査結果でみたような教育委員会からの学力向上策に学校現場がどのように対峙するかが問われることになるだろう。公費を増やした結果、学力テストの点数をあげるためにドリルをたくさん買うような教育活動を中心としてはならない。学校予算とは教育理念にもとづいて計画された教育課程と学校運営計画の財政化であり、各学校の教育課程と学校運営計画の真価を問う指標なのである。

(2) 義務教育の完全無償化までの過渡的な段階における課題

公教育費が十全に支出され、義務教育の完全無償化が実現するまでの過渡的な段階において、なされるべき課題を二点指摘しておく。

私費負担軽減の努力の継続と新しい学校運営基準＝公費私費負担区分基準の作成

第一に、学校レベルでの私費負担軽減努力の継続と公費私費負担区分基準の策定を求めていく運動を実施することがあげられる。すでに述べたように、私費負担は現実には地域や学校の慣例や前年度主義で決定されている面があった。したがって、私費負担をなくすためには、学校レベルでのとりくみが引きつづき重要であることはいうまでもない。こうした学校運営レベルでの無償化のとりくみにおいては、先の制度研の調査で確認されたさまざまな事務職員の努力に学ぶ点が多くあろう。そして何よりも、本来なら義務教育は無償であり、私費負担が存在すること自体がおかしいという国民的合意の形成が重要となる。

また、そうした国民的合意を形成するためには、新たな公費私費負担区分を作成するとりくみや運動が必要となろう。従来のさまざまな公費私費負担区分は、先にみた都道府県教育長協議会が一九七二年に出した「義務教育における公費私費の負担区分」の基準がもとになっている。多くの自治体の学校運営基準はこの教育長協議会の基準にならい「直接的利益が児童生徒個人に還元されるものは私費負担」という論理となっており、保護者からの学校徴収金を固定化してしまう傾向にある。しかし、先述した府中市のような負担区分基準であれば、学校徴収金を減らす可能性をもつ。したがって、現状で支配的な公費私費負担区分の学校運営基準を改めて、段階的に無償化を実現するための学校運営基準を学校現場において改変するようはたらきかけること。[*9] さらには、私費負担が軽減できるような学校運営基準の策定を求める運動を住民とともに起こすこと、そして最終的には「教育課程上で必要なものはすべて公費」という「必要充足原則」をつらぬいた公費私費負担区分をつくることが重要となる。

就学援助の拡充とその課題

義務教育の完全無償化の実現までに必要なもう一つの、そして最も差し迫った重要な課題として、就学援助の拡充と充実がある。[*10] 給食費を含む義務教育の完全無償化が実現した場合、やがて就学援助制度それ自体が必要とされないことも想定されるが、現状においては、この制度のよりいっそうの拡充と充実が必要不可欠である。[*11]

①就学援助の実態

就学援助制度は就学準備、学用品費、給食費、修学旅行費、医療費を補助する制度であり、子どもの貧困が拡大している今日、この制度の早急な拡充と充実が求められる。就学援助は二〇一〇年現在、全国平均で一五・二九％（要保護率一・四六％、準要保護一三・八三％）、一五五万人が受給している（〇七年、一三・七％、一四二万人、〇八年、一三・九％ 一四四万人、〇九年、一四・五％、一四九万人）。一九九七年は六・六%で七八・五万人の受給だったので、ここ十数年で約二倍の増加となっている。しかし二〇〇五年には就学援助における準要保護の財源の国庫補助が廃止され、一般財源化されたために、各自治体によって受給が低く抑えられる実態があり、なかには就学援助自体を廃止しようとする自治体もある。

就学援助の受給基準は各自治体によって異なるが、おおむね生活保護基準の一・一~一・五倍程度で受けることができる。しかし、近年では生活保護の一・〇倍に引き下げている自治体もある。これは自治体の財政が弱く、就学援助に財政をまわすことができないために、引き締め政策として行なわれているのが実情である。さらに、露骨な例としては、教育委員会が学校児童・生徒全員に就学援助の案内書を配ることを禁止している例や、案内書がわかりにくい自治体もあるという。

②就学援助の課題と改善・対抗案

では、就学援助の拡充のためにどのような方策が必要であろうか。四点指摘する。第一に、国で統一した認定基準をつくることが必要である。就学援助を受けるにあたって地域格差が存在することを先に指摘したが、これは国で統一された認定基準がないことに起因する問題である。第二に、就学援助の準要保護の財源の一般財源化をやめて、国庫負担金にすることが必要である。すでに述べたように、一般財源化が就学援助の拡充を財政的に最も困難にしている要因である。第三に、現行の就学援助の申請方法はじつに面倒であることから、全国一律で簡単な申請方法の確立をする必要がある。具体的には、(i)全員提出で署名のみにすること。これによってもれなく受給が必要な世帯を把握できるとともに、就学援助申請にともなうスティグマを失くすことができる。(ii)課税証明書で判断すること。日々の生活に余裕がないために、源泉徴収用などいくつかの必要な書類を集め、提出すること自体が困難な家庭も存在する。課税証明書で判断することで、申請者の負担を減らし、行政側で決定することができる。しかし、課税証明書は前年度のものであるため、近年起こりがちな突然のリストラや離婚、そして震災など緊急措置には対応できない。そのために、(iii)緊急措置への柔軟な対応が必要となる。最後に、現在の就学援助は義務教育段階にとどまるものであるために、高校への拡充が必要となろう。[*12]

5 結論

義務教育における私費負担の実態を明らかにし、完全無償化のための課題を確認してきた。学校運営費の私費負担の割合は小学校で八割、中学校で七割にも及んでおり、保護者からの私費負担によってはじめて日本の義務教育制度の運営が成り立っていることが確認された。そしてこれを解消するための根本的な仕組みとして、学修費無償化法と学校運営費法の創設を提唱し、またそれに至るプロセスにおいて、公費負担の増額、公費私費負担区分基準の見直し、就学援助制度の拡充が必要であると本章は結論した。これらの提案や結論は、それだけで力をもつわけではなく、広範な住民の支持を得られてはじめて力をもちうる。運動の組織、論理、そして形態は次章で検討される。

◉注

＊1　学校事務職員による私費負担徴収の実態に関する問題提起とそれを減らすとりくみや義務教育の完全無償化に向けた提言については以下の本が参考になる。藤本典裕・制度研編『学校から見える子どもの貧困』大月書店、二〇〇九年、全国学校事務職員制度研究会編『学校のお金と子ども――教育費無償化は未来への希望』草土文化、二〇一〇年、制度研編『お金の心配をさせない学校づくり――子どものための学校事務実践』大月書店、二〇一一年、柳原富雄・制度研『改訂新版　教育としての学校事務――子どもの学習発達保障のために』大月書店、二〇一〇年。

＊2　就学援助の実態については、湯田伸一『知られざる就学援助――驚愕の市区町村格差』（学事出版、二〇〇九年）、就学援助の活用については、就学援助制度を考える会『就学援助制度がよくわかる本』（学事出版、二〇〇九年）、全国学校事務職員制度研究会・「なくそう！子どもの貧困」全国ネットワーク編『元気がでる就学援助の本』（かもがわ出版、二〇一二年）。

＊3　文部科学省の『地方教育調査費報告書』では、二〇〇八年現在、親の私費負担の調査は行なわれていない。報告書の「調査の概要」によれば、寄付金だけを調査の対象とし、「定額を生徒から徴収し、学校教育として生徒に直接還元するようなものは寄付金としてはみなしませんので除いてください」としている。つまり、「給食費、修学旅行費、遠足・見学費、学校運営費、学級費、生徒会費、卒業関係経費（アルバム等）、学級費などで徴収した経費のうち実験実習費、見学費、教材費等」などの私費徴収の実態は把握されていない。

＊4　末冨芳『教育費の政治経済学』勁草書房、二〇一〇年、六七～七〇頁。

＊5　以下、文中の頁数は全国公立小中学校事務職員研究会『新しい時代の学校財務運営に関する調査研究報告書』より。

本調査は、二〇〇六年に全国の小中学校を悉皆調査している。

＊6　末冨は私費負担によって成り立つ教育費制度を「公私混合型教育費負担構造」として把握している（前掲、『教育費の政治経済学』九七～九八頁）。これは戦後の教育費が設置者負担主義と受益者負担主義の境界にあるグレーゾーンは家計による私費負担によって補うという特徴をもってきたことを意味し、また家計が公教育に果たす責任や役割の明示がなく、教育費の公私関係が曖昧であることも示唆している。まさに家計がなければ、義務教育制度が成り立たないという意味においては、「混合型」であるという指摘は間違いではないだろう。しかし、本調査の結果からすれば、学修費に関しては「混合型」というよりもむしろ「私費依存型」ということになろう。

＊7　他県の例は、前掲、全国学校事務職員制度研究会編『学校のお金と子ども』四六～四八頁。

＊8　植松直人「保護者負担が支える学校の現実」前掲、藤本典裕・制度研編『学校から見える子どもの貧困』四六～四八頁。

＊9　制度研のなかには、義務教育の完全無償化へ向けて段階的な無償化プランの提案がある。段階的無償化プランは公費の段階的な増額と無償化の国民の合意形成の実現をめざすものとして位置づけることができる。たとえば、ドリル代、給食費、修学旅行費、制服代などはそれぞれに無償化の国民的合意をつくりだす必要がある。これに関しては、柳原富雄「学校財務の原理と実践課題」（『教育としての学校事務』エイデル研究所、一九八四年）、および竹山トシエ「子どものための学校財務実践」（前掲、制度研編『お金の心配をさせない学校づくり』）を参照。また、学校事務職員、高津圭一による段階的な私費負担の解消提案は、①地方財政法違法状態の解消（たとえば、ＰＴＡでエアコンを設置する）、②地財法違反ではないが、保護者による学校環境整備と考えられるものの解消、③教育長協議会の公費基準を守る（ＰＴＡや後援会等への依存解消）、④副読本、⑤実験・実習材料、⑥その他の副教材（ドリル・ワークテスト）、⑦校外活動、⑧授業に必要な道具、⑨部活動費、⑩卒業アルバム、という順での解消をめざしている。

＊10　就学援助についての詳しい分析は、高津圭一「就学援助制度の実態と課題」（前掲、藤本典裕・制度研編『学校から見える子どもの貧困』）、および鳫咲子「子どもの貧困と就学援助制度――国庫補助制度廃止で顕在化した自治体間格

差」（『経済のプリズム』六五号、二〇〇九年）を参照のこと。

＊11　就学援助制度は学校徴収金だけを補助するのではなく、たとえば子どものメガネへの補助金を出すなど就学準備にも使われている。したがって、義務教育完全無償化が実現し就学援助制度がなくなった場合、就学にかかわる費用に関していくつか検討すべき課題が残ることになる。

＊12　この点については、後藤道夫「構造改革が生んだ貧困と新しい福祉国家の構想」（渡辺治・二宮厚美・岡田知弘・後藤道夫『新自由主義か新福祉国家か』旬報社、二〇〇九年）四〇〇頁を参照。

（小澤　浩明）

第10章 私費負担軽減運動の歴史と到達点

教育財政の民主主義的・教育専門的統制

1 教育条件整備の不備・欠如、その反作用としての教育運動

本章は、公教育における私費負担の軽減・解消に向けてとりくまれた戦後の教育運動の展開を分析し、その到達点を確認することを目的としている。

ここまで本書で示されてきたように、日本の教育政策・教育行政は、条件整備基準の確立そして公教育の無償性の実現にきわめて消極的でありつづけてきた。この結果、わが国の公教育は、戦後一貫して多額

の私費に依存し、とくに、一九七〇年代以降は「受益者負担」政策のもと、教育財政は脆弱なまま留め置かれてきた。このような教育条件整備の不備ないしは欠如の反作用として、教育行政にその本来的な任務を行なわせるために展開されてきたのが、教育条件整備運動である。私費負担の軽減・解消に向けての運動は、教育条件整備運動の一翼をにない、公教育費の拡充をはじめとする教育財政制度の改善を目的として展開されてきた。本章はそれらを「私費負担軽減運動」[*1]と呼び、その展開と到達点を、通史的整理と事例研究により明らかにしようとするものである。

本章の前半では、私費負担軽減運動の対象、方法、成果を時系列的に概観し、特徴と意義を描き出す。具体的には、一九五〇年代後半以降展開された「学校白書運動」を中心とした学校レベルでの要求運動（第2節）、六〇年代以降に展開した、より広範囲な要求を共同化する地域的・全国的レベルでの運動——就学援助適用拡大、私費負担禁止条例制定運動、私学助成運動——（第3節）、そして、八〇年代以降に展開した条件整備要求を包括的に掲げる全国署名国会請願運動をみていくことにする[*2]（第4節）。後半では、運動の到達点を分析するうえで、北海道稚内市の私費負担軽減運動および宗谷地方の学校づくり実践をとりあげる。（第5節）。宗谷地方の教育運動を一つの到達点として示す理由は、その歴史と内容を整理したさい、①今日の宗谷地方の学校づくり実践が、教育の無償性を念頭においた一九五〇年代から六〇年代の「学校白書運動」の延長線上に位置づいていること、②単発的な公費の拡充運動ではなく、教職員論や学校論をともなった総合的な教育運動として理解できること、そして③教育費をめぐって、学校単位・

地方行政単位における教育財政の住民自治の一形態を現実のものとしているからである。

2 学校レベルでの個別的要求の萌芽

(1) 白書づくりによる教育財政分析

教育の私費負担の問題は、すでに一九四六年の全日本教職員組合、四七年の日本教職員組合（以下、日教組）の結成時において「父母負担軽減」などが提起されていたが、[*3] 運動として本格的にとりくまれるようになった端緒は、五七年に日教組において提起された「学校白書運動」である。

学校白書運動は、当時の地方財政の赤字と教育予算削減による教育水準低下の実態を、「父母を始め、労働者、農民、地域住民に明かにし、すしづめ学級の解消、定員の増加、校舎施設、設備の拡充整備、父母の教育費負担の軽減を中心とした教育内容の充実と、教育水準の向上をはかる教育予算の大幅増額」によって「教育財政、地方財政の確立をかちとる基盤にしようとする」ものとして提起され、一九五八年の時点での各学校・市・県白書の総数は三万以上、家庭などへの配布数は二〇〇万部以上に達し、全国的に展開された。[*4]

学校白書運動においてとりくまれたのは、学校予算分析と政府・自治体財政分析である。学校予算分析では、PTA費や学校徴収金、寄付金などの父母負担・住民負担の過重と使途の問題が明らかにされた。文部省は、一九五九年度版の『国と地方の文教予算』において「教育に要する総経費のうち、小学校で四二%、中学校で四〇%を父兄が負担している」ことを示しながらも、同年度の教育白書『わが国の教育水準』では、「最近の父兄負担教育費の増加傾向は必ずしも憂慮すべき問題ではない」とした。[*5] 国家による白書が、教育の私費負担解消を放棄する姿勢を示した一方で、学校現場による白書は、本来的には公費によるべき施設・設備、教職員給与に対する寄付の強制やPTA費の目的外使用など、さまざまなかたちで教育活動に対する経済的援助が私費によって行なわれていることを、膨大な事例によって明らかにした。

また、教育現場の財政的困窮と私費負担の発端となっている学校予算の絶対的不足の問題は、中央・地方レベルの財政問題として把握され、とくに一九六〇年代以降、政府および自治体財政も白書の対象とされるようになった。具体的には、国庫補助金や地方交付税制度の教育単位費用、基準財政需要額を分析対象として、実態にそぐわない基準財政収入の過大評価や、最低限の教育的ニーズを満たすことができず妥当性を欠いた中央政府の単位費用算定基準と基準財政需要額、そして自治体における教育費用の流用によって低水準に積算された基準財政需要額すら満たさない公費支出などの問題が明らかにされた。「低く見積もられた所定の基準すらなお下回っているのが一般的」[*6] であったなかで、各地で国家レベルでの教育条件整備基準と、地方レベルでの財政配分の問題性が具体的根拠をもって示されるに至ったのである。

(2) 運動の内容と成果

私費負担の軽減・解消に向けた運動は、日教組の教育研究集会において報告されるなかで、地域的・全国的な交流がはかられた。教育研究集会の報告をみると、その時々の政策状況から私費負担問題が発生し、学校現場においてその対応に迫られていたことがわかる。そのいくつかの事例として、

- 「昭和の大合併」にともなう学校統廃合に乗じた必要以上の公費抑制と通学費等の私費負担増
- 任命制教育委員会制度以降の私費負担増大
- 地方財政法改正(一九六一年)による「税外負担禁止」以降も給与として用いられるPTA費
- 全国一斉学力テスト対策用の用紙代のための私費負担増
- 高度経済成長・産業構造転換のもとでの、過疎化するへき地や離島での私費負担増、教育費の産業関係費用への流用[*7]
- 不況・オイルショックによるインフレや用紙代高騰にともなう私費負担増

などがあげられる。[*8]

白書づくりを中心とした私費負担の軽減と教育予算獲得の運動のなかで、①学校運営のレベルにおいて、私費の公開(報告・監査の徹底、使途の明確化)、私費の費目の再吟味(手当・旅費補助の廃止、学校行事費への流用の禁止)、私費雇用職員の給与などの公費負担への切り換え、そして学校単位の内規・慣行の形成な

どがなされ、また②自治体レベルにおいては、市町村理事者、地方教育委員会（地教委）、議会に対する教育予算増額や私費負担費目の公費負担化の要求が行なわれた。[*9]

(3) 学校レベルでの私費負担軽減運動の意義

白書づくりを中心とした学校レベルでの私費負担軽減運動は、教育予算の問題について私費の多寡と公費の過少の実態を告発することにとどまるのではなく、以下の三つの意義をもつものであった。

まず、第一には、要求が実態にもとづいて具体的に示されたこと、第二には、プロセスにおいて民主性、計画性を有していたことである。要求運動は、たんに公費の拡充を主張したのではなく、各学校の実態から積み上げられた本来的なニーズを具体的に示し、かつ、父母・住民の意思にもとづいて、教育条件水準向上の必要性を示すものであった。また、そのさいの実態分析は、教育条件整備のための具体的な公費支出要求の手段として目的的になされるとともに、学習・調査・宣伝・集会・要求といった一連の活動が計画的にとりくまれた。[*10] 各学校・自治体の財政的制約があるなかで、実証的かつ具体的な要求内容と、民主的な手続きを要素とした運動は、多くの事例において慣習的な私費負担の解消を可能とし、教育条件整備を前進させうるものとなった。

そして第三には、教育費の問題が、学校運営のあり方、教師の労働条件や児童生徒の教育環境といった条件整備面の視点、教育内容・方法の問い直しなど、さまざまな問題と関連づけてとらえられ、運動が発展的に拡大していったことである。

私費負担は、学校でのPTA費やその他の寄付金の強制的な徴収や使途をめぐって戦後当初から問題とされてきたものであり、その軽減・解消のために、予算決定や執行方法など学校運営の民主化が課題となった。[11] ここから、私費負担軽減運動においては、教職員とともに私費負担の当事者である父母・住民が主体として位置づけられ、たんなる私費負担の解消ではなく、学校財政を民主化・透明化することがめざされ、教職員や職員会議のあり方の問題としてもとらえられた。

また、財政分析によって、学級定員や施設・設備など教育活動を制約している諸条件が明らかになるなかで、学校内部の運営上の問題にくわえて、勤務評定問題をはじめとする教職員の労働条件や、より包括的な教育条件整備の問題とも関連づけられていった。[12]

さらに、学校白書運動においては、「教育費の問題や教育財政は、たんに教育条件整備としての面だけではなく、教育の方針・内容、実践と重要な関わりをもってきている」、「義務教育無償の原則を確立するというしごと、教育費の父母負担をなくするという運動は、教育条件を高めるという一面だけではなく、教育の内容と方針、国民の教育要求に照し《ママ》てたしかめていく[13]」ことが確認され、教育費の実態が、教育内容の問題としても把握されていたことは注目に値するものである。[14]

以上の意義がある一方で、「教育実践との結合の弱さ[15]」や、組織的展開の不十分さ[16]、また学校予算の不足を私費負担で補うことに対する教員の抵抗感の欠如も教育研究集会においてたびたび指摘されていた。

「受益者負担」政策と親和的な教育費認識を、教員も共有してきたことは、「受益者負担」主義の慣習化、私費負担を前提とする教育財政構造の確立を今日にまでもたらした一因ということもでき、学校レベルでの私費負担軽減運動の限界性についても、本来的には検討が必要である。しかし、それでもなお多くの地域において、①教職員（組合）、父母・地域住民、そして地区労働組合や市民団体により共同的にとりくまれ、②私費負担問題の本質が、たんなる金銭的な問題ではないという認識を有していたことも事実である。各地で積み重ねられていった学校レベルでの運動は、次節以降にみる地域的運動、全国的運動の源流の一つとなり、六〇年代以降、さまざまな教育条件整備運動と相互関連的に発展し、その内実が深められていった。

3　自治体レベルでの要求の共同化

(1) 私費負担軽減運動の地域的展開とその背景

一九六〇年代に入ると、高度経済成長政策にともなって——あるいは経済成長により国家財政が拡大していったにもかかわらず——教育条件整備をめぐる問題が全国的に顕在化した。増大した税収は、「地域や中小零細企業に対する公共事業投資や補助金という形で散布」[*17]され、一方で教育や福祉は個々の労働者の賃金によって「私的に解決する問題」[*18]とされた。さらに、一九七〇年代にはドルショック（七一年）や石油危機（七三年）、スタグフレーションの進行などによる構造的な長期不況のもとで、受益者負担政策が本格的に展開され、公教育における私費負担は制度的にいっそう固定化されていった。

このような経済状況のなかで、①地方財政における相対的な産業関係費の上昇と教育費の減少が進行し、また、②産業構造の転換と人口移動によって、産炭地・へき地・離島などの非都市部を中心に過疎化が進行する一方、都市部においては過密化が進行し、人口減少地域と増加地域の双方において、教育条件が低下した。その結果、税外負担としての学校施設・設備に対する寄付金の強制徴収や、私費負担増加が全国的に顕在化し[*19]、同時にそれが私費負担軽減運動の契機となって、各地の課題と住民要求にもとづいた運動が展開されることとなった。先述の学校白書運動は、勤務評定や学力テストなど当時の教育の管理運営や教育内容の問題を対象とするものへと展開し[*20]、のちには、教職員だけでなく父母・地域住民もメンバーとする市民会議を主体とした就学援助の適用拡大や私学助成運動が生まれ、さらには、教育に対する公費支出を規定する条例制定をめざす直接請求運動が登場することになった。

(2) 就学援助適用拡大運動

一九六〇年代前半から、義務教育の無償に向けて行なわれたのが就学援助制度の積極的活用である。一九五〇年代には個々の教職員によって個別に行なわれていた運動は、六〇年代に入ると教職員、父母、住民による共同的な運動へと発展した。とりわけ、主体として各地で運動を展開してきたのが、全国生活と健康を守る会連合会（以下、全生連）であった。一九六四年度に、荒川区で教職員組合や生協とともに行なった就学援助申請を皮切りに、翌年度には青森市、長崎県香焼町《こうやぎ》（現長崎市）において、六〇年代後半には大阪府の全域で、そして七〇年代に入ると全国的規模でとりくみを行なった。[*21] また、一九六〇年代後半以降、就学援助制度だけでなく、給食費負担軽減や私立高校授業料の減免、そして後述の私費負担禁止に向けた直接請求などにも運動の対象が及んだ。このように運動が拡大していったのは、各地の運動が教育条件の改善にとどまらず、児童文化運動や平和運動、そして労農運動などとも結びつき、広範な市民運動としての性格を有していたことが大きい。[*22]

運動の到達点といえる香焼町のとりくみでは、一九六一年から就学援助制度の適用規模拡大が開始され、七八年には適用率が一〇〇％に達し、すべての就学児童に学用品費、給食費、修学旅行費、そして医療費が全額保障されるに至った。革新町政のもとで、生活と健康を守る会や町役場の職組、日教組、ＰＴＡが参加した運動によって、就学援助の申請時期が近い三学期にはすべての地区で学習・懇談会を開催し、「教育問題懇談会」（一九七五年〜）や、「就学援助と教育を考える連絡会議」（八〇年〜）を発足させるなど、住民自身の学習、調査、宣伝活動をふまえた地域的な活動がこのとりくみを可能にした。[*23]

香焼町の実践は、全住民の所得が生活保護基準の二倍の範囲に収まる状況のなかで、憲法に示された義務教育の無償という理念を実現する方法として、就学援助制度を拡充するものであった。[*24]

香焼町の事例にとどまらず、近年の就学援助制度は、経済状況の悪化にともない受給者・率とも増加している一方で、認定基準の引き上げや給付の減額がなされ自治体間格差が顕著になりつつある。[*25] また、従来から指摘されている自治体による申請方法あるいは制度自体の周知の不徹底や申請手続きの不備など、権利行使に対する手続き上の障壁もなお存在している。[*26] しかし、一方で、現在なお全生連をはじめとした市民団体による地域的とりくみ、[*27] 学校事務職員によるすべての保護者、地域住民そして教職員に対する制度の周知や、申請手続きの改善などによって教育の権利保障のための学校経営実践が各地で行なわれていることが注目される。[*28]

(3) 義務教育における私費負担禁止の条例制定運動

一九六〇年代後半以降、全国各地で義務教育に関する費用の私費負担禁止・軽減条例の制定を求める住民の直接請求運動や議員提案が行なわれ、広島県三原市（六七年）を端緒に、福井県芦原町（六七年、現あわら市）、東京都三鷹市、岡山市（六九年）、岩手県久慈市（七二年）などにおいて条例が制定された。[*29] また兵庫県では、一九六〇年代後半から公害反対運動や高校小学区制拡充運動などをつうじて教職員と父母とが結びつきを強め、その積み上げを基盤として県下の全市町村に条例を制定する運動が行なわれ、二市六町で条例が審議されるまでに展開された。[*30]

条例制定運動は、請願や署名活動による直接請求の結果として、すべての事例で条例案が議決されたわけではなく、また条例が制定された岡山市や三原市では、制定以降も予算化は不十分で、私費負担が即座に解消することはなかった。しかし、より重要な成果は、条例制定運動をきっかけとして、実態分析が内容的により深められ、近隣市町村にも運動が波及するなど地域的広がりをみせ、私費負担軽減の活動がさらに広範に展開された点にある。岡山市では、一九七二年に発足した「義務教育の完全無償化をめざす市民会議」による就学援助拡大の活動や、事務職員による運営費標準の改訂要求と、それを受けた教育委員会による費用負担の再調査の実施が行なわれた。また、三原市では教育予算が伸びないことから教職員と父母によって「三原市教育条件改革案」が作成され、教育条件を充実させる運動が拡大した。さらに、議会で条例制定請求が否決された多くの自治体でも、それ以降も教職員・父母・住民が主体となり、住民運動として私費負担軽減のためのとりくみが行なわれ、部活動費や消耗品費、修繕費等の増額、給食従業員の雇用などでの教育予算の拡大や、「要綱」のレベルで父母・住民の負担を制限するなどの実質的な成果がもたらされた。[*31]

(4) 高校全入運動・私学助成運動

義務教育段階において活発化した私費負担軽減運動は、後期中等教育への進学要求の高まりとともに、一九六〇年代以降高校段階においても本格的に展開されることとなった。

一九五〇年代後半にはじまり、六〇年代を中心に展開された高校全入運動[*32]の背景には、ベビーブーム世代の後期中等教育への進学者増、そして、国家主導の産業構造転換に対応した後期中等教育の多様化政策があった。[*33]文部省は、一九六二年に「高等学校生徒急増対策」として財源措置を開始したが、六四年度までの三年間で打ち切られ、運動において掲げられた要求を実現するものとはならなかった。[*34]この状況に対して、一九六〇年代後半以降、全国的に進められたのが私学助成運動である。高校就学をめぐる二つの機会不平等——①私立－公立の授業料格差、②公立高校が不足する都市部－それ以外の地域との格差——を解決することを目的として、高校教育の機会均等の実現を要求する公立高校全入運動と統一的にとりくまれたものであった。[*35]

私学助成運動が全国的に展開される契機となったのは、一九六一年の全国私学教職員懇談会（以下、全私懇）において、漠然と補助金要求をするのではなく、「国民教育の立場に立つこと、物とり闘争ではないこと、父母負担軽減をめざすこと、国・公・私立の格差をなくすこと」が確認されたことであり、これ以降、教育を受ける権利を保障するものとして、運動の理論的整理がなされていった。[*36]翌年には、「高校全員入学問題全国協議会」（高校全入協）が結成され、街頭署名、デモ、陳情、請願などさまざまな活動が組織的に展開されるようになり、一九六四年には全私懇において三つの原則——①父母負担の軽減をはかる、②教育・研究条件と内容の充実をはかる、③ひもつき助成を排除すること——が全国的な方針として確認され、これにもとづいて私学助成のための自治体交渉や私学助成の条例化をめざした直接請求運動などが展開された。[*37]

この直接請求運動は、石川県で一九六七年にはじまった。石川県では一九六二年に私学助成の請願署名が県議会で採択されていたものの、予算措置がはかられておらず、その状況を改善するために行なわれたのが「日本教育史上初の直接請求運動」[*38]であった。議会において条例案は否決されたものの、市民団体を母体として広範な支持を得たこの運動の結果として、以降において私学補助増額という具体的成果を得た。[*39]

また、高校進学者急増に対応する条件整備がなされず、私学助成の必要がとくに顕著となったのが大都市部であった。たとえば愛知県では、上述の三つの原則の基盤となる議論を提供した愛知県私立学校教職員組合協議会を中心として、一九六〇年代初頭から「急増助成ではなく一般助成の要求」「職場民主化との結合」などを柱として、自治体要請・集会・デモ・署名活動などが行なわれ、六七年には直接請求運動、請願署名、自治体交渉によって助成額の増額を、六九年には授業料補助を獲得した。さらに、学校の民主化運動とも関連づけられて、学校における教職員組合・理事会・PTAによる三者懇談会の設置や、教育予算の増額要求にとどまらず、市政・県政の変革や老人医療費無料化の直接請求、公害対策などの運動と統一的・包括的に展開された。[*40]

大阪府では、石川県の例を参考に一九六七年から条例制定直接請求運動が開始された。請求内容は教育の機会均等原則を第一にすえ、公立高校増設を盛りこんで高校全入運動を継承していることを特徴としていた。署名総数は法定署名数一〇万弱に対し、八二万筆に達した。一九六八年、条例案は否決されたが、私費負担軽減をはかる必要と私学助成措置の拡充強化を確認する特別決議が採択された。この運動も、私費負担軽減のほか、女性解放や教育内容の民主化など、愛知県の事例と同様に幅広い要求を含んで展開された。[*41]

直接請求は、石川県・愛知県（一九六七年）、神奈川県・大阪府・岡山県（六八年）、兵庫県・福岡県・宮城県・岩手県・北海道（六九年）、福島県・大分県・長野県（七〇年）、山口県（七一年）と展開され、各地において有効署名数が直接請求に必要な法定署名数を上回った（一・七四〜六・九六倍）ものの、すべて条例案は否決された。[*42] しかし、石川県など上述の事例と同様に、その後私学補助は増額され、一応の直接的成果をみた。[*43] また、名古屋市、東京都ではそれぞれ一九七三年と七八年に私学助成に関する条例が制定されたが、これらは市政や都政の変革運動と一体的にとりくまれたものであり、運動による革新自治体創出にともなう成果とみることができる。

直接請求運動として展開された私学助成運動は、①主体と方法において広範な大衆運動の形態をとり、各地の特殊性にもとづくと同時に、各地域組織が相互にかかわって全国で統一的な運動としても展開され、②たんなる金銭的要求ではなく、憲法・教育基本法に示された権利の実現を要求し、そのために公費支出を求めるものであった。[*44]

4 全国的な包括的条件整備運動の拡大

自治体に対する全国各地での私費負担軽減運動にくわえ、要求を国民的なものとして集約し、国政にはたらきかける国会請願が行なわれてきた。まずあげられるのは私学助成を求める署名運動である。一九六〇年代後半から進められてきた私学助成運動は、七一年に日教組私学部によって一〇〇万人署名運動として全国的に展開され、初年度の署名数は一八〇万超に達した。翌年以降、自治体向けの署名活動も同時に行なわれ、年々筆数を増やすなかで一九七四年度には一〇〇〇万署名として運動が拡大され、国に対する署名が五〇三万筆、自治体に対する署名が六〇五万筆に達した。続いて、一九七五年度にもふたたび一〇〇〇万署名が達成され、七一年と比較して国庫補助が約四倍（約一三二億円→六四〇億円）、それまで東京だけであった授業料補助が二一都道府県に拡大するなどの成果をあげた。[*45]

また、運動の内容と規模、そして継続性によって教育政策に影響を及ぼしたのが、一九八〇年代後半以降に展開された全国三〇〇〇万署名運動である。同運動は、全日本教職員組合・日本高等学校教職員組合・全国私立学校教職員組合連合を中心として、一九八九年度から二〇〇〇年度まで毎年行なわれ、教育条件整備に関する諸要求を国会に要請するものであった。運動の前提として、それまでの各地の教育諸条件の改善に向けた教職員と父母との共同的なとりくみの積み重ねがあり、それを全国的に拡大していくことが上記の教職員組合によって確認されたことが出発点となった。署名運動は教職員と父母との共同をベースとして、公立・私立、学校種別の枠を越え、また学者・文化人による「ゆきとどいた教育をすすめる会」の呼びかけによって三〇〇人以上の学者・文化人の賛同が寄せられるなかで、これまでにない大規模なものとして展開された。初年度の一九八九年の要求項目は、「『四十人学級即時完結、三十五人学級実現、私学助成拡充、教育費の父母負担軽減』を全国共通課題とし、これに各県の要求を結合」するという内容をもち、二四〇〇万近い署名数を集めた。[*46] 以降、各年度の状況によって要求内容を変更しながら、[*47] 憲法・教育基本法・子どもの権利条約にもとづいた複数の教育条件整備要求を継続的に行ない、一二年間の署名総数は二・七億筆以上に達した。

全国三〇〇〇万署名運動は、①教育条件に関する諸問題を全国的規模で包括的かつ統一的に把握し、②全国民にかかわりのある、かつ共有されるべき課題として集約し、③その内容と数量でもって国会・地方議会をつうじて教育財政決定過程に作用した。それにより、臨時教育審議会（臨教審）以降の教育条件整備の縮小に対して、一定程度の歯止めをかけつつ、政府や各県における私学助成維持をはじめ、教育諸条件の維持・向上に重要な役割を果たすものであった。[*48]

5 教育財政における地方自治の確立——北海道稚内市における学校予算の「地域教育経営」

(1) 稚内市の私費負担軽減運動

稚内市の私費負担軽減運動は、北海道教職員組合宗谷支部事務職員部（当時）、宗谷管内公立小中学校事務職員協議会（一九六七年発足。以下、宗事協）の学校事務職員を中心に、一九七〇年代以降展開された。[*49] 一九七三年、学校徴収金やPTA予算に大きく依存する学校予算に対して、市教委や理事者と折衝を重ねた結果、当時の市長の政策予算として「父母負担軽減費」が設定された。[*50] その後、オイルショックや市販テスト追放政策にともなう印刷費の増大による予算不足のなかで、一九七七年から稚内市教育研究集会事務職員部会において、予算不足の状況分析と資料づくりが開始された。そこでは、市内のすべての学校を対象として、私費負担の調査、学校単位での必要経費の数値化、配当予算と必要経費との比較、公費予算の不足にともなう私費負担への依存状況の分析が行なわれた。翌年には調査をもとに、児童・生徒数・教員数等を基礎として費用の「標準値」を設定し、学校ごとの「年間最低必要需用費」を示した「教育予算白書」が作成された。これをきっかけに、各学校において予算書・決算書づくりが進められるとともに、白書が各学校での職場学習会に活用されるようになった。また、教育委員会に対して話し合いの場を設定することを要望し、白書を資料として用いる教育予算担当者会議が毎年度開催されるようになった。

一九七九年には、「エンピツから制度まで」をスローガンとした「民主的学校づくり」に向けた予算要望運動が提起された。要望の具体的プロセスは、まず各教職員の予算要望を職員会議において検討し、各学校で内容の順位づけを行なったものを学校要望書としてまとめ、続いて全市的に集約された要望を組合・校長会・教頭会の三者による共同要望書として教育委員会に提出するものであった。そのプロセスをつうじて「全市的共通要望」として消耗品費の大幅増額を要求した結果、次年度には約二倍の予算が計上されることとなった。

さらに、一九八一年には四〇人学級実施凍結の反対、教科書有償化反対、そして私費負担軽減を求める署名運動が提起された。各学校では教育予算の学習会を行なうとともに、学校単位での具体的な要望項目と全教職員の名前が記されたチラシを父母・住民に配布し、署名活動を行なった。教職員・父母による署名活動によって、有権者の四三％（一・五万人超）の署名が集まり、署名とともに提出された「父母負担軽減のための教育予算の共同要望書」は市議会において全会一致で採択され、翌年度の「父母負担軽減費」は四〇％増額されることとなった。これ以降、父母・地域の要求を全市的な課題ととらえ、その実現に向けて教育関係団体が共同で要望書を作成し、要求を行なうことが慣習化された。その具体的なシステムの一つが、一九八三年に発足した組合、校長会、教頭会、教育委員会など教育関係団体によって構成される「稚内市教育問題懇談会」である。組織内には共通課題の一つである教育予算の増額とその効果的執行を目的とした、校長会・教頭会・宗事協支会の代表からなる「教育予算検討委員会」が設けられている。教育予算検討委員会では、義務教育費国庫負担制度など国レベルでの財政動向をふまえながら、限られた予算を全市的なレベルで効率的・効果的に運用するために、備品や施設・設備の年次計画、配当基準の見直し、五〜六年間の中長期的な教育予算計画が作成されてきた。

(2) 学校づくりにおける教育費の存在形態

稚内市の私費負担軽減運動を整理・分析するうえでふまえなければならないのは、宗谷地方において、「教職員・教職員組合、父母・地域住民、教育行政関係者などすべての教育に関係する人々がそれぞれの立場、思想・信条、教育観を越えて、子どもの学習権保障のために一致点を見いだし、それをもとにして公教育を各学校を基礎単位として地域的に組織・運営していく、公教育の地域的管理（地域教育経営）」が歴史的に形成されてきたことである。[*51] 枝幸《えさし》町において一九五九年からはじまった学校白書運動は、「義務教育はこれを無償とする」という憲法の条文を念頭において、父母負担の実態調査、自治体・国家財政の検討にとどまらず、児童生徒の学校生活上の問題、地域住民の生活・経済上の問題、学校予算にかかわる学校運営の民主化の問題、教育条件にかかわる教職員の労働条件の問題などが分析された。[*52] 一九六〇年代には宗谷地方が凶作・不漁にみまわれ、父母・地域住民の生活問題が顕在化するなかで、教職員が父母・

住民と結びつきながら、地域の問題と教育の問題を統一的にとらえた教育運動が展開されてきた。またその過程で、父母や地域の教育要求にいかに応え、子どもの発達をいかに保障するかという観点から、教職員の責務に関する理論と実践が積み重ねられてきた。[*53]

地域と教育をめぐる理論的追求と実践の積み重ねの一つの到達点が、一九七八年に校長会・教頭会・教育委員会・教職員組合で交わされた合意文書、「宗谷の教育の発展をめざして――教育活動と学校運営の基本方向についての合意」である。これは、住民の過半数の署名も得たうえで成立したものであり、地域慣習法としての性格をもつ。[*54] 一九八〇年代中葉から、この合意書のもとで展開された稚内市立稚内南中学校（以下、稚内南中）の学校づくり実践は、学校単位での地域教育経営の典型的事例としてみることができる。そこでの学校予算の管理・運営は、以下のような特徴と意義をもつ仕組みを生み出した。[*55]

第一に、教育課程[*56]のなかに学校予算が位置づけられたことである。これは、教育の内的事項としての教育内容・方法と、外的事項としての学校予算が教育課程として統一的に把握されていることを意味している。このことにより、教育活動に必然的にともなう費用の問題を教員自身が認識したうえで、教育活動を計画・実施する教育課程経営が行なわれることになった。たとえば、稚内南中の教育課程づくりでは、教員が次年度の教科・教科外活動を作成・決定するさいには、学校事務職員と一緒に教育費用を含めた計画の検討がなされていた。[*57] 教育活動に必要とされる費用をいかに効果的・効率的に配分・使用するかについて、まず各教員と事務職員が検討し、次に教職員全体の合意を得るというプロセスをつうじて、すべての教職員が限られた公費を認識しつつ、また私費負担を抑制することにも配慮しながら、内容的にも費用的にも妥当な教育計画を作成していくのである。毎年度冊子として発行される教育課程の年間計画には、教育方針や教育活動とともに「学校予算」の項目があり、学校のすべての収入と支出の費目と予算額の一覧が明記される。また、廃品回収や市への予算補助申請などが「努力予算」として計上され、学校予算を拡大するさまざまな財政活動が位置づけられている。[*58]

第二に、民主的な学校運営のための予算システムがつくられたことである。学校予算については、一般的に学校全体で意識化・明示化されておらず、とりわけ私費負担分を含めた全学校予算が正確に把握されていることは少ない。私費の位置づけは、各教員の任意にゆだねられ、個別的に管理されていたり、前年度予算を踏襲するだけであったりするために、概してその民主性に関して問題を有している。

稚内南中では、学校予算の民主化にとって最も重要な点を「透明化」であるとし、「収入の明確化と支出の一元化」が徹底され、すべての予算が公開された。上述の教育課程の年間計画の冊子には、収入源としての公費および私費が財源ごとにすべて明示され、支出のさいも窓口を一本化することによって、学校予算の流れをすべて可視化できるようにされた。

第三に、学校事務職員に固有の位置づけが与えられたことである。一九八〇年代後半の稚内南中では、学校事務職員が、教員と同様に教務部や部活動の顧問、地区ＰＴＡ[*59]の担当をし、また教育費をつうじて「学校と親の中間で両者が一番よく見える」[*60]立場として、学校予算を含めた教育課程づくりにかかわってきた。その実践の前提には、宗事協を中心に検討され、地域的共有がはかられてきた学校事務職員論の存在を指摘できる。宗事協では、一九七〇年代に、事務活動を「作業処理的業務から学校運営の機能」としてとらえ直すなかで、「教育としての学校事務」「子どものための学校事務」という指針が生み出された。そして一九八〇年代には「学校づくり」における事務職員の役割をめぐって、①子どもに視点をあてて事務機能を見直すこと、②学校の職員として、子どもの発達に責任を負う立場から教育的見識・力量を身につけること、③民主的学校づくりのために教職員集団としての「共通の責務」を遂行すること、④専門的力量を高め、教育条件整備のあり方について学校・父母・地域に積極的に提起し、学校事務職の「独自の役割」を追求することが確認されたのである。[*61] 稚内南中の学校づくりは、宗谷で深められた学校事務職の固有の専門性にもとづく職務内容論の実践的到達点とみることができる。

(3) 地方教育財政の民主主義的・教育専門的統制

宗谷の教育運動は、前項にみた学校経営上の特徴にくわえ、次の四点に関して地方教育行財政上においても新しい要素や仕組みを与えるものであった。

第一は、調査や分析にもとづく学校予算の要求は、教育行政によって実行される施策の水準を引き上げ、その正当性を確固たるものにしたということである。すべての学校で「鉛筆一本、紙一枚から」必要な物品と数量を明らかにした「教育予算調査」、それにもとづく「教育予算白書」は、教育委員会との協議、交渉における重要な資料となっただけでなく、予算の絶対的な必要性を根拠づけるものとして、教育委員会による議会答弁のさいの文章・資料ともなった。各学校での必要性にもとづく厳密な費用計算によって積算された教育予算要求額は、本来的な意味での「基準財政需要額」となり、立法・行政の場においても正当性をもつものであった。その正当性は、子どもの発達に必要な費用が、教職員による教育専門的な実態調査・分析と、民主的なプロセスをへて確定されたことによって生まれ、同時に、その予算は公費として有すべき確実性[*62]を備えるものとなった。

第二は、教育委員会による学校予算管理のあり方を民主的なものに変えたということである。まずは、行政職と学校管理職の権力性の源となっていた保留予算が透明化された。一般的に、教育委員会には一般予算以外に支出の特定されていない保留予算が存在する。稚内市の運動は、その配分や使途をめぐって行政職と学校管理職に権力性が付与されることを問題とし、厳密な計算にもとづいた要求によって必要額を最大限に予算計上化するため、保留予算を含めた教育委員会の予算を全面的に公開させた。次に、保留予算も含めた教育財政を透明化することによって、教育委員会が所管する全学校間での教育予算の水平的・民主的調整を行ないうるようにした。教育予算をめぐっては、①財政が不透明であるがゆえに、競争的な奪い合いや行政機関と学校との癒着が発生すること、そして、②公費は要求すれば拡大するものではなく「限られたパイ」であるということが運動において認識されていた。この認識にもとづき、絶対的に不足している財源について、学校間で競争することも、形式的平等にもとづいて配分することも、教育予算配分の方法として妥当性を欠くとして、市内のすべての学校の合意形成のもとで、市教育予算の計画的配分が行なわれた。また、その配分にさいしては、最低限必要な部分としての「一般予算」と、重点配分するための「特殊予算」を設定し、年度を超えた中長期的な計画もあわせて策定された。教育予算の全面的公開と、全市的な合意形成のもとで、学校予算の無駄が削減されるとともに、すべての学校が中長期的視野をもちながら安心して予算執行することを可能にした。[*63]

第三は、予算白書の作成や具体的データにもとづいた予算要求によって、教育行政の活動が科学性を有する必要性を再確認させたことである。地方教育行政法において「教育行政機関は、的確な調査、統計その他の資料に基いて、その所掌する事務の適切かつ合理的な処理に努めなければならない」[*64]とされ、教育財政を含めた教育条件整備は、科学的な実態把握にもとづいて行なわれるべきとされている。稚内市での教育予算資料づくりは、教育委員会に実態を示すことにとどまらず、「行政としての責務を遂行することを要求」[*65]するものともなり、教育委員会による科学的な実態把握にもとづく教育条件整備を促すこととなった。

第四は、議会における教育予算づくりの本来的なあり方を示したということである。教育の外的事項としての教育財政は財政議決主義のもと議会による決定が不可避となる。稚内市では運動によって、議会が教育機関としての学校、行政機関としての教育委員会、そして住民と協働して教育予算を決定しなければならない、という地域慣習法が形成された。①学校自らによる子どものニーズの把握、それにもとづく教育予算案作成、②議会への署名提出、③学校と教育委員会との折衝、④教育委員会と首長部局との折衝、という仕組みは、議会による議決が住民によって支持され、教育専門家によって把握されたニーズにもとづかなければならないということを示している。すなわち、教育専門的統制と民衆統制を組み入れた教育財政の住民自治的決定のあり方を示しているものといえる。

以上のように、稚内市の私費負担軽減運動は、子どもの発達・人権を保障する教育の無償、教育活動を支える財政的基盤としての学校予算という認識、学校予算を教育的必要にもとづいて作成するさいの教職員の責務と職務内容の自覚、そして教育行政と議会の教育専門的統制と民衆統制という、教育財政の本来的なあり方の全体像を描くにまで至っているのである。

6 教育の無償化としての私費負担軽減運動

(1) 私費負担軽減運動の展開と内容

改めて、本章でみた私費負担軽減運動を時系列的に概観すると、①一九五〇年代後半からの白書運動による学校レベルでの教育費の見直しと学校財政の民主化と自治体財政分析、②六〇年代前半からの就学援助制度の積極的活用、③六〇年代中葉からの私学助成・私学授業料減免運動、④六〇年代後半からの義務教育における税外負担禁止のための条例制定運動、⑤七〇年代から八〇年代における全市的な学校予算の計画化と学校予算を教育課程として位置づける学校づくりとの接合、⑥九〇年代から二〇〇〇年代にかけての、全国的な共通課題としての教育条件整備の包括的な要求を行なう三〇〇〇万署名運動、という展開過程をみることができる。*66

また、運動の内容については、各時期・各地域において、①多様な活動と方法――財政分析、学校・地域での学習会による問題共有と意見交換、行政との交渉、議会への署名活動・請願・陳情・審査請求・異議申立て、直接請求、②多様な対象――国に対する制度の改善・創設、自治体に対する独自措置、学校における公費負担対象の拡大と私費負担の軽減などの要求、③多様な成果――慣習化・内規化・条例化などによる私費徴収の軽減・廃止、学校予算の民主化・透明化、就学援助拡大、高校授業料減免等の適用基準の制度化・引き上げ、私学助成拡充――がみられるものであった。

各運動は、各時期の教育政策や私費負担の状況に応じて、それぞれ内容的特徴をもちながら積み重ねられ、各地で差異がありつつも、いくつかの具体的なかたちとして結晶化してきたのであった。

(2) 私費負担軽減=教育無償化運動の意義

私費負担軽減運動は、教員、親のみならず住民が、学校・地域・国といったそれぞれのレベルにおいて、子どもにとっての教育的必要を実現することを目的として、さまざまな方法・手段で教育財政に関与し、教育の私費負担という問題にとりくむものであった。[*67] 戦後教育行政の民衆統制の具体的制度形態とされた教育委員会の公選制が存在しないなかで、それぞれの要求と、運動を取り巻く環境に応じて、①その時点において存在する福祉国家的・民主的な法制度を活用・拡充するか、②新たな法制度または慣習を創出することによって、可能なかぎりで教育の無償への漸進的接近をはかっていったのである。本来的には教育の無償を保障する包括的、普遍的な制度が教育行政によって整備される必要があったにもかかわらず、未熟な教育条件整備法と教育行政による条件整備の不備ないしは欠如によって教育の私費負担が慣習化されてきたのに対して、あるべき教育条件整備を教育政策に先んじて実現しようとするものであったということもできよう。

そして、宗谷の事例を通して確認してきたように、教育の権利性を根底におき、必要にもとづく需要額を積算し、教育財政の地域的合意の仕組みを形成してきた歴史は、教育的必要を満たすべき教育財政の住民自治の本来的あり方を示すものということができる。この点に関して、財政学では財政の住民自治のあり方として「財政権」の可能性が論じられてきた。宮本憲一は財政権を、一般的に把握される財務上の行政権限としてではなく、「国民が国民主権として、また、基本的人権として財政に関してもっている権利」とし、議会制民主主義（間接民主制）を基本としながらも、議会への信託だけでは実質化しえない財政民主主義を、たんなる納税者の権利とは異なる論理でとらえる。[*68] 宮本は、財政権確立のための方法として、財政の公開、予算編成への住民の参加、国民の監視などの制度を例示するが、前節の事例は、教育における財政権の具体的な制度形態としての意味を有するものと思われる。

本章でみてきた私費負担軽減運動は、今後構想されるべき教育財政制度について、部分的にではあるがその方途を示すものであるが、それは運動の具体的成果だけではなく、教育運動そのものに内在する教育条理を確認することによっても見出される。すなわち、教育運動において、公教育が教育主体そのものによって展開されていくこと、そしてそのプロセスにおける学習論としての意義を確認したさい、そこには「教育の運動性」と「運動の教育性」の論理を指摘することができる。人権としての教育を現実のものとするうえで、教育運動はそのための本質的な要素として認識される必要があろう。

◉注

＊1　本章において分析される運動は、「教育予算運動」「父母負担軽減運動」等さまざまに呼ばれてきたが、本章では、さしあたって「私費負担軽減運動」と総称する。

＊2　私費負担軽減運動は膨大な事例が多様かつ複合的に展開されてきたことから、そのすべてを対象とすることはできない。そのため本章の事例と類似する運動を対象としえなかったほか、外国人学校などの各種学校や無認可校に対する補助金および高等教育の費用負担にかかわる運動をとりあげていない。

＊3　日教組の前身である全日本教職員組合は「学童への学用品、通学用具の無料支給、学校給食の即時実施、父母の寄付負担反対」を要求として掲げ、日教組は結成大会における決議で「教育費大幅国庫負担、教科書無償支給、公費による学校給食実施」要求を提起した。

＊4　日本教職員組合編『日本の学校白書』（一九五八年）、三頁。開始当初の運動のプロセスを示すと、まず各年度の半ばに日教組の各県・各支部・各学校分会において、地域の実態に即した計画立案と調査・研究が進められ、年度後半には各学校において「学校白書作成対策委員会」が設けられ、職場での討議を集約し、問題の設定と方向づけが行なわれた。続いて、校長をはじめ全教員によって、教育条件の点検活動が父母とともに行なわれ、年末期に実態と要求内容が各学校・支部・県ごとに白書としてまとめられたものが、次年度の予算編成に向けた要求運動に用いられた。なお、同様の実践は教育白書運動と呼ばれることもあるが、本章では学校白書運動と呼ぶ。

＊5　文部省編『わが国の教育水準』一九五九年、一三一頁。その後、一九六〇年度版以降の『国と地方の文教予算』では、公教育費に占める私費負担の割合に関して言及されなくなる。

＊6　三輪定宣「今日の教育費問題と教育費運動」国民教育研究所『季刊国民教育』四号、労働旬報社、一九七〇年、一二四頁。

＊7　高度経済成長期には、地方財政における相対的な産業関係費の上昇と教育費の減少にともなって、学校予算が基準財政需要額の三割程度にとどめられる事例や、教育における住民の税外負担の増大などの問題が各地で発生した（国民教育研究所編『「地域開発」政策と教育』［全書国民教育4］明治図書、一九六八年）。

＊8　一九六〇～七〇年代の日本教職員組合編『日本の教育』を参照。

＊9　前掲、三輪「今日の教育費問題と教育費運動」一三三頁、前掲、日本教職員組合編『日本の学校白書』四頁。たとえば、自治体に対する予算獲得要求にさいして、学校財政分析や地方交付税の基準財政需要額を市町村・学校ごとに分析・一覧化して各校間の格差を示し、基準財政需要額の水準まで公費支出をさせる事例や、諸要求を必要度と実現可能度に応じて項目別に序列化して要求事項を明確化・細分化する事例、箇条書きによる質問書を提出し、回答を当局に求める事例など、各地でそれぞれの内容と要求方法をもって展開された。

＊10　柳原富雄「教育条件整備運動の発展と課題」『ジュリスト増刊総合特集　教育――理念・現況・法制度』有斐閣、一九七八年。

＊11　戦後教育制度の新たな組織としてＰＴＡが誕生したものの、学校現場における費用負担関係の実態は、戦前の「父兄会」の後援会的役割――①学校設備・教具の経済的援助、②児童の学用品の供給、③教職員への研究・休養等にかかる資源の供給――の性格を温存するものとなっていた（伊ヶ崎暁生・辻本昭編『教育実践ノートシリーズ　学校づくり実践ノート』労働旬報社、一九七七年、二四三～二四七頁）。

＊12　日本教職員組合編『日教組20年史　資料編』労働旬報社、一九七〇年、五四六～五五〇頁、および前掲、柳原「教育条件整備運動の発展と課題」一〇三頁。

＊13　日本教職員組合編『日本の教育』一〇、日本教職員組合、一九六一年、四七七～四七八頁。

＊14　この一つの典型ともいうべきものが、後述の北海道宗谷地方の事例に見出しうると思われる。

＊15　前掲、日本教職員組合編『日教組20年史　資料編』五四七頁。

＊16　永田伝「地方自治体における教育予算闘争の課題」『季刊国民教育』四号、労働旬報社、一九七〇年。

＊17　渡辺治「日本の新自由主義――ハーヴェイ『新自由主義』に寄せて」デヴィッド・ハーヴェイ（渡辺治監訳）『新自由主義――その歴史的展開と現在』作品社、二〇〇七年、三〇二頁。

＊18　後藤道夫「日本型社会保障の構造――その形成と転換」渡辺治編『高度成長と企業社会』（日本の時代史27）吉川弘文館、一九七七～一九八頁。

＊19　前掲、国民教育研究所編『「地域開発」政策と教育』を参照。

＊20　数多くの事例が存在するが、たとえば高槻市では日教組を中心としながら、地区労、母親大会、革新政党が共同的に教育要求を組織して白書を作成し、私費負担軽減だけでなく勤務評定問題、高校増設問題も含みこんだ自治体交渉が行なわれた（日本教職員組合編『日本の教育』一一、日本教職員組合、一九六二年、四三六頁）。

＊21　全国生活と健康を守る連合会『全生連運動の50年――21世紀に羽ばたく憲法を暮らしと平和に生かした生存権運動のあゆみ』二〇一〇年、五三頁。

＊22　日本教職員組合編『日本の教育』二二、日本教職員組合、一九七三年、四六二頁。なお、一九八〇年代には行政によ

る適用基準引き上げや申請拒否、申請用紙の改悪などの問題が相次ぐようになり、九〇年代以降には経済状況が悪化するなかで、就学援助のニーズに反して給食費滞納、修学旅行不参加、中途退学などの問題が顕在化していった。そのような状況を改善すべく、認定枠の拡大や申請手続きの改善、給食費負担軽減、私立高校授業料の減免など、全生連による要求運動が各地で行なわれた。

＊23　内沢達「教育費の父母負担と義務教育無償化運動――長崎香焼町の事例など」東京市政調査会『都市問題』七三巻八号、一九八二年八月。このほか、同「教育財政と地方自治――教育費の父母負担解消をめざす自治体諸施策の検討」(日本教育法学会編『教育の地方自治』[講座教育法6]総合労働研究所、一九八一年)を参照。

＊24　香焼町の制度は、社会権を申請主義にもとづいて実現するための事例として重要である(小川政亮「社会保障法と教育権――一つの接点としての教育扶助と教育補助の場合を中心に」有倉遼吉教授還暦記念論文集刊行委員会編『教育法学の課題――有倉遼吉教授還暦記念論文集』総合労働研究所、一九七四年)。また、香焼町の実践は、就学援助制度にとどまらず、福祉、医療、水道・住宅等の生活基盤の整備、およびそれらを住民に保障するうえでの地方財政権のあり方、自治体行財政の住民への情報公開など、総合的な地方行政のモデルとしてきわめて重要な事例であり、別途検討が必要である。なお、この制度は、二〇〇五年の長崎市への編入合併まで維持されていたが、合併以降の入学者については、旧香焼町の基準が廃止され適用外となっている。

＊25　高津圭一「就学援助制度の実態と課題」藤本典裕・制度研編『学校から見える子どもの貧困』大月書店、二〇〇九年。

＊26　就学援助に関する法的整理と制度上の問題については、小川政亮「就学保障のための条件整備の一断面――権利保障としての就学援助の観点から」(日本教育法学会編『講座教育法4　教育条件の整備と教育法』総合労働研究所、一九八〇年)を参照。

＊27　たとえば、金沢市での「金沢教育運動連絡会」(一九七三年〜)による、教育委員会との懇談、就学援助の集団申請、入学式当日の申請書の直接配布、所得基準引き下げのとりくみ(三輪定宣ほか「座談会　教育の無償化を実現するために」『経済』一七五号、新日本出版社、二〇一〇年、七七頁)や、神奈川県大和市での「就学援助をすすめる会」(一九

七五年～）による制度充実のための教育委員会との交渉や児童・生徒への「申請書つきお知らせ」の配布など（『クレスコ』一一二号、大月書店、二〇一〇年、一九頁）。

＊28　就学援助制度の活用をはじめとした学校現場での私費負担軽減の実践については、全国学校事務職員制度研究会編『学校のお金と子ども――教育費無償化は未来への希望』（草土文化、二〇一〇年）、制度研編『お金の心配をさせない学校づくり――子どものための学校事務実践』（大月書店、二〇一一年）を参照。また、学校財政のあり方をめぐって、学校事務職の職制や職務論の検討が重要となることは、柳原富雄・制度研『教育としての学校事務――子どもの学習発達保障のために』（大月書店、二〇一〇年）が指摘するとおりである。

＊29　この時期、教育費用に関する条例制定の動きは、少なくとも県レベルで五つの自治体、市町村レベルでは四〇以上の自治体でみられた。各地の運動については、永田伝「父母負担禁止条例の制定運動」（『季刊教育法』四号、エイデル研究所、一九七二年）を参照。なお岡山市では、同時に公費・私費負担区分を明確にする「学校運営費標準」が策定された。学校運営費標準は、一九六〇年代後半に東京都や名古屋市をはじめ大都市・中規模都市を中心に多くの自治体で策定され、現在も用いられている。学校運営費標準については、私費負担解消に対する一定の成果をとらえられる一方、一九六〇年代の「住民側からの父母負担減の要求に対して上からなされた施策」（前掲、内沢「教育費の父母負担と義務教育無償化運動」六八頁）として、本来公費であるべきものが私費として固定化され「受益者負担」の定着と増大につながるものであること、また教育内容を管理するものとなっていることなどの問題も指摘されてきた。

＊30　運動では「父母と教育を語る会」、学級懇談会、地域懇談会などをつうじて、「学習・資料収集→集会→署名・議会対策→条例制定請求・自治体交渉」と計画的に進められていったことが注目される（久野礼子「『義務教育費父母負担禁止条例』制定闘争」『教育評論』二八〇号、アドバンテージサーバー、一九七二年九月）。

＊31　日本教職員組合編『日本の教育』二三（日本教職員組合、一九七四年）、四六七～四六八頁、および同『日本の教育』三〇（一ッ橋書房、一九八一年）五一八～五二一頁を参照。内沢達によれば、条例制定運動は学校白書運動の流れを受け継ぐもので、その成果は税外負担禁止の制度化のほか、地方交付税の配分基礎となる単位費用の積算に反映され

た（前掲、内沢「教育費の父母負担と義務教育無償化運動」六八頁）。

＊32　高校全入運動は、「学校白書の作成などを下敷きに、全国各地で組織的に取り組まれた」ものであり、たんなる公立高校・普通科への進学要求ではなく、「公立学校増設、すしづめ学級解消、マンモス学校化反対、私学への大幅公費助成、高校三原則（総合制、男女共学、小学区制）の徹底、入試制度の改善、勤労青少年教育（定時制、通信教育、青年学級など）の充実、経済事情から高校への進学が無理な者への育英基金・教育扶助等の拡充、PTA会費軽減、寄付金・授業料値上げ反対、高校教員の定数増など」多様なものであった（三輪定宣・浦野東洋一「新安保条約の成立と教育政策の変化」五十嵐顕・伊ヶ崎暁生編著『戦後教育の歴史』青木書店、一九七〇年、二三八頁）。全入運動の全体像については、小川利夫・伊ヶ崎暁生『戦後民主主義教育の思想と運動――高校全入運動の総括と課題』（青木書店、一九七一年）を参照。

＊33　後期中等教育の多様化政策について、当時の教育政策のイデオローグであった清水義弘は、「父母の過当な上級学校への信仰・要求を抑制し、個々の能力に応じた適切な進路を促」すことによって、「進学率上昇による学力低下を防ぎ、学歴差別的給与をなく」し、「選択を誤らせ、浪人が輩出される」ことによる「無駄な投資」を国民に気づかせ、「教育訓練」によって労働力不足、失業率低下、完全雇用化をはかることを意図していた（田中秀佳「一九六〇年代教育投資論の日本的展開過程」『名古屋大学大学院教育発達科学研究科紀要（教育科学）』五四巻二号、二〇〇八年三月、一二二～一二四頁）。

＊34　前掲、小川・伊ヶ崎『戦後民主主義教育の思想と運動』一二八、一三九頁。

＊35　高校全入運動について、「公立普通高校」を求めることを内容の一つとする要求は、政策レベルにおいては形式的機会均等論、学歴偏重、職業教育軽視、公教育の私物化などとして強い批判でもってとらえられ、また研究レベルにおいても国民の教育要求の過熱、あるいは「下からの能力主義」として消極的に評価されている。しかし、当時の国民が求めた「普通教育」と、現実として展開された「普通教育」の異同、現実に展開された「普通教育」の背後にある財界の意向など、なお精緻な検討が必要とされていると思われる。

＊36　飯田哲也「私学助成運動の実態」大沢勝・永井憲一編『私学の教育権と公費助成』（教育法学叢書３）勁草書房、一九七三年、二一一〜二一二頁、および碓田登『国民のための私学づくり――公費助成運動の展開と課題』民衆社、一九七三年、五三〜五四頁。

＊37　これらの諸原則は全私懇大会が開催された熊本にちなんで、「阿蘇の三原則」と称される。前掲、飯田「私学助成運動の実態」二一二〜二一四頁を参照。

＊38　同前、二一八頁。

＊39　私教労連、県教組、高教組、大学教組、県評、民主教育を守る市民会議、高校全入協から構成された市民団体である「七者共闘会議」を母体として、「中小資本家、自民党役員、助役、地方議員、公私立の管理職、私学理事、ＰＴＡ役員」など多様な層の支持を取りつけ、直接請求に必要な法定数の三倍近い署名総数を得た（同前、二一八〜二二二頁）。

＊40　同前、二二二〜二二八頁。

＊41　同前、二三二〜二三五頁。

＊42　条例制定直接請求運動は、一九七四年までに一九県一市で行なわれた（小村英一「高校無償化問題と私学――私立高校の実質無償化実現のために」『人間と教育』六七号、旬報社、二〇一〇年九月、四九頁）。

＊43　前掲、碓田『国民のための私学づくり』一二三〜一二五頁。

＊44　日本私学振興財団法（一九七〇年）と私立学校振興助成法（一九七五年）は、私学助成運動の一応の到達点といえる。しかし、この二つの法は、私学法人に対する経常費補助をその内容とし、運動の要求の中心的部分、すなわち、「授業料の補助」による私費負担軽減を受けとめるものとはならなかった。このことの要因として、一九六八年に自治省が、授業料補助およびそのための「条例制定は不適当」とする見解を都道府県に示したことを指摘できる。この見解は、東京都で一九六二年から行なわれていた授業料補助を事実上否定し、全国の自治体に運動の要求に応じてはならないとの圧力をかけるものとなった。ベビーブームによる進学者数増加のピークが過ぎる一九六〇年代後半以降、経営状況が悪化するなかで、私学経営者は、この見解に従って、授業料補助ではなく、経常費補助を求めたのである。周知のとおり、

私学振興法によっても私費負担は減らず、逆に増加していき、東京を除く自治体は、低所得者を対象とした授業料補助制度を創設していく。国による私学法人向けの経常費補助と自治体による低所得者向けの授業料補助からなる私学助成制度が高校教育の機会均等を実現するには不十分であったことは、二〇一〇年にいわゆる高校授業料無償化法が制定されたことによって示されている。私学助成運動が掲げた要求を実現しうる権利保障のための普遍的制度の確立は依然として課題となっているのである。

＊45　前掲、日本教職員組合編『日教組20年史　資料編』五七二〜五七四頁、および全日本教職員組合編『教職員組合運動の歴史——近代教育の夜明けから全教結成まで』労働旬報社、一九九七年、三四五頁。

＊46　前掲、全日本教職員組合編『教職員組合運動の歴史』六五五頁。

＊47　たとえば、二〇〇〇年度の請願事項は、小中高三〇人学級早期実現、私学助成増額、義務教育費国庫負担制度維持充実、教職員増、学校建物補修改築、希望者への高校教育保障、障害児の教育保障、不況下での父母負担軽減・就学援助拡充・授業料減免など九項目にわたった。

＊48　臨教審以降の教育改革に対しては、これまで文部省による抵抗があったことは広く認識されてきたが、これにくわえて、教育運動が教育政策にいかに作用してきたのかという観点をふまえた、より精緻な教育政策分析が必要である。

＊49　本項の内容は、稚内南中学校元学校職員中村和一氏への聞き取り（二〇〇八年九月一〇日、二〇一一年九月七日）、稚内市立東小学校事務職員大塚洋一氏への聞き取り（二〇一一年九月六日）、宗谷管内公立小中学校事務職員協議会『学校事務そうや　二十年の軌跡』（一九八七年）に所収の長岡美佐緒「学校づくりと学校教育行政」によっている。

＊50　現在においても、稚内市の学校配当科目として「保護者負担軽減」費が生徒数・学校規模に応じて配分されている。

＊51　植田健男「地域教育経営論の課題と展望——宗谷教育調査の理論的総括に関わる問題提起」名古屋大学教育学部教育経営学研究室『第五次宗谷教育調査報告書』一九九七年、三五〜三六頁。宗谷の教育運動・教育実践については、横山幸一・坂本光男『宗谷の教育合意運動とは』（大月書店、一九九〇年）および名古屋大学教育学部教育経営学研究室による継続的な調査がある（『宗谷教育調査報告書』第一次〜第五次、一九九三〜九七年、『地域教育経営に学ぶ』創刊号

〜一三号、一九九九〜二〇一一年)。

＊52　枝幸の白書運動の前提には、学校が地域と積極的にかかわってきた実践がある。教員は日常的に地域に足を運んで懇談会や学習活動を行ない、そのなかで父母・住民の教育要求や生活問題も把握するとともに、教員の要求との相互的・統一的理解を深めていった。白書運動では、教育予算拡充や学校教育の条件整備にとどまらない広範な地域的課題にとりくみ、予防接種の無料実施、保育所の新設、給食の完全実施と無償化、教育施設・設備の充実、零細漁家の救済や不漁対策の実施などの成果をもたらした(前掲、日本教職員組合編『日本の教育』一一、四三七頁、および稚内南中学校元校長横山幸一氏への聞き取り、二〇一一年九月七日)。

＊53　宗谷の教育実践・教育運動は、「教師の責務」をめぐる教師論を核として展開されてきた(前掲、横山幸一氏への聞き取り)。その詳細は、ここでの対象を超えるものであるが、教師論のなかで追求されてきた「教育の共同」のあり方は、宗谷の教育運動の意義を把握するうえで、きわめて重要となる。なぜならば、共同性の負の側面(閉鎖性・同質性)を排することが宗谷の運動においては強く意識され、とくに、父母・地域とのつながりを前提として、独善性を厳しく排除した教師の権限・権利論が形成されてきたからである。ゆえに、本節の結論とかかわって、さまざまな立場を超えてなお子どもの発達にとって最低限必要(ミニマム)な部分について合意を行ない、その範囲を確認、確定し地域慣習法化していくことを可能にさせたといえる。また、「公共性とは、閉鎖性と同質性を求めない共同性、排除と同化とに抗する連帯」(齋藤純一『公共性』岩波書店、二〇〇〇年)であるすれば、教育の公共性論の視点から宗谷の教育運動の意義を見出すことができるであろう。

＊54　古野博明「『合意書』形態の発見と展開」日本教育学会『教育をめぐる参加(協力関係)の研究』二集、一九八三年。合意書に対する署名は、学校教育への住民参加の一形態とみることができる(前掲、名古屋大学教育学部教育経営学研究室『第五次宗谷教育調査報告書』五五頁)。

＊55　稚内南中学校の当時の校長であった横山幸一氏は、枝幸での学校白書運動に中心的にかかわった一人である。同運動は、今日の宗谷における学校づくりの源流として位置づくことを示している。

＊56　ここでの教育課程の概念については、植田健男「カリキュラムの地域的共同所有」（梅原利夫編『カリキュラムをつくりかえる』［教育への挑戦2］国土社、一九九五年）を参照。

＊57　前掲、中村和一氏への聞き取り。

＊58　近年では、礼文町立香深中学校、稚内南中学校などで学校予算を位置づけた教育課程づくりが行なわれている。当時の稚内南中の教育課程経営の理論検討については、石井拓児「地域教育経営における教育課程の位置と構造――内外事項区分論の教育経営論的発想」（『日本教育経営学会紀要』五二号、二〇一〇年）を参照。

＊59　地区PTAは、校区の町内会を地区別の単位として、地区の父母と地区担当教員によって構成され、町内会とも連携して地域・家庭・学校を結びつける組織であり、子育て・教育に地域ぐるみでとりくむうえで重要な役割をもっている。

＊60　前掲、中村和一氏への聞き取り。

＊61　宗谷管内公立小中学校事務職員協議会『北峰――明日へ』一九九八年、三三頁。

＊62　予算の「確実性」という表現は、池上惇『財政学――現代財政システムの総合的解明』（岩波書店、一九九〇年）によっている。池上は、公共的意思決定上のニーズ把握について、（一）情報の確実さの必要性、（二）市場経済における需要（ニーズ）－供給関係と比較したさいの優位性を指摘している。

＊63　前掲、中村和一氏への聞き取り。稚内市における学校予算管理は、新自由主義教育改革のもとで導入されている「特色ある学校づくり」や学校裁量予算制度とは対照的である。これらは、概して私費負担を等閑視したうえで、予算配分における競争を前提とする。また、予算の策定は管理職にゆだねられ、裁量予算にもとづく活動が行政による許認可制となっているので、教育財政の非民主的性格と官僚統制的性格が温存ないしは強化される可能性をもつものである。対して、稚内市においては、競争性を排除し、民主的プロセスをへて確定された学校現場からの要求にもとづき教育行政が予算決定を行なうというプロセスをもつ。さらに、運動において、教育予算の民主的執行だけでなく効率的・効果的執行が目的とされていたことは重要である（前掲、長岡「学校づくりと学校教育行政」六五頁）。このことは、教育的必要と効率性がトレードオフの関係に立つのではないことを示している。

＊64　地方教育行政の組織及び運営に関する法律第五四条。
＊65　前掲、長岡「学校づくりと学校教育行政」六五頁。
＊66　運動の規模的拡大が、運動の内容的発展と同一であるのではなく、それぞれの段階における運動の到達点と課題がより精緻に分析される必要がある。
＊67　近年の教育財政研究において、教育運動やそれを支えてきた教育人権論を、「機会均等や権利保障を過度に強調」し、「公教育費の増大を声高に展開する左派的主張」と総括する向きがあるが（末冨芳『教育費の政治経済学』勁草書房、二〇一〇年、一八頁）、再考を迫るべき認識である。この点について、田中秀佳「わが国における教育費研究の再検討――公教育における私費負担と『福祉国家』政策の理解をめぐって」（『名古屋大学大学院教育発達科学研究科紀要』五八巻一号、二〇一一年九月）五九～六九頁を参照。
＊68　宮本憲一「国民の財政権をもとめて――財政法学会に期待するもの」日本財政法学会編『予算過程の諸問題』（財政法叢書1）学陽書房、一九八四年、および同『環境経済学』岩波書店、一九八九年。

（田中　秀佳）

第11章 公教育の無償性と憲法

1 問題の所在

公教育において子どもが教育を受給する場合に、親は何に対して、どれくらいの量の金銭を支払うべきなのか。本章は、この問題に、国際人権法がどのような回答を用意しているのかを検討し、それにもとづいて、日本の法制、判例、および学説を再評価することを目的としている。

義務教育の無償性を規定する憲法二六条二項後段の意義につき、最高裁は無償性の範囲を授業料に限定し、それ以外の費用への無償性の拡大は立法裁量にゆだねられ、憲法がそれについて規定するところはない、としてきた。憲法学説の通説もこの最高裁の判断を支持し、最高裁判例と通説との一致をみてきた。

しかし、国際人権法において確立している締約国の公教育無償化義務という法理にもとづいて、これまでの日本における議論の状況を検討すると、「通説・判例」、そして、それによって憲法適合的であるとされてきた日本の法制には、大きな難点が潜んでいることがわかる。「子どもの教育人権を実現するための教育という現物給付はなぜ無償なのか？」という基本的な問題を検討していないために、子どもの成長発達の必要を充足する教育という重要な現物給付を実現し、かつ、一人の子どもも取りこぼすことなくすべての子どもにそれを保障するためには、無償性が選択されるべきなのだ、という考え方が不在となっているのである。

以下では、まずは、憲法二六条二項後段をめぐる日本の法制、判例と学説の現状を概観する（第2節）。次に、国際人権法において確立している公教育を無償化する政府の義務を検討し（第3節）、それにもとづいて憲法二六条と学説を再吟味する（第4節）。そして、最後に、日本の法制の評価を行なうことにしたい（第5節）。

2　憲法二六条二項後段をめぐる日本の法制、判例と学説

(1) 日本の法制と判例

日本国憲法は、二六条二項後段において、「義務教育は、これを無償とする」――英訳では、Such compulsory education shall be free. すなわち、義務教育は無料とする――と規定している。憲法を受けて、一九四七年に公布・施行された教育基本法（以下、教基法）は、四条二項において、「国又は地方公共団体の設置する学校における義務教育については、授業料は、これを徴収しない」とし、また、教基法の姉妹法である学校教育法は、六条において、「学校においては、授業料を徴収することができる。ただし、国立又は公立の小学校及び中学校またはこれらに準ずる盲学校、聾学校及び養護学校における義務教育については、これを徴収することができない」と規定していた。

憲法が限定なしに義務教育を無償とすると定めていながら、それより下位の教基法と学校教育法が無償の範囲を授業料に限定していることをどのように理解するのかについては、憲法と教基法の制定当初において二つの考え方が示されていた。

第一は、制定当初の憲法の通説的理解を示す法学協会編『註解日本国憲法』上巻（有斐閣、一九四八年。以下、『註解』）に示されていたものである。『註解』は、憲法二五条以下に規定される社会権は、国民がその実現を国に請求する法的権利を認めたものではないとの理解にもとづき、二六条二項後段の無償性についても、「この無償という見地がどこまで貫かれるかは国の財政負担能力と密接に関係するものであって、一律に決定することはできない」(二五六頁)とし、授業料を不徴収とするのか否かも含めて、無償性の範囲の決定が立法裁量にゆだねられるとしていた。この無償化立法裁量説によれば、立法裁量の結果、教基法および学校教育法により、授業料無償制が創設されたということになる。[*1]

第二は、生活保護法を所管する当時の厚生省生活保護局長であった小山進次郎による『生活保護法の解釈と運用』(日本社会事業協会、一九五一年。以下、『小山コンメンタール』)において示されたものである。「その(憲法二六条二項後段の無償性の――引用者)意は授業の無償(授業料の不徴収)の意」(一五一頁)とし、授業料については、立法を待たなくとも、憲法によって無償化することが国に義務づけられているとするものである。この授業料無償化義務説によれば、教基法および学校教育法はこの憲法上の義務を確認したものとなる。この説は、立法による有償化を憲法違反とする点において、『註解』よりも進んだものとなっていた。だが、授業料以外の学修費については、「経済的理由による就学困難者の保護」のための「経済的保護制度によることが妥当である」とも主張し(同前)、授業料以外の学修費は親の応益負担となるとの考え方を行政実務に定着させるという役割も果たしたのである。[*2]

最高裁は、一九六四年に、義務教育教科書無償措置法の施行前における義務教育教科書の私費負担をめぐって、保護者が、義務教育教科書費徴収の取り消しを求め、また、すでに支払った教科書費の返還を求めた事件において、憲法二六条に規定された無償性の範囲が「教育提供に対する対価」としての「授業料」に限定され、それ以外の費用を無償とするか否かは、立法裁量にゆだねられるとの判断を示した。[*3]

この判断の実質的な根拠となったのは、義務とされている普通教育が、国家的要請によるばかりでなく、非国家的要請にもよっているので、その非国家的要請の部分について、親に負担を求めることは許容されるということであった。最高裁によれば、義務教育は、「民主国家の存立、繁栄のため必要であるという国家的要請だけによるものではなくして、それがまた子女の人格の完成に必要欠くべからざるものであるということから、親の本来有している子女を教育すべき責務を完うせしめんとする趣旨に出たものであるから、義務教育に要する一切の費用は、当然に国がこれを負担しなければならないものとはいえない」。そして、「憲法はすべての国民に対しその保護する子女をして普通教育を受けさせることを義務として強制しているのであるから」、授業料以外の私費負担を「できるだけ軽減するよう配慮、努力することは望ましい」のだが、「国の財政等の事情を考慮して立法政策の問題として解決すべき事柄であって」、憲法二六条の「規定するところではない」としたのである。最高裁判決は、独自の論拠にもとづいて『小山コンメンタール』に示された授業料無償化義務説を追認し、かつ授業料以外の無償化を二六条の射程の外におこうとするものであったといえる。

日本の教育法制における授業料以外の無償化は、この最高裁判決を前後して拡大していくのであるが、それは、権利としての教育という考え方にもとづいていたわけではなかった。義務教育を国民の国家に対する義務とみなし、無償性を義務づけの補償とみなす考え方に依拠していた。[*4] この考え方をつらぬけば、義務教育における授業料以外の諸費用、すなわち、通学費、文房具、教材および制服などの費用も、義務履行にともなって必要となるのですべて無償化されるべきことになる。しかし、現実には、財政事情、そして、私的利益に還元される部分もあることを理由として、義務教育の学修費については応益負担原則が採用され、ただし、検定合格教科書の無償と、生活保護法および就学援助法による貧困層の子ども向けの選別的給付のみが応益負担原則の例外とされてきたのである。

(2) 教育法学説と憲法学説の対立

この判決以降における無償性の範囲および無償化義務の性格をめぐる学説は、この判決をふまえたうえで、授業料以外の学修費の無償化が憲法によって要請されているのか否かをめぐって、教育法学および憲法学において展開されてきたのだが、双方の学説は鋭く対立してきた。教育法学説が学修費応益負担を批判してきたのに対して、憲法学説がそれを支持し、かつ、根拠を補強してきたのである。

教育法学説においては、憲法二六条二項後段の背後には「公教育費の公費負担化原則」（傍点——引用者）が存在し、二六条二項後段は、国がとくに強められた条件整備義務を負う義務教育について、その無償性を明文化したものであるとの解釈が示されてきた。[*5] そのうえで、学修費の無償性も具体的請求権として保障されているとする説、[*6] および、学修費の無償化については、国に「法原理的義務」が課されており、立法的措置によりそれを無償化していく義務があるとする説に分かれてきた。後者の学説は、「授業料無償のほかは原則として直ちに裁判で金銭支払い請求されえず、立法・予算等を通じて具体化されるものではあるが、旧来のプログラム規定説が説くように国が適宜立法政策をたてていけばよいという政治的義務にすぎないものではなく……」[*7]と説いていた。

これに対して、憲法学通説は、最高裁と同様に、授業料以外の無償化については立法裁量に全面的にゆだねられ、「子どもの教育を受ける権利を実質的に侵害する程度にいたった」[*8]場合を除き、憲法二六条は何ら論じるところはないとしてきた。[*9]そして、憲法学通説は、教育法学説によって主張されてきた、すべての費用に具体的請求権が発生するとする説はもとより、授業料以外の費用を無償化する「法原理的義務」が課せられているとする説さえをも、法解釈論の枠をはみ出た政治的言説にすぎないと批判してきた。[*10]

そのさい、憲法学通説は、最高裁が用いた理由づけを、権利論にもとづく二つの独自の議論によって補強してきた。一つは、「子供の教育につき、親が一定の権利なり責任を持つと考えられるかぎりは、教育に要する費用のなにがしかを、親自身の負担とすることはそう不合理なことではない」[*11]ということである。この考え方の基礎には、子どもの成長発達を、公教育の基底的な目的にすえるのではなく、国家体制維持あるいは社会体制維持といった目的と相並ぶものとして位置づけ、国家体制維持の過剰を、子どもの成長発達に関与する親の市民的自由によって制限しようとする考え方が座っている。[*12]そして、親がその市民的自由を発動させるには、親の責任として一定の金銭の負担が必要だとするのである。もう一つは、無償化によって、「自分の子供のために十分の負担ができる圧倒的多数の親たちも支弁をまぬかれる」[*13]こと、すなわち、富者が金銭支払い能力を有しているにもかかわらず、その支払いを免れることにより利益を享受することになり、言わば、〝逆差別〟を構成するということである。

3 国際人権法における公教育無償化義務

(1) 政府の公教育無償化義務

教育を受給する場合において親が何に金銭を支払い、それがどの程度の量であるべきなのか、という問題への日本の法制、最高裁判例および憲法学通説による応答は、社会権規約および子どもの権利条約が示している応答とは相当に異なっている。

すぐあとにみるように、国際人権条約は、義務教育を含むすべての学校段階における公教育の無償化義務とでも称しうる義務を課し、立法の不作為の国際人権条約との適合性、すなわち、ある特定の立法を行なっていないことが国際人権条約に反し、違法であるとの判断を国内裁判所が行ないうるようにしている。国際人権条約と日本における法制および憲法学通説とを比較した場合、二つのことが両者の間の差異として浮上する。まずは、国際人権条約においては、先の問題への応答として、応益負担、応能負担、および無償性の三つがありうるのに対して、公教育にかかわる費用全体の公費負担と無償化が意識的に選択されていること。次に、国際人権条約においては、公教育無償化義務の性格が、政府がそれを漸進的に達成する義務を負うものとされているのだが、漸進的達成のあり方が政府の裁量に全面的にゆだねられるのではなく、漸進的達成義務〝違反〟を国民が国内裁判所において争いうる規定を用意していることである。

社会権規約一三条は、初等、中等、高等教育のそれぞれについて、経済的負担および経済的負担以外のいかなる原理にもとづいて、その機会均等が実現されなければならないのかを明らかにしている。初等教育については、義務的なものとし、かつ、「すべての者に対して無償のものとすること」、技術的および職業的中等教育を含む中等教育については、「特に、無償教育の漸進的な導入により、一般的に利用可能であり、かつ、すべての者に対して機会が与えられるものとすること」、そして、高等教育については、「特に、無償教育の漸進的な導入により、能力に応じ、すべての者に対して均等に機会が与えられるものとすること」と規定する。子どもの権利条約は、高等教育における無償教育の漸進的な導入に対する言及を欠き、また、中等教育については無償性をとられるべき措置として例示するにとどめている。それでもなお、国際人権法においては、複数の条約間に後法優先の原則は適用されないので、社会権規約と子どもの権利条約の双方を留保なしに批准している締約国には、社会権規約のもとでのより高い水準の義務の履行が求められる。

公教育における機会均等を実現するために、経済的負担の解消は、初等教育については無償性の即時的な導入、中等および高等教育についてはその漸進的な導入によりはかられなければならないとされている。

即時的または漸進的という違いはあれ、公教育の機会均等を実現するために、親の財政負担をゼロとすること、すなわち、義務教育を含めた公教育全体の無償化義務が政府に課されているものと理解することができる。

初等教育については即時的、中等教育および高等教育については漸進的という無償化義務に区別がなされているのは、それぞれの学校段階の性格の差異に由来しているというよりは、発展途上国の財政力を考慮してのことであるといえる。もっとも、国際人権条約においては、社会権の実施について、その漸進的な達成が政府に課されるにとどまっているので（社会権規約二条一項、子どもの権利条約四条）、社会権規約および子どもの権利条約の教育にかかわる条項が、即時的義務を規定していると読める場合であっても、漸進的義務が課されているにとどまる、というのがオーソドックスな解釈となる。

子どもの権利条約は、公教育に限らず、政府が提供する子育てのための現物給付を受給する場合の親の財政的負担原則をさらに規定している。生活水準に関する子どもの権利を謳う二七条は、その二項において、「(両)親または子どもに責任を負う他の者は、その能力および資力（their abilities and financial capacities）の範囲で、子どもの発達に必要な生活条件を確保する第一次的な責任を負う」と規定し、親の財政負担が応能負担でなければならないとしているのである。

社会権規約および子どもの権利条約を合わせてみれば、子育てに関する現物給付にあたって政府は、親からその資力に応じて金銭の支払いを求めることができるが、公教育の場合には、すべての学校段階について、それらを漸進的に無償化しなければならないことになる。応益負担、応能負担、および無償性の三つのありうる選択肢について、応益負担を排除し、応能負担を基礎におきながら、とくに教育については無償性を選択していると言い換えることもできる。では、このことの実質的根拠はどこに求められるのだろうか。

(2) 公教育無償化義務の実質的根拠

国際人権条約において応益負担が慎重に排除されているのは、人権の実現のために給付される現物の受給に応益性をもちこむべきではないとの考え方が国際的に確立していることを示している。

その根拠は、応益負担原則を導入すれば、貧困層はもとより、それに準じる中間層も、必要性を充足することができるだけの金銭を支払う能力がないため、必要を充足する現物給付ができないこと、そして、逆に、支払う金銭の量を支払い可能額に限定してしまえば、子どもの必要性が充足されなくなることに求められる。国際人権法に示されている応益負担禁止というルールは、応益負担では、権利である必要を充足することができないゆえに採用されているものと解される。したがって、応益負担と貧困層向けの選別的給付の組み合わせは、必要充足原則をいったん脇において、とにもかくにも現物給付へのアクセスの障壁となる貧困を除去し、不十分な現物給付へのアクセスだけを確保しようとするものということになる。

そして、国際人権条約において採用されている応能負担原則および無償性原則の区別は、権利の普遍性および重要性を基準にしてなされているものと考えられる。すべての子どもに認められるべき権利を実現するための現物給付において応能負担原則を採用すれば、収入調査のためのコストは膨大となる。正確な収入または支出の把握が実際には相当に難しいことから、正確な収入調査を行なおうとすれば、ますますコストがかさむ。また、応能負担とされるすべてのサービスを明らかにし、その合計額を家庭ごとに出し、それにもとづいて、負担すべき額を算定するという手続きも不可欠となるが、これもまたコスト増に帰着する。そして、膨大なコストをかけて収入調査と応能負担額の算定をいくら正確に行なっても、相応ではない負担を課せられる親が発生し、結果、サービスを享受できない子どもが生まれることは避けられない。重要な権利については、一人の子どももその享受の機会から排除されるべきではないとの要請が発生するのだが、応能負担では、多大なコストがかかるにもかかわらず、その要請を満たすことができない。そこで、社会的な生産活動から得られた富である個人の収入の一部を、国家が応能税または累進課税により徴収し、それを用いて、重要な権利に対応するサービスを無償で提供するとの選択肢がとられるべきことになる。

無償性は、現物給付を必要充足という水準にまで引き上げるための手段のみならず、この水準に達した現物給付へのアクセスをもたらさず確保するための手段としての意味をもつ。〝権利としての無償性〟の実質は、無償性がこの二重の性格を有していることに求められる。教育は将来における多様な幸福追求に共通する基礎、および、ある特定の職業に必要とされる専門的知識の基礎を提供する重要なものであることから、そのような水準の現物給付を確保するには応益負担を採用することができず、かつ、たとえ一人でも家庭の事情や収入調査の限界のために子どもが教育を受ける機会を奪われるべきではないので、無償とされるべきなのである。

(3) 公教育無償化義務の法的性格

国際人権法においては、政府の公教育の無償化義務は、オーソドックスな解釈に従えば、それを即時的に達成することが義務づけられているわけではなく、漸進的に達成することが義務づけられるにとどまる。それでもなお、何をどれくらいの期間をかけて無償化するのかを、政府の裁量に全面的にゆだねるものではない。それは、漸進的に達成するための立法的、行政的、および財政的措置をとらないことが正当な事由を、締約国政府が立証しないかぎりは、漸進的達成義務〝違反〟になるとするものである。

子どもの権利条約において正当な事由とされているのは二つのことであると解される。まずは、社会権実現にかかわって「自国の利用可能な手段を最大限」(子どもの権利条約四条)用いることにより得られる財源をもってしてもなお、漸進的無償化のための支出が「財源の範囲内」(within their means, 二七条三項)の外にあること。次に、利用可能な措置を用いれば財源を確保することができ、かつ、漸進的無償化を実現できるとしてもなお、それを実行すればより大きな利益を得ることができなくなること、あるいは、より大きな損失を被ること(三条一項に規定された、立法的、行政的、司法的措置における子どもの最善の利益の第一次的考慮義務）である。この二つの免除事由のいずれかの存在を国が立証できない場合には、漸進的達成に不可欠の立法的措置をとらなければ、子どもの権利条約違反となる。国民の側からいえば、立法の不作為によって発生した損害に対する賠償を国に請求することを通して、国際人権法における漸進的達成義務の履行を、間接的にではあれ、追求することができるのである。

4 憲法二六条の再構成と学説の再吟味

(1) 二六条の再構成

憲法二六条を、国際人権法を充足して解釈すれば、国民の教育を受ける権利を規定している一項において、全学校段階にわたって公教育を無償化する政府の義務が黙示的に承認され、義務教育の無償性を規定した二項後段は、とくに、国が強い条件整備義務を負う義務教育について、その無償性を明示的に示したものと解釈されるべきことになる。それは、理念にとどまるのではなく、国民による裁判所をつうじて履行追求が可能な具体的な義務として存在しているものといえるのである。

もっとも、日本政府は、社会権規約の批准にあたり、中等教育および高等教育への無償性の漸進的導入を規定する社会権規約一三条二項（b）（c）を留保している。中等教育の機会均等のための手段として無償性を例示列挙する子どもの権利条約の締約国でもある日本政府には、中等教育については無償性という手段をとるべきことが一義的に義務づけられてはいない。しかしながら、日本政府に認められた手段選択についての裁量の余地も、実現されるべき目的が無償性以外の手段によって実現されていなければ、認められず、手段として優先的に例示された無償性をとることが、正当な事由がないかぎり、義務づけられるに至ると解されるべきであろう。そう解さなければ、日本政府に認められた裁量が、手段に限定されず、目的にまで拡大してしまうからである。

これまでの判例の到達点も重ね合わせれば、①二六条二項後段にもとづいて、義務教育における授業料の無償性は具体的請求権の対象となることが承認され、②義務教育段階における授業料以外の学修費等は二六条二項後段にもとづいて、そして、高等学校および高等教育段階における授業料および学修費は二六条一項にもとづいて、無償性以外の手段によっては、必要を充足できず、あるいは、教育へのアクセスを妨げている場合には、無償化をしない正当な事由が存在しないかぎり、漸進的に無償化するための立法的およびその他の措置をとる義務を国に課しているものと解される。

(2) 学説の再評価

日本の教育法学説において定式化されていた「公教育の公費負担原則」は、国際人権法において確立してきた政府の公教育無償化義務ほど端的な定式化とはなっていないが、それを先取り的に示していたものといえる。また、憲法二六条二項後段における義務教育の無償性を公費負担原則がとくに義務教育の場合について明示されたものとの解釈も、国際人権法の水準を反映するものとなっていた。そして、具体的請求権が認められる無償性の範囲が義務教育における授業料に限定されながらも、学修費の無償化は国の「法原理的義務」となるとする解釈も、国際人権法において定式化されている政府の漸進的達成義務に、端緒的にではあれ、対応するものとなっていた。

これに対して、日本の教育法制および憲法学通説は、国際人権法において注意深く排除されている応益負担原則を学修費について受容し、学修費応益負担原則の例外として選別的給付を貧困層に向けて行なうことで「無償性」の要請に応えうると説いてきた。しかしながら、これは、無償性導入の第一目的である必要を充足する現物給付の実現を看過するものといえる。無償性を必要充足および徹底した機会均等のための手段と位置づける〝権利としての無償性〟との対比においては、〝必要充足原則を看過した無償性〟あるいは、〝機会均等原則にのみ基礎をおく無償性〟というべきものにとどまっている。また、政府の義務教育無償化義務の範囲を、国民の具体的請求権が認められる範囲と連動させて確定してきた日本の憲法学説および判例は、国際人権法における漸進的達成義務という考え方を受けとめきれてはいない。

そして、憲法学通説が日本の法制の現状を追認するにあたって用いてきた独自の理由づけについては、国際人権からみて大きな問題点があり、また、税制の理解に難点があることを指摘することができる。

授業料の無償性と学修費の応益負担を並存させるにあたって、公教育には、国家的要請あるいは国家体制維持の要請に応じる部分と、私的な要請に応じる部分とがあると論じることそれ自体が、教育を人権としている国際人権条約の考え方とは矛盾している。社会権規約も子どもの権利条約も、公教育の第一目的を子どもの人間としての全面的な発達に求めている。それ以外の目的を規定する場合であっても、国家体制の維持を目的に規定することは注意深く避けている。そして、人格の全面的発達が第一目的とされているので、これ以外の目的を優先させて、人格の全面的発達を阻害することは許されない。人間としての成長発達という子どもの個人的利益の実現を第一目的としているにもかかわらず、ではなく、それだからこそ、公教育はすべての段階にわたって、すべての事柄について無償化されなければならない、というのが国際人権法の考え方なのである。

また、親の権利の根拠を子育て費用の負担に求める議論は、国際人権法に照らせば相当な暴論となる。親がその権利を国家との関係で主張できるのは、「(子どもの権利――引用者) 条約において認められる権利を子どもが行使するにあたって、子どもの能力の発達と一致する方法で適当な指示および指導を行なう責任、権利および義務」を親が果たしているからであり、これらを果たしているかぎりにおいて、国はそれを「尊重する」義務を負うのである (五条)。そして、親が行なうべき「適当な指示および助言」は、子どもの意見表明権、すなわち、「その子どもに影響を与えるすべての事柄について自由に自己の見解を表明する権利」を認め、かつ、表明された意見を「その年齢および成熟に従い、正当に重視」することを意味している（一二条）。親の権利は、子どもとの間で受容的・応答的人間関係を保障していることにその根拠があり、だからこそ、親はその資力の範囲内で財政負担をすればよいとされている（二七条）。すなわち、国際人権法においては親の権利は、受容的・応答的人間関係の実現にその根拠が求められ、金銭の支払いは、この権利の条件とされてはいないのである。

そして、無償性の導入による〝逆差別〟については、税制を考慮すれば、何ら問題とはならない。無償性の拡大には、応能税さらには累進課税が不可避なのであり、富者は学修費の支払いを免れることはできるのだが、その裏面では、収入に応じて課税され、支払いを免れることのできる以上の金銭を税として徴収されることになるからである。[*14]

5 現状の評価

日本の判例および憲法学通説が問題なしとしてきた、親（または子ども）による応益負担には、初等中等教育に限定すれば、おおよそ次の三つのパターンが存在してきた。①義務教育における教科書を除く学修費および給食費、②公立高校における学修費および、教員給与と学校建設費を除く学校運営費、そして、③私立高校における教員給与および学修費である。これらについては、子どもの必要充足原則を満たすものとなっていないこと、また、例外としての選別的現金給付も十分に機能していないことが明らかとなっている。

義務教育における学修費の応益負担原則を例にとれば、教育的必要を満たしえない水準での現物給付が行なわれる危険性がすでに現実のものとなっている。親からの多額の私費を学校が集めることができないために、必要とされる水準以下の教材しか購入できず、教育的必要を満たすことのできない水準で授業を行なうか、さもなければ、教師が自己負担により教材を購入して、それを満たす授業を行なうという慣行が一般化しているのである。教育の機会均等を実現するのに必要十分とされている選別的給付についても、それが不十分となる危険性が現実のものとなっている。マイナスの烙印を押されたくないという気持ちゆえに、就学援助または生活保護の申請を行なわない者が層として存在し、この層による学校が選択した教材の不購入という事態が大量に生まれているのである。

そして、日本の現状をみれば、課税対象となりうる富は富者および企業に十二分に存在し、利用可能な措置をとって獲得することのできる財政の範囲内で、①から③を公費負担とし、無償性を実現できることは確かである。また、富者および企業への課税を引き上げることにより学修費を無償化した場合に、それによって生まれる利益を凌駕する具体的な不利益が生まれるとはいいがたい。

応益負担原則に内在する危険性が、すでに現実のものとなり、これらを公費負担により、無償化するための法的およびその他の措置をとらないことについての正当な事由も存在していない。上述した①から③

の状態、および、無償化立法の不在は、社会権規約一三条および子どもの権利条約二八条、ならびに、これらを充足して再構成される憲法二六条に反しているものと結論されるべきであろう。そして、現状の違法状態を解消するためには、公教育の無償化の漸進的達成を目的とする法を制定し、①から③の状態を漸次改善することが日本政府に求められているものと解されるのである。

◉注

＊1　もっとも、『註解』も含め、一九四〇年代から五〇年代にかけて多くの図書に示された無償化立法裁量説は、国が政治的責務により無償化すべきものとして授業料のみならず学修費までをもあげていた。その典型として、宮沢俊義『日本国憲法』（日本評論社、一九五五年）二七〇頁、参照。

＊2　本書第1章、参照。なぜ新生活保護法のコンメンタールに『註解』よりも進んだ見解が示されたのかは謎である。だが、授業料までが教育扶助の対象となった場合、新生活保護法施行に必要な経費が膨大となり、法制定が危うくなるとの事態を回避し、新法を堅く成立させることになったことは確かであろう。なお、管見のかぎり、『小山コンメンタール』の次に授業料無償化義務説をはっきりと示したのは、兼子仁『教育法〔旧版〕』（有斐閣、一九六三年）となっている（七六頁）。

＊3　義務教育費負担請求事件最高裁大法廷判決（最大判一九六四・二・二六民集一八巻二号三四三頁）。

＊4　本書第1章、参照。なお、『註解』は、「一定の学校に就学させる義務」を「国民に負担させる以上、国家としてもできるだけその便宜をかかる義務がある」とし、具体的には、国と地方公共団体が学校設置義務を負うほか、「義務を負う保護者の負担をできるだけ軽減する義務」を負うとしていた。そして、この負担軽減化義務にかかわって、「この観念を徹底させれば国は保護者に対して義務教育にともなうすべての出費及損失を補償すべきことになるが、このような

ことは国家財政の膨大な負担となるので事実上不可能である」(二五六頁)と述べていた。

＊5 兼子仁『教育法〔新版〕』有斐閣、一九七八年、二四〇頁。

＊6 永井憲一『憲法と教育基本権〔新版〕』勁草書房、一九八五年、九一〜九二頁。

＊7 前掲、兼子『教育法〔新版〕』二三七頁。

＊8 中村睦男「教育を受ける権利、教育を受けさせる義務」樋口陽一ほか『注釈日本国憲法』上巻、青林書院、一九八四年、五九五頁、六一二頁。

＊9 佐藤幸治『日本国憲法論』(成文堂、二〇一一年)三七二頁、渋谷秀樹『憲法』(有斐閣、二〇〇七年)二六四頁、参照。

＊10 奥平康弘「試論・憲法研究者のけじめ」『法学セミナー』一九八九年九月号、八頁。

＊11 奥平康弘「教育を受ける権利」芦部信喜編『憲法Ⅲ人権(2)』有斐閣、一九八一年、三七八頁。

＊12 同前、三八三頁。

＊13 奥平康弘『機会の均等化』と『均等の機械化』」奥平康弘『ヒラヒラ文化批判』有斐閣、一九八六年、二四〇頁。

＊14 同旨、「討論　教育格差と教育・学習の権利」『日本教育法学会年報』四一号における成嶋隆発言(一三六頁)。

(世取山　洋介)

終章 公教育の無償性を実現する新しい法制の骨格

1 公立小中高等学校に適用される新しい法制の基本的な考え方とその骨格

(1) 二つの基本的な考え方

序章から第11章まで、日本における学校制度整備義務と公教育無償化義務に関する法制の歴史、その実態、問題点、そして、改革の方向性を検討してきた。この終章では、まずは、公立小中高等学校において、子どもの教育人権を実現することのできる新しい法制の基本的な考え方とその骨格を明らかにし、この法制の主要な部分を実現するためにどれくらいの量の貨幣が必要とされるのかを示すことにしたい。

新しい法制は二つの基本的な考え方をその基礎におく。第一は、教育条件整備基準と公費支出の水準が、子どもの教育人権を実現するために、その教育的必要を充足するものでなければならない、ということである。第二は、公教育に関係する当事者が、その独自の権利や権限、そして、責任を果たしながら、相互に協働して、教育条件整備基準のあり方や公費支出の水準を決定する、ということである。教育関係当事者の協働による決定は、戦後教育財政法制において一貫して欠落せしめられ、この欠落こそが、戦後教育財政法制の難点、すなわち、教育条件整備基準の脆弱さと公費支出の低い水準を放置することになったのである。

公費支出の対象とその量を決定する議会、それにもとづいて公費支出を行なう教育行政、全校的外的条件整備に責任を負う校長、教育を実行する責任を有する教師、学校財政の原案づくりと執行に責任を負う学校事務職員、子どもの養育に第一次的責任を負う保護者、地域における教育の文化的自治のにない手である住民、そして、日常的に要求をさまざまなかたちで表明し、発達のプロセスの主体である子ども。戦後における私費負担軽減運動の歴史が教えるところによれば（第10章）、これらの関係当事者がになう固有のはたらきを適切に組み合わせることによってこそ、子どもの教育的必要を満たす教育条件整備基準および公費支出を最もよく確保しうるのである。

基本的な考え方の第一を「教育的必要充足」の原則、その第二を「公教育関係当事者による協働決定」

の原則と呼ぶことにしよう。新しい法制は、この二つの原則にもとづいて構築され、大きく三つの法律から構成される。すなわち、①「教育条件整備最低基準法」、②「学校運営費法」、そして、③公立小中高等学校の学修費と授業料を不徴収とするための新教育基本法および学校教育法の改正と「学修費無償化法」である。

三つの法が設定されるのは、それぞれの法が対象としている事柄が、公費支出の主体と、公費支出の対象となった活動を行なう主体との関係において異なるために、基準や費用を確定するにあたって、それぞれ関係当事者の独自の協働のあり方を必要としているからである。教育条件整備基準は、教育行政機関が予算を措置するのと同時にそれを実施するので、教育行政機関のはたらきだけで実行できる。このはたらきを適切なものとするためには、教育専門的知見と関係当事者の意見にもとづくものとする必要がある。これに対して、学校運営費がカバーする施設・設備管理などは、教育機関としての個々の学校と教育行政機関がともにはたらくため、個々の学校の実情を反映させることが重要となる。学修費がカバーする教材などについては、個々の教師と教師集団による教育活動というはたらき、学校事務職員による予算の適切さのチェックと学校予算原案の作成というはたらき、そして、教育行政機関による予算措置というはたらきが協働するので、この協働において教育の自由や学校自治が十分に発揮されるようにすることが不可欠となる。[*1]

(2) 教育条件整備最低基準法

新しい法制の骨格の第一となるのは、すべての子どもの人間としての成長発達に必要とされる教育条件整備基準に関するナショナルミニマム・スタンダード——全国的最低基準——を包括的に規定する「教育条件整備最低基準法」である。それは大きく、①総則、②最低基準の構成とその内容、③基準策定への関係当事者参加、および、④費用負担の四つのパートからなる。

①総則においては、法の目的が、憲法二六条にもとづき、子どもの教育的必要を充足する教育条件に関する全国的最低基準を定めることにより、子どもの学習権を全国的に実現することにあると確認する。そして、法全体をつらぬく原則として、全国的最低基準が子どもの教育的必要を満たすものでなければならないこと、学校設置義務を負う地方政府は全国的最低基準を下回る基準を設定してはならないこと、そして、地方政府がそれを上回る基準を設定することが許容され、かつ、推奨されることが規定される。

②個別的な基準として、学級編制基準、常勤教員配置基準、教員給与基準、学校施設・設備基準、最大限規模を含む学校規模基準、そして、学校配置基準を量的に規定する。そのさい、個別的基準を設定するにあたってふまえられるべき基本的な考え方を規定する。たとえば、学級編制基準については、「学級は教師と子どもとの間の受容的で応答的な人間関係を実現することのできるものでなければならない」と規定したうえで、全国的最低基準を三〇人と規定する。

③全国的最低基準を関係当事者の参加にもとづいて策定するために、文部科学大臣の諮問機関として、都道府県・市町村教育委員会代表、教職員組合代表、PTA代表および専門家等からなる委員会が設置される。この委員会は、地方政府による独自基準の発展や教育学研究の進展を調査し、最低基準を定期的に見直し、改正案を文科大臣に答申する。

④全国的最低基準の実施にかかる費用は、公立学校設置義務を負う地方政府および国の双方が負担するものとし、国庫負担割合を最低二分の一とする。将来的には、住民自治的手続きをふまえての教育条件整備計画の教育委員会による策定を条件として、最低基準を上回る基準の実施にかかる費用も国庫負担の対象とする。

(3) 学校運営費法

新しい法制の骨格の第二は、公立小中高等学校の学校運営費の管理と公費負担に関する「学校運営費法」である。この法は、①総則、②学校運営費のもとにおかれる費目の範囲、③学校運営費を決定する機関とその手続き、および、④費用負担の四つのパートからなる。

①総則においては、法の目的が、憲法二六条にもとづき、教職員の人件費、建物・施設費、および学修費を除いた学校運営に必要となる費用を確保し、子どもの学習権を全国的に実現することにあると確認する。法をつらぬく原則としては、学校運営費は学校自治的手続きを基礎にして教育委員会が決定すべきこ

と、そして、学校運営費の決定にあたっては、地域・学校ごとのニーズの違いを十分に考慮すべきことを規定する。

②学校運営費は、事務関係費、教材として用いない消耗品費、光熱水費、施設設備の維持管理費、各種保険料や慶弔費、寮維持費、下宿借上げ費、通学バス運用費等をカバーする。そして、教職員の研修については、個々の学校における教育課程に関する計画と研修が密接に関係していることを考慮して、独立した費目として学校運営費に括る。他の費目とは性質をやや異にするものの、かつての義務教育費国庫負担法のように、研修費を給与費とともに人件費に括るのではなく、学校運営上必要な経費として学校運営費法によって措置する。

③学校運営費は教育委員会が、各学校が学校自治的手続きを踏んでとりまとめた学校運営費要求にもとづいて決定し、各学校に配分する。手続きの詳細は教育委員会規則によって定める。配分後における支出は、学校運営費の範囲内において、各学校の判断にゆだねられる。

④学校運営費は学校設置者である地方政府および国が負担するものとする。文科大臣は、地方政府ごとの学校運営費の標準額を、各学校でとりまとめられた学校運営費要求、学校運営費支出の実績、地域・学校ごとのニーズの違い、学校数、学校規模、学校配置等を基準に、関係当事者代表と専門家から構成される諮問機関の答申にもとづいて定める。国はこの標準額の二分の一を限度として国庫負担する。将来的には、住民自治的手続きをふまえての教育条件整備計画の教育委員会による策定を条件として、標準額を上

回る費用も国庫負担の対象とする。

(4) 教基法、学校教育法の改正と学修費無償化法

新しい法制の骨格の第三は、高校も含めた公立学校における授業料およびその他学修にかかる費用を不徴収とするための新教育基本法および学校教育法の改正と、「学修費無償化法」である。

現在、新教育基本法五条四項および学校教育法六条により国公立小中学校における授業料の不徴収が定められている。また、いわゆる高校無償化法三条において、学校教育法六条の「規定にかかわらず、公立高等学校については、授業料を徴収しないものとする」と定められている。このため新法制では、新教基法と学校教育法を改め、公立小中学高等学校においては授業料と授業料以外の学修にかかる費用も保護者から徴収しないものと規定し、また、高校無償化法の対象から公立高校を除外する。[*2]

これとあわせて、学修費無償化法に、公費負担とされる公立小中高等学校における学修に必要な事柄の範囲、それを決定する機関と手続きなどを規定する。この法律は、①総則、②学修費にかかわって無償とされる費目の範囲、③教材や活動を決定する機関とその手続き、および、④費用負担の四つのパートからなる。

①総則においては、法の目的を、憲法二三条および二六条にもとづき、各学校が学校自治的とりくみにもとづいてその教育課程を実施するために必要であると判断した教材などを無償化することにより、子ど

もの学習権を全国的に実現することにあると確認する。法全体に適用されるべき原則として、教材および活動などは子どもの教育的必要を充足するのに必要十分なものでなければならないこと、教材および活動の決定は学校自治的手続きをふんだうえで各学校が行なうべきこと、そして、日本国籍の有無などにかかわらず、学修費の保護者負担が禁止されることを規定する。

②無償化される教材（教材として用いる消耗品を含む）や活動を、各学校においてその教育課程全体を実施するのに必要とされるものと一般的に規定し、部活動・クラブ活動、修学旅行を含めた教材や活動を例示列挙する。その他、学校給食と子どもの通学費が無償化されるべきことを明示する。そして、無償化されない費目として、子ども手当によってカバーされるもの、すなわち、鉛筆やノート、服、鞄等を列挙するが、ただし、その教育的必要性が各学校において学校自治的手続きをふんだうえで確認されれば、制服、指定靴、体操着等が無償化されることを規定する。

③教材等を決定する機関とその手続きに関しては、親、子ども、学校事務職員および教員が参加する学校自治的手続きをへて、各学校が職員会議において教育課程を実施するために必要な教材および活動を決定するものとする。その詳細は、教育委員会が教育委員会規則として定める。

④費用負担等に関しては、文科大臣が、学校において支出される学修費の最低額を、学校における学修費支出の実績、学級数、生徒数等を基準に、関係当事者代表と専門家から構成される諮問機関の答申にもとづいて定める。この最低額を最低基準とし、各学校の判断により最低額以上を支出できるものとする。

各学校の判断によって支出した額を、最低額を超える部分も含めて、当該学校を設置する地方政府および国が負担するものとし、国庫負担を実支出額の二分の一以上とする。学修費については、最低支出額の縛りをともなう、実支出額保障主義をとることにする。

本法の制定により、生活保護法による教育扶助と就学援助法による就学援助は不必要となるので、それらを廃止する。そして、貧困家庭の子どもに対する就学援助のあり方は、貧困家庭に対する総合的な支援策の一つとして別途検討する。それでもなお、貧困家庭の子どもの学力形成に関する特別援助は学校における教育活動として提供されるものとし、現在いくつかの自治体において採用されている通塾費用の補助のように、公教育の外で学力を購入することへの選別的現金給付は行なわない。

2 新しい法制を実施するために必要とされる費用

以上の法制が完全に実現した場合における費用の見積もりを出すことはできないので、ここでは、法制の中心的部分を実現するために必要とされる費用を算定することにしよう。その費用とは、①公立小中高等学校における三〇人以下学級を実現するのに必要とされる費用、そして、②公立小中高等学校における授業料と学修費を無償化するための費用である。なお、二〇一〇年度以降は子ども手当が導入され、公立高校授業料実質無償化がなされているので、原則として二〇〇九年度のデータにもとづいて、そして、〇九年度データが利用可能でない場合には、〇八年度データにもとづいて見積もりを行なう。

(1) 公立小中高等学校における三〇人以下学級を実現するための費用

三〇人以下学級を実現するために必要とされる費用を算定するには、次の三つのステップを踏む必要がある。①現在ある三一人以上学級を三〇人以下学級に組み替えた場合の学級数を求める。②この学級数に、義務教育標準法・高校標準法から導かれる「乗ずる数」を乗じ、[*3] 必要とされる教員数を求め、それから現在の教員数を減じて、増加教員数を求める。③増加教員数に、公立小中高等学校の本務教員一人当たりの平均人件費を乗じる。

小中学校については、まずは、文部科学省『学校基本調査』に掲載された学級規模別学級数についてのデータをもとに、全学級数に対する三一人以上学級の割合を求める。次に、これを学級数別学校数に乗じて、学級数別に分類された学校のうち、三一人以上学級となっている学校数を推計する。学級数別学校数と学級規模とをクロスしたデータが公にされていないので、この算定式により、三〇人以下学級への組み替えが必要とされる学級数別の学校数を推計することにした。そして、三〇人以下学級に組み替えた場合の学級数を、学級数別学校数ごとに求め、それに学校規模別に規定されている「乗ずる数」を乗じて、必要とされる教員数を求め、それから三一人以上学級時の教員数を減じて、増加教員数を求める。高等学校については学級規模別学級数のデータがないため、全日制については、すべての学校の学級規模が、全日制生徒総数を総学級で除して求められる平均学級規模（三八人）であると仮定し、同様の計算を行なった。[*4]

結果、増加学級数は小学校で約五万八〇〇〇学級（二三・七％増）、中学校で約二万八〇〇〇学級（二八・四％増）、高等学校で約二万二〇〇〇学級（三六・七％増）となる。増加教員数は小学校で約六万五〇〇〇人（二五・七％増）、中学校で約四万人（二七・一％増）、高等学校で約三万七〇〇〇人（二二・一％増）となる。

人件費は給与、共済組合等負担金、恩給費等、退職・死傷手当から構成される。給与については本務教員給与総額を本務教員数で除したものを本務教員一人当たりの給与として算定した。共済組合等負担金、恩給費等、退職・死傷手当については、本務教員、兼務教員、その他職員との合算表記だったため、それぞれについて全教職員数で除したものを一人当たりの人件費に計上した。結果、本務教員一人当たりの人件費は、小学校で約八八〇万円、中学校で約八七〇万円、高等学校で約九〇〇万円となる。

小中高等学校について、それぞれ増加学級数と本務教員一人当たりの人件費とを乗じて得られた増加人件費は、小学校で約五七〇〇億円、中学校で約三五〇〇億円、高等学校では約三四〇〇億円、計約一兆二六〇〇億円となる。

(2) 公立小中高等学校における授業料と学修費を無償化するための費用

現在、学修費の八割が私費によってまかなわれている（本書第9章）。学修費無償化法のもと最低限支出の縛りをともなう実支出額保障となった場合、一方において、学校自治的なとりくみのもと、これまで各児童・生徒が購入していた教材が備え付けとされることにより、公費負担すべき学修費が減少することは確実である。他方において、学校自治的に見定められた教育的必要が学修費を増加させるであろう。減少額と増加額を推計するためのデータがないので、ここでは、減額分と増額分が等しく、新たに公費負担とすべき額が、学修費の私費負担額にとどまると仮定して、必要とされる額を算定することにする。

文科省『子どもの学習費調査』（二〇〇八年度）によれば、公立小学校における私費負担学修費の総額は約四〇〇〇億円（児童一人当たり約五万六〇〇〇円×児童総数約七〇〇万人）、公立中学校は約四六〇〇億円（生徒一人当たり約一三万八〇〇〇円×生徒総数三三〇万人）、公立高等学校は約五四〇〇億円（生徒一人当たり約二四万円×生徒総数約二二〇万人）となる。給食費については、現在では完全実施率が小中学校においてそれぞれ九七・九%、七五・六%となっているが、これを一〇〇%にした場合に支払われるべき給食費は、文科省『学校給食実施状況調査』（二〇〇八年度）より、約四八〇〇億円（小学校約三一〇〇億円、中学校約一七〇〇億円）となる。これらを足した公立小中高等学校合計の私費負担学修費は約一兆八六〇〇億円となる。

そして、公立高校授業料の実質無償化は、いわゆる高校無償化法によりすでになされたのであるが、そのための費用は約二五〇〇億円と算出されていた。公立小中高等学校における授業料と学修費を完全無償化するために必要とされる費用の総額は、約二兆一一〇〇億円と見積もられることになる。

3 残された課題としての私学助成の組み替え

(1) 私学助成制度の組み替えにあたっての問題

以上、公立小中高等学校に適用される新しい法制の骨格と、その主要部分を実現するために必要とされる貨幣の量を検討してきた。無償性を実現する公教育を展望するにあたっては、大きな問題がまだ残されている。それは私学助成制度の組み替えの問題である。現行の私学助成制度は、補助金を固定費にまわしやすい体質をもち、保護者負担を軽減するものとはならなかった（第1章）。それを改めるための制度改革は不可欠となる。固定費への支出を誘導する学校法人会計基準を改正し、また、徴収できる授業料の総額を学校運営費と学修費の一定割合までとする仕組みを導入することは、現段階においても実行可能な改革となろう。

だが、私学助成制度を抜本的に改革しようとすれば、そもそもなぜ私学への公費助成を行なうのか、という原理的な問題の検討が不可避となる。一九七五年に法制化された私学の経常費への国庫補助は、国民の高等学校および大学への進学要求が私学により満たされてきたという事実を背景にして誕生したものであった。私立学校振興助成法は、「私立学校の果たす重要な役割にかんがみ」（一条）、私学に対する中央・地方政府による財政措置を行なうものと規定している。しかし、「重要な役割」とは、国公立学校を量的に補完しているということを実質的には意味し、その結果、経常費の「二分の一以内」をその裁量にもとづいて国が助成できるものとされるにとどまったのである（四条）。

現行制度を抜本的に改めるためには、私立学校を国公立学校の量的補完物としてみなすのではなく、公教育に不可欠な質的要素として位置づけ直す論理が必要となる。それは、公教育における教育実践の多様性の実現と、それが生み出すはずの公教育の活性化というものとなろう。現段階においては、私学の「重要な役割」を再定義するための国民的議論を開始することが課題となっているのである。

(2) 試案と試算

ここでは、議論の開始を刺激するために、先の論理にもとづいて構想される新しい私学助成制度の骨格と、それを実施するのに必要とされる貨幣の量を試みに提示してみよう。

新しい私学助成制度は、学校法人が設置する学校につき、土地・建物費を除く費用、すなわち、人件費、学校運営費と学修費を、教育条件整備最低基準法に定められた最低基準を遵守することを条件として、公立学校と同じ水準まで公費によってまかない、公費を学校法人に直接支給することをその骨格とする。ここで強調しておきたいのは、新しい助成制度は、新自由主義教育改革のもとで流行となっている公設民営化学校構想とはまったく異なっているということである。公設民営化学校構想は、その最も純粋なかたちでは、政府以外の営利企業を含む主体に、政府が提供した土地と建物を使わせて、政府から親・子どもに直接給付される授業料のための現金を在学生から集めさせて学校を運営させるというものとなる。これに対して、新しい助成制度は、設置主体を学校法人に限定し、土地費、建物費、施設費などは学校法人の負担とし、助成は直接学校法人に対して行なわれる。

学校開設に必要な土地購入費、建物費や開設後における建物立替費用は学校法人の負担とするが、教育条件整備最低基準法に定められた教職員給与額に当該私学における教職員数を乗じて得られる額、学校運営費法のもとに文科大臣が定める学校運営費標準額、そして、学修費無償化法のもとに文科大臣が定める最低学修費額の総額を公費によって都道府県が補助し、国はその二分の一を国庫負担する。保護者の負担にかかわっては、教員給与標準額、学校運営費標準額と最低学修費を超える額にあてるための授業料と、建物立替費や設備更新費にあてるための建物施設費を学校法人が保護者から徴収することを認める。ただし、授業料収入は、公費負担となる人件費、学校運営費と学修費の総額の二〇%を超えてはならないものとする。また、建物施設費については、一年間に生徒一人から徴収できる額の上限を、標準的な公立学校建物費と施設費を減価償却期間および当該学校の児童・生徒定員で除して得られる額の一二〇%までとする。

これに要する費用を算定することは現段階ではできないのだが、公立学校の教員給与基準が私立学校の人件費を全体として引き上げる以外は、学校運営費標準、最低学修費が、私学の二〇〇九年度における各費目の支出額にマイナス影響を与えないという前提を立てて、必要とされる助成額と保護者負担額を算定してみたところ、次のようになった。[*5] 助成額総額は約一兆六二〇〇億円（三〇人以下学級とするために必要とされる私立小中学校における教員給与増加分を含む）。[*6] 保護者負担は、建物施設費として児童・生徒一人当たり一〇万円、授業料として、私学法人の判断により最小無料から最大二四万円。[*7] 二〇〇八年当時、私立小中高校に通う子どもの保護者は年間約八〇万円（授業料を含む納付金五三万円とそれ以外の学修費二七万円）を負担していたのに対して、建物施設費と授業料を合わせても年間一〇万円から三四万円の範囲で収まることになる。

現在の私学助成額（国、都道府県と市町村の総額）が四〇〇〇億円強なので、一兆二〇〇〇億円の公費支出の増額が必要となる。それにより、教育条件の要をなす教員給与が多くの私立学校において公立学校水準にまで向上し、また、保護者負担は現在の約一割から四割にまで軽減される。この結果、「私学の自主性」が現在よりもはるかに高い水準に向上し、さまざまな教育実践が国民の前で展開され、選択肢として提供されることになる。このような公教育を国民が受容するのか否かは、これからの議論にゆだねられているのである。

4 新しい法制のもとにおける公教育費の水準

公立小中高等学校における三〇人以下学級と授業料・学修費の完全無償化のために必要とされる公費支出の増加額は、それぞれ約一兆二六〇〇億円と約二兆一一〇〇億円、計約三兆三七〇〇億円であった。また、新しく組み替えられた私学助成制度の実施のためには約一兆二〇〇〇億円の公費支出の増加が必要となる。

最後に、前者だけを実現した場合（ケース1）と、前者と後者の双方を実現した場合（ケース2）とに分けて、それぞれが、日本の教育にかかわる公財政支出（中央政府のそれと地方政府のそれの双方を含む）のGDPに占める割合を、どのように変化させるのかを、OECD加盟国との対比において確認し、その実現可能性を検証することにしたい。

OECD『図表でみる教育　OECDインディケータ』（二〇一一年版）によれば、日本の二〇〇八年度における、初等中等教育への公費支出の対GDP比は二・五％、私費支出のそれは〇・三％であった。当該年度の日本の名目GDPは約四九〇兆円であったので、初等中等教育への公費支出の実額は、約一二兆三〇〇〇億円ということになる。ケース1の場合、公費支出の実額は三割弱増加し、その対GDP比は〇・七%上昇し、三・二%となる。だが、OECD加盟国平均の三・五%には及ばない。そして、ケース2の場合では、公費支出の実額は四割弱増加し、その対GDP比は〇・九%上昇し、三・四%となるが、これでもなお、OECD加盟国平均にようやく届くかどうかの水準にとどまる。ケース1はもとよりケース2を実現することも、国際的な標準からみれば、ごく控えめな要求にすぎない。

「無償性を実現する公教育」。それは手を伸ばせば、すぐ届くところにある。このわずかばかりのことを確認して、本書の終わりとしたい。

〈付記〉本章の「第2節」から「第4節」で用いたデータの整理と解析には、高橋と岩井があたった。世取山と高橋が本章の第一次案を作成し、白井学(新潟大学大学院生)、宮澤孝子(同)と福嶋尚子もくわわっての検討をもとに、さらに、第二次案を作成した。そして、本書執筆者全員が参加しての第二次案の検討をふまえて、高橋、岩井と世取山がデータの再解析を行ない、本章を完成させた。

◉注

*1 学校運営費法と学修費無償化法の制定にあわせて、学校教育法を改正し、職員会議を意思決定機関として位置づけ、その権限を規定するとともに、職員会議が教員のみならず事務職員などからも構成されること、そして、職員会議がその決定を行なうにあたって子ども代表、保護者代表および住民代表との協議がなされるべきことを規定する必要がある。

*2 なお、同法に定められた私立高校に子どもが在学している保護者への授業料補助については、のちに検討する私学助

成制度の組み替えのなかで、その存続が検討される。

＊3　高校標準法では、教員数を確定するさい、収容人数に応じて規定されている「除する数」で収容人数を除して求めるという方法がとられているのだが、収容人数を四〇で除したものと、四〇を「除する数」で除したものを、それぞれ義務標準法でいうところの「学校規模」「乗ずる数」とみなして計算した。

＊4　定時制についていては、平均学級規模が三〇人を下回っているので、学級増が必要ないと仮定した。もっとも、都市部においては、定時制高校の統廃合のため、学級規模が三〇人を超えていることも報告されているので、このような仮定は不適切なのだが、他の方法がなかったためにやむをえず仮定を維持した。

＊5　データの出典は、日本私立学校振興・共済事業団『今日の私学財政――高等学校・中学校・小学校編平成二二年度版』と文部科学省『子どもの学習費調査』(二〇〇八年)。

＊6　助成対象となる費目の見積もりは以下のとおりである。本務教職員と兼務教職員の数を現状のままとした場合、教員人件費八四〇〇億円、それ以外の人件費一四〇〇億円、償却費を除く教育研究費二一〇〇億円、償却費を除く管理費六〇〇億円、私費負担となっている学生納付金等を除く学修費三七〇〇億円、私立小中学校の三〇人学級実現に必要とされる人件費の増加額三六〇億円、計一兆六二〇〇億円。私立高校についても三〇人学級実現のための費用を推計すべきであったが、公表データからは、小中学校における推計と同じ精度の推計ができなかったので、やむなく断念した。それでもなお、ラフな推計式によれば、六四〇億円から二四〇〇億円の範囲内にある。

＊7　建物立替費用は、私立学校における建築費などが、公立学校の標準的建築費の一二〇%よりも多いと仮定して、教育研究費と管理経費中の償却費用の合計額約一三〇〇億円を、私学在籍生徒数で除して求めた。また、年間授業料の上限額は、先に求めた助成額総額に〇・二を乗じたものを、私学在籍生徒数で除して求めた。

(世取山洋介・高橋卓矢・岩井桃子)

執筆者
谷口　聡（たにぐち　さとし）　1979年生まれ　中央学院大学
山本　由美（やまもと　ゆみ）　1959年生まれ　和光大学
山﨑　洋介（やまざき　ようすけ）　1962年生まれ　奈良市立小学校　ゆとりある教育を求め全国の教育条件を調べる会事務局
髙橋　哲（たかはし　さとし）　1978年生まれ　埼玉大学
福嶋　尚子（ふくしま　しょうこ）　1981年生まれ　東京大学大学院生
後藤　道夫（ごとう　みちお）　1947年生まれ　都留文科大学
石井　拓児（いしい　たくじ）　1971年生まれ　愛知教育大学
小澤　浩明（おざわ　ひろあき）　1965年生まれ　東洋大学
田中　秀佳（たなか　ひでよし）　1977年生まれ　名古屋大学大学院生
高橋　卓矢（たかはし　たくや）　1986年生まれ　新潟大学大学院生
岩井　桃子（いわい　ももこ）　1987年生まれ　元新潟大学研究生

編者
世取山洋介（よとりやま　ようすけ）1962年生まれ
新潟大学　DCI日本支部事務局
主な著書：『新自由主義教育改革――その理論・実態と対抗軸』（共編，大月書店，2008年），『安倍流「教育改革」で学校はどうなる』（共編，大月書店，2007年）ほか。

福祉国家構想研究会
新たな福祉国家の構築をめざして，現代日本の状況を批判的に分析し，対抗構想を提起する，医療・教育・雇用・税制・財政・政治などの諸領域における研究者と実践家，約60名からなる研究会。代表：岡田知弘（京都大学教授）・後藤道夫（都留文科大学教授）・二宮厚美（神戸大学名誉教授）・渡辺治（一橋大学名誉教授）。

装幀　臼井弘志

新福祉国家構想②
公教育の無償性を実現する――教育財政法の再構築

2012年8月24日　第1刷発行

定価はカバーに
表示してあります

編　者　世取山洋介
　　　　福祉国家構想研究会
発行者　中川　進

〒113-0033 東京都文京区本郷2-11-9
発行所　株式会社　大月書店
印刷　三晃印刷
製本　中永製本

電話（代表）03-3813-4651　FAX 03-3813-4656　振替 00130-7-16387
http://www.otsukishoten.co.jp/

ISBN978-4-272-36072-7　C0336　Printed in Japan